Finanzen und Fiktionen

Christine Künzel, PD Dr. phil., und *Dirk Hempel*, PD Dr. phil., lehren am Institut für Germanistik II der Universität Hamburg.

Christine Künzel, Dirk Hempel (Hg.)

Finanzen und Fiktionen

Grenzgänge zwischen Literatur und Wirtschaft

Campus Verlag
Frankfurt/New York

Gedruckt mit freundlicher Unterstützung der Akademie der Wissenschaften in Hamburg.

Bibliografische Information der Deutschen Nationalbibliothek:
Die Deutsche Nationalbibliothek verzeichnet diese Publikation in der Deutschen Nationalbibliografie.
Detaillierte bibliografische Daten sind im Internet unter http://dnb.d-nb.de abrufbar.
ISBN 978-3-593-39461-9

Das Werk einschließlich aller seiner Teile ist urheberrechtlich geschützt. Jede Verwertung ist ohne Zustimmung des Verlags unzulässig. Das gilt insbesondere für Vervielfältigungen, Übersetzungen, Mikroverfilmungen und die Einspeicherung und Verarbeitung in elektronischen Systemen.
Copyright © 2011 Campus Verlag GmbH, Frankfurt am Main
Umschlaggestaltung: Campus Verlag GmbH, Fankfurt am Main,
nach einem Konzept von Guido Klütsch, Köln
Umschlagmotiv: © fotalia.com/matttilda
Satz: Campus Verlag GmbH, Fankfurt am Main
Druck und Bindung: Beltz Druckpartner, Hemsbach
Gedruckt auf Papier aus zertifizierten Rohstoffen (FSC/PEFC).
Printed in Germany

www.campus.de

Inhalt

Vorwort 7

Finanzen und Fiktionen: Eine Einleitung
Christine Künzel 9

I. Theoretische Ansätze und Perspektiven

Fiktion und Realität im Finanzwesen
Max Otte 27

Vielfalt der Deutungen statt exakter Modelle?
Möglichkeiten und Grenzen des interdisziplinären Dialogs
zwischen Ökonomik und Kulturwissenschaft
Michael Horvath 45

Semantiken der Entkopplung, Performativität, Klassifikationsregime:
Aspekte einer Soziologie ökonomischen Wissens
Hanno Pahl. 67

Dr. Real and Mr. Hype: Die Konstrukte der Kaufleute
Eva Kormann 91

Virtualität und Fiktionalität –
Überlegungen zur Finanzwelt als »Vorstellungsraum«
Anna Burgdorf 107

II. Sprache und Ökonomie – Sprache der Ökonomie

Im Zauberkreis der Sprache
Justin Stagl 121

Kollabierende Sprachsysteme: Zwei Strategien sprachlicher Verarbeitung
der Geldwirtschaft
Nina Peter 137

»Es fehlt an Geld, nun gut, so schaff es denn« –
Geldzauber und die Sehnsucht nach Überfluss
Stefan Frank 155

III. Lektüren

Der Börsendiskurs im ausgehenden 19. Jahrhundert:
Fiktion und Stigma
Franziska Schößler... 165

Finanzblasen, Schwarzmärkte, fehlende Böden *oder*
»Virtuelle« Geschäfte und ihre Akteure – jung, smart und dynamisch
Evelyne Polt-Heinzl 181

Die unwirkliche Poesie des Zinseszinses: Fiktionalität der Geldwirtschaft
in Martin Walsers Roman *Angstblüte*
Manuel Bauer.. 201

»Wollte man ihr etwas über Geld sagen, mußte man sich bildlich
ausdrücken« – Literarische Diskursintegration der Ökonomie am Beispiel
von Walsers *Angstblüte* und Timms *Kopfjäger*
Alexander Preisinger 217

»Aber ich weiß nicht mehr, was Geld ist« – Mensch, Geld und Markt
in Don DeLillos *Cosmopolis* (2003) aus der Sicht des
New Economic Criticism
Katja Urbatsch 235

Navigationssinn – Zur literarischen Problemreflexion
ökonomischen Wissens
Daniel Lutz 251

Ohnmacht und Narration in Alexander Kluges
fiktionalen Wirtschaftsszenarien
Peter Schäfer.. 267

Autorinnen und Autoren 283

Vorwort

Der vorliegende Band versammelt die überarbeiteten Vorträge der Tagung *Im Nirwana der Hyperrealität? Geldwirtschaft zwischen »Realökonomie« und Fiktionalität*, die vom 25. bis 27. Februar 2010 im Warburg-Haus in Hamburg stattfand. Sie schloss an unsere Publikation »*Denn wovon lebt der Mensch?« Literatur und Wirtschaft* von 2009 an, erweiterte deren Fragestellungen aber über die Literatur hinaus in interdisziplinäre Bereiche, indem sie neben der Literatur- und Kulturwissenschaft auch die Wirtschaftswissenschaften, Soziologie und Philosophie einbezog. Die Tagung wurde von der Akademie der Wissenschaften in Hamburg in ihr neues Programm *Forum junge Wissenschaft* aufgenommen, das fachübergreifende Fragestellungen in wissenschaftlich und gesellschaftlich bedeutenden Problemfeldern in den Blick nimmt. Sie fand ihre Fortsetzung in dem Arbeitsgespräch *Cross Reading. Textlektüren zwischen Literatur und Wirtschaft* am 29. und 30. Oktober 2010 im Goethe-Institut Hamburg.

Wir danken der Akademie der Wissenschaften in Hamburg für die großzügige Förderung beider Tagungen und des Tagungsbandes, namentlich ihrem Präsidenten, Herrn Prof. Dr. Heimo Reinitzer. Unser Dank gilt auch dem Generalsekretär der Akademie, Herrn Dr. Jörg Maxton-Küchenmeister, und Frau Dr. Annette Wiesheu.

Christine Künzel und Dirk Hempel
Hamburg, im Juni 2011

Finanzen und Fiktionen

Eine Einleitung

Christine Künzel

>»Auch die Bilanzen der Wirtschaft, hat einmal jemand gesagt, sind nur eine besondere Art von Prosa. Und die Bilanzpressekonferenz infolgedessen eine besondere Art von Dichterlesung. Aber es gibt gute und schlechte Literatur.«
>(Spinnen 2008: 19)

Während sich eine kulturkritische Auseinandersetzung mit ökonomischen Theorien und Modellen in der anglo-amerikanischen Forschung bereits in den 1990er Jahren unter dem Stichwort *New Economic Criticism* formierte (vgl. Osteen/Woodmansee 1999: 3), begannen die Geistes- und Kulturwissenschaften im deutschsprachigen Raum sich erst seit Beginn des neuen Jahrtausends intensiver für wirtschaftliche Themen und Zusammenhänge zu interessieren. Vorreiter waren hier insbesondere der Literatur- und Medienwissenschaftler Jochen Hörisch, der sich bereits seit den 1990er Jahren in zahlreichen Publikationen dem Zusammenhang von Sprache, Literatur und Geld gewidmet hat (vgl. u.a. Hörisch 1996; 2004; 2011), und der Kulturwissenschaftler Joseph Vogl, der zunächst mit seiner *Poetik des ökonomischen Menschen* (2002) die kulturellen und anthropologischen Grundlagen der Figur des *homo oeconomicus* anhand einer Lektüre einschlägiger literarischer Texte des 18. und frühen 19. Jahrhunderts untersuchte, um 2010 mit dem Band *Das Gespenst des Kapitals* eine grundsätzliche Kritik an den wissenschaftlichen bzw. wissenschaftstheoretischen Grundlagen der Wirtschaftswissenschaften aus kulturwissenschaftlicher Perspektive vorzulegen. Dass sich die Finanzkrise zugleich als eine »Krise der Wirtschaftswissenschaften« (Honegger/Neckel/Magnin 2010b: 31) darstellt, ist inzwischen von vielen Seiten bestätigt worden (vgl. Wetzel 2010: 295 und auch den Beitrag von *Max Otte* im vorliegenden Band).[1]

---

1 Thomas von Steinaecker (2009) stellte in der *Frankfurter Allgemeinen Zeitung* fest, die Wirtschaftskrise offenbare »auch eine Krise des Romans«. Diese Feststellung mag zwar für die deutschsprachige Literatur zutreffen, nicht jedoch für die anglo-amerikanische, wie insbesondere der Beitrag von *Katja Urbatsch* zu Don DeLillos Roman *Cosmopolis* in diesem Band zeigt.

Im Gegensatz zu Hörisch und Vogl, die sich in ihren Studien besonders mit den fiktiven, imaginativen und virtuellen Aspekten von Geldtheorie und Finanzwirtschaft beschäftigen, konzentriert sich die Mehrzahl der bisher vorliegenden Beiträge im interdisziplinären Forschungsbereich *Literatur und Wirtschaft* im deutschsprachigen Raum darauf, die Darstellung ökonomischer Themen und Zusammenhänge in literarischen Texten[2] zu untersuchen (vgl. u.a. Blaschke 2004; Fulda 2005; Schößler 2009; sowie die Beiträge in Hempel/Künzel 2009). Das mag zum einen damit zusammenhängen, dass das Interesse an einem interdisziplinären Austausch zunächst in einem stärkeren Maße von den Literatur- und Kulturwissenschaften ausging und sich die Analysen daher entsprechend vorrangig auf literarische Texte konzentrierten (vgl. Horvath in diesem Band). Der Ökonomik, sprich: der wissenschaftlichen Lehre der Volkswirtschaft wird dagegen bis heute ein mangelndes Bewusstsein für Aspekte des Fiktiven, der semantischen Konnotationen ihrer Begrifflichkeit und der Mythologisierung bestimmter Konzepte vorgeworfen, mit denen die Wirtschaftswissenschaften im Allgemeinen relativ unkritisch operieren: »economics continues to lag behind other disciplines in questioning its own assumptions« (Osteen/Woodmansee 1999: 28). Dietmar J. Wetzel bezweifelt, dass die Wirtschaftswissenschaft »sich selbst und ihre dunklen Flecken aufzuklären« (Wetzel 2010: 299) vermag. Er plädiert daher dafür, »Erkenntnisse aus anderen Fächern, wie etwa Soziologie, Anthropologie, Psychologie und Neurowissenschaften« (ebd.: 300) einzubeziehen – leider versäumt er es, die Kultur- und Literaturwissenschaften in diesem Kontext zu nennen. Ganz in diesem Sinne zieht *Michael Horvath* in seinem hier vorliegenden Beitrag eine kritische Bilanz hinsichtlich der Möglichkeiten und Grenzen des interdisziplinären Dialogs zwischen Literatur-, Kulturund Wirtschaftswissenschaften.

Um eine interdisziplinäre Forschung im Bereich *Literatur und Wirtschaft* ernsthaft zu betreiben und voranzutreiben, bedarf es eines hohen Maßes an Offenheit und der Bereitschaft, sich tatsächlich auf die theoretischen Grundlagen und fachspezifischen Eigenheiten der jeweils anderen Disziplinen einzulassen: »just as economists claim that literary critics use terms ignorantly, so literary critics assert that economists know too little about literary terms« (Osteen/Woodmansee 1999: 22). Auf der anderen Seite besteht die Gefahr, dass Literatur- und Kulturwissenschaftlerinnen und -wissenschaftler auf dem Gebiet der Ökonomik dilettieren.

---

2 Osteen und Woodmansee (1999: 28) bezeichnen diesen Forschungszweig als »poetic economics«.

Möglicherweise bietet gerade die Auseinandersetzung mit den Ursachen und Folgen der letzten Finanzkrise einen geeigneten Anlass, literaturwissenschaftliche Theorien des Fiktiven, des Imaginären und des Virtuellen im Kontext wirtschaftswissenschaftlicher Analysen auf ihren Erkenntnisgewinn hin zu diskutieren. Auch im Rahmen der interdisziplinären Forschung geht es nicht zuletzt – auch hier dominiert eine an Theorien der Ökonomie orientierte Semantik – um eine Kosten-Nutzen-Rechnung im Hinblick auf den fächerübergreifenden Austausch auf beiden Seiten: »The question [...] is [...] what is lost or gained in such exchanges – an economic question, after all.« (Ebd.: 18) In Zeiten, da die Geisteswissenschaften auf ihre Marktfähigkeit hin überprüft werden (vgl. Gülzow 2008), wohnt dieser Frage eine ganz besondere Brisanz inne.

Bietet die Diskussion um den Börsencrash von 2008 insgesamt einen geeigneten Anlass, um die interdisziplinäre Debatte zwischen Literatur und Wirtschaft und ihren Wissenschaften zu intensivieren, so dürfte sie insbesondere dazu anregen, die Forschung in jenem Bereich zu befördern, der bisher eher vernachlässigt wurde, nämlich die Analyse der metaphorischen, fiktionalen und mythologischen Grundlagen ökonomischer Texte und Theorien. Mark Osteen und Martha Woodmansee (1999: 4f.) sprechen in diesem Zusammenhang in Anlehnung an Kurt Heinzelmans Studie *The Economics of the Imagination* (1980) von »imaginative economics«: »Imaginative economics reads economics literarily« (ebd.). Willie Henderson (1995: 14) fasst diesen Ansatz unter dem Stichwort »literary economics« zusammen, der »a self-conscious awareness of the fictive element of economic discourse« voraussetzt. Eben dieser Ansatz ist es, der der Zusammenstellung der Beiträge in diesem Band zugrunde liegt: Es ist der fiktionale Charakter bestimmter Aspekte der Finanzökonomie selbst, der durch die Krise der Finanzwirtschaft in den Vordergrund getreten ist und hier im Zentrum des Interesses steht – das gilt auch für die Beiträge, in denen literarische Texte verhandelt werden.

Die literarische beziehungsweise fiktive Qualität ökonomischer Medien und Theorien offenbart sich besonders in den Bereichen Geld- und Kreditwesen sowie in Zeiten einer Finanzkrise beziehungsweise eines Börsencrashs, da diese Bereiche und Phänomene in besonderem Maße auf gesellschaftlichem Vertrauen und Glaubwürdigkeit basieren (vgl. Magnin 2010: 240). Marc Shell (1999: 53f.) argumentiert, dass sowohl in der Geldwirtschaft als auch in der Kunst dieselben Mechanismen wirksam seien, um Kredit (von lat. *credere*: glauben) und Glaubwürdigkeit zu vermitteln (vgl. dazu auch den

Beitrag von *Anna Burgdorf* in diesem Band). Somit entsprächen die ökonomischen Urteile in diesem Bereich eher einer ästhetischen Erfahrung (vgl. auch Vogl 2011: 156). Es sind Krisenzeiten, in denen die *Arbitrarität*, sprich: die willkürliche Setzung beziehungsweise die kulturelle Konstruiertheit von bestimmten Medien und Instrumenten der Finanzwelt ins Visier öffentlicher und wissenschaftlicher Kritik geraten. In der interdisziplinären Auseinandersetzung mit diesen Themen in der Perspektive der »imaginative economics« sind zwei Aspekte von besonderer Bedeutung: die Ähnlichkeit zwischen sprachlichen und monetären Zeichen sowie die Nähe bestimmter Finanzinstrumente zu Phänomenen, die in literaturwissenschaftlichen Theorien als Imaginäres, Fiktives, Virtuelles oder schlicht als Spiel definiert werden.

I. Geld und Sprache als Medien des (Aus-)Tausches

Ein prominenter Strang der Literatur-und-Ökonomie-Forschung widmet sich der Beziehung von Sprache und Geld. Die Nähe zwischen den beiden Leitmedien Sprache und Geld ist inzwischen ein Gemeinplatz: »Geld [ist] nach Sprache das zweitwichtigste und in vielen Kontexten vor Sprache das wichtigste Medium« (Hörisch 2004: 114). Wie jeder sprachliche Begriff »durch Gleichsetzen des Nicht-Gleichen« (Nietzsche 1973: 374) entsteht, so macht Geld »laufend verschiedene Dinge miteinander vergleichbar« (Schnaas 2010: 26). Ausgehend von linguistischen Modellen in Anlehnung an Ferdinand de Saussure wurden die Ähnlichkeiten zwischen Sprache und Geld entweder als *Homologie*[3] oder als *Isotopie*[4] bezeichnet (vgl. Osteen/Woodmansee 1999: 14f.). Saussure selbst stellte einen Bezug zwischen sprachlicher Bedeutung und dem Tausch- beziehungsweise Geldwert her (vgl. Gray 1999: 95). Bemerkenswert ist dabei, dass der Sprache, indem sie als Medium des Austausches begriffen und konzeptualisiert wird, ein ökonomisches Prinzip eingeschrieben ist (vgl. Finel-Honigman 2010: 2).

Zahlreiche linguistische Theorien und sprachphilosophische Abhandlungen haben sich mit dem metaphorischen Diskurs auseinandergesetzt, in dem

---

3 *Homologie* bezeichnet einen Strukturparallelismus: »H[omologie] besteht dann, wenn zwei oder mehr Elemente in einem Bereich in derselben Relation stehen wie zwei oder mehr Elemente in einem anderen Bereich.« (Krahl 1998: 217)

4 *Isotopie* bezeichnet eine »homogene semantische Struktur, die die Kohärenz und somit die Verstehbarkeit eines Textes begründet.« (Wiemann 1998: 246)

Sprache mit Geld beziehungsweise Worte mit Münzen assoziiert werden. Um sprachliche Prozesse darzustellen, »haben sich die Paradigmen der Geldstücke, des Metalls, des Silbers und Goldes mit einer bemerkenswerten Beharrlichkeit durchgesetzt« (Derrida 1988: 211). Richard T. Gray (1999: 95) stellt fest, dass neben einer Identifikation von Worten mit Münzen auch andere Elemente aus der Finanzsphäre auf den Bereich der sprachlichen Kommunikation übertragen werden, »such as the notions of circulation, exchange, credit, banking, counterfeiting, investment, etc.«. Wir kennen entsprechende Formulierungen der Alltagssprache: Worte werden wie Münzen »geprägt«; Begriffe, Phrasen, Metaphern werden »in Umlauf gebracht«, »nutzen sich ab«; ja, das Wort selbst kann, so Jacques Derrida (1988: 206), als »zusätzliches Produkt eines Kapitals, eines Austausches« betrachtet werden, der den »sprachliche[n] Mehrwert steigern würde«. Ganz in diesem Sinne stellte Friedrich Nietzsche in seiner Schrift *Ueber Wahrheit und Lüge im aussermoralischen Sinne* (1973: 375) fest, dass »Metaphern, die abgenutzt und sinnlich kraftlos geworden sind«, wie »Münzen [wirken], die ihr Bild verloren haben und nun als Metall, nicht mehr als Münzen in Betracht kommen.«

II. »Börsianisch« oder Die Börsianisierung der Sprache

In seinem *Kleinen Phrasenführer durch die Wirtschaftssprache* konstatiert der Autor Burkhard Spinnen (2008: 10), »dass die Sprache der Wirtschaft heute einen derart großen Einfluss auf die Alltagssprache besitzt, wie ihn früher nur die Sprachen der Religion oder der Politik besaßen.« Tatsächlich beherrscht das Idiom der Ökonomik inzwischen fast alle Lebensbereiche (vgl. Finel-Honigman 2010: 112) – auch die intimsten (vgl. u.a. Illouz 2003; 2006). Jean-Joseph Goux (1999: 115, 120) spricht in diesem Zusammenhang von einer »total bankerization of existence« und von einer »grammatology of banking«. Jede Finanzkrise, jeder Börsencrash trägt zur Revitalisierung und zur Ausweitung des semantischen Feldes der Geldwirtschaft bei (vgl. Finel-Honigman 2010: 15). Und auch literarische Texte haben – im jeweiligen historisch-wirtschaftlichen Kontext – einen nicht unerheblichen Beitrag dazu geleistet, das Vokabular der Finanzwelt im gesellschaftlichen Diskurs zu etablieren (vgl. ebd.: 97). Das zeigt sich auch in den Beiträgen dieses Bandes, die sich der Analyse literarischer Texte widmen.⁵

»Und wer [...] an diesem neuen allgemeinen Sprechen teilhaben will, der muss gar nicht unbedingt Aktien besitzen und in Renditen schwelgen. Er kann ruhig arm sein, das schadet nicht. Aber er muss Börsianisch reden können, er muss das Esperanto des demokratischen Kapitalismus beherrschen wie weiland der Katholik das Messlatein.« (Spinnen 2008: 128)

In seiner Tendenz, bestimmte Instrumente und Phänomene der Finanzwelt weniger klar zu benennen, als diese zu mystifizieren beziehungsweise euphemistisch zu umschreiben, ähnelt der Diskurs des »Börsianischen« mit seiner »Aura des Geheimnisvollen« (Honegger u.a. 2010b: 24) nicht nur der esoterischen Sprache eines Geheimbundes, er bringt auch, wie *Justin Stagl* in seinem Beitrag konstatiert, »ihre eigenen [sprachlichen] Derivate hervor«. Wer zu erkennen gibt, dass er oder sie der Geheimsprache nicht mächtig ist, läuft Gefahr, als »financial illitera[te]« (Finel-Honigman 2010: 151), als Analphabet im Hinblick auf die Mechanismen der Finanzwirtschaft abgestempelt oder belächelt zu werden.

Das Idiom der Finanzwirtschaft zeichnet sich nicht allein durch eine Vielzahl von Begriffen aus, die dem Englischen beziehungsweise dem Amerikanischen entlehnt sind – zum Beispiel *Hedgefonds, Futures, Mark-to-market, Conduit, asset backed securities* –, sondern insbesondere dadurch, dass es sich bei den Termini oft um »Euphemismen der Finanzwelt« (Röggla 2009: 53) handelt, die zuweilen gerade das Gegenteil ihrer wörtlichen Bedeutung bezeichnen – als Beispiel wäre hier insbesondere der Begriff »Gewinnwarnung« (Spinnen 2008: 18) zu nennen –, aber auch Oxymora wie »Minuswachstum«. Der Kreativität der Börsensprache sind keine Grenzen gesetzt, sie zeigt ein großes Faible für »Superlative«, so dass die Berichterstattung in ihrem Duktus zuweilen eher an »Autorennen und Skiabfahrtsläufe« (Röggla 2009: 53) erinnert. Und es gibt wohl kaum einen anderen Bereich, in dem in kürzester Zeit neue Metaphern kreiert werden, fast so als ginge es darum, einen Wettbewerb um die originellste Formulierung zu gewinnen. Ganz in diesem Sinne stellt Kathrin Röggla (2009: 54) fest, dass es sich bei der Wortkreation »Finanzkernschmelze« zumindest im Jahr 2009 um die

---

5 Vgl. die Beiträge von *Franziska Schößler, Evelyne Polt-Heinzl, Manuel Bauer, Alexander Preisinger, Katja Urbatsch, Daniel Lutz* und *Peter Schäfer*, die in diesem Band unter der Kategorie »Lektüren« zusammengefasst sind, wie auch *Nina Peters* Auseinandersetzung mit Elfriede Jelineks Stück *Die Kontrakte des Kaufmanns* in der Abteilung »Sprache und Ökonomie – Sprache der Ökonomie«.

»Nummer eins in den Metapherncharts« handelte – heute, nach Fukushima, erscheint diese Erfindung geschmacklos und wäre wohl eher ein aussichtsreicher Kandidat für die Kategorie »Unwort des Jahres«. So trägt jeder Börsencrash, jeder Finanzskandal zu einer Erweiterung des semantischen Feldes der Finanzwirtschaft bei (vgl. Finel-Honigman 2010: 15). Aus diesem semantischen Feld ließen sich verschiedene Rhetoriken des Finanzdiskurses ableiten. Neben den drei Rhetoriken, die Kathrin Röggla (2009: 53) ausmacht – die »sozialdarwinistische Rhetorik«, die »Rhetorik des Beschwichtigungsflusses« und eine »apokalyptische, zumindest alarmistische Rhetorik« –, lassen sich, wie der Beitrag von *Nina Peter* zeigt, zahlreiche weitere Metaphernfelder aufzeigen. Außerdem wäre es eine eigene Untersuchung wert, die kulturellen und historischen Dimensionen der verschiedenen Semantiken auszuloten.

III. Katastrophenszenario, Horrorfilm oder Märchen? Die Genres und Protagonisten der Finanzkrise

Die Autorin Kathrin Röggla kam auf die Idee, verschiedene literarische und filmische Genres auf ihre Tauglichkeit im Hinblick auf die Darstellung der Finanzkrise von 2009 zu überprüfen. Sie befand schließlich, dass sich vier Szenarien besonders dazu eignen, das »Weltmarktfiktive« (ebd.: 18) darzustellen: der Katastrophenfilm, der Gespensterfilm, der Fernsehkrimi und das Shakespeare-Remake. Diese Einschätzung verdankt sich wohl nicht zuletzt Rögglas kultureller Herkunft und ihrer intensiven Auseinandersetzung mit Katastrophen-Szenarios, zum Beispiel dem »Worst-case-Szenario«,[6] das nach Meinung der Autorin »[u]nter allen Szenarien [...] heute [...] die Herrschaft übernommen« (ebd.: 29) habe. Autorinnen und Autoren aus dem angloamerikanischen Raum haben gezeigt, dass es zahlreiche andere Narrative gibt, die sich ebenso gut zur Darstellung einer Finanzkrise eignen: etwa der Western (in Anlehnung an den Terminus »cowboy capitalism«; Finel-Honigman 2010: x), das Märchen (am beliebtesten ist hier der Verweis auf das Märchen »Des Kaisers neue Kleider«; vgl. ebd.: ix und Röggla 2009: 15; oder auf das Märchen vom »Rumpelstilzchen«; vgl. Finel-Honigman 2010: 68),

---

6 Vgl. insbesondere Rögglas Stück *worst case*, das am 11. Oktober 2008 am Theater Freiburg uraufgeführt wurde, und die Buchpublikation *disaster awareness fair* (2006).

die mittelalterliche Ritterdichtung (vgl. Finel-Honigman 2010: 15) und der Abenteuerfilm (vgl. ebd.: 256) – um nur einige zu nennen.[7] Aber es sind nicht allein bestimmte Szenarien, die Finanzkrisen kennzeichnen, sondern auch ein bestimmtes Arsenal an Figuren, das regelmäßig reaktiviert beziehungsweise reanimiert wird, um typische Verhaltens- und Lebensweisen zu kennzeichnen.[8] Der amerikanische Autor Tom Wolfe verglich Börsenmakler und Hedgefondsmanager, die sich des erfolgreichen Handels mit höchst riskanten Objekten rühmten, gar mit den Mega-Helden einer Serie von Plastikspielfiguren, denen übermenschliche Kräfte zugeschrieben werden, indem er in seinem Roman *The Bonfire of the Vanities* ([1987] 2010: 11) die Bezeichnung »Masters of the Universe« prägte. In ähnlicher Weise benannte Andy Fastow, von 1998 bis 2001 *Chief Financial Officer* (CFO) des skandalträchtigen Energiekonzerns Enron, »seine Finanzprodukte unter anderem nach den Dinosauriern im Abenteuerfilm ›Jurassic Park‹« (Bridle 2011: 7).

Am Ende ihrer Vorlesung zum Thema *Gespensterarbeit, Krisenmanagement und Weltmarktfiktion* kommt Röggla (2009: 52) zu dem Ergebnis, dass die »Schriftsteller, angeblich Meister des Fiktiven« und »Spezialisten für sprachliche Verhältnisse, für Rhetoriken, mediale und politische«, inzwischen »von dem gesellschaftlich Fiktiven« »entthront« worden seien: »[D]as Fiktive [hat] das Reale überwuchert« (ebd.: 17) oder, wie Honegger und andere (2010b: 15) es formulieren, »die Realität [hat sich] immer mehr der Fiktion angenähert«. Auch der Dramatiker Andreas Marber, von dem das kapitalismuskritische Stück *Die Beissfrequenz der Kettenhunde* (UA: 6. Oktober 2007 am Thalia Theater Hamburg) stammt, äußerte sich im Programmheft zur Uraufführung ähnlich:

»Ich halte die Abbildungen der Welt, mit denen wir konfrontiert sind, für fiktionalen Text – wenn ich den Wirtschaftsteil in der Zeitung lese, beispielsweise, kommt mir das vor wie eine Märchenerzählung. Im Grunde halte ich das, was da als das Abbild von Wirklichkeit verkauft wird, für freie Erfindung.« (Marber 2007: 37)

---

7 Möglicherweise ließen sich auch in den Szenarien von Finanzkrisen in Anlehnung an Propps *Morphologie des Märchens* (1975) verschiedene wiederkehrende Formen, Handlungsstränge und Figuren feststellen.
8 Die Beiträge von *Evelyne Polt-Heinzl* und *Franziska Schößler* widmen sich (unter anderem) den Akteuren der Finanzkrise in verschiedenen historischen Kontexten. Während Polt-Heinzl die Wiederkehr der Figur des Hochstaplers in Texten der aktuellen Gegenwartsliteratur untersucht, widmet sich Schößler der Aufdeckung antisemitischer Stereotype im Börsendiskurs des ausgehenden 19. Jahrhunderts.

Ganz in diesem Sinne gestalten sich die Grenzen zwischen Realität und Kunst/Fiktion inzwischen fließend. Das zeigt nicht allein der Ansatz der Theatergruppe »Rimini Protokoll«, eine Aufsichtsratssitzung des Daimler-Konzerns als Performance zu deklarieren,[9] sondern auch der Versuch der englischen Dramatikerin Lucy Prebble, den Skandal um den amerikanischen Energiekonzern Enron auf der Bühne darzustellen.[10]

Im deutschsprachigen Raum scheint das Genre der Gespenstergeschichte mit einer Semantik des Unheimlichen und des Spuks den literatur- und kulturwissenschaftlichen Diskurs zur Finanzkrise zu dominieren. Daran knüpft auch Joseph Vogl mit seinem jüngst erschienenen Bestseller *Das Gespenst des Kapitals* (die Erstauflage erschien 2010, 2011 folgte bereits die zweite Auflage) an.

»Politische Ökonomie hat seit jeher eine Neigung zur Geisterkunde gehegt und sich mit unsichtbaren Händen und anderem Spuk den Gang des Wirtschaftsgeschehens erklärt. Dies ist wohl einer gewissen Unheimlichkeit ökonomischer Prozesse geschuldet, in denen zirkulierende Objekte und Zeichen einen gespenstischen Eigensinn entwickeln.« (Ebd.: 7)

Der rhetorische Rekurs auf das Gespenstische scheint sich nicht zuletzt dem ephemeren Charakter des Geldes zu verdanken, das sich von einem sinnlich und materiell erfahrbaren Metallstück zunächst zu Papier und schließlich zu einem unfassbaren, virtuellen Zahlungsmittel gewandelt hat (vgl. Finel-Honigman 2010: 4). Es ist dieser Aspekt des Immateriellen, des Körperlosen, aber auch des Untoten, Scheintoten oder Zombies[11] – als unbelebtes, sprich: (schein-)totes Medium, das den Markt und die Wirtschaft bewegt –, der die Nähe des Geldes zum »Phantom« (Schnaas 2010: 29) beziehungsweise zum Gespenst suggeriert. Gerade die Entmaterialisierung des Geldes ermöglichte die »*Realisierung der Geldfiktion*« (ebd.: 16, H.i.O.), sprich: die »Fiktionalisierung des Geldes« (ebd.: 47).

---

9 Am 8. April 2009 lud »Rimini Protokoll« zum Besuch der Hauptversammlung der Daimler AG im ICC Berlin ein. Die Gruppe kaufte Aktien und suchte Aktionäre, die ihre Einladung abtreten würden, um möglichst vielen Theaterzuschauern den Besuch dieser »Aufführung« zu ermöglichen.

10 Prebbles Stück, dessen Uraufführung 2009 am Royal-Court-Theatre in London stattgefunden hatte, wurde von der britischen Theaterkritik geradezu enthusiastisch gefeiert. Die deutschsprachige Erstaufführung fand im Oktober 2010 am Staatstheater Nürnberg statt. Der Stücktext wurde abgedruckt als Beilage der Zeitschrift *Theater heute*, Bd. 52, H. 1 (Januar 2011).

11 Kathrin Röggla zitiert aus einem Wikipedia-Eintrag zum Stichwort »Bad Bank«, für das Niall Ferguson den Begriff »Zombie-Bank« geprägt haben soll (vgl. Röggla 2009: 31).

IV. Im Nirwana der Hyperrealität? Das Schwinden von Referenz(en)

Die Entmaterialisierung des Geldes, sprich: die Dissoziation des (Geld-)Zeichens von seiner (materiellen) Bedeutung, war der erste Schritt hin zu einer radikal nominalistischen Konzeption monetärer Instrumente (vgl. Goux 1999: 115). Die »jahrhundertealte Verbindung zwischen Geld und Edelmetallen« (Ferguson 2010: 55) war aufgehoben.

»Die Trennung des Geldes von seinem Wertstoff Gold ist [...] nicht nur das Geburtsdatum der modernen Geldkonfession und der Zellkern der globalen Finanzwirtschaft, sondern auch der Nukleus der gegenwärtigen Banken- und Schuldenkrisen.« (Schnaas 2010: 17)

Schnaas (ebd.: 47) sieht in der Entmaterialisierung zugleich eine »Fiktionalisierung des Geldes«. In seiner Funktion als universelles Äquivalent wird das Geld gewissermaßen zu einer übergeordneten Fiktion (»superior fiction«) (vgl. Heinzelman 1980: 178). Mit Szenarien der Mystifizierung des Geldes und einschlägigen Geldschöpfungs-Szenen in der Geschichte des Geldes und der Literatur beschäftigt sich der Beitrag von *Stefan Frank*.

Der zweite Aspekt eines Referenzverlustes des Geldes beziehungsweise der Geldwirtschaft betrifft die Erfindung bestimmter Finanzinstrumente, die dazu geeignet sind, einer Fiktionalisierung Vorschub zu leisten. In diesem Kontext wird insbesondere der Handel mit Derivaten – mit seiner »prekäre[n] Nähe« zum »Glücksspiel« (Vogl 2011: 103; vgl. auch Honegger u.a. 2010c) – genannt.

»Die Kreditzirkulation basiert auf der Paradoxie eines ›sich selbst garantierenden Geldes‹ und erweist sich als Schauplatz effektiver Fiktionen oder ›Dichtung‹, auf dem der Umlauf des Scheinhaften tatsächlich zur Determinante ökonomischer Relationen gerät.« (Vogl 2011: 81)

Eine weitere Stufe des Referenzschwundes wurde durch die Einführung der Börsentechnologie erreicht.[12] Mit Hilfe von »Computern, Magnetstreifen und Speicherchips« hat sich das Geld »als Buch- und Monitorgeld in den unendlichen Weiten der immateriellen Cyber-Sphäre verflüchtigt« (Schnaas 2010: 56).

---

12 Gray (1999: 120) weist darauf hin, dass die Geschichte des Schreibens mit der Geschichte des Geldes in der monetären Technologie auf erstaunliche Art und Weise zusammenfällt.

»Money had become nothing but guaranteed alphanumeric data recorded in valueless paper and metal. It would eventually become guaranteed data in the form of arranged electrons and photons which would move around the world at the speed of light.« (Mayer 1997: 129)

Dies ist die Geburtsstunde des so genannten »*cyber money*« oder »Bit-und-Byte-Geld« (Schnaas 2010: 56f.; H.i.O.), das als »Binärcode *reines Zeichengeld*« (Vief 1991: 120; H.i.O) ist. Durch die technisch ermöglichte Entkoppelung der Geldzirkulation von den Dimensionen Zeit und Raum (vgl. ebd.: 122), wird es nicht allein zunehmend schwieriger, »reale« von »fiktiven« Transaktionen zu unterscheiden, sondern es ist angesichts der sich zeitlich und räumlich rapide multiplizierenden Zahlungs- und Kreditketten sowie der Entwicklung von Zahlungsmitteln zweiter und dritter Ordnung kaum mehr möglich, den (realen) gegenwärtigen Wert eines bestimmten Finanzproduktes zu bestimmen. Die Symbiose zwischen Geldwirtschaft und Börsentechnologie hat der amerikanische Autor Don DeLillo eindrucksvoll in seinem Roman *Cosmopolis* (2003) beschrieben (vgl. dazu den Beitrag von *Katja Urbatsch* in diesem Band).

Mit der Durchbrechung des Zyklus von Schuld und Tilgung verheißt eine solche Form der Finanzwirtschaft einen »unendlichen Aufschub« (Vogl 2011: 81). Für Vogl stellen Finanzprodukte wie Termingeschäfte und *Futures* »perfekte kapitalistische Erfindungen« (ebd.: 91) dar, indem sie auf eine Aneignung der Zukunft (engl. *future*) ausgerichtet sind. Wie lange es bisweilen dauern kann, bis ein Bilanzbetrug aufgedeckt wird, hat nicht zuletzt der Skandal um den amerikanischen Energiekonzern Enron gezeigt. Hier sorgte ein ausgeklügeltes Netzwerk von Schattenunternehmen und fiktiven Konten dafür, dass sich die »realen« Gewinne und Verluste über einen Zeitraum von knapp vier Jahren verschleiern ließen. Das System glich einem »Hütchenspiel« (Gladwell 2007). Im November 2001, nachdem Wirtschaftsprüfer weitere »Löcher« in Enrons Bilanz gefunden hatten, wurde die Bonität des Unternehmens auf »junk« (Müll, Schrott) herabgestuft. 2002 folgte dann der größte Bankrott in der Geschichte der USA. Es war nicht zuletzt eine »Wette« auf die Zukunft, die zu einem großen Teil für den Enron-Crash verantwortlich war, die so genannte »Mark-to-market«-Buchführung (vgl. ebd.: 82), die es ermöglichen sollte, die erwarteten Gewinne aus einem Vertrag – im Falle von Enron handelte es sich um einen 100-Millionen-Dollar-

Vertrag über eine Milliarde Kilowattstunden Strom – sofort gutzuschreiben.[13]

Insgesamt – und dieser Aspekt steht im Zentrum der Beiträge des vorliegenden Bandes – stellt sich die Finanzkrise eben nicht allein als eine Krise der Finanz- beziehungsweise Kreditwirtschaft dar, sondern ganz wesentlich als »Krise der Repräsentation« (Vogl 2011: 84). In der Wirtschaftspresse sowie in einschlägigen Publikationen ist von einer »Entkoppelung« beziehungsweise »Verselbständigung« der internationalen Finanzmärkte die Rede, von einer »Eigenlogik des Monetären« in einer »referenzlosen Sphäre der Hyperrealität« (Pahl 2008: 26) – die wesentlichen Aspekte hat *Hanno Pahl* noch einmal in seinem Beitrag zu diesem Band zusammengefasst. Wenn es sich bei der Finanzkrise zugleich um einen Referenzverlust handelt, der mit einem Glaubwürdigkeitsproblem einhergeht, dann verbindet sich mit dem Verlust der Repräsentation auch die Unmöglichkeit der Darstellung des Systems und seiner Probleme. Auch ein hohes Maß an Formalisierung und Mathematisierung kann nicht nur über epistemologische Unklarheiten hinwegtäuschen, sondern muss – zumindest auch – als Ausdruck eines mangelnden Problembewusstseins auf Seiten der Geldwirtschaft und ihren Wissenschaften hinsichtlich der »*qualitativen Seinsweise ihrer quantitativen Größen*« (ebd.: 12; H.i.O.) betrachtet werden.

Eine der zentralen Fragestellungen des vorliegenden Bandes bezieht sich darauf, in welchem Maße linguistische und/oder literaturwissenschaftliche Konzepte und Theorien der Repräsentation, der Signifikation, des Fiktionalen und Imaginären, des Virtuellen und des Mythos geeignet sind, Phänomene der Finanzkrise zu erfassen. In der Literaturwissenschaft wird das Fiktive – nicht zuletzt im Anschluss an Wolfgang Isers einflussreiche Studie *Das Fiktive und das Imaginäre* (1991) – inzwischen als Grundkategorie der anthropologischen Verfasstheit des Menschen betrachtet. Iser bricht mit der traditionellen Vorstellung, nach welcher das Fiktive als Gegenbegriff zur Realität aufgefasst wird, indem er das Fiktive als einen Relationsbegriff zwischen der Wirklichkeit und dem Imaginären versteht. In diesem Konzept fungiert das Fiktive als ein Bearbeitungsmodus, der dem Imaginären seine Bestimmtheit gibt und es damit zugleich an die Realität heranführt. Das Fiktive ereignet sich im »Akt des Fingierens«, der zugleich der »Irrealisierung von Realem und [dem] Realwerden von Imaginärem« (Iser 1991: 23) dienstbar ist (vgl.

---

13 Zum Enron-Skandal vgl. McLean/Elkind (2003) sowie den gleichnamigen Dokumentarfilm »Enron – The Smartest Guys in the Room« (USA 2005, Regie: Alex Gibney), der 2006 für den Oscar als bester Dokumentarfilm nominiert war.

Stierle 2001: 380). Fiktionen erweisen sich daher nicht zuletzt als Bedingungen für das Herstellen von Welten, deren Realitätscharakter wiederum nicht zu bezweifeln ist – ganz im Sinne von Nelson Goodmans Studie zu *Weisen der Welterzeugung* (1995).

Verschiedene Beiträge in diesem Band unternehmen den Versuch, literatur- und kulturwissenschaftliche Begriffe und Theorien im Hinblick auf einen interdisziplinären Dialog zwischen Literaturwissenschaft und Ökonomik nutzbar zu machen. Während sich *Eva Kormann* kritisch mit der Theorie des Imaginären und Fiktiven bei Wolfgang Iser auseinandersetzt und für den Begriff der Virtualität plädiert, da dieser die »alltagsweltliche Wirkung« eines »simulierten Impulses« beschreibe, der für finanzwirtschaftliche Transaktionen kennzeichnend sei, prüft *Anna Burgdorf* die Anwendbarkeit von Konzepten »kommunikativer Kontrakte«, »Imaginationsspielen« und Theorien des »Make-Believe« in interdisziplinärer Perspektive.

Vielversprechend dürfte auch eine interdisziplinäre Auseinandersetzung mit semiologischen Theorien sein.[14] Ein solcher Ansatz ist unter anderem durch die Studien von Richard T. Gray und Jean-Joseph Goux vorbereitet worden. Beide führen die »ruinöse Entreferenzialisierung« (Vogl 2011: 79) des Geldes und seiner Instrumente für eine Abkoppelung von der Realität beziehungsweise einer »realen« Bedeutung auf die Dissoziation von Signifikat (Bezeichnetem) und Signifikant (Bezeichnendem) zurück (vgl. Goux 1999: 115). Gray (1999: 99) spricht im Hinblick auf Geld von einem sekundären semiologischen System (»second-order system[] of signification«), was bedeuten würde, dass es sich bei Geld um den Repräsentanten eines Repräsentanten beziehungsweise den Signifikanten eines Signifikanten handelt. Der Hinweis auf ein sekundäres semiologisches System legt Anknüpfungspunkte an Roland Barthes' Theorie der Alltagsmythen nahe. In Abwandlung von Barthes könnte man sagen, dass Geld – wie der Mythos – »insofern ein besonderes System [ist], als e[s] auf einer semiologischen Kette aufbaut, die bereits vor ihm existiert; e[s] *ist ein sekundäres semiologisches System*« (Barthes 1964: 92; H.i.O.).

Wenn Vogl (2011: 94f.) konstatiert, Finanzderivate seien »Zahlungsmittel[] zweiter Ordnung«, dann meint er damit, dass es sich bei diesen und anderen Instrumenten der Finanzwirtschaft um »eine vom Gütermarkt und vom Bargeldablauf unabhängige Form von Geld« handelt. Indem Preise nicht mehr auf Waren und Güter, sondern selbst wieder auf Preise verweisen,

---

14 Zur Bedeutung von Zeichenkonzeptionen in der Ökonomie vgl. den überaus instruktiven Beitrag von Leonhard Bauer (1998) im »Handbuch zur Semiotik«.

entsteht ein selbstreferenzielles System (vgl. ebd.: 94), sprich: ein Metasystem im Sinne von Barthes' Mythenkritik. Wie der Mythos sind auch die Instrumente und Idiome der kapitalistischen Finanzwirtschaft gewissermaßen »naturalisiert« worden (vgl. ebd.: 113f.), das heißt, sie erscheinen als zeitlos-wahre, weder historisch noch kulturell bedingte (sprich: mythische) Ausdrucksformen, deren ideologisch-dogmatischer Charakter sich lediglich – und im Allgemeinen auch nur kurzfristig – in Krisensituationen zu offenbaren scheint. In diesem Sinne versteht sich der vorliegende Band als ein Versuch, das Brüchig-Werden wirtschaftswissenschaftlicher Dogmen und Theoreme in Zeiten der Finanzkrise dahingehend zu nutzen, Anschlussmöglichkeiten an geisteswissenschaftliche Diskurse und Theorien und Möglichkeiten eines interdisziplinären Dialogs aufzuzeigen.

Literatur

Barthes, Roland (1964), *Mythen des Alltags*, Deutsch v. Helmut Scheffel, Frankfurt/M.

Bauer, Leonhard (1998), »Zeichenkonzeptionen in der Ökonomie vom 19. Jahrhundert bis zur Gegenwart«, in: *Semiotik: Ein Handbuch zu den zeichentheoretischen Grundlagen von Natur und Kultur*, Teilbd. 2, hg. v. Roland Posner, Berlin u.a. (Handbücher zur Sprach- und Kommunikationswissenschaft 13), S. 1732–1743.

Blaschke, Bernd (2004), *Der homo oeconomicus und sein Kredit bei Musil, Joyce, Svevo, Unamuno und Céline*, München.

Bridle, Ralph (2011), »Interview mit Brigitte Scholz«, in: *Programmheft zur Inszenierung des Stückes »Enron« von Lucy Prebble an den Hamburger Kammerspielen*, Hamburg, S. 7–13.

Derrida, Jacques (1988), »Die weiße Mythologie. Die Metapher im philosophischen Text«, in: Ders.: *Randgänge der Philosophie*, hg. v. Peter Engelmann, Wien, S. 205–258.

Ferguson, Niall (2010), *Der Aufstieg des Geldes. Die Währung der Geschichte*, a. d. Englischen v. Klaus-Dieter Schmidt, Berlin.

Finel-Honigman, Irene (2010), *A Cultural History of Finance*, London/New York (Routledge Explorations in Economic History 46).

Fulda, Daniel (2005), *Schau-Spiele des Geldes. Die Komödie und die Entstehung der Marktgesellschaft von Shakespeare bis Lessing*, Tübingen.

Gladwell, Malcom (2007), »Die Hütchenspieler«, in: *brand eins*, H. 8, S. 81–91.

Goodman, Nelson (1995), *Weisen der Welterzeugung*, übers. v. Max Looser, Frankfurt/M.

Goux, Jean-Joseph (1999), »Cash, check, or charge?«, in: Woodmansee/Osteen (Hg.), *The New Economic Criticism*, S. 114–127.
Gray, Richard T. (1999), »Buying into signs. Money and semiosis in eighteenth-century German language theory«, in: Woodmansee/Osteen (Hg.), *The New Economic Criticism*, S. 95–113.
Gülzow, Insa (Hg.) (2008), *Sind Geisteswissenschaften nützlich? Die Geisteswissenschaften im Diskurs der Marktfähigkeit*, Köln.
Heinzelman, Kurt (1980), *The Economics of the Imagination*, Amherst.
Hempel, Dirk/Künzel, Christine (Hg.) (2009), »*Denn wovon lebt der Mensch?« Literatur und Wirtschaft*, Frankfurt/M. u.a.
Henderson, Willie (1995), *Economics as literature*, London.
Hörisch, Jochen (1996), *Kopf oder Zahl. Die Poesie des Geldes*, Frankfurt/M.
Hörisch, Jochen (2004), *Gott, Geld, Medien. Studien zu den Medien, die die Welt im Innersten zusammenhalten*, Frankfurt/M.
Hörisch, Jochen (2011), *Tauschen, sprechen, begehren. Eine Kritik der unreinen Vernunft*, München.
Honegger, Claudia/Neckel, Sighard/Magnin, Chantal (Hg.) (2010a), *Strukturierte Verantwortungslosigkeit. Berichte aus der Bankenwelt*, Berlin.
Honegger, Claudia/Neckel, Sighard/Magnin, Chantal (2010b), »Einleitung: Berichte aus der Bankenwelt«, in: Dies. (Hg.), *Strukturierte Verantwortungslosigkeit*, S. 15- 32.
Honegger, Claudia/Neckel, Sighard/Magnin, Chantal (2010c), »Schlussbetrachtung: Strukturierte Verantwortungslosigkeit«, in: Dies. (Hg.), *Strukturierte Verantwortungslosigkeit*, S. 302–314.
Illouz, Eva (2003), *Der Konsum der Romantik. Liebe und die kulturellen Widersprüche des Kapitalismus*, a. d. Amerikanischen v. Andreas Wirthensohn, Frankfurt/M./ New York.
Illouz, Eva (2006), *Gefühle in Zeiten des Kapitalismus. Frankfurter Adorno-Vorlesungen 2004*, a. d. Englischen v. Martin Hartmann, Frankfurt/M.
Iser, Wolfgang (1991), *Das Fiktive und das Imaginäre. Perspektiven literarischer Anthropologie*, Frankfurt/M.
Krahl, Hans (1998), »Homologie«, in: *Metzler Lexikon Literatur- und Kulturtheorie*, hg. v. Ansgar Nünning, Stuttgart/Weimar, S. 217–218.
Magnin, Chantal (2010), »Verspieltes Vertrauen. Zur Wiederentdeckung einer Geschäftsgrundlage«, in: Honegger/Neckel/Magnin (Hg.), *Strukturierte Verantwortungslosigkeit*, S. 236–244.
Marber, Andreas (2007), »Ein ganzer Globus zum Erfolg verurteilt. Ein Gespräch mit dem Autor Andreas Marber«, in: *Programmheft zur Uraufführung des Stückes »Die Beissfrequenz der Kettenhunde« von Andreas Marber am Thalia Theater in Hamburg am 6. Oktober 2007*, S. 35–45.
Mayer, Martin (1997), *The Bankers. The Next Generation*, New York.
McLean, Bethany/Elkind, Peter (2003), *The smartest guys in the room: the amazing rise and scandalous fall of Enron*, New York u.a.

Nietzsche, Friedrich (1973), »Ueber Wahrheit und Lüge im aussermoralischen Sinne«, in: Ders., *Nachgelassene Schriften 1870–1873*, hg. v. Giorgio Colli u. Mazzino Montinari, Berlin/New York (Nietzsche Werke III, 2), S. 367–384.

Osteen, Mark/Woodmansee, Martha (1999), »Taking account of the New Economic Criticism. An historical introduction«, in: Woodmansee/Osteen (Hg.), *The New Economic Criticism*, S. 3–50.

Pahl, Hanno (2008), *Das Geld in der modernen Wirtschaft*, Frankfurt/M./New York.

Propp, Vladimir (1975), *Morphologie des Märchens*, Frankfurt/M.

Röggla, Kathrin (2009), *Gespensterarbeit, Krisenmanagement und Weltmarktfiktion*, mit einem Vorwort v. Hubert Christian Ehalt, Wien (Wiener Vorlesungen im Rathhaus, Edition Gesellschaftskritik, 6).

Schnaas, Dieter (2010), *Kleine Kulturgeschichte des Geldes*, München.

Schößler, Franziska (2009), *Börsenfieber und Kaufrausch: Ökonomie, Judentum und Weiblichkeit bei Theodor Fontane, Heinrich Mann, Thomas Mann, Arthur Schnitzler und Émile Zola*, Bielefeld (Figurationen des Anderen 1).

Shell, Marc (1999), The issue of representation, in: Woodmansee/Osteen (Hg.), *The New Economic Criticism*, S. 53–74.

Spinnen, Burkhard (2008), *Gut aufgestellt. Kleiner Phrasenführer durch die Wirtschaftssprache*, Freiburg/B.

Steinaecker, Thomas von (2009), »Das dünne Eis der Fiktion«, in: *Frankfurter Allgemeine Zeitung*, 15. Juli, S. 29.

Stierle, Karlheinz (2001), »Fiktion«, in: *Ästhetische Grundbegriffe*, Bd. 2, hg. v. Karlheinz Barck u.a., Stuttgart/Weimar, S. 380–428.

Vief, Bernhard (1991), »Digitales Geld«, in: Florian Rötzer (Hg.), *Digitaler Schein. Ästhetik der elektronischen Medien*, Frankfurt/M., S. 117–146.

Vogl, Joseph (2002), *Kalkül und Leidenschaft. Poetik des ökonomischen Menschen*, München.

Vogl, Joseph (2011), *Das Gespenst des Kapitals*, 2. Aufl., Zürich.

Wetzel, Dietmar J. (2010), »Elegant verrechnet – zur prekären Lage der ökonomischen Wissenschaften«, in: Honegger/Neckel/Magnin (Hg.), *Strukturierte Verantwortungslosigkeit*, S. 293–301.

Wiemann, Volker (1998), »Isotopie«, in: *Metzler Lexikon Literatur- und Kulturtheorie*, hg. v. Ansgar Nünning, Stuttgart/Weimar, S. 246.

Wolfe, Tom (2010), *The Bonfire of the Vanities*, London.

Woodmansee, Martha/Osteen, Mark (Hg.) (1999), *The New Economic Criticism. Studies at the intersection of literature and economics*, London/New York.

I. Theoretische Ansätze und Perspektiven

Fiktion und Realität im Finanzwesen

Max Otte

Vorab: Ich hätte nie erwartet, dass mich meine Beschäftigung mit Finanzkrisen eines Tages auf eine Tagung von Germanisten führt. Vielen Dank Christine Künzel und Dirk Hempel vom Institut für Germanistik II der Universität Hamburg und der Akademie der Wissenschaften in Hamburg für die Einladung. Ihre Tagung »Geldwirtschaft zwischen ›Realökonomie‹ und Fiktionalität«, deren Ergebnisse in dem vorliegenden Band dokumentiert sind, ist ein wichtiger Brückenschlag zwischen zwei Disziplinen, die gemeinhin nicht allzu viel Berührung haben.

Dabei war eine solche Tagung dringend notwendig. Denn die Wirtschaft, die Sphäre des Geldes ist zur omnipräsenten, fast alle Lebensbereiche durchdringenden Realität geworden. Die Sprache und die Bildwelt der Geldwirtschaft prägen längst auch unsere Gedankenstrukturen und unsere Realität. Höchste Zeit also, dass sich Germanisten dieses Themas annehmen.

I. Fiktion und Fakten

Was habe ich von meinem Deutschunterricht – in den ich übrigens sehr gerne ging! – zum Thema Fiktion behalten? Es ging um Metaphern, Bilder, Geschichten, Handlungen, Bedeutungsinhalte, Kontexte, Reflexion und die Entwicklung von Geschichten und Inhalten. Es ging um Stilmittel und Kunstgriffe. Es ging um die Verknüpfung von Form, Inhalten und Funktion zu etwas Ganzem, das wir dann wieder auseinandernehmen durften.

Fiktion ist etwas Erdachtes. Offensichtlich steht dieser Begriff im Gegensatz zur Realität beziehungsweise den Fakten. Hier wird gemessen und beschrieben, was ist. Und die Fakten stehen heutzutage hoch im Kurs. Ein bekanntes deutsches Nachrichtenmagazin wirbt mit dem Slogan »Fakten, Fakten, Fakten«.

Wenn der Deutschunterricht dann fortschreitet und seine höheren Sphären erreicht – so ab Beginn der Oberstufe – lernen wir, dass es ganz so einfach mit Fakt und Fiktion doch nicht ist. Fiktion hat ihre Entstehungsgeschichte, ihre Rezeption, ihre Wirkungsgeschichte. Fakten wiederum – insbesondere gesellschaftliche Tatbestände – beruhen oftmals auf bestimmten gesellschaftlichen Voraussetzungen und können sich ändern. Wenn der Staat – zum Beispiel der preußische Staat bei Hegel – als höchste Stufe der menschlichen Entwicklung angesehen wird und hierüber weitgehend Einigkeit in der Gesellschaft besteht, dann ist *dieser* Staat Realität. Wenn das Individuum als absoluter Bezugspunkt angesehen wird – wie heute in vielen westlichen Gesellschaften –, dann bekommt der Staat einen anderen Charakter und wird zur Residualgröße. In den Sozial- und Gesellschaftswissenschaften nennt man die Wechselwirkung von Objekt und Betrachter Dialektik, in den Sprachwissenschaften wird dieser Sachverhalt mit dem Begriff Hermeneutik bezeichnet.

II. Die Grenzen der Ökonomie als exakte Wissenschaft

Die moderne Ökonomie versteht sich als faktenorientierte Wissenschaft. Was ist, wird gemessen und möglichst in mathematisch strenge Kausal- und Modellzusammenhänge gebracht. Die Ökonomie präsentiert sich somit als eine Art Physik der Gesellschaft.

Am deutlichsten zu sehen ist das im Lehrbuch von Samuelson und Nordhaus (2009), dem wohl bekanntesten Lehrbuch der Volkswirtschaftslehre, das 1948 millionenfach verkauft wurde und immer noch eines der populärsten Einführungen zum Thema ist. Hier wird die klassische Mechanik der Kausalbeziehungen zwischen Kräften und Körpern, die Mitte des neunzehnten Jahrhunderts ihre Blüte hatte, auf wirtschaftliche Phänomene übertragen – ungeachtet dessen, dass dieses Konzept in der Physik schon Ende des neunzehnten Jahrhunderts Löcher bekam und seit dem frühen zwanzigsten Jahrhundert als überholt gilt. Es ist im Übrigen bezeichnend, dass Samuelson seine akademische Laufbahn als Physiker begann.

Es wird gemessen, es werden Kausalbeziehungen konstatiert – und am Ende ist die Wirtschaft ein Kosmos, der nach einem strengen Regelwerk funktioniert. Insbesondere sollen die Modelle auch »sparsam« sein, das heißt mit möglichst wenigen Ursachenvariablen auskommen. Je mehr Ursachen man in den Modellen zulässt, desto unschärfer wird nachher die Mathematik. Nun muss man sich nur noch über die wichtigsten Gesetze streiten – die Auseinandersetzung zwischen Monetaristen und Neoklassikern auf der einen und Keynesianern auf der anderen Seite ist wohl der wichtigste Methodenstreit – und alle Probleme sind geklärt. Im Jahr 2003 konnte Nobelpreisträger Robert Lucas in der Ansprache des Präsidenten an die American Economic Association behaupten, dass die Makroökonomie ihr Ziel erreicht habe und ihr zentrales Problem der Verhinderung von Depressionen gelöst worden sei (vgl. Lucas 2003). Wir wurden eines Besseren belehrt.

So kann es nicht verwundern, dass die moderne Ökonomie etliche »blinde Flecken« (Senf 2007) hat. Sie ist zum Beispiel bemerkenswert ruhig, wenn es um das Thema Finanz- und Wirtschaftskrisen geht. Krisen passen nicht gut in das Bild einer Wirtschaft, die mechanischen Gesetzen gehorcht und die sich mechanisch steuern lässt. Also kommen sie in den Lehrbüchern der Ökonomie nicht oder nur sehr am Rande – keinesfalls jedoch als zentrales Problem! – vor (vgl. Otte 2011). Nie waren Ökonomen präsenter als heute. Und dennoch hat so gut wie keiner vor einer möglichen Finanzkrise gewarnt (vgl. ebd.).

In einem Aufsatz mit dem Titel »Die Finanzkrise, die Ökonomen, der ›Crashprophet‹ und die Wissenschaft von der Ökonomie« (Otte 2011) habe ich die methodischen Probleme der mathematisch-modellorientierten Ökonomie erläutert. Sie bestehen, kurz gesagt, aus der Annahme stabiler Nutzenfunktionen und exogener Präferenzen, der im Widerspruch zum kausallinearen Modelldenken stehenden Dialektik gesellschaftlicher Vorgänge und damit einhergehend der Verwechslung von Vergangenheit und Zukunft sowie der Annahme rationaler Märkte (wobei gerade Finanzmärkte kurzfristig höchst irrational sein können).

Stabile Nutzenfunktionen und exogene Präferenzen: Zunächst einmal hat jede Theorie ihre Voraussetzungen, etwas das gesetzt ist und damit kein Fakt. Die Ökonomie geht vom Nutzenbegriff und von einer individuellen Nutzenfunktion aus. Das heißt, dass ein Individuum bei Erhalt eines Gutes einen bestimmten Nutzen verspürt, bei mehr Gütern derselben Art mehr Nutzen (wobei die Zunahme des Nutzens sich aber verflacht). Zudem sollen die Präferenzen exogen, das heißt vorgegeben und stabil sein.

Diese mechanische Grundannahme fast aller ökonomischen Modelle wird der Realität nicht gerecht. Institutionalisten wissen, dass Nutzenvorstellungen durch Institutionen und gesellschaftliche Prozesse erst geprägt werden und sich daher verändern können. Hier besteht also das erste Einfallstor für Fiktionen und falsche Annahmen.

Konkret: wenn zum Beispiel derzeit argumentiert wird, dass obszön hohe Managergehälter im hohen einstelligen Millionenbereich notwendig seien, um Spitzenmanager zu halten, so vergisst man, dass in der Bundesrepublik bis circa 1990 Gehälter von einem Zehntel bis zu einem Viertel des heutigen Niveaus durchaus ausreichten, um Spitzenleistungen zu erhalten. Die deutsche Industrie war damals international mindestens ebenso gut positioniert wie heute. Hier muss sich also etwas in den Begriffen, den Nutzenvorstellungen der Gesellschaft geändert haben. Dennoch geht die Ökonomie von *a priori* stabilen Nutzenfunktionen aus und untersucht solche Änderungsprozesse eben nicht.

Modelldenken und Dialektik gesellschaftlicher Vorgänge: Seit Heisenberg wissen wir, dass sich der Gegenstand nur mit einer gewissen Unschärfe messen lässt. Ökonomen wollen davon zumeist nichts wissen und halten wie Paul Samuelson an einer Ökonomie fest, die idealerweise wie die klassische Mechanik des neunzehnten Jahrhunderts funktionieren soll.

Aber mehr noch: Experimente und Beobachtungen können auch den Gegenstand verändern – in der Kernphysik genauso wie in der Gesellschaft. Der bekannte Hedgefondsmanager George Soros sprach von der »Reflexivität« (1994) der Finanzmärkte, nämlich der Tatsache, dass menschliche Auffassungen und Eingriffe die Finanzmärkte verändern.

Der amerikanische Investmentbanker Richard Bookstaber war seit Anfang der achtziger Jahre im Zentrum des Geschehens, der Wall Street, in maßgeblicher Position an den Entwicklungen beteiligt. Er stellt dar, wie geniale Finanzprodukte und brillante Tradingstrategien unweigerlich zu kleinen oder großen Zusammenbrüchen führen (vgl. Bookstaber 2008). Nehmen wir an, ein Finanzingenieur entdeckt eine kleine Unebenheit in den Märkten, die sich mit Hilfe einer komplexen Tradingstrategie ausbeuten lässt und die regelmäßig hohe Rendite erzielt. Dann werden immer größere Volumina mit dieser Strategie gehandelt. Nachahmer treten auf den Plan. Und irgendwann bricht der Markt zusammen, weil er die Last nicht mehr aushält. Ähnlich war es auch mit den verbrieften Produkten im Immobiliensektor.

Weil Wohnimmobilien in den USA in den letzten Jahrzehnten nahezu kontinuierlich gestiegen waren, wurden Finanzprodukte konstruiert, mit denen sich an diesem Anstieg partizipieren ließ. Das heizte den Preisanstieg an, was wiederum die Nachfrage nach Finanzprodukten erhöhte. Irgendwann waren dann die Preisanstiege in diesem Sektor so massiv, dass der Zusammenbruch kam. Was ist Fakt, wo beginnt die Fiktion?

Rationale Märkte: Die Volkswirtschaftslehre geht immer noch vom rationalen, nutzenorientierten Menschen aus, vom *homo oeconomicus*. Die Fortschritte in der verhaltenswissenschaftlichen Finanzforschung in den letzten zweieinhalb Jahrzehnten zeigen allerdings, dass der *homo oeconomicus* gerade dann, wenn es um Geld und Finanzfragen geht, eher die Ausnahme als die Regel ist.

Die vorhergehenden Ausführungen deuten schon an, dass es an Märkten keinesfalls immer rational zugeht. Seit einem Jahrzehnt haben wir hierfür nun den wissenschaftlichen Beweis. Daniel Kahnemann erhielt den Nobelpreis dafür, dass er untersuchte, in welchen Regionen des Gehirns schnelle Geldentscheidungen getroffen werden. Kahnemanns (nicht so) überraschende Erkenntnis: In vielen Fällen übernimmt das Kleinhirn, das evolutionsgeschichtlich aus der Zeit der Reptilien stammt. Was Börsianer schon lange wussten, dass nämlich Urinstinkte wie Gier und Furcht die Finanzmärkte dominieren, ist nun wissenschaftlich bewiesen (vgl. u.a. Kahnemann/Tversky 1992).

III. Die Wechselwirkungen von »Realökonomie« und Fiktionalität am Beispiel von fünf zentralen Begriffsfeldern der Ökonomie

Anhand von fünf Begriffsfeldern stelle ich im Folgenden die Wechselwirkungen zwischen Definitionen (Anschauungen) und Realität dar: dem zentralen Begriff des Geldes, des Kredits, des Vermögens und Einkommens, der Preise und der Derivate.

1. Geld

Geld ist in der heutigen Welt, wenn nicht in aller Munde, so doch in (fast) aller Gedanken. Wer hätte es nicht gerne? Wenn man es dann hat, scheint es viel zu schnell weg zu sein. Andere wiederum haben so viel davon, dass sie es beim besten Willen nicht ausgeben können und es sich immer schneller vermehrt. Der vordergründig so klare Begriff des Geldes ist aber doch deutlich vielschichtiger. Was ist Geld? Sind es die Münzen und Scheine in der Tasche? Oder ist nur Gold »echtes Geld«, wie es Goldfanatiker, so genannte »gold bugs« behaupten? Was ist mit dem Kontoguthaben bei der Bank? Was mit Finanzderivaten?

In der Wirtschaftsgeschichte gab es die unterschiedlichsten Geldformen: Münzen, Kühe, Muscheln, Zigaretten, Papierscheine und vieles andere. In der Volkswirtschaftslehre wird Geld nicht durch seine stofflichen oder sonstigen Qualitäten definiert, sondern durch seine drei *Kernfunktionen* – Tauschmittel, Rechenmaßstab und Wertaufbewahrungsmittel.

Tauschmittel: Eine Naturaltauschwirtschaft wäre höchst unpraktisch. Vielleicht müssten Sie Geigenstunden anbieten, um im Bekleidungsladen eine Hose zu erstehen. Wenn Ihr Gegenüber aber keine Geigenstunden möchte, wäre ein komplizierter und aufwendiger Tauschvorgang notwendig. Die Existenz eines akzeptierten Tauschmittels vereinfacht die Situation sehr.

Rechenmaßstab: Eng mit der Tauschmittelfunktion verknüpft ist die Funktion des Rechenmaßstabs, mit dem sich Güter und Dienstleistungen bewerten und beziffern lassen.

Wertaufbewahrungsmittel: In der Ökonomie ist allgemein akzeptiert, dass Geld auch zur Wertaufbewahrung dienen soll, dass Sie also für Ihr Geld in einem oder mehreren Jahren denselben Gegenwert erhalten wie heute. Einige alternative Ökonomen halten die Wertaufbewahrungsfunktion – und insbesondere den Zins – für ein Grundübel unseres Wirtschaftssystems. Unter den meisten Ökonomen, den Verfasser eingeschlossen, ist es aber Konsens, dass Geldwertstabilität ein wichtiges Zivilisationsgut ist.

Wenn Geld allerdings durch seine oben genannten Funktionen und nicht durch seine stofflichen Eigenschaften definiert wird, dann ist von besonderer Bedeutung, dass das Vertrauen in das Geld gegeben ist. Mit Vertrauen kann bloßes Papier, können bloße Computereinträge zu Geld werden; ohne Vertrauen verliert das Geld seine oben genannten Funktionen. Dann kann man nur noch auf stoffliche Werte – oft Gold – zurückgreifen. In der Zeit zwischen dem Ersten und den Zweiten Weltkrieg hingen die Banque du France, die Bank of England, die Federal Reserve und die Deutsche Reichsbank noch der Idee an, bei passender Gelegenheit zum Goldstandard, also zur jederzeitigen Konvertibilität von Banknoten in Geld zurückzukehren. Nach dem Zweiten Weltkrieg besaß nur noch der Dollar eine Golddeckung. Und seit dem Nixon-Schock von 1971 ist auch diese Konvertibilität aufgehoben. Dennoch hat das internationale Geldsystem bis heute bei etlichen Störungen im Großen und Ganzen funktioniert. Vertrauen ist also ein zivilisatorisches oder öffentliches Gut. Geldproduzenten (Notenbanken) können durch ihre Politik sowohl Vertrauen fördern als auch zerstören. Wenn aber Geld vor allem auf Vertrauen beruht, dann ist Geld ein Kulturgut. Die allgemeine politische, wirtschaftliche und kulturelle Konvention, die uns Geld benutzen lässt, ist ein Faktum, allerdings eines des Geistes. Dieses Faktum kann auch zur Fiktion werden, wenn sich die Voraussetzungen ändern.

Immer wieder verfallen Regierungen der Versuchung, durch die Ausdehnung der Geldmenge – es handelt sich hierbei heute, wie bereits erwähnt, um bloße Computereinträge bei Notenbanken und Geschäftsbanken – Haushaltsdefizite zu stopfen. Eine größere Geldmenge kann, muss aber nicht, zu Inflation führen. Inflation wiederum kann helfen, politische Verteilungskonflikte zu lösen, weil es denjenigen Gruppen, die schleichend durch die Inflation besteuert werden, oft nicht oder nicht sofort auffällt. Inflation wiederum bedeutet, dass Geld irgendwann seine Funktionen als Rechenmaßstab, Zahlungsmittel oder Wertaufbewahrungsmittel nur noch unvollkommen erfüllen kann. Vertrauen bei einer niedrigen Inflationsrate die Bürgerinnen und Bürger noch auf die Funktionen, so wird dies bei zunehmender Inflation zunehmend zerstört, wie die Hyperinflation der zwanziger Jahre in Deutschland zeigte. Auch in den siebziger Jahren war die westliche Welt kurz davor, das Vertrauen in das Geldsystem zu zerstören, bevor Paul Volcker in den USA durch eine strenge Geldpolitik dieses wiederherstellte. Die Unabhängigkeit der Deutschen Bundesbank von der Bundesregierung zum Schutz des Vertrauens in die D-Mark war daher eine der Errungenschaften der Bundesrepublik Deutschland. Die Europäische Zentralbank erhielt zunächst ein ähnliches Statut wie die Bundesbank. Mit dem von der Europäischen Union beschlossenen Euro-Rettungsschirm vom 10. Mai 2010 ist allerdings die Verpflichtung der Bundesbank und der Europäischen Zentralbank auf das Ziel, die Währung zu sichern, ausgehöhlt worden. Seitdem die Bundesbank gezwungen wurde, dem Kauf von Anleihen durch die Europäische Zentralbank zuzustimmen, ist ihre Unabhängigkeit Makulatur.

2. Kredit

Geld alleine – selbst in seiner erweiterten Form als Banknote oder als Kontoguthaben – ist nur noch ein geringer Teil unserer Ökonomie, und nicht mehr der bedeutendste. Während im Mittelalter und auch im vergleichsweise viel höher entwickelten Römischen Reich das physische Geld dominierte, wird seit Beginn der Neuzeit der Kredit, die Möglichkeit, bei Bedarf über Geld zu verfügen, immer wichtiger. Kredit (und die doppelte Buchhaltung, auf die ich im nächsten Abschnitt eingehen werde), sind die eigentlichen Innovationen in der Finanztechnik der Neuzeit.

Der Kredit ermöglicht eine unglaubliche Dynamisierung unserer Wirtschaftsverhältnisse. Geld muss nicht mehr gehortet werden, um es bei Bedarf auszugeben, sondern kann zwischenzeitlich auch verliehen werden, wenn es an anderer Stelle benötigt wird. Damit kann Geld dahin fließen, wo es aktuell benötigt wird. Solche Transfers sind zwischen Personen, Unternehmen, dem Staat und Personen sowie zwischen Nationen möglich. Die USA konnten ihren massiven Konsum in den letzten beiden Jahrzehnten nur aufrechterhalten, weil andere Nationen – allen voran China, aber auch Japan, Deutschland und andere – bereit waren, amerikanische Staatsanleihen und Dollarguthaben, Forderungen auf das amerikanische Sozialprodukt, zu horten. Der Kreditgeber lässt sich entweder Sicherheiten geben oder vertraut auf die Ertrags- und Wirtschaftskraft des Kreditnehmers (natürlich meist nach einer Prüfung der Finanzzahlen). Der Kredit wird also im Vertrauen auf Sicherheiten oder die Zahlungsfähigkeit des Kreditnehmers gegeben. Diese Tatsache alleine hat natürlich schon oft dazu geführt, dass Bilanzen gefälscht werden, also mit betrügerischer Absicht Fiktionen produziert werden, um sich Kredite zu erschleichen, zum Beispiel in den neunziger Jahren durch den Baulöwen Jürgen Schneider oder aktuell durch die Schieder-Gruppe, den ehemals größten Möbelproduzenten Europas.

Die Subprime-Krise[1] war keine Krise des Geldwertes, sondern eine Kreditkrise. Wenn eine Bank oder ein Unternehmen Kredite vergibt, sind dies Forderungen. In der Bilanz stehen Forderungen auf der Aktivseite und gelten somit als Vermögen. Mit diesem Vermögen lassen sich weitere Kredite aufnehmen. Je nachdem, wie streng oder locker die Regeln gestrickt sind, lassen sich so Kreditgebäude aus vielen Ebenen errichten, bei denen die Summe der letztlich vergebenen Kredite ein Vielfaches der Wirtschaftsleis-

---

[1] »Subprime«-Kredite sind Kredite minderer Qualität, bei denen die Schuldner oder die Kreditbedingungen nicht den üblichen hohen Ansprüchen genügen. Dieses Vehikel wurde vor der Finanzkrise in den USA millionenfach von überwiegend privaten Käufern genutzt, um zumeist überteuerte Immobilien zu erstehen. Man gab sich der Illusion hin, diese Vergabepraxis durch besseres Risikomanagement und Verbriefung kontrollieren zu können. Als die ersten Kredite nicht bedient werden konnten und in Folge die Kreditvergabe wesentlich vorsichtiger erfolgte, kollabierte das gesamte Kartenhaus aus exzessiver Kreditvergabe und überteuerten Immobilien.

tung eines Landes erreicht. Was an diesen Vermögenswerten ist Fakt, was Fiktion? Nach der Finanzkrise stellte sich zumindest heraus, dass viele der in Immobilienkrediten gebundenen Vermögenswerte Fiktion waren. In den wenigsten Fällen waren allerdings diese Fiktionen strafbarer Betrug. Das System, das auf Finanzinnovationen, Ratingagenturen, Banken und Investmentbanken und Finanzvehikeln außerhalb der Bilanz beruhte, ließ es zu, beziehungsweise förderte es sogar, Zahlen zu produzieren, die mit der Realität nichts mehr zu tun hatten. Hier liegt letztlich ein politisches Systemversagen vor (vgl. Otte 2009b).

3. Vermögen und Einkommen

Die zweite wichtige Finanzinnovation der Neuzeit ist neben der weitreichenden Nutzung des Kredits das System der doppelten Buchhaltung, bei dem jeder Geschäftsvorfall zeitgleich durch eine Soll- und eine Habenbuchung erfasst wird. Die doppelte Buchführung ermöglicht es, einerseits die Vermögenssituation eines Unternehmens durch die Bilanz (Aufstellung der Vermögensbestandteile und der Kapitalherkunft), andererseits die Ertragssituation (Aufwendungen und Erträge in der Gewinn- und Verlustrechnung) zu ermitteln.

Bilanzen und Geschäftsabschlüsse sind die Sprache der Wirtschaft. Bei der Erstellung und Verwendung derselben ergeben sich in vielen Fällen Interpretationsspielräume, insbesondere dann, wenn Vermögensgegenstände zu bewerten sind.

Das Bild des Sees, der sich an einem Flusslauf angestaut hat, mag dies verdeutlichen. Ich kann messen, wie viel Wasser sich im See befindet (Bilanz, zeitpunktbezogen), oder wie viel in einem Jahr in den See hinein- und hinausfließt (*Cash-Flow*-Rechnung, zeitraumbezogen). Sowohl durch Messung der Wassermenge im See an zwei Zeitpunkten, als auch durch die Messung des hinein- und hinausfließenden Wassers in einem Zeitraum kann ich die Veränderung der Wassermenge im See bestimmen. Die Gewinn- und Verlustrechnung hängt mit der Messung der reinen Zahlungsströme (*Cash-Flow*-Rechnung) zusammen, weicht aber aus gutem Grunde in etlichen Punkten ab. Wenn ein Unternehmen zum Beispiel aus vorhandenen Finanzmitteln eine Maschine kauft, wird hierfür eine große Zahlung (Mittelabfluss) fällig. Diese Maschine wird aber wahrscheinlich über viele Jahre ihren Dienst erweisen. So würde es die Gewinn- und Verlustrechnung verfälschen, wenn der gesamte Kaufpreis im Anschaffungsjahr als Kosten angesetzt würde. Also wird die Ausgabe periodisiert und über einen bestimmten Zeitraum verteilt. Wenn dann die gesamte Anschaffung als Kosten angesetzt wurde, spricht man auch von einer »abgeschriebenen« Maschine.

Wenn auch die Periodisierung zur Erfassung des Gewinns einer Periode sinnvoll ist, so öffnet sie doch auch deutlichen Raum für Interpretationen und Bemessungsspielräume (Fiktionen). Über welchen Zeitraum soll eine Maschine abgeschrieben werden? Was passiert mit einer Forderung, deren Einbringung zweifelhaft geworden ist? Mit welchem Wert soll das Betriebsgrundstück in der Bilanz angesetzt werden?

Die Grundsätze ordnungsmäßiger Buchführung – zum Beispiel Richtigkeit und Willkürfreiheit, Klarheit und Übersichtlichkeit, Einzelbewertung (Saldierungsverbot), Vollständigkeit, das Realisations- und das Imparitätsprinzip, die Abgrenzung der Sache und der Zeit nach sowie die Grundsätze der Vorsicht, der Kontinuität, der Fortführung der Unternehmenstätigkeit, das Periodisierungsprinzip und das Stichtagsprinzip wären nicht entstanden, wenn die Messung von Gewinnen und Vermögen eine rein mathematisch-mechanische Angelegenheit wäre. Armeen von Wirtschaftsprüfungsgesellschaften – Söldnertruppen des modernen Symbolkapitalismus – beschäftigen sich mit der Produktion und Deutung von Finanzzahlen.

In der konservativen deutschen Buchhaltung nach dem Handelsgesetzbuch (HGB) galt das strenge Niederstwertprinzip: Ein Vermögensgegenstand sollte zu seinen Kosten oder zu seinem Marktwert erfasst werden, was immer der niedrigere Wert sei. Diese konservative Methode konnte zu Verzerrungen der Wertansätze führen, aber sie stellte doch in den meisten Fällen (wenn auch nicht immer!) sicher, dass mindestens die Wertansätze vorhanden und belastbar waren. Man spricht also von einer gläubigerorientierten Buchhaltung.

Mit der Einführung der *International Accounting Standards* (IAS/IFRS) in den letzten Jahren wurde das *Fair Value Accounting*, die Bilanzierung zum »fairen« Wert, Prinzip. Vermögensgegenstände sollen also zu ihrem fairen (Markt-)Wert in die Bilanz eingestellt werden. Was zunächst logisch und folgerichtig klingt, erweist sich bei näherem Hinsehen als höchst problematisch. Für viele Vermögensgegenstände des Finanzvermögens, insbesondere Derivate, aber auch Forderungen und viele andere Titel, ist es nämlich gar nicht möglich, einen objektiven fairen Wert festzustellen. Derivate, für die es keinen Markt gibt, weil sie nicht gehandelt werden, müssen mit Hilfe finanzmathematischer Modelle berechnet werden. Hier können aber schon Abweichungen in den Modellannahmen von einem Prozent zu Schwankungen im errechneten Wert von mehreren hundert Prozent führen. Eine andere groteske Konsequenz des *Fair Value Accounting*: Verschlechtern sich die Kreditbedingungen, sind bestehende Kredite nur noch mit einem Abschlag weiterveräußerbar, weil die Käufer woanders mittlerweile als Folge des schlechteren Kreditmarktes höhere Zinsen bekommen würden. Banken jedoch können ihre Schulden dann nach *Fair Value Accounting* zu niedrigeren Preisen ansetzen, weil sie ja ihre Schulden billiger zurückkaufen könnten. Damit sinken buchhalterisch die Schulden der Bank, das Eigenkapital steigt, ohne dass das Management etwas dazu getan hätte. Für meine Ohren klingt das sehr nach Fiktion.

Fair Value Accounting ist also, anders als sein Name es implizieren würde, zum Einfallstor für Fiktion und Dichtung in der Wirtschaft geworden. Und die wahren Dichter unserer Zeit sitzen nicht mehr in der heimischen Studierstube, sondern in den Investmentbanken und Wirtschaftsprüfungsgesellschaften.

Auch bei der volkswirtschaftlichen Gesamtrechnung, die den Wohlstand beziehungsweise die laufende Produktion eines Landes messen soll, ergeben sich vielfach Interpretations- und Bemessungsspielräume. Anders als beim betrieblichen Rechnungswesen gilt hier auch nicht der Grundsatz der Einzelbewertung. Es werden also nicht alle Transaktionen erfasst. Sonst wäre es sozialistische Planwirtschaft. Durch die vielfachen Schätzverfahren kann die volkswirtschaftliche Gesamtrechnung also nur sehr ungenau sein. (Dass die sozialistische Planwirtschaft kein Muster an Genauigkeit war, sondern in besonderem Maße für Fiktion in der Wirtschaft stand, ist ebenfalls bekannt.)

Aber die volkswirtschaftliche Gesamtrechnung ist nicht nur ungenau; sie ist auch in den westlichen Industrienationen vielfach politisch manipuliert (vgl. Otte 2009a: 147f.). In den siebziger Jahren erfand Arthur Burns, Chairman des Federal Reserve Board, auf Drängen Richard Nixons die so genannte »Kerninflation« – eine Inflationsrate, bei der die besonders stark schwankenden Größen Nahrungsmittel und Energie herausgerechnet waren und die daher die Inflationsrate oft systematisch zu niedrig bemaß. In den USA werden Produktivitätsfortschritte aus Sicht des Verfassers zum Teil verfälschend in die Inflationsstatistik eingebracht, indem zum Beispiel die Rechnerleistung derart berücksichtigt wird, dass der Preis eines neuen Computers für die Statistik nach unten angepasst wird, wenn er eine höhere Rechnerleistung hat. Die fiktive nicht gezahlte Miete auf eigene Wohnimmobilien wird dem Volkseinkommen zugeschlagen. Was ist da noch Realität?

4. Preise

Ein zentraler Begriff der Marktwirtschaft ist der des Preises. Oben ist er uns schon in Form des gesamtwirtschaftlichen Preisniveaus begegnet, dessen Steigerung wir Inflation nennen. Dies wäre die makroökonomische Komponente des Begriffs. Gehen wir aber auf die mikroökonomische Ebene ein, auf die Frage, wie sich einzelne Preise bilden, treffen wir auf erstaunliche Denkmuster, die von Alexander Rüstow, dem großen ordoliberalen Denker, zum Teil als vorwissenschaftlich und »religionsähnlich« (Rüstow 2004) bezeichnet werden.

Die »moderne« Ökonomie geht davon aus, dass der Marktmechanismus der freien Preisbildung der effizienteste Mechanismus zur Koordination des Güterverkehrs ist. Sie verwendet sozusagen das Bild des Wochenmarktes, auf dem die Händler einfache Güter gegen Geld verkaufen. Dieser weitgehend transparente Markt ist eine vorindustrielle Organisationsform. Er entspricht keinesfalls der komplexen Ordnung der Märkte in der Industrie- oder Dienstleistungsgesellschaft, mit langfristigen Lieferbeziehungen und -verträgen, Arbeitsverträgen, Marktforschung und Konsumentenbeeinflussung. Marktbeziehungen beinhalten spezifisches Vertrauen und Kapital (vgl. Williamson 1985), welches an eine bestimmte Beziehung und Situation gebunden ist.

Aber nicht die Komplexität moderner Märkte führt dazu, dass das die Ökonomie dominierende Bild des Marktmechanismus auf falschen Vorraussetzungen beruht, auch die Annahme der Irrationalität ist problematisch. Wenn der Verstand aussetzt, können durch kollektiven Wahn völlig irrationale Preise entstehen, wie zum Beispiel während der Tulpenmanie in Holland zwischen 1634 und 1636, der Südseeblase in England im Jahr 1720, den Grundstücksspekulationen in Florida 1926 oder der Technologieblase der Jahre 1998 bis 2001. Und es lässt sich nicht behaupten, dass der Börsenmechanismus in diesen Jahren nicht funktionierte (vgl. MacKay/de la Vega 2010). Im Gegenteil: irrationale Preise und Blasen scheinen umso leichter möglich zu sein, je beweglicher Vermögensgegenstände sind. Die Übertreibungen am amerikanischen Häusermarkt wurden erst möglich, als die Kreditaufnahme wesentlich vereinfacht wurde und Kredite handelbar und beweglicher gemacht wurden.

Der ehemalige Wirtschaftsweise Bert Rürup, der seinerseits dem Ruf des Marktes gefolgt ist und beim Finanzvertrieb AWD als Chefökonom angeheuert hat, spricht daher bildhaft von verschiedenen Grundmodellen der

Marktwirtschaft. Während die Angelsachsen den Markt als »Vollautomatismus« ansähen, würden die Kontinentaleuropäer mit ihren Modellen der Sozialen Marktwirtschaft oder des rheinischen Kapitalismus den Markt als »Halbautomatismus« ansehen. Die Angelsachsen gingen also davon aus, dass der Markt an sich optimale Ergebnisse erziele und dass man lediglich alle Markthindernisse entfernen müsse, während die Kontinentaleuropäer gewisse Korrekturen am Ergebnis von Marktprozessen als notwendig ansähen. Daneben gebe es noch die dritte Variante des asiatischen Staatskapitalismus, in welchem der Markt staatlichen Zielen untergeordnet werde (vgl. Rürup 2008).

Aber was sind »faire Preise«, wenn nicht die, die am Ende durch den Marktmechanismus bestimmt werden? Letztlich sollen faire Preise durch Konkurrenz entstehen. Aber da endet das Problem auch noch nicht. Der in Vergessenheit geratene große deutsche Ökonom Werner Sombart sprach von Leistungskonkurrenz, Suggestionskonkurrenz und Gewaltkonkurrenz (vgl. Sombart 1916). Nur die *Leistungskonkurrenz*, die ihre Analogie im Sport findet, schafft nach Sombart faire und zielorientierte Ergebnisse. *Suggestionskonkurrenz* versucht Tatsachen vorzutäuschen, die es so nicht gibt, also den Erfolg im Wettbewerb durch die Produktion von Fiktionen zu erzielen. Heute ist Suggestionskonkurrenz in Gestalt des Marketing allgegenwärtig. Wo lässt sich da die Grenze zu Lüge und Schwindel ziehen?

Aber nicht nur Produkte sollen beworben werden, auch von Unternehmen und Institutionen werden mit Hilfe des Marketing förderliche Bilder produziert. Auch hier stehen nicht mehr die Fakten, sondern die Fiktionen im Vordergrund. Ein aktuelles Beispiel überbordender Suggestion ist das Schlagwort *Corporate Social Responsibility*. Unternehmen werben damit, dass sie besonders »gut« und »verantwortlich« seien. So präsentierte der Frankfurter Flughafen sich auf seiner Website mit Bildern von Wiesen und Wäldern. Früher hätte man dies als krude »Propaganda« bezeichnet. Denn es ist völlig offensichtlich, dass der Flughafen Frankfurt, so wie alle anderen Großflughäfen auf der Welt, massiv zum Belastung unserer Umwelt beiträgt, egal ob dies nun gesellschaftlich gewollt ist oder nicht.

Schließlich gibt es auch noch die *Gewaltkonkurrenz*, das Durchsetzen von Bedingungen durch Macht. Wenn früher Raubritter eine Kette über den Fluss spannten, um Abgaben abzupressen, so sorgt heute die mit raffinierten Methoden wie dem *Conjoint Measurement* durchgeführte Methode der »nutzenorientierten Preisfestsetzung« dafür, dass Flugtickets, die kurz vor Abflug gebucht wurden, um ein Vielfaches teurer sind als die lange im Voraus gebuchten Tickets, obwohl die bezogenen Leistungen dieselben sind. Man kann also in der modernen Marktwirtschaft mit Fug und Recht von einem Rückfall in die Wirtschaftssitten des Mittelalters sprechen. Früher wäre das, was wir unter »nutzenorientierter Preisfestsetzung« kennen, in vielen Fällen mit »Wegelagerei« bezeichnet worden. Nutzenorientierte Preisfestsetzung ist das Gegenteil einer zivilisierten Gesellschaft, in der es Preistransparenz und in gewissem Rahmen auch Preiskonstanz geben sollte.

Noch eine Konsequenz hat die Gewaltkonkurrenz. Sie führt zur Ausschaltung des Konkurrenten, zur *Cutthroat Competition,* wie zum Beispiel in den USA um 1900 herum. Hier entstanden marktbeherrschende Monopole und Oligopole. Wenn aber die Märkte von einzelnen Akteuren beherrscht werden, die nach Belieben agieren können und die Verbraucher keine Alternativen haben, kommt nach Sombart wieder die Suggestion zum Zuge (vgl. Sombart 1916: 562).

5. Derivate[2]

Eine besondere Spielart der Hyperrealität sind Derivate – Wetten auf die Zukunft mit Verfallsdatum. In gewissem Umfang können Derivate als Absicherungsgeschäft sinnvoll sein, aber derlei Derivate werden heute in breitem Umfang Privatinvestoren angeboten, unter solch irreführenden Namen wie Discount-, Bonus- oder sogar Garantiezertifikat. Man wettet dann zum Beispiel bei einem Discountzertifikat darauf, dass eine bestimmte Aktie oder ein bestimmter Aktienkorb in einem bestimmten Zeitraum nicht unter einen bestimmten Kurs fällt. Fallen die Basiswerte (*Underlyings*) darunter, bekommt der Anleger den Basiswert angedient.

Derivate eignen sich sehr gut dazu, Privatanlegern Themen zu suggerieren und Fiktionen zu produzieren, da kaum ein Privatanleger die finanzmathematischen Kenntnisse haben dürfte, den Wert eines Derivats wirklich zu berechnen. Banken und Finanzdienstleister können risikolos viel Geld damit verdienen, dass der Privatanleger im wahrsten Sinne des Wortes immer »gegen die Bank« spielt. Derivate sind in Zusammenhang mit den oben erwähnten neuen Buchhaltungs- und Bilanzierungsregeln oftmals reine Fiktion oder zumindest Poesie auf hoher Ebene. Sie sind mittlerweile zu einem bedeutenden Bestandteil der Geldwirtschaft geworden: Das Bruttoinlands-

---

[2] Vgl. dazu insbesondere das Kapitel »Finanzderivate und der Verfall der Wirtschaftssitten« in Otte (2009a: 110–136).

produkt der Welt (BIP) liegt bei knapp 60 Billionen US-Dollar. Das Volumen des gesamten Finanzvermögens liegt bei knapp 2.000 Billionen US-Dollar, davon alleine etwa 800 Billionen US-Dollar Derivate.

IV. Die Hyperrealität der Geldwirtschaft

Im real existierenden Kapitalismus beschäftigen sich viele der besten und talentiertesten Menschen mit der Geldwirtschaft. Der Milliardär Charlie Munger, kongenialer Partner des US-Superinvestors Warren Buffett, veröffentlichte im Februar 2010 seine »Parabel, wie ein Land in den finanziellen Ruin schlitterte« (Munger 2010). Darin schildert er, wie eine einstmalig fleißige, sparsame und konservative Nation wohlhabend wird, das Spielen in Casinos entdeckt und langsam der Spielsucht verfällt. »So kam es, dass die Gewinne der Casinos schließlich 25 Prozent des Bruttoinlandsproduktes ausmachten und 22 Prozent aller Löhne und Gehälter an Casinoangestellte gingen (von denen viele Ingenieure waren, die man dringend anderswo benötigt hätte).« (Ebd.; Übersetzung M.O.) Irgendwann stand das Land vor einem Problem – die Exporte, die früher 25 Prozent des BIP betragen hatten, lagen nun bei zehn Prozent, die Importe waren von 15 auf 30 Prozent gestiegen. Ein weiser Mann wurde gefragt, der viele kluge Vorschläge machte, wie man die Spielsucht in den Casinos einschränken könne. Munger schreibt weiter, dass die Ratschläge des weisen Mannes weitgehend ignoriert wurden und dass die Ökonomen des Landes in Mehrheit deutlich gegen eine solche Regulierung waren, weil sie der Meinung waren, dass alle Resultate des Marktes effizient seien. Auch die Banken und Casinos widersetzen sich. So war der Abstieg des Landes unaufhaltsam.

1950 betrug der Anteil der Gewinne des Finanzsektors an allen Unternehmensgewinnen in den USA etwa zehn Prozent, 1960 etwa 18 Prozent, 1970 etwa 23 Prozent, 1980 etwa 20 Prozent, 1990 schon 23 Prozent, 1993 31 Prozent, im Jahr 2000 dann 40 Prozent, 2003 44 Prozent und jetzt – trotz der Finanzkrise und der zusammengebrochenen Gewinne – immer noch 33 Prozent. Für Deutschland lag der Anteil an den Unternehmensgewinnen im zuletzt gemessenen Jahr 2008 – trotz Finanzkrise – bei 8,5 Prozent.

Ist ein ausuferndes Finanzsystem mit dem 33-fachen Volumen des Wertes der Jahresproduktion erforderlich? Ist die Versorgung mit Banken im bisherigen Ausmaß sinnvoll? Realwirtschaftlich gestützt? Noch gilt das deutsche

Bankenwesen mit den drei Säulen Staatsbanken, genossenschaftliche Banken mit Verzahnung vor Ort und Privatbanken wie der Deutschen Bank als vergleichsweise gesund.

Es wird berichtet, dass Finanzminister Wolfgang Schäuble fassungslos war, nachdem er einen Handelsraum der Deutschen Bank besichtigt hatte. Der Jurist und Staatsdiener konnte nicht verstehen, dass hunderte intelligenter und studierter Menschen sich an kleinen Bildschirmen mit der Manipulation von Zahlen beschäftigen. Und eigentlich ist diese Haltung verständlich. Würden wir nicht viele dieser Menschen besser in Ingenieur-, Lehr- oder Verwaltungsberufen benötigen? Oder in der Germanistik? Stattdessen spielen sie Nullsummenspiele und schichten Vermögen und Einkommen um.

In einem visionären Artikel sprach Peter Drucker (1909–2005), Managementvisionär und einer der letzten Universaldenker, schon 1986 davon, dass der »Aufstieg der Symbolwirtschaft« (vgl. Drucker 1986) einer der drei wichtigsten Trends der nächsten Jahrzehnte sei. Es käme nicht mehr so sehr auf die Produktion und Verteilung von Gütern an, sondern auf die Manipulation von Symbolen wie Finanzen, juristischen Regelungen, Patenten und Inhalten. Druckers Prognose erwies sich – wie so oft – als treffsicher. Das Ausmaß des Wandels zur Symbolwirtschaft übertrifft alle Erwartungen oder Befürchtungen, je nachdem, wie man es sieht.

Germanisten beschäftigen sich mit dem Gebrauch von Sprache, und damit auch dem Gebrauch von Symbolen. Die Symbole der Hyperrealität der Finanzwirtschaft zu analysieren, in Perspektive zu setzen, und auch Mythen zu demaskieren, wäre eine wichtige Aufgabe. Ich kann nur hoffen, dass nicht alle Talente in die Handelsräume der Großbanken gehen und einige den Ruf der Germanisten und Sozialwissenschaftler hören und helfen, kritische Distanz zum Geschehen zu entwickeln, eine Distanz, wie sie auch Wolfgang Schäuble (wenn die Anekdote stimmt), offenbart hätte. Insofern hoffe ich, dass diese Sammlung von Beiträgen den Auftakt zu einem fruchtbaren Dialog bilden wird. Nie war er notwendiger als heute.

Literatur

Bookstaber, Richard (2008), *Teufelskreis der Finanzmärkte: Märkte, Hedgefonds und die Risiken von Finanzinnovationen*, Kulmbach.

Drucker, Peter F. (1986): »The Changed World Economy«, in: *Foreign Affairs*, Jg. 64, H. 4, S. 341–351.

Kahneman, Daniel/Tversky, Amos (1992), »Advances in Prospect Theory. Cumulative Representation of Uncertainty«, in: *Journal of Risk and Uncertainty*, Jg. 5, H. 4 , S. 297–323.

Lucas, Robert E. jr. (2003), »Macroeconomic Priorities«, in: *American Economic Review*, Jg. 93, H. 1, S. 1–14.

MacKay, Charles/de la Vega, Joseph (2010), *Gier und Wahnsinn – warum der Crash immer wieder kommt …*, München.

Munger, Charles (2010), »Basically, It's Over. A parable about how one nation came to financial ruin«, in: *Slate*, 21. Februar; vgl.: http://www.slate.com/id/2245328 (Stand: 04.08.2010).

Otte, Max (2009a), *Der Crash kommt*, komplett überarb. Taschenbuchausgabe, Berlin.

Otte, Max (2009b), »Die Finanzkrise und das Versagen der modernen Ökonomie«, in: *Das Parlament, Beilage: Aus Politik und Zeitgeschichte*, Nr. 52, 21. Dezember, vgl.: http://www.bundestag.de/dasparlament/2009/52/Beilage/002.html (Stand: 15.03.2011).

Otte, Max (2011), »Die Finanzkrise, die Ökonomen, der ›Crashprophet‹ und die Wissenschaft von der Ökonomie, Kölner Vorträge zur Wirtschafts- und Sozialgeschichte«, in: *Jahrbuch für Wirtschaftsgeschichte*, Jg. 2011, H. 1, S. 191–217.

Samuelson, Paul A./Nordhaus, William D. (2009), *Economics*, 19. Aufl., New York.

Senf, Bernd (2007), *Die blinden Flecken der Ökonomie – Wirtschaftstheorien in der Krise*, 4. Aufl., Kiel.

Soros, George (1994), *The Alchemy of Finance: Reading the Mind of the Market*, Hoboken.

Rürup, Bert (2008), »Rede auf der Landesmitgliederversammlung des Wirtschaftsrats in Dresden. 60 Jahre Soziale Marktwirtschaft: Ein Auslaufmodell?« (Dresden, 23. September); vgl.: http://www.wirtschaftsrat.de/landesverbaende/LvSA-Cindex/LvSACmitt?archiv=1 (Stand: 19.07.2010).

Rüstow, Alexander (2004), *Die Religion der Marktwirtschaft*, Münster u.a.

Sombart, Werner (1916), *Der moderne Kapitalismus. Historisch-systematische Darstellung des gesamteuropäischen Wirtschaftslebens von seinen Anfängen bis zur Gegenwart*, 2 Bde., München/Leipzig.

Williamson, Oliver E. (1987), *The Economic Institutions of Capitalism*, New York.

Vielfalt der Deutungen statt exakter Modelle? Möglichkeiten und Grenzen des interdisziplinären Dialogs zwischen Ökonomik und Kulturwissenschaft

Michael Horvath

Das interdisziplinäre Gespräch zwischen Ökonomik und Kulturwissenschaft wird in Deutschland erst in Ansätzen geführt. Dieser Beitrag möchte Möglichkeiten und Grenzen eines vertieften Dialogs zwischen beiden Disziplinen aufzeigen, indem die Eigenheiten wirtschaftswissenschaftlicher Methodik aus literatur- und kulturwissenschaftlicher Perspektive betrachtet werden. Hierzu werden Fragestellungen der unterschiedlichen Wissenschaftskulturen und Erkenntnisinteressen, der Historizität des Wissens sowie des *New Economic Criticism* aufgegriffen.

I. Ausgangssituation: Die Kritik an der Ökonomik[1]

Wollte man Anschauungsmaterial für den Wandel der Zeiten finden, so könnte der *Status quo* der Nationalökonomik eindrücklich mit John Maynard Keynes kontrastiert werden. Keynes, der Anfang des 20. Jahrhunderts einen Anforderungskatalog für gute Ökonomen aufstellte, hielt Kompetenzen auf drei Gebieten für unerlässlich: Geschichte, Ökonomik und Statistik:

»[T]he master-economist must possess a rare combination of gifts. He must reach a high standard in several different directions and must combine talents not often found together. He must be mathematician, historian, statesman, philosopher – in some degree. He must understand symbols and speak in words. He must contemplate the particular in terms of the general, and touch abstract and concrete in the same flight of thought. He must study the present in light of the past for the purpo-

---

[1] Vorab eine Anmerkung zum Sprachgebrauch: Man bezeichnet eine Volkswirtschaft als Ökonomie (engl.: *economy*) – also etwa die deutsche Ökonomie oder Nationalökonomie –, die wissenschaftliche Disziplin der Volkswirtschaftslehre als Ökonomik (engl.: *economics*).

ses of the future. No part of man's nature or his institutions must lie entirely outside his regard. He must be purposeful and disinterested in a simultaneous mood; as aloof and incorruptible as an artist, yet sometimes as near the earth as a politician.« (Keynes 1924: 322)

Und wollte man, wie es der bekannte Dogmenhistoriker Kurt W. Rothschild getan hat, zwei Maßstäbe anlegen, anhand derer große Ökonomen zu erkennen seien, so wäre zu fragen, »welchen Beitrag ein Wissenschaftler zur besseren Profilierung und Exaktheit der Wirtschaftswissenschaft als Spezialwissenschaft beigetragen hat, andererseits kann man mehr Gewicht darauf legen, wie weit es gelungen ist, den Bogen weiter zu spannen und den wirtschaftlichen Prozess als Teil der gesamtgesellschaftlichen Entwicklung zu sehen« (Rothschild 2004: 21). Beide Äußerungen lassen deutlich werden, wie sehr sich das Blickfeld der wirtschaftswissenschaftlichen Disziplin verengt hat, war doch ihr Weg in den letzten Jahrzehnten vor allem von der zunehmenden Mathematisierung geprägt: Der Meisterökonom der letzten 20 Jahre war fast ausschließlich Mathematiker.

Infolgedessen nimmt es auch nicht wunder, dass seit Ausbruch der Wirtschafts- und Finanzkrise 2008 verstärkt darüber diskutiert wird, ob es denn wirklich sinnvoll gewesen sei, der Ökonomik vor allem die Mathematik als Referenzwissenschaft zur Seite zu stellen (vgl. paradigmatisch etwa Akerlof/ Shiller 2009). Vielerorts wird genau darin eine der wesentlichen Ursachen für die globalen ökonomischen Verwerfungen gesehen: zu sehr dem Denkparadigma der mathematisch exakten Beschreibung der Gegenwart gehuldigt und an die (daraus abgeleiteten) Möglichkeiten der Fortschreibung in die Zukunft geglaubt zu haben, womöglich gar Kausalität und Korrelation verwechselnd. Doch trivialerweise sind Ereignisse, die wir nicht nur nicht kennen, sondern von denen wir noch nicht einmal wissen, dass wir sie nicht kennen, in einer derart mathematisch beherrschten Welt nicht vorgesehen und bleiben wissenschaftlich seriös auch schwerlich prognostizierbar.[2] Wenn sie dann doch eintreten, ist das Entsetzen groß und der Schaden wegen der globalen Verflechtung der Märkte noch größer. So fordert etwa der Chefökonom der *Financial Times Deutschland,* Thomas Fricke, einen »Bailout für Ökonomen« sowie eine »Bad Ideas Bank«, welche von den Ökonomen »Schrottideen aufkauft und [ihnen] vielleicht auch ein paar Weiterbildungskurse in Geschichte anbietet« (Fricke 2009; vgl. Naím 2009). – »What went

---

2 In diesem Zusammenhang sei auf das statistisch sehr vereinfachende, teilweise in seiner Kritik völlig undifferenzierte, teilweise auch verfälschende, aber umso öffentlichkeitswirksamere Buch von Taleb (2008) verwiesen.

wrong with economics«, fragt der britische *Economist* in der Titelgeschichte Mitte Juli 2009 und übt in drei prominenten Artikeln (obschon moderate) Kritik an der modernen Wirtschaftswissenschaft, indem er insbesondere die Theorie effizienter Kapitalmärkte in hohem Maße zur Überarbeitung empfiehlt.[3]

Konstruktive Kritik und wissenschaftshistorisch nüchterne Falsifizierungsarbeit sind also das Gebot der Stunde, und da ist es wenig hilfreich, wenn der öffentliche Diskurs zuweilen mehr, zuweilen weniger differenziert Ökonomenschelte betreibt. Stimmen aus der Kulturwissenschaft scheinen hier zumeist am vernehmlichsten: Endlich sei die Zeit gekommen, das Primat, ja Diktat der Ökonomie zu beenden. Bot nicht die Sprachlosigkeit der Ökonomen endlich die passende Gelegenheit, auch die vermeintlich harten Fakten der Wirtschaftswissenschaften in die kulturwissenschaftliche Ironisierungsmaschine zu bringen? Eine willkommene Gelegenheit, so der Kulturwissenschaftler Helmut Lethen, um die »Überlegenheitsgeste«, zu der Kulturwissenschaftler manchmal in ihrem »Habitus als Diskursdurchblicker« (Lethen 2009) neigen, ein weiteres Mal inszenieren zu können?

Es ist nicht Ziel dieses Beitrages, die Ökonomik als Wissenschaft zu verteidigen – viel ist hierzu bereits gesagt und geschrieben[4] – oder etwa den Modus der Kritik an selbiger in den Blick zu nehmen, doch soll in diesem bewusst interdisziplinären Rahmen gleichwohl die Gelegenheit genutzt werden, die verschiedenen Perspektiven und Voraussetzungen der beiden Wissenschaften – der Ökonomik und der Kulturwissenschaft – auszuleuchten; auch und vor allem, um für die Klippen der Zusammenarbeit zu sensibilisieren.

Hierzu will dieser Beitrag nach der (Un-)Möglichkeit der Interdisziplinarität fragen, indem die Ökonomik zunächst in ihrem essentiellen Eigenverständnis skizziert wird, um einige grundlegende und leider häufig anzutreffende Missverständnisse aufklären zu helfen und neue kombinatorische Perspektiven zu entwickeln (Abschnitt II): Zum einen wird das Konzept der Historizität des Wissens vorgestellt (Abschnitt III), zum anderen das Forschungsprogramm des *New Economic Criticism* erläutert (Abschnitt IV). Schließlich möchte der Beitrag helfen, die Zusammenarbeit von Kultur-/ Literatur- und Wirtschaftswissenschaft methodisch wie intentional deutli-

---

3 »What went wrong with economics«, »The other-worldly philosophers«, »Efficiency and beyond« (*Economist*, 16.07.2009).

4 Vgl. einführend hierzu Kirchgässner (2009), in einem geisteswissenschaftlichen Kontext Horn (2010).

cher zu konturieren und eine Basis für die rationale Diskussion der Möglichkeiten und Grenzen interdisziplinärer Kooperation zu legen.

II. (Un-)Möglichkeit der Interdisziplinarität?

Dem Selbstverständnis nach sind beide Disziplinen so weit voneinander getrennt wie nur irgend denkbar. Jochen Hörisch meint, dass »Geisteswissenschaftler, die ja nicht umsonst so heißen wollen, es lieber mit dem Geist halten als mit dem unfeinen, geistlosen, ja schnöden Mammon« (Hörisch 1996: 22).[5] Auf der anderen Seite grenzen Wirtschaftswissenschaftler ihren Forschungsbereich, den sie als objektiv, scharf umrissen und vor allem als relevant erachten, vom literarischen ab, indem sie letzteren als schöngeistig, beliebig, unwissenschaftlich, ja irrelevant diskreditieren. Doch trotz dieser vermeintlichen Dichotomie kommt es in den letzten Jahren gehäuft zu Bestrebungen, das interdisziplinäre Gespräch zu suchen, allerdings zumeist seitens der Literaturwissenschaftler, die ökonomische Aspekte in literarischen Texten in den Blick nehmen und nach kulturwissenschaftlichen Anschlussmöglichkeiten fragen.

Während aber die Kulturwissenschaft verstärkt Anstrengungen unternimmt, die diagnostizierte Forschungslücke zu bearbeiten, scheint es von Seiten der Wirtschaftswissenschaften hierfür weder Problembewusstsein noch Interesse zu geben. Die Ausnahme bildet Goethes *Faust II*, der wohl als einziger literarischer Text gelten kann, der auch von Ökonomen breit rezipiert und analysiert wurde. Dies ist auch nicht weiter erstaunlich, stehen im Zentrum des Textes doch genuin ökonomische Fragestellungen wie Inflation, Notwendigkeit und Grenzen des Wachstums, Arbeitsprozesse, Tauschverhältnisse oder auch Fausts Unternehmertum. Eine Schlüsselszene bildet bekanntlich Mephistos Schaffung des Papiergeldes am Kaiserhof – gleichsam als alchimistischer Akt.[6]

---

5 Aber bereits in dieser Feststellung liegt ein impliziter Hinweis auf das häufig anzutreffende Missverständnis, dass etwa das »Geld« den zentralen Forschungsgegenstand der Wirtschaftswissenschaften darstellen würde. Demgegenüber versteht sich die Ökonomik selbst als umfassende Interaktionstheorie und nicht etwa als Wissenschaft des Geldes oder anderer materieller Fragestellungen.

6 Die maßgebliche Studie legte der St. Gallener Geldtheoretiker Hans Christoph Binswanger letztes Jahr in vierter Auflage vor, vgl. Binswanger (2009). Hörisch bezeichnete dieses Buch in einem persönlichen Gespräch als »das wichtigste zum zentralen Text der deut-

Doch woran liegt es, dass es von ökonomischer Seite oft kein Interesse zu geben scheint, dem Verhältnis von Literatur und Ökonomie intensiver nachzugehen? Warum ist selbst im englischsprachigen Raum – und hier ist ehrlicherweise das Zentrum der *scientific community* zu verorten – nur sehr vereinzelt das Bewusstsein zu finden, ökonomische Begebenheiten auch kulturwissenschaftlich reflektieren zu wollen? Auf den ersten Blick mag dies in gegenseitigen Vorurteilen oder habituellen Hindernissen begründet liegen; bei näherem Zusehen zeigt sich jedoch, dass das interdisziplinäre Gespräch zwischen Kultur- und Wirtschaftswissenschaft von substanziellen Missverständnissen geprägt ist.

Von Einzelfallbeobachtungen ausgehend, soll zunächst die Perspektive der Ökonomen eingenommen werden. Dabei werden die Vorwürfe, die zuweilen quasi-rituellen Charakter anzunehmen scheinen, bewusst zugespitzt: Man sieht sich etwa immer wieder mit 150 Jahre alten Verkürzungen der Neoklassik konfrontiert oder liest, dass mit der Reduktion des Menschen auf den *homo oeconomicus* komplexe Sachverhalte niemals geklärt werden könnten und daher die Ökonomik schon vom Ansatz her ihr Erklärungsziel verfehlen müsse. Man liest etwa bei Soziologen über die Absurdität der Geldneutralität oder über die Lächerlichkeiten der Konzeption einer Robinson-Wirtschaft, man liest bei Psychologen über irregeleitete Konzeptionen von Rationalität, bei Philosophen von Leerstellen der Nutzentheorie, bei Mathematikern von inkonsistenten Axiomatisierungen, und man liest im *cantus firmus* der kulturwissenschaftlichen Ökonomenschelte über neoliberalistische Verwerfungen, Globalisierungskritik und fehlgeleitete Ökonomisierung, von fehlgehenden Optimierungs- oder Maximierungskalkülen der einzelnen Akteure bis hin etwa zu apodiktischen Vorwürfen, einen allzu monolithischen Wirklichkeitsbegriff zu vertreten. Manche Ökonomen nehmen angesichts der zumeist äußerst elaboriert und eloquent vorgetragenen Kritikpunkte nur noch resigniert zur Kenntnis, wie einseitig ökonomisches Gedankengut rezipiert und wie verkürzt und stereotyp Kritik geübt werden kann, die am Kern der Sache vorbeigeht.[7]

---

schen Literatur«; es sei für alle Literaturwissenschaftler geradezu eine Kränkung, dass ein solches von einem Fremden der Zunft geschrieben wurde. Bezeichnenderweise ist Binswangers Arbeit aber in den einschlägigen Großkommentaren zum *Faust* weder adäquat eingearbeitet noch allgemein in der Literaturwissenschaft entsprechend rezipiert.

7 Es sei an dieser Stelle aber nicht verschwiegen, dass auch manche Ökonomen diese klischeehafte Kritik an ihrer eigenen Wissenschaft bedienen und vermutlich recht einträglich von dieser selbstgewählten Rolle leben.

Unklar ist, wie unter solchen Voraussetzungen interdisziplinäre Forschung möglich und überhaupt sinnvoll sein kann. Zu klären sind vor allem die Fragen, welchen wissenschaftlichen Mehrwert Interdisziplinarität zu erbringen vermag, welche Rolle die jeweilige Disziplin dabei spielen soll und welche Methoden die geeigneten erkenntnistheoretischen Mittel zur Verfügung stellen.[8] Was nottut, ist ein aufgeklärtes Gespräch auf Augenhöhe der korrespondierenden Wissenschaft: Genau hier wird es kompliziert wegen der zumeist unzureichenden Kenntnisse der jeweils anderen Disziplin. Unbestritten ist, dass es Defizite auf beiden Seiten gibt, doch selbst guten Willen unterstellend sind die spezifischen Objekte der beiden Wissenschaften (natürlich) gänzlich anders gelagert; hinzu kommen die hochspezialisierten Begrifflichkeiten. Wenn ein Kulturwissenschaftler über Wahrnehmung, über Denken und Wissen redet, spricht er über kulturgeschichtlich geformte Begriffe und Zeichen. Ein Ökonom redet von Dilemmastrukturen, Axiomen, Annahmen, *Ceteris-Paribus*-Betrachtungen und Gleichgewichten in einer möglichst exakt formulierten Modellwelt. Hinzu kommt, dass derselbe *terminus technicus* in unterschiedlichen Disziplinen ganz verschieden denotiert und konnotiert sein kann.[9]

So sieht der schottisch-amerikanische Ethiker und Sprachphilosoph Alasdair MacIntyre in seinem maßgeblichen Werk *After Virtue* (1981) in der »Unordnung der Diskurse« gar ein Signum der Moderne: Unlösbare Debatten, Diskussionen und Meinungsverschiedenheiten seien die Charakteristika (nicht nur) interdisziplinärer Diskurse, und da die Diskutanten ihre Argu-

---

8 Zur Thematik der Interdisziplinarität allgemein sei auf die *loci classici* der jüngeren Diskussion verwiesen: Kocka (1987) sowie Mittelstraß (2003). Einen Überblick über den aktuellen Forschungsstand geben Jungert u.a. (2010). Zu den begriffs- und methodologiegeschichtlichen Hintergründen der »Zauberformel« des Interdisziplinären vgl. bereits Liesenfeld (1993).

9 Die Sprachwissenschaft spricht in einem solchen Zusammenhang auch von *Notational Terms*, das sind Fachtermini, die zwischen den Disziplinen, ja selbst innerhalb einer Disziplin keine eindeutige Definition haben, die also von verschiedenen Autoren unterschiedlich benutzt werden, vgl. Enkvist (1973). Man halte sich etwa in unserem Kontext vor Augen, wie unterschiedlich ein Begriff wie »Verteilung(-sgerechtigkeit)« verwendet und gedacht werden kann. Ein eindrückliches Beispiel der Gefahr von begrifflichen Missverständnissen bereits auf elementarer Ebene gibt ein heftig geführter Disput, wie er jüngst von namhaften Wissenschaftlern auf einer interdisziplinären Tagung ausgetragen wurde: Dieser konnte allein dadurch gelöst werden, indem nach längerer Diskussion festgestellt wurde, dass »Knappheit«, wie sie von Ökonomen neutral beschrieben wird, keinesfalls mit »Mangel«, wie er von Soziologen aufgezeigt wird, gleichzusetzen ist; man einigte sich schnell darauf, dass »Knappheit« in diesem Kontext mit »Begrenzung« zu übersetzen wäre.

mente aus unterschiedlichen, nicht vergleichbaren, ja rivalisierenden Voraussetzungen und Denkschulen entwickelten, entstünden unabschließbare Dispute, die schon von Grund auf nicht in Einklang zu bringen seien. Überdies seien die dahinter stehenden inhaltlichen wie methodischen Konzepte höchst unterschiedlich und heterogen, was zwar manche dazu verführe, die entstehenden Kontroversen als positiven und gesunden Diskurs eines liberalen Pluralismus zu deuten – doch im Gegenteil: der Grundgehalt der Diskurse sei in erheblichem Umfang aufgebrochen, gar »teilweise zerstört« (MacIntyre 1981: 18). Was wir nicht nur in moralischen Debatten beobachteten, seien lediglich Fragmente und Bruchstücke disparater Argumente. Zwar bediene man sich im besten Falle desselben Vokabulars, doch die Konnotationen, die dahinterstehenden Begriffsinhalte seien gänzlich andere. Da sich jedes einzelne Argument innerhalb eines bestimmten Fachdiskurses entwickelt habe, zudem durch soziale, gesellschaftliche und historische Prozesse verschiedentlich überformt sei, stünden wir heute beim Zusammenbringen dieser Mosaiksteine zumindest vor großen Schwierigkeiten.

Vorurteile oder auch Intuitionen sind also wenig hilfreich. Ist es doch schon Aufgabe genug, auf der Höhe der einzelnen Wissenschaft zu forschen, ganz zu schweigen davon, sich in den aktuellen Wissensstand einer anderen Disziplin einzulesen – und dies selbstredend in der gebotenen Tiefe. Nötig sind nicht nur Akzeptanz, gegenseitiger Respekt und Dialogbereitschaft, sondern eben auch die beiderseitige Kompetenz, Zusammenhänge der anderen Disziplin adäquat zu durchdringen, um nicht in Aporien zu geraten und zu allererst eine gemeinsame Sprache und einen gemeinsamen Forschungsgegenstand finden zu können: Das Credo der Interdisziplinarität ist stets kritisch zu hinterfragen.

Freilich soll die hier artikulierte Skepsis aber kein Aufruf zu Sprachlosigkeit oder Ignoranz sein, sondern allein eine höhere Sensibilisierung für zu umschiffende Klippen bezwecken. Die besondere Schwierigkeit der Zusammenarbeit liegt darin, dass interdisziplinäre Projekte um ihrer Interdisziplinarität willen einen methodischen Reduktionismus in Kauf zu nehmen haben, gleichzeitig aber auch die Komplexität ihrer Forschungsgegenstände nicht verfehlen dürfen: Interdisziplinarität darf keinesfalls zum Dilettantismus verkommen. Genauso ist der Illusion entgegenzutreten, dass wissenschaftlicher Eklektizismus *per se* schon bessere Ergebnisse zu liefern vermag. Interdisziplinarität darf eben nicht dazu führen, die Autonomie und das spezifische Beobachtungsinteresse der einzelnen Wissenschaft aufzugeben oder ihr Kompetenzniveau zu unterschreiten.

III. Die Historizität des Wissens

Die Brüche und Gräben zwischen den Wissenschaften analysiert MacIntyre anhand des Beispiels der Inkohärenz heutiger Moral und Moralphilosophie, indem er soziale, kulturelle und intellektuelle Prozesse und Entwicklungen der Vergangenheit historisch und soziologisch kontextualisiert. Die heutige Situation sei schließlich nur zu verstehen, wenn wir nicht nur die Folgen – hier die moralische Krise der Gegenwart – reflektieren, sondern allein, indem wir deren Ursachen innerhalb der Geschichte in ihrer Komplexität und Tragweite offen legen. Hierzu erarbeitet MacIntyre ein Panorama moralischen Denkens von den Zeiten Homers bis zur Gegenwart, um Verschiebungen der Begrifflichkeiten und Bedeutungen präzise nachverfolgen zu können.

Was bedeutet dies für ein mögliches Verhältnis von Kultur- und Wirtschaftswissenschaft? Vergegenwärtigt man sich die geschichtliche und kulturelle Wandelbarkeit, also die Historizität allen Wissens, soll hier ein Programm der historischen Remedur der Ökonomik durch die Literatur- und Kulturwissenschaft vorgeschlagen werden: Die Wirtschaftswissenschaft scheint nicht nur ein zu kurzes Gedächtnis zu haben, sie ist vielmehr – hier ganz der Praxis der Naturwissenschaften folgend – bereits im Kern ahistorisch angelegt. Auch wenn dies erkenntnistheoretisch zunächst folgerichtig zu sein scheint, so fristen die dennoch notwendigen innerdisziplinären Korrekturen durch die so genannte Dogmengeschichte nicht nur ein Schattendasein, sondern befinden sich wohl auch methodisch nicht auf dem Reflexionsniveau der spezialisierten Nachbardisziplinen aus Geschichts- und Kulturwissenschaften. Hier wäre ein erster systematischer Ort zu finden, an dem sich ein höchst lohnendes Spiel interdisziplinärer Zusammenarbeit ansiedeln ließe: die Erforschung der Historizität (auch) des ökonomischen Wissens.

Beispielgebend sei in diesem Zusammenhang die Habilitationsschrift *Kalkül und Leidenschaft* des Berliner Kultur- und Literaturwissenschaftlers Joseph Vogl (2002) genannt, die die Entstehung des modernen Paradigmas vom ökonomischen Menschen und die Konstitution der politischen Ökonomie seit Ende des 17. Jahrhunderts in den Blick nimmt. Dabei zeigt Vogl, wie Literatur als eine Instanz fungieren kann, die entscheidenden Anteil an der Wissensordnung jener Zeit hatte.[10] Anhand der Untersuchung einer

---

[10] Zur Bedeutung eines epistemologischen Wissensbegriffs für eine literarhistorische Wissensgeschichtsschreibung vgl. die erhellende Debatte zwischen Köppe (2007a), Borgards

Vielzahl von Romanen und Theaterstücken zwischen 1700 und 1800 lässt sich die Affinität von erzählerischer und ökonomischer Ordnung aufzeigen, wodurch Typus, Herkunft und Konjunktur des ökonomischen Menschen einer umfassenden historischen Analyse unterzogen werden können. So rücken also jene Juristen, Projektemacher, Schriftsteller, Moralisten und Philosophen in den Fokus, die unter der »neuen Wissenschaft der Ökonomie« diverse Erkenntnisse über den Menschenverkehr, über Reichtum und Wohlstand, über politische Regierung und soziale Gesetzmäßigkeiten zu neuen Wissensformen versammelt haben. Mit ihnen entsteht ein neues und überaus erfolgreiches Regierungswissen, ein Wissen darüber, wie man Menschen und Dinge, ihre Verhältnisse und Begegnungen steuert und moderiert. Auf der Bühne des Theaters und im Roman findet dieser ökonomische Mensch nicht bloß einen exemplarischen Darstellungs- und Repräsentationsraum, vielmehr wird, wie Vogl überzeugend darlegt, seit der Aufklärung gezielt an einer »Poetik des ökonomischen Menschen« gearbeitet.

An dieser Schnittstelle lassen sich die weitläufigen und weitreichenden Austauschverhältnisse zwischen Ökonomik, politischer Theorie, Anthropologie, Literatur und nicht zuletzt der Ästhetik paradigmatisch untersuchen, sodass eine Begriffs- wie Ideengeschichte vom Barock über die Aufklärung und Romantik bis in die ersten Jahrzehnte des 19. Jahrhunderts entsteht. Im Zentrum steht die so genannte Wissenspoetik (vgl. hierzu Vogl 1997, 2007; Stiening 2007)[11] – eine spezifische Form der Wissensgeschichtsschreibung im Anschluss an Michel Foucault,[12] die die diskursiven Strategien der ökonomischen Wissenschaft ebenso verfolgt wie die ökonomische Durchdringung literarischer Formen: ein Wechselverhältnis also von ökonomischem Text und textueller Ökonomik. Mit einer solchen Wissenspoetik präsentiert Vogl auf Detailebene zwar seinerseits eine nicht gerade konsistente ökonomische Lesart,[13] doch eröffnet er eine Vielzahl von Anknüpfungspunkten für weitere ökonomische, zumeist dogmenhistorische Fragestellungen. Das

---

(2007), Dittrich (2007) und erneut Köppe (2007b).
11 Einen Überblick über die Debatte gibt Pethes (2003, 2004).
12 Foucaults Einfluss und Wirkung auf die Kulturwissenschaften rekonstruiert Stiening (2010).
13 Vgl. die Rezensionen von Blaschke (2004) und Achermann (2006). Generell zur Kritik an einer an Foucault orientierten Kulturwissenschaft, die sich zuweilen als übergreifende Metawissenschaft unter Aufhebung spezifischer Disziplinarität begreift, und den hieraus resultierenden (Erkenntnis-)Problemen vgl. etwa Bausinger (1999) oder auch pointiert Böhme (1998).

Foucaultsche Projekt einer »Wühlarbeit unter den eigenen Füßen«,[14] in welchem die Kritik der Gegenwart mit der Aufdeckung der historischen Produktionsweisen und Inszenierungen unserer Wirklichkeit und unserer selbst zusammenfällt, wird auf diese Weise sichtbar: der Mensch als keineswegs naturgegebenes Wesen, sondern stets als Korrelat historischer und kultureller (Wissens-)Praktiken, wobei auch die Wissenschaften selbst ihren Gegenstand nie bereits vorfinden, sondern erst zu konstituieren haben. Dies kenntlich zu machen und in seiner historischen Genese nachzuzeichnen, ist eine originär kultur- und literaturwissenschaftliche Aufgabe. Indem literarische Konterdiskurse[15] im Sinne Foucaults aufgeschlossen und die ökonomischen Subtexte herauspräpariert werden, erweisen sich literarische Konstellationen als anschlussfähig für die Ökonomik.[16] Literatur kann eben »Wahrheiten« sagen, für die sonst im Diskurs wenig oder kein Raum ist; Literatur verdichtet Probleme und vermag diese – im Gegensatz zu den hochspezialisierten Einzelwissenschaften – in ihrer vollen Tragweite auszuloten: Literatur als Organon der Problemlösung.

Um allerdings ein solches archäologisches Unterfangen methodisch reflektiert durchführen und auch jenseits von Foucault die Ökonomik auf der Höhe der Disziplin rezipieren zu können, ist weitere Grundlagenarbeit zu leisten und eine Basis für wechselseitige Verständigung zu legen. Eine erste Handreichung seitens der Ökonomen könnte etwa darin liegen, den ökonomischen Erklärungsansatz des so genannten methodologischen Individualismus darzulegen. Dieser fordert, alle sozialen Phänomene letztlich unter Rückgriff auf individuelles Handeln und individuelle Kosten-Nutzen-Kalküle zu erklären.[17] Die Denkoperation, die die Ökonomen hierzu zu leisten haben, ist dabei stets eine doppelte und zugleich gegenläufige: Die Vielfalt

---

14 So Foucault in Anlehnung an Nietzsche, vgl. Caruso (1974: 21).
15 Hierzu Warning (1999).
16 In der Politikwissenschaft nehmen Foucaults Schriften bereits eine bedeutende Rolle ein, insbesondere das wirkmächtige Konzept der Gouvernementalität. Auch für die ökonomische Dogmengeschichte ließen sich hier überaus interessante Anknüpfungspunkte finden, da Foucault anhand zweier ökonomischer Schulen seinen Regierungs- und Herrschaftsbegriff zu entwickeln sucht, indem er den Neoliberalismus Chicagoer Prägung und den deutschen Ordoliberalismus exemplarisch herausstellt. Vgl. hierzu Bröckling u.a. (2000), Lemke (1997), Pieper/Gutierrez Rodriquez (2003), Schulz (2006).
17 Zur Einführung in das ökonomische Denken empfehlen sich in der deutschsprachigen Literatur insbesondere die – zumeist ebenfalls interdisziplinär angelegten – Schriften von Karl Homann, Erich Weede und Carl-Christian von Weizsäcker. Exemplarisch seien hier genannt Homann/Suchanek (2000), Homann (2002), Weede (1990, 1992, 2003) und von Weizsäcker (2003).

der konkreten Situation wird so weit reduziert, bis ein allgemeines Prinzip des menschlichen Wollens sichtbar wird, um dann, von diesem Fundament ausgehend, durch die Entfaltung des Systems die Vielfalt der konkreten Situation einzuholen. Man nennt dies in der Nachfolge der politischen Theorie von Thomas Hobbes die »resolutiv-kompositorische Methode«: »Komplexe Sachverhalte werden analytisch in ihre ersten Grundelemente aufgelöst; sind diese erkannt und definiert, wird der komplexe Sachverhalt aus seinen Grundelementen rekonstruiert«. (Euchner 1987: 26)

An dieser Stelle soll nun auch auf die zumeist stereotyp gegen die Ökonomik vorgebrachten Vorwürfe eingegangen werden: Ökonomische Modellierungen entsprechen natürlich niemals der Realität (und können dies aus nicht), sondern betrachten immer nur einen jeweils angepassten Ausschnitt der zu untersuchenden Zusammenhänge. Derlei Kritik ruft daher bei Ökonomen höchstens Stirnrunzeln hervor. Auch der *homo oeconomicus* soll keinesfalls menschliche Verhaltensweisen oder kollektives Handeln *in nuce* erklären, sondern bildet lediglich ein Denkparadigma, das unter bestimmten Voraussetzungen sozialwissenschaftliche Analysen ermöglicht; insofern stellt es eine grobe Verkürzung (oder wahlweise Nobilitierung) dar, dem *homo oeconomicus* eine irgend geartete Realitätsnähe zu unterstellen (vgl. Kirchgässner 2008). Zudem bleiben alle gewonnenen Erkenntnisse *per definitionem* ohnehin vorläufig, warten sie doch auf theoretische und empirische Begleitung und letztlich Falsifikation: Die erkenntnistheoretische Fundierung durch Karl Popper und den Kritischen Rationalismus ist in der Wirtschaftswissenschaft überall mit Händen greifbar, was den nicht zu unterschätzenden Unterschied im Wissenschaftshabitus zwischen Kulturwissenschaft und Ökonomik ansatzweise erklären mag.

Wollte man den Stand der Wirtschaftswissenschaft zunächst wohlwollend betrachten und exemplarische Kritikpunkte – etwa die übertriebene Mathematisierung – aufgreifen, so könnte man bereits auf Kurt Gödel (1931) verweisen, der Anfang der 1930er Jahre in seinen Unvollständigkeitstheoremen bewies, dass jedes mathematische System notwendigerweise unvollständig sein müsse, was natürlich auch für das ökonomische gelte. Die Reflexion über Werturteile ist seit über 100 Jahren gängige Praxis und findet sich zuerst bei Max Weber und bildet eine prominente Forschungslinie bis in die Gegenwart.[18] Amartya Sen, Nobelpreisträger von 1998, erarbeitete äußerst nuancierte philosophische Grundlegungen, die in der Nutzentheorie und

---

18 In diesem Zusammenhang sei darauf hingewiesen, dass Max Weber an der Münchener Universität den Lehrstuhl für Nationalökonomie bekleidete.

Wohlfahrtsökonomik eine wichtige Rolle spielen und außerhalb der Ökonomik leider kaum rezipiert werden (vgl. Sen 1973, 1985, 2002, 2009). Reinhard Selten, Nobelpreisträger von 1994, überprüft als Mitbegründer der so genannten Verhaltensökonomik experimentell die Determinanten menschlichen Handelns und geht Fragestellungen wie den unterschiedlichen Einstellungen zu Fairness, Phänomenen etwa des Herdenverhaltens oder Bedingungen von kooperativem Verhalten nach, um beispielsweise die Theorie (sic!) der effizienten Kapitalmärkte empirisch zu verorten (vgl. Selten 2010). Natürlich werden hier auch politökonomische oder ökonometrische Aspekte der Wirtschafts- und Finanzkrise gesondert zu untersuchen sein.[19]

IV. *Storytelling*: Die rhetorischen und ideologischen Tiefenstrukturen der Ökonomik

Auf der anderen Seite heißt dies natürlich nicht, dass die Wirtschaftswissenschaft für sich in Anspruch nimmt, alle Fragen geklärt zu haben: Der Gegenstand der Ökonomik – letztlich ja das individuelle wie kollektive Handeln und Entscheiden einer Vielzahl unabhängiger Akteure, das heißt von Milliarden von Menschen – ist weder in seiner mikroökonomischen Fundierung noch in seiner makroökonomischen Aggregation bis heute auch nur annähernd durchdrungen, wobei das Zusammenspiel von beiden die eigentliche Herausforderung darstellt. Hinzu kommt, dass die Ökonomik in ihrer noch vergleichsweise jungen Geschichte seit Mitte des 18. Jahrhunderts erst wenige substanzielle innerdisziplinäre Paradigmenwechsel zu verarbeiten hatte – ein Befund, der eine kulturwissenschaftliche Wende in der Ökonomik einleiten könnte.

Im Anschluss an das Eingangszitat von Keynes stellt sich die Frage, ob es eine privilegierte Referenzwissenschaft für die Ökonomik geben soll, wie sie die Mathematik derzeit stellt, oder ob es im Sinne von Keynes wissenschafts-

---

19 Die Foucaultsche Spielart einer Wissensgeschichtsschreibung soll hier im Vordergrund stehen. Darüber hinaus ist natürlich noch eine Vielzahl weiterer theoretischer Konzeptionen denkbar, um in ähnlicher Weise ein die Disziplinen übergreifendes Wechselspiel der Wissensformationen zu beschreiben. Es sei in diesem Zusammenhang etwa auf den Forschungsansatz der »Neuen Ideengeschichte« hingewiesen, vgl. hierzu Bevir (1999) und einführend Lottes (2002).

theoretisch nicht angemessener wäre, eine Pluralität von Referenzfolien zuzulassen. So schreibt etwa Rainer Hank:

»Vertreter einer an Hayek orientierten Evolutionsökonomie bringen statt der Physik [und Mathematik, M.H.] regelmäßig die Biologie als Bezugsrahmen ins Spiel, hat doch Darwin spontane Ordnungen besser verstanden als Newton und gibt es spontane Ordnungen nicht nur in der Natur, sondern auch in der Gesellschaft und Kultur. Anhänger der alten Schule der deutschen Ordnungspolitik und Finanzwissenschaft würden dagegen die Medizin als Referenz nennen: Wie der Arzt die Gesundheit des Patienten und dessen gutes Leben im Auge hat, so gibt der Ökonom der Wirtschaftspolitik Rat, damit das Verhältnis von Markt und Staat in gute Ordnung kommt, der Sozialstaat nicht noch kränker und der Steuerstaat nicht noch gefesselter wird. Und wie der Arzt, der dem Patienten rät, mit dem Rauchen aufzuhören und sich gesund zu ernähren, hört der Patient zwar die guten Ratschläge seines Doktors, ist aber zu schwach, sich daran zu halten.« (Hank 2009)

Zunächst überraschend und gewöhnungsbedürftig, aber höchst anregend ist es, diesen Gedanken in die hier eingeschlagene Richtung weiterzuführen und die Ökonomik stärker in der Kultur- und Literaturwissenschaft zu verorten. Zwar wäre Keynes wohl nicht so weit gegangen, wenngleich er selbst gewisse literarische Neigungen hatte und diesen etwa im Bloomsbury-Kreis um Virginia Woolf nachging (vgl. Goodwin 2006); für ihn war und blieb die Philosophie letztlich die Disziplin, an die die Ökonomik rückzubinden war.

Radikaler argumentiert die amerikanische Ökonomin Deirdre McCloskey, die seit den 1980er Jahren mit dem *New Economic Criticism* einen Forschungsansatz entwickelt, der die Ökonomik in letzter Konsequenz als Literatur begreift.[20] McCloskey untersucht die rhetorischen Mechanismen der Wirtschaftswissenschaft, um aufzudecken, welche theoretischen Irrtümer und praktischen Interessen die Grundlagen der eigenen Disziplin bilden. Sie möchte zeigen, aus welchen ideologischen, kulturellen und historischen Mosaiksteinen sich die Theorien und Sprachen der Ökonomik zusammensetzen – sei es nun bewusst oder unbewusst[21] – und welches Maß an Literarizität auch (wirtschafts-)wissenschaftlichen Texten zu eigen ist. Insbesondere das Verhältnis der Kulturwissenschaft zur Wirtschaftswissenschaft wäre im Rah-

---

20 Einen ersten Überblick über den *New Economic Criticism* gibt die Aufsatzsammlung von McCloskey (2001), vertiefend McCloskey (1983, 1984, 1985, 1990). Für weitere Hinweise vgl. den einschlägigen Sammelband Woodmansee/Osteen (1999), hilfreich auch Henderson (1995).
21 Vgl. hierzu Binswanger (1998); zum Erbe der antiken Philosophie und der scholastischen Theologie in der Ökonomik auch Schefold (1992).

men eines solchen Ansatzes gänzlich neu zu denken, ist die Aufdeckung der rhetorischen und ideologischen Tiefenstrukturen der Ökonomik doch als genuin kulturwissenschaftliche Aufgabe anzusehen:[22] Zwar kann man vermutlich gute Kulturwissenschaft betreiben, ohne tiefere Kenntnisse der Wirtschaftswissenschaft, der Physik oder der Biologie zu haben, aber eine adäquate Einschätzung der Ökonomik ohne die Kulturwissenschaft ist schlechterdings nicht denkbar. Hierzu bedarf es der Philosophen, Literaturwissenschaftler und Historiker, die in ihren jeweiligen Disziplinen entsprechende Methoden und ein spezifisches Vokabular entwickelt haben, um über Wissenschaft auch und gerade als Teil historischer, kultureller und gesellschaftlicher Prozesse zu sprechen.[23]

McCloskey, die der Chicagoer Schule um den Nobelpreisträger Milton Friedman entstammt, entwirft die Ökonomik als dezidiert hermeneutische Wissenschaft. Mit ihrer zunächst überraschenden These, wonach Ökonomen gewissermaßen selbst »Geschichten erzählen und Gedichte schreiben«, übersetzt sie das narrative Konzept des *Storytelling* in die Wirtschaftswissenschaft. Selbst in ihren formal-mathematischen Modellen sei die Ökonomik letztlich nichts anderes als eine spezifische Art der Rhetorik und Metaphorik. Die vermeintlichen »Fakten« oder »Daten« der Ökonomik als Sozial- und Verhaltenswissenschaft seien lediglich Erwartungen im Sinne von »Meinungen«. Und »die Menschen« selbst, deren Zusammenwirken den Erkenntnisgegenstand der Wirtschaftswissenschaft ausmacht, sind selbstredend keine zweckrationalen Nutzenrechner anhand gegebener Präferenzen; sie handeln natürlich nach subjektiven, mitunter inkonsistenten Verhaltensmustern und lassen sich bisweilen von wilden Emotionen, unreflektierten Instinkten und Herdenverhalten leiten (vgl. Wohlgemuth 2009). Keynes nannte diese irrationalen Elemente im Wirtschaftsgeschehen »animal spirits« (Keynes 1936: 161; daher auch der Titel der o.g. Schrift von Akerlof/Shiller 2009).

Diese Erkenntnisse sind zunächst alles andere als revolutionär, befinden sie sich doch allem Methodenstreit zum Trotz, wie er innerhalb der deutschsprachigen Wirtschaftswissenschaft so öffentlichkeitswirksam und teilweise sogar in den Feuilletons ausgetragen wurde,[24] auf dem Boden der orthodo-

---

22 Exemplarisch sei an dieser Stelle auf eine kulturwissenschaftliche Analyse von Texten Joseph Schumpeters im Hinblick auf Geschlechterdiskurse hingewiesen: Kreisky (2001). Vgl. instruktiv zum selben Thema aus ökonomischer Perspektive Nelson (1995, 1996).
23 Zur Einsicht in die Unverfügbarkeit der Geschichte vgl. den vorzüglichen Sammelband von Deines u.a. (2003).
24 Eine Dokumentation des Methodenstreits findet sich auf den Webseiten des Ökonomen Ruediger Bachmann unter http://www-personal.umich.edu/~rudib/methodology.htm

xen Ökonomik. Denn natürlich kann man emotionslos über Emotionen, rational über Irrationalitäten, positiv über Normatives diskutieren; die moderne Ökonomik tut dies auch zunehmend, etwa in der Ökonomischen Theorie der Politik (*Public Choice*), in der das Ausblenden von Rhetorik und Emotionen im politischen Prozess an den »Fakten« und der »Rationalität« des Gegenstands vorbei zu modellieren hieße. Die Wirtschaftskrise hält ähnliche Lektionen für die Makroökonomik bereit: Nicht im künstlichen Laborexperiment, sondern im realen Wirtschaftsgeschehen ist die Bedeutung von Meinungen, Erwartungen, Emotionen, Irrationalitäten zur Erklärung des Herdenverhaltens und der kollektiven Panik der Finanzmärkte letztlich überdeutlich geworden (vgl. Shiller 2000).

In letzter Konsequenz bedeutet *New Economic Criticism* jedoch: Ökonomik ist (auch) Fiktion, Belletristik, Spiegelung und eben nicht (nur) mathematisch exaktes Abbild der sozialen Welt, sondern (auch) Konstruktion von Wirklichkeit.[25] Die Welt, die Wissenschaft und die Formeln bedürfen genau wie literarische Texte der Deutung und Interpretation. Und Deutung heißt immer Vielfalt: Es gibt nicht die eine Wahrheit oder die allein zutreffende Argumentation; die unterschiedlichen Deutungen können und müssen gerade in ihren produktiven Spannungen ausgehalten werden (vgl. Hank 2009). Während die Deutung sich aber einerseits in Geschichten vollzieht, so gibt es auf der anderen Seite auch mehr oder weniger gelungene Sprachbilder.[26] Die »unsichtbare Hand« bei Adam Smith ([1776]/1978: 371) als prominenteste ökonomische Metapher existiert natürlich nicht, und trotzdem vermag sie es, unter bestimmten idealtypischen Bedingungen »private vices in public benefits« (vgl. Mandeville 1705/1988) zu verwandeln.

In einer weniger perfekten Welt gibt es dagegen Meinungs- und Deutungsunterschiede: »Storytelling makes it clearer why economists disagree«, so McCloskey (1990: 10). Welche Prämissen liegen den mathematisch errechneten Gleichgewichten zugrunde? Wem ist Recht zu geben: Keynes oder Friedman? Was hilft in der Krise: Fiskal- oder Geldpolitik? Verstaatlichung oder verschärfte Haftung der Banken? Brauchen wir Konjunkturpakete oder ganz im Gegenteil Haushaltskonsolidierung? Es verwundert nicht, wenn ers-

---

(Stand: 30.08.2010).

25 Zur Konstruktion und Entstehung des wissenschaftlichen Ideals von »Objektivität« grundlegend Daston/Galison (2007).

26 Wie sich bildliches Denken in Form einer Metapher gegenüber Analyse und Ratio Bahn brechen kann, rekonstruiert exemplarisch in einem anderen wissenschaftlichen Kontext (hier dem interdisziplinären Feld der Bild- und Evolutionswissenschaft) Bredekamp (2005).

te wirtschaftshistorische Befunde auf dem Höhepunkt der Wirtschaftskrise konstatieren: »as the crisis has unfolded, economists have had no choice but to abandon their standard models and to produce hand-waving commonsense remedies.« (Colander 2009) Letztlich werden auch die Ökonomen, ohne deswegen gleich zu Jüngern des Dekonstruktivismus mutieren zu müssen, zuzugeben haben: Das Streben nach sozialwissenschaftlicher Eineindeutigkeit jenseits von Modellwelten ist zwangsläufig zum Scheitern verurteilt, die Idee einer mathematisch kontrollierbaren Wirklichkeit wird sich für die Beschreibung sozialer Welt(en) unabdingbar als bloße Suggestion entpuppen.[27] Ökonomik eben nicht als schlichte Gleichgewichtsmechanik oder Maximierungslogik[28] – Keynes sah dies alles sehr klar. In seinen bereits eingangs zitierten Erinnerungen an Alfred Marshall betont er:

»Unlike physics, for example, such parts of the bare bones of economic theory as are expressible in mathematical form are extremely easy compared with the economic interpretation of the complex and incompletely known facts of experience, and lead one but a very little way towards establishing useful results. Marshall felt all this with a vehemence which not all his pupils have shared.« (Keynes 1924: 333)

Schlussendlich wollen diese Überlegungen natürlich keinem Entweder/Oder das Wort reden, vielmehr verstehen sie sich als Plädoyer für eine aufgeklärte Interdisziplinarität und einen methodischen Pluralismus: Denn begreift man die Unterschiede der Anschauungen und Schulen als produktive Kraft, macht man Ambivalenzen und Ambiguitäten in der Wissenschaft gerade in ihren Brüchen fruchtbar, akzeptiert man, dass soziale Konstruktion im letzten Kern eben nicht mathematisch deduzierbar ist, so öffnen sich auch in der Ökonomik Horizonte, die die »Wirklichkeit« in Begriffen wie Realität und Fiktionalität, Faktizität und Imagination beschreiben und begreifen lassen. Hier ließen sich weiterführende Überlegungen zu Rhetorik, Literarizität und Metaphorik der Ökonomik anstellen, indem Konstrukte wie Erwartungen, Meinungen, Emotionen, Daten, Zahlen, Formeln und Rationalität als solche reflektiert werden und gefragt wird, wie eine diesbezüglich von der Literatur- und Kulturwissenschaft begleitete Wirtschaftswissenschaft aussehen könnte.

---

27 Obschon an dieser Stelle auch nicht zu leugnen ist, dass eine mathematische Versuchsanordnung in einem anderen Rahmen – etwa einer isoliert mikroökonomischen Modellbetrachtung – natürlich durchaus Sinn ergeben mag.

28 Vgl. hierzu weiterführend innerhalb der Ökonomik: Vanberg (2008), dabei ältere Überlegungen von Hans Albert zum so genannten ökonomischen »Modell-Platonismus« aufgreifend (vgl. Albert 1967/1998).

Dies alles verdeutlicht die Notwendigkeit trans- und interdisziplinären Arbeitens, allerdings methodisch reflektiert und auf der wechselseitigen Höhe des Wissensstandes der korrespondierenden Wissenschaft: Interdisziplinarität als wissenschaftliche Erfordernis – nicht als bloßer Selbstzweck, oberflächlicher Ausdruck einer weltanschaulichen Geisteshaltung oder gar als interessegeleitete Wissenschaftspolitik. Ebenso wie die poetische Reflexion der Ökonomik in literarischen Texten wichtige Impulse zum besseren Text- und Wirklichkeitsverständnis liefern kann, wird die Einbindung der Literatur- und Kulturwissenschaft der Untersuchung ökonomischer Fragestellungen zum größten Vorteil gereichen: eine mühsame, erst am Anfang stehende, jedoch höchst lohnende Aufgabe.

Literatur

Achermann, Eric (2006),»Rezension zu Bernd Blaschke: ›Der homo oeconomicus und sein Kredit bei Musil, Joyce, Svevo, Unamuno und Céline‹, Eske Bockelmann: ›Im Takt des Geldes. Zur Genese modernen Denkens‹, Joseph Vogl: ›Kalkül und Leidenschaft. Poetik des ökonomischen Menschen‹«, in: *Arbitrium*, Jg. 24, Nr. 1, S. 116–129.

Akerlof, George A./Shiller, Robert J. (2009), *Animal Spirits. How Human Psychology Drives the Economy, and Why It Matters for Global Capitalism*, Princeton.

Albert, Hans (1967/1998), *Marktsoziologie und Entscheidungslogik. Zur Kritik der reinen Ökonomik*, Tübingen.

Bausinger, Hermann (1999),»Da capo. Germanistik als Kulturwissenschaft«, in: *Jahrbuch Deutsch als Fremdsprache*, Jg. 25, S. 213–231.

Bevir, Mark (1999), *The Logic of the History of Ideas*, Cambridge.

Binswanger, Hans Christoph (1998), *Die Glaubensgemeinschaft der Ökonomen*, Hamburg.

Binswanger, Hans Christoph (2009), *Geld und Magie. Eine ökonomische Deutung von Goethes Faust*, 4. Aufl., Hamburg.

Blaschke, Bernd (2004),»Die Geburt des homo oeconomicus. Rezension über Joseph Vogls ›Kalkül und Leidenschaft. Poetik des ökonomischen Menschen‹«, in: *IASL online*, 15. Dezember, http://www.iaslonline.de/index.php?vorgang_id=1022 (Stand: 30.08.2010).

Böhme, Hartmut (1998),»Zur Gegenstandsfrage der Germanistik und Kulturwissenschaft«, in: *Jahrbuch der deutschen Schillergesellschaft*, Jg. 42, S. 476–485.

Borgards, Roland (2007),»Wissen und Literatur. Eine Replik auf Tilmann Köppe«, in: *Zeitschrift für Germanistik*, NF XVII, H. 2, S. 425–428.

Bredekamp, Horst (2005), *Darwins Korallen. Frühe Evolutionsmodelle und die Tradition der Naturgeschichte*, Berlin (Kleine Kulturwissenschaftliche Bibliothek 73).

Bröckling, Ulrich/Krasmann, Susanne/Lemke, Thomas (Hg.) (2000), *Gouvernementalität der Gegenwart. Studien zur Ökonomisierung des Sozialen*, Frankfurt/M.

Caruso, Paolo (1974), »Gespräch mit Michel Foucault«, in: Michel Foucault, *Von der Subversion des Wissens*, aus dem Französischen v. Walter Seitter, München (Reihe Hanser 150), S. 7–31.

Colander, David u.a. (2009), »The Financial Crisis and the Systemic Failure of Academic Economics«, in: *Kiel Working Paper 1489*, Februar, http://www.ifw-members.ifw-kiel.de/publications/the-financial-crisis-and-the-systemic-failure-of-academic-economics/KWP_1489_ColanderetalFinancial%20Crisis.pdf (Stand: 30.08.2010).

Daston, Lorraine/Galison, Peter (2007), *Objectivity*, Cambridge/Mass. (Dt.: *Objektivität*. Frankfurt/M. 2007)

Deines, Stefan von/Jaeger, Stephan/Nünning, Ansgar (Hg.) (2003), *Historisierte Subjekte – Subjektivierte Historie. Zur Verfügbarkeit und Unverfügbarkeit von Geschichte*, Berlin.

Dittrich, Andreas (2007), »Ein Lob der Bescheidenheit. Zum Konflikt zwischen Erkenntnistheorie und Wissensgeschichte«, in: *Zeitschrift für Germanistik*, NF XVII , H. 3, S. 631–637.

Enkvist, Niels Erik (1973), *Linguistic Stylistics,* Den Haag/Paris.

Euchner, Walter (1987), *Die Staatsphilosophie des Thomas Hobbes*, Hagen.

Fricke, Thomas (2009), »Die Kolumne – Zeit für eine Bad Ideas Bank«, in: *Financial Times Deutschland, WirtschaftsWunder*, 06. Februar, http://www.ftd.de/wirtschaftswunder/indcx.php?op=ViewArticle&articleId=1822&blogId=10 (Stand: 30.08.2010).

Gödel, Kurt (1931), »Über formal unentscheidbare Sätze der Principia Mathematica und verwandter Systeme I«, in: *Monatshefte für Mathematik und Physik*, Jg. 38, H. 1, S. 173–198.

Goodwin, Craufurd D.W. (2006), »The Art of an Ethical Life. Keynes and Bloomsbury«, in: Roger E. Backhouse/Bradley W. Bateman (Hg.): *The Cambridge Companion to Keynes*, Cambridge, S. 217–236.

Hank, Rainer (2009), »Metapher statt Prophetie. Was Ökonomen von Geisteswissenschaftlern lernen können«, in: *Wirtschaftliche Freiheit*, 22. Juli, http://wirtschaftlichefreiheit.de/wordpress/?p=1275 (Stand: 30.08.2010).

Henderson, Willie (1995), *Economics as Literature*, London.

Hörisch, Jochen (1996), *Kopf oder Zahl. Die Poesie des Geldes*, Frankfurt/M.

Homann, Karl/Suchanek, Andreas (2000), *Ökonomik. Eine Einführung*, Tübingen (Neue ökonomische Grundrisse).

Homann, Karl (2002), *Vorteile und Anreize. Zur Grundlegung einer Ethik der Zukunft*, hg. v. Christoph Lütge, Tübingen.

Horn, Karen (2010), »Ökonomiekolumne. Neue Kleider für die Ökonomie«, in: *Merkur. Deutsche Zeitschrift für europäisches Denken*, Jg. 64, H. 733, S. 522–527.

Jungert, Michael/Romfeld, Elsa/Sukopp, Thomas/Voigt, Uwe (Hg.) (2010), *Interdisziplinarität. Theorie, Praxis, Probleme*, Darmstadt.

Keynes, John Maynard (1924), »Alfred Marshall, 1842–1924«, in: *The Economic Journal*, Jg. 34, H. 135, S. 311–372.

Keynes, John Maynard (1936), *The General Theory of Employment, Interest and Money*, New York.

Kirchgässner, Gebhard (2008), *Homo Oeconomicus. Das ökonomische Modell individuellen Verhaltens und seine Anwendung in den Wirtschafts- und Sozialwissenschaften*, 3. Aufl., Tübingen (Die Einheit der Gesellschaftswissenschaften 74).

Kirchgässner, Gebhard (2009), »Die Krise der Wirtschaft – Auch eine Krise der Wirtschaftswissenschaften?«, in: *Perspektiven der Wirtschaftspolitik*, Jg. 10, H. 4, S. 436–468.

Kocka, Jürgen (Hg.) (1987), *Interdisziplinarität. Praxis, Herausforderung, Ideologie*, Frankfurt/M.

Köppe, Tilmann (2007a), »Vom Wissen in Literatur«, in: *Zeitschrift für Germanistik*, NF XVII, H. 2, S. 398–410.

Köppe, Tilmann (2007b), »Fiktionalität, Wissen, Wissenschaft. Eine Replik auf Roland Borgards und Andreas Dittrich«, in: *Zeitschrift für Germanistik*, NF XVII, H. 3, S. 638–646.

Kreisky, Eva (2001), »Demokratie, Markt und Geschlecht. Die maskuline Welt des Joseph A. Schumpeter«, in: Andrei S. Markovits/Sieglinde K. Rosenberger (Hg.), *Demokratie. Modus und Telos*, Wien/Köln/Weimar, S. 39–60.

Lemke, Thomas (1997), *Kritik der politischen Vernunft. Foucaults Analyse der modernen Gouvernementalität*, Berlin.

Lethen, Helmut (2009), »Kann sich die Große Depression wiederholen?«, 8. September, http://www.ifk.ac.at/aktuell.php?e=67 (Stand: 30.08.2010).

Liesenfeld, Cornelia (1993), »Inter- und Transdisziplinarität. Heuristik und Begründung«, in: *Journal for the General Philosophy of Science*, Jg. 224, H. 2, S. 257–274.

Lottes, Günter (2002), »Neue Ideengeschichte«, in: Ders./Joachim Eilbach (Hg.), *Kompass der Geschichtswissenschaften. Ein Handbuch*, Göttingen, S. 261–269.

MacIntyre, Alasdair (1981), *After Virtue. A Study in Moral Theory*, Notre Dame. (Dt.: *Der Verlust der Tugend. Zur moralischen Krise der Gegenwart*, Frankfurt/M. 1987).

Mandeville, Bernard de (1705–1729/1988), *Die Bienenfabel oder private Laster als gesellschaftliche Vorteile*, München.

McCloskey, Deirdre (1983), »The Rhetoric of Economics«, in: *Journal of Economic Literature*, Jg. 31, H. 2, S. 482–517.

McCloskey, Deirdre (1984), »The Literary Character of Economics«, in: *Daedalus*, Jg. 113, H. 3, S. 97–119.

McCloskey, Deirdre (1985), *The Rhetoric of Economics*, Madison.
McCloskey, Deirdre (1990), »*Storytelling in Economics*«, in: Christopher Nash (Hg.), *Narrative in Culture*, London, S. 5–22.
McCloskey, Deirdre (2001), *Measurement and Meanings in Economics. The Essential Deirdre McCloskey*, hg. v. Stephen Thomas Ziliak, Cheltenham/Northampton.
Mittelstraß, Jürgen (2003), *Transdisziplinarität. Wissenschaftliche Zukunft und institutionelle Wirklichkeit*, Konstanz.
Naím, Moisés (2009), »Missing Links. An Intellectual Bailout«, in: *Foreign Policy* (Jan./Feb.), http://www.foreignpolicy.com/story/cms.php?story_id=4606 (Stand: 30.08.2010).
Nelson, Julie A. (1995), »Feminism and Economics«, in: *Journal of Economic Perspectives*, Jg. 9, H. 2, S. 131–148.
Nelson, Julie A. (1996), *Feminism, Objectivity, and Economics*, London u.a.
Pethes, Nicolas (2003), »Literatur und Wissenschaftsgeschichte. Ein Forschungsbericht«, in: *Internationales Archiv für Sozialgeschichte der Deutschen Literatur*, Jg. 28, H. 1, S. 181–231.
Pethes, Nicolas (2004), »Poetik/Wissen. Konzeptionen eines problematischen Transfers«, in: Gabriele Brandstetter/Gerhard Neumann (Hg.), *Romantische Wissenspoetik. Die Künste und die Wissenschaften um 1800*, Würzburg, S. 341–372.
Pieper, Marianne/Gutierrez Rodriquez, Encarnaci (Hg.) (2003), *Gouvernementalität. Ein sozialwissenschaftliches Konzept in Anschluß an Foucault*, Frankfurt/M.
Rothschild, Kurt W. (2004), *Die politischen Visionen großer Ökonomen*, Bern/Göttingen (Kleine politische Schriften 9).
Schefold, Bertram (1992), »Nationalökonomie als Geisteswissenschaft. Edgar Salins Konzept einer Anschaulichen Theorie«, in: *List Forum für Wirtschafts- und Finanzpolitik*, Jg. 18, H. 1–4, S. 303–324.
Schulz, Susanne (2006), *Hegemonie, Gouvernementalität, Biomacht*, Essen.
Selten, Reinhard (2010), »Den Homo Oeconomicus gibt es nicht«, in: *Institutional Money*, Jg. 3, S. 44–52.
Sen, Amartya (1973), *On Economic Inequality*, Oxford/New York.
Sen, Amartya (1985), *Commodities and Capabilities*, Amsterdam.
Sen, Amartya (2002), *Rationality and Freedom*, Cambridge/Mass.
Sen, Amartya (2009), *The Idea of Justice*, London/New York.
Shiller, Robert J. (2000), *Irrational Exuberance*, Princeton.
Smith, Adam (1978), *Der Wohlstand der Nationen. Eine Untersuchung seiner Ursachen und seiner Natur* [1776], hg. v. Horst Claus Recktenwald, München.
Stiening, Gideon (2007), »Am ›Ungrund‹ oder: Was sind und zu welchem Ende studiert man ›Poetologien des Wissens‹?«, in: *Kulturpoetik*, Jg. 7, H. 2, S. 234–248.
Stiening, Gideon (2010), »›Glücklicher Positivismus‹? Michel Foucaults Beitrag zur Begründung der Kulturwissenschaften«, in: Eric Achermann (Hg.), *Kulturwissenschaft. Wissenschaft ohne Theorie und Methode?*, Bern, o.S.

Taleb, Nassim N. (2008), *The Black Swan. The Impact of the Highly Improbable*, London. (Dt.: *Der schwarze Schwan. Die Macht höchst unwahrscheinlicher Ereignisse*, München 2008).

Vanberg, Viktor J. (2008), *Wettbewerb und Regelordnung*, hg. v. Nils Goldschmidt u. Michael Wohlgemuth, mit einer Einführung v. Hans Albert, Tübingen (Untersuchungen zur Ordnungstheorie und Ordnungspolitik 55).

Vogl, Joseph (1997), »Für eine Poetologie des Wissens«, in: *Die Literatur und die Wissenschaften 1770–1930. Festschrift zum 75. Geburtstag von Walter Müller-Seidel*, hg. v. Karl Richter, Jörg Schönert u. Michael Titzmann, Stuttgart, S. 107–127.

Vogl, Joseph (2002), *Kalkül und Leidenschaft. Poetik des ökonomischen Menschen*, München.

Vogl, Joseph (2007), »Robuste und idiosynkratische Theorie« [Erwiderung auf Gideon Stiening], in: *Kulturpoetik*, Jg. 7, H. 2, S. 249–258.

Warning, Rainer (1999), »Poetische Konterdiskursivität. Zum literaturwissenschaftlichen Umgang mit Foucault«, in: Ders. *Die Phantasie der Realisten*, München, S. 313–345.

Weede, Erich (1990), *Wirtschaft, Staat und Gesellschaft. Zur Soziologie der kapitalistischen Marktwirtschaft und der Demokratie*, Tübingen (Die Einheit der Gesellschaftswissenschaften 63).

Weede, Erich (1992), *Mensch und Gesellschaft. Soziologie aus der Perspektive des methodologischen Individualismus*, Tübingen.

Weede, Erich (2003), *Mensch, Markt und Staat. Plädoyer für eine Wirtschaftsordnung für unvollkommene Menschen*, Stuttgart.

Weizsäcker, Carl-Christian von (2003), *Logik der Globalisierung*, 2. Aufl., Göttingen (Serie Ökonomische Einsichten).

Wohlgemuth, Michael (2009), »Menschen oder Mathematik. Unfrisierte Gedanken zur Rhetorik in Politik und Ökonomik«, in: *Wirtschaftliche Freiheit*, 17. Oktober, http://wirtschaftlichefreiheit.de/wordpress/?p=1736 (Stand: 30.08.2010).

Woodmansee, Martha/Osteen, Mark (Hg.) (1999), *The New Economic Criticism. Studies at the Intersection of Literature and Economics*, London/New York.

Semantiken der Entkopplung, Performativität, Klassifikationsregime: Aspekte einer Soziologie ökonomischen Wissens

Hanno Pahl

In den letzten beiden Jahrzehnten hat die Finanzsphäre einige Aufmerksamkeit auf sich gezogen. Der globale Anstieg der Finanzvolumina hat ebenso wie turbulente Kursausschlagskaskaden – etwa im Zuge des Aufstiegs und Niedergangs der *New Economy* oder der gegenwärtigen, zunächst als *Subprime-Crisis* bezeichneten Finanz- und Wirtschaftskrise – offenkundig dazu motiviert, dass sich auch Wissensgebiete, die nicht den disziplinär ausdifferenzierten Wirtschaftswissenschaften zugerechnet werden können, befugt gefühlt haben, die Emergenz des Monetären zu adressieren. Was ist davon zu halten, wie ist darüber zu reflektieren, dass finanzmarktliche Strukturen offenbar ein Eigenleben entwickelt haben, das nur noch peripher mit der unschuldigen Ebene der Güter und Dienstleistungen korreliert? Wie ist es zu erklären, dass vormals als technisch, »esoterisch« oder schlicht langweilig klassifizierte Praktiken, Geschäftsbereiche und Wissensformen (wie das *Asset Management* oder gar die Rechnungslegung) plötzlich eine eigenartige, gesellschaftsweite Form der Popularität und Deutungshoheit erlangen konnten? Neben der Literatur und ihrer Reflexionstheorie, der Literaturwissenschaft, die vermehrt dazu übergegangen sind, Wirtschaft nicht nur als Gegenstand fiktionaler Texte zu thematisieren, sondern selbst als Form von Fiktion zu adressieren, wurde auch im Zuge soziologisch inspirierter Zeitdiagnostiken regelmäßig auf finanzökonomische Phänomene rekurriert. Mindestens kontextuell angeheizt wurden selbige Bestrebungen durch massenmediale Berichterstattungen und politische Aufmerksamkeitsinszenierungsstrategien, die insgesamt dazu geführt haben, die internationalen Finanzmärkte ins Zentrum diversen Räsonierens zu rücken. Seit dem Manifest-Werden jüngster Krisentendenzen hat nicht nur die Wirtschaft, sondern auch ihre wissenschaftliche Primärbetreuung, die disziplinär ausdifferenzierte und akademisch gut situierte Wirtschaftswissenschaft, einige Aufmerksamkeit seitens der Qualitätszeitungen verbuchen können: In der

Frankfurter Allgemeinen Zeitung wurde gemutmaßt, ob die Wirtschaftskrise nicht zugleich als »Sinnkrise« der Wirtschaftswissenschaft adressiert werden müsse (Nienhaus/Siedenbiedel 2009), dies aufgrund der Tatsache, dass nur wenige ihrer renommierten Vertreter rechtzeitig und deutlich vor dem Ausmaß der Verwerfungen gewarnt hätten. Angesichts einer geplanten Umwidmung mehrerer wirtschaftswissenschaftlicher Lehrstühle an der Universität Köln sahen sich die Vertreter der Ordnungsökonomik veranlasst, das Licht der Öffentlichkeit zu suchen um ihren Forderungen Gehör zu verleihen, die entsprechenden Professuren dezidiert wirtschaftspolitisch auszurichten und nicht entlang mittlerweile international üblicher Standards als solche der Makroökonomie. Zum gleichen Zeitpunkt hat sich ein (populär)wissenschaftliches Genre etabliert, dessen fundamentale Kritik am wirtschaftswissenschaftlichen *Mainstream* zwar innerdisziplinär nur sehr begrenzte Reaktionen gezeitigt hat, das aber außerhalb der Ökonomenzunft als relativ erfolgreich gelten kann.[1]

Die genannten Phänomene können zum Anlass genommen werden, die Erkenntnisleistungen einer Soziologie zu befragen, die wirtschaftswissenschaftliches Wissen zu ihrem Forschungsgegenstand macht. Der folgende Text verfährt hochgradig selektiv, es geht lediglich darum, einige Ideen anzudenken und Dimensionen auszuleuchten. Angesichts begrenzten Raumes wurde dem exemplarischen Sondieren einiger Kernaspekte des Themas der Vorzug vor einer streng systematischen, aber auf begrenztem Raum nur wenig weitreichenden Verfahrensweise eingeräumt. Teil 1 beginnt damit, verschiedenartige Semantiken aus dem Korpus soziologischer Zeitdiagnosen zu sondieren und kritisch zu diskutieren, die in der These einer Art Entkopplung der Finanzsphäre zusammenlaufen. Es soll gezeigt werden, dass – bei aller Unterschiedlichkeit der Argumente und Begrifflichkeiten – die entsprechenden Befunde auf Grundlage einer Zwei-Welten-Theorie erarbeitet wurden, die gegenüber der tatsächlichen Verschlungenheit von »Realsphäre« und »monetärer Sphäre« als unterkomplex einzuschätzen ist. Der zweite Teil schreitet voran in Richtung einer Analyse nicht soziologisch-zeitdiagnostischer, sondern genuin wirtschaftswissenschaftlicher Semantiken. Hier ist dem Grundproblem zu begegnen, inwieweit Theorieprogramme, die zuvorderst auf Mathematik als Medium ihrer Theoriekonstruktion rekurrieren,

---

[1] Hingewiesen werden kann etwa auf Bücher wie *The Death of Economics* (Ormerod 1994), *Debunking Economics. The Naked Emperor of the Social Sciences* (Keen 2004) oder *Die fragwürdigen Grundlagen der Ökonomie* (Brodbeck 1998), deren Titel bereits die Marschrichtung anzeigen.

überhaupt einer soziologischen Analyse zugänglich sind – ein Kardinalproblem, das im vorliegenden Kontext nur kurz angesprochen werden kann. Teil 3 gibt einen Überblick über die Reflexion ökonomischer Theorien auf den Feldern der ökonomischen Methodologie und Dogmengeschichte sowie der *Social Studies of Science*. Hier geht es weniger um ein Ausleuchten aller vorherrschenden Spielarten und materialen Befunde als darum, einige grundsätzliche Charakteristika darzustellen, aus denen dann abgeleitet werden kann, worin eine spezifisch soziologische Perspektive bestehen könnte. In Teil 4 wird eine kurze Globalperspektive auf die Struktur der Wirtschaftswissenschaften in der zweiten Hälfte des 20. Jahrhunderts offeriert; hier geht es darum, übersimplifizierenden Beschreibungen dieses seitens soziologischer Beiträge meist völlig vernachlässigten Zeitraums der Wirtschaftswissenschaft entgegenzutreten und ein Gespür ebenso für die Komplexität des Geschehens wie für die Bedeutung vielfach kontingenter Faktoren zu erzeugen. Der fünfte Teil skizziert ein soziologisches Forschungsprogramm, das sich für die Klassifikationsordnungen innerhalb der Wirtschaftswissenschaften interessiert (etwa: neoklassische Orthodoxie versus heterodoxe Ökonomik) und in diesem Zuge auch die performative Wirkung wissenschaftstheoretischer Konstrukte zum Thema macht. Im Rahmen eines kurzen Ausblicks (Teil 6) folgt ein Rekurs auf die seit längerer Zeit zu beobachtende Entpolitisierung der Ökonomie – auch in kritisch motivierten Ansätzen von Gesellschaftstheorie –, zu der der vorliegende Text als Gegengewicht gelesen werden kann.

I. Semantiken der Entkopplung: Zur basalen Ontologie zeitdiagnostischer Beschreibungen der Finanzsphäre

Um die Jahrtausendwende herum konnte eine Konjunktur von Zeitdiagnosen ausgemacht werden, in denen ein Prozess der Entkopplung beziehungsweise Verselbstständigung, des Abhebens, Virtuell-Werdens oder gar der Hyperrealität der Finanzsphäre vermutet wurde. Entsprechende Beiträge wurden in ganz unterschiedlichen Kontexten formuliert, in der Tagespresse ebenso wie in theoretischen Texten sowie in der offiziellen wirtschaftswissenschaftlichen Lehrbuchliteratur. Als erstes Beispiel (siehe für eine eingehende Diskussion Pahl 2008) kann folgender Textauszug von McGoun (1997: 97) herangezogen werden, der dem Spektrum der *Alternative Perspectives on Finance* zuzuordnen ist.

»In both our scholarship and our society, we are wedded to the notion that the financial economy (of money) exists for, refers to, and is meaningless without the so-called real economy (of things). [...] But what if ›real‹ finance (finance which refers to the real economy), is in fact ›hyperreal‹ finance (finance which refers to nothing but itself)? What if financial transactions are not moves in an economic (real) game but moves in a non-economic (hyperreal) game?«

Hier wird unter Bezug auf Baudrillard die tradierte Lehrmeinung in Zweifel gezogen, wonach die Finanzsphäre – gleichsam abbildtheoretisch – lediglich einen Appendix realen Wirtschaftens darstellt, durch den das operative Geschehen der Reichtumsgewinnung und -verteilung nicht substanziell affiziert werde. Offeriert wird im Gegenteil eine Deutung der Finanzsphäre, die selbige als selbstbezüglichen Bereich der Sozialität beschreibt, der in gewisser Weise wirklicher als die traditionelle Realität selbst sei, eben hyperreal. In einem aktuellen finanzökonomischen Lehrbuch (Spremann/Gantenbein 2005: VII) wird die gleiche Diagnose aufgestellt, allerdings vorsichtiger formuliert:

»Doch seit vielleicht zwei Jahrzehnten ist die Finanzwirtschaft kein einfacher und bescheidener Lieferant von ›Schmiermittel‹ mehr, damit die Realwirtschaft reibungsloser laufen kann. Die heutige Finanzwirtschaft hat sich gemausert, sie ist von der Realwirtschaft unabhängiger geworden. Manche behaupten, sie habe ›abgehoben‹ und die Kurse würden nicht immer den Fundamentaldaten entsprechen.«

Hier wird eine temporale Dimension ins Spiel gebracht und für vergangene Zeiten ein Normalitätskriterium postuliert (die Finanzsphäre habe traditionell als Mittel der Realwirtschaft gedient), das seit jüngerer Zeit für hinfällig zu erklären sei. Bei Menzel (2000: 16) schließlich wird gleich eine ganze Geschichtsphilosophie in Kurzform in Stellung gebracht, um wiederum den gleichen Sachverhalt auszudrücken:

»Die Virtualisierung ökonomischer Prozesse [...], denen gar keine realen, d.h. stofflichen Produktions- und Austauschprozesse mehr gegenüberstehen, hat zur Verselbständigung des Tauschwerts geführt. Vom Doppelcharakter der Waren kann hier kaum noch die Rede sein, ist der Gebrauchswert der gehandelten Derivate doch nur mit sophistisch anmutenden Argumenten begründbar. Das könnte heißen, daß es in Zukunft nur mehr auf die *Bewertung* von Waren ankommt, denen ein substantieller Wertgehalt fehlt. Daraus folgt, daß, wie in der Vormoderne der Gebrauchswert eines Produkts im Vordergrund stand und in der Moderne und damit zu Marx' Zeit die Unterscheidung von Gebrauchswert und Tauschwert, so in der Postmoderne der Tauschwert.«

Beispiele wie die eben genannten lassen sich haufenweise finden, der marxistische Zusammenbruchstheoretiker Kurz (1999: 753) spricht von der »simulative[n] Geisterakkumulation des Spekulationskapitals«, der Medientheoretiker Winkler (2004: 10) davon, dass die Sphäre der Zeichen Überhand gewinne und »die 3-d-solide Ökonomie der Waren [...] sich in Zeichenprozesse weitgehend« auflöse. Zusammengenommen lässt sich festhalten, dass in der Regel mit einer polaren Konstellation von Unterscheidungen gearbeitet wird, die bestimmte prominente Gegenüberstellungen beinhaltet: Realität/Hyperrealität, Gebrauchswert/Tauschwert, Mittel/Selbstzweck, Fundamentalanalyse/Chartanalyse, konkret/abstrakt, materiell/immateriell, real/simulativ, Warenökonomie/Zeichenökonomie, Werttheorie/Geldtheorie. Die Prekarität solcher und ähnlicher Argumentationsweisen wurde für einen anderen Kontext bereits von Tholen (2002: 113) herausgearbeitet:

»Das unbemerkte Dispositiv in diesen Diskursen ist die zirkelschlüssige und bipolare Gegenüberstellung von *abstrakt* und *konkret, wirklich* und *fiktiv, echt* und *simuliert*. Ihr Dilemma ist das jedweden imaginären Kurzschlusses: Wenn z.b. das Fiktive das Wirkliche aufzulösen imstande ist, muss dieser Aussage gemäß eben solcher machtvollen und wirklichkeitsprägenden Fiktion ein Wirklichkeitsstatus zugeschrieben werden, der doch andererseits nur der der Fiktion vorhergehenden und ihr opponierenden Wirklichkeit eigen sein soll.«

Dass es strukturreichere Alternativen zu Konzeptualisierungsversuchen wie den obigen gibt, könnte unter anderem ein Rekurs auf die Luhmannsche Theorie sozialer Systeme ausweisen, der hier nur angedeutet werden soll: Die Stärke der dortigen Position besteht darin, dass Selbstreferenz nicht pauschal als dubioser Sachverhalt interpretiert wird, sondern als grundlegendes Organisationsprinzip des Sozialen. Dafür steht die Prominenz des Autopoiesis-Schemas. Durch dessen Inkorporierung in den Bestand der Sozialtheorie war es geboten, grundlegende Relationen wie System/Umwelt, Selbstreferenz/Fremdreferenz und Offenheit/Geschlossenheit begrifflich neuartig zu fassen und nicht länger als dichotome Typenunterschiede zu denken (etwa: je mehr Selbstreferenz, desto weniger Umweltbezug). Für den Fall der Wirtschaft bestimmt Luhmann die Selbstreferenz von Zahlungen nicht als pathologisches Phänomen jüngeren Datums, sondern als grundlegenden Operationsmodus einer monetär ausdifferenzierten wirtschaftlichen Sphäre. Deren Genese wird zwischen dem 16. und 19. Jahrhundert angesetzt, und als ihr Spezifikum fungiert bei Luhmann die These einer Zweitcodierung des Eigentums durch das Geld sowie einer monetären Duplikation von Knappheit (vgl. ausführlich Pahl 2008: 145ff.), Gedanken, die sich in ähnlicher Form bereits in Polanyis (2004) These finden, wonach die moderne Wirtschaft nicht nur Gütermärkte kenne, sondern auch Arbeit und Boden – als fiktive Waren – in den monetären Nexus integriert habe. Anders als durch Tradition oder Herrschaft strukturierte vormoderne Weisen der materiellen Reproduktion zeichnet sich die moderne Wirtschaft durch einen spezifischen Universalismus aus: Alle Weltsachverhalte erscheinen aus der Perspektive des ökonomischen Systems (aber zugleich: nur aus dieser Perspektive) als wirtschaftliche Sachverhalte, als monetär abzubildende und zu bearbeitende Risiken und Chancen. Das Resultat dieser Etablierung monetärer Selbstreferenz besteht aber gerade nicht in einer Abkopplung der Wirtschaft von der Gesellschaft, sondern in einer Zunahme wechselseitiger Irritationen: Die »gewaltigen Veränderungen in Ressourcen, Naturgleichgewichten und Motiven« (Luhmann 1988: 16), die als empirische Fakten das Bild der Moderne wesentlich mitbestimmen, sind als qualitativ neuartige Effekte dieses monetären Regimes zu begreifen, das gerade aufgrund seiner selbstreferenziell generierten Evaluationskriterien seine gesellschaftliche Umwelt in neuartiger Weise penetriert und formatiert. Mit diesen Hinweisen soll keinesfalls suggeriert werden, es hätte in den letzten Jahrzehnten keinerlei Veränderungen der Finanzsphäre gegeben, das Gegenteil dürfte der Fall sein. Es ging lediglich darum, auf die Unterkomplexität obiger zweistelliger Unterscheidungen hinzuweisen, die schon ihrem Ansatz nach nicht dazu geeignet sein dürften, das komplexe Zusammenspiel von Finanzsphäre und Realwirtschaft adäquat zu beschreiben.[2]

II. Mathematik als Medium der Wirtschaftswissenschaften und das Schweigen der Soziologie

Die beispielhaft angeführten Stellungnahmen ließen sich vergleichsweise einfach einer vorläufigen Reflexion unterziehen. Völlig anders verhält es sich, sofern man sich den Theoriegestalten, Modellkonstruktionen und empirischen Zugriffsweisen der gegenwärtigen (*Mainstream-*)Wirtschaftswissenschaft analytisch zuwenden möchte. Teilt die soziologische Reflexion mit

---

2 Versierte Beschreibungsversuche liegen etwa im Konzept des finanzgetriebenen Akkumulationsregimes vor, wie es seitens der Regulationstheorie ausgearbeitet wurde (vgl. Boyer 2000) oder in diversen post-Keynesianischen Arbeiten zum Thema (vgl. Heine 2001).

obigen Beispielen ein Kontinuum mit Blick auf das basale Medium des Theoretisierens, verhält es sich in Bezug auf zeitgenössische Wirtschaftstheorie völlig anders: Bereits in Schumpeters (2009: 1162) gewichtiger Dogmengeschichte wurde vermerkt, dass im Gefolge der marginalistischen Wende schließlich ein Typus von Wirtschaftswissenschaft entstanden war, der sich dadurch auszeichnet, »daß das Denken selbst, das die Resultate hervorbringt, explizit mathematischer Natur ist«. Und er präzisiert: »mathematische Theorie bedeutet mehr als eine Übersetzung von nichtmathematischer Theorie in die Sprache von Symbolen« (ebd.: 1163). Am Beispiel von Marshall verdeutlicht Schumpeter (ebd.: 1171) ein Verfahren wirtschaftswissenschaftlicher Erkenntnisgewinnung, das »in der Absicht theoretisierte, seine Begriffe numerisch operativ zu machen«, wo dem Anführen statistischer Zahlen also mehr und andere Bedeutung zukommt als die reine Illustration zuvor verbal generierter Theoreme. Insofern im Verlauf der zweiten Hälfte des 20. Jahrhunderts der Grad der Mathematisierung der Wirtschaftswissenschaft noch deutlich angestiegen ist und zugleich die Komplexität der verwendeten mathematischen Techniken zugenommen hat (siehe zur Geschichte der Mathematisierung der Wirtschaftswissenschaften ausführlich Weintraub 2002), liegt eine deutliche Reflexionsbarriere vor. Bereits hierin dürfte der hauptsächliche Grund liegen, warum die Wirtschaftswissenschaft bis dato zumeist ein Anathema wissenssoziologischer Zugriffe war: Sowohl die Klassiker der Wissenssoziologie (Scheler, Mannheim) wie jene der Wissenschaftssoziologie (Merton) haben die bereits zu ihrer Zeit hochgradig formalisierte moderne Wirtschaftswissenschaft aus ihren Analysen ausgespart. Ähnlich wie der Mathematik wurde den Wirtschaftswissenschaften ein epistemologischer Sonderstatus zugesprochen, das dort generierte und akkumulierte Wissen wurde tendenziell als a-soziales Wissen *a priori* begriffen, das einer spezifisch sozialwissenschaftlichen Untersuchung nicht zugänglich sei. Heute sieht es – mit den gewichtigen Ausnahmen der Performativitätsdebatte (vgl. MacKenzie 2007) sowie einigen institutionalistischen Arbeiten (etwa Fourcade 2006, 2009) – nicht grundsätzlich besser aus, was sich exemplarisch an einer Frage Vobrubas (2005: 129) ablesen lässt: »Warum, liebe Kolleginnen und Kollegen, gibt es noch keine ausgearbeitete Wissenssoziologie der Ökonomie? Ich finde das erstaunlich und bedauerlich. Denn das akademische Fach

›Ökonomie‹ bietet einen in vielerlei Hinsicht faszinierenden Wissensbestand.«[3] Es ist nicht unwahrscheinlich, dass eine solche, erst in Ansätzen vorhandene Wissenssoziologie der Wirtschaftswissenschaften auch dazu beitragen könnte, die Deutungsmächtigkeit der Wirtschaftssoziologie zu erhöhen. Triglia (2007) spricht von einem *Unbalanced Growth*, um der Tatsache Ausdruck zu verleihen, dass die Wirtschaftssoziologie zwar seit dem Aufstieg der *New Economic Sociology* als akademisches Subfeld wieder prosperiert, aber auf dem Terrain der Politikberatung bis jetzt fast vollständig ohne Einfluss und gegenüber den Wirtschaftswissenschaften deutlich im Hintertreffen geblieben ist.[4] Das Thema der Mathematik wird sich bei jeglichem Projekt einer Soziologie ökonomischen Wissens nicht in Gänze umschiffen lassen, hier soll zunächst nur festgestellt werden, dass der Erfolg der Mathematik nicht zuletzt auf einer »Trennung von Syntax und Semantik« zu beruhen scheint, im »Gegensatz zu einem alltäglichen Gespräch, bei dem wir nicht davon abstrahieren können, was ein Wort bedeutet«, so Heintz (2000: 12), »vollzieht sich in der Mathematik die Manipulation der Zeichen losgelöst von deren Interpretation«. Es dürfte in dem darin liegenden Versprechen einer Ersetzung verbalen Räsonierens durch »objektive«, weil formalisierte Standards gelegen haben, dass das Medium Mathematik in der notorisch der Ideologie bezichtigten Wirtschaftswissenschaft eine besondere Attraktivität entfachen konnte: »Wo es Formeln gibt, braucht nicht mehr gesprochen werden, was formalisiert ist, bedarf keiner Interpretation« (ebd.).[5] Hinzu

---

3 Eine ähnliche, schon etwas ältere Verlautbarung findet sich bei Swedberg, Himmelstrand und Brulin (1987: 188): »Given that the sociological tradition is more congenial than the economic tradition to understanding the social dimensions of economic theories and the economic tradition, one would expect economic sociology to have produced quite a number of studies on the role of economists in politics, on the formation of different kind of economic ideologies, and so on. This, however, is not the case. There exists of course an awareness in the standard works in economic sociology that the economist and economic theories are products of their social surroundings and also some brief sections to that effect – but that is about all.«

4 Bei Fourcade (2010: 68) wird dazu festgehalten: »These two disciplines have also very different structural positions and different politics. Being prominently enrolled into the state, corporations and international organizations, economists not only command considerable amounts of resources, they have also acquired a much more secure ›fix it‹ culture. Sociologists, on the other hand, often find themselves both marginalized and shining away from direct policy involvement.«

5 Als prototypisch kann denn auch eine Einschätzung wie die folgende bei Debreu (1991: 3) gelten, wo Mathematisierung mit logischer und analytischer Rigorosität in engste Verbindung gebracht wird: »In its mathematical form, economic theory is open to an efficient scrutiny for logical errors. The rigor that has been reached as a consequence is in sharp

kommt möglicherweise eine Art »natürliche Affinität« zwischen Wirtschaftswissenschaft und Mathematik, insofern »im Zentrum des empirischen Korrelats der Ökonomik, der Wirtschaft selber, das Vergleichen, Bewerten und Quantifizieren menschengemachter Sachverhalte steht« (Beckenbach 2006: 78). Angemerkt werden muss aber, dass die Präponderanz der Mathematik in den Wirtschaftswissenschaften bis heute ein Streitobjekt darstellt, heterodoxe Kritiker sprechen beispielsweise von einer »ongoing mathematical escalation in economic theory« (Ackerman 2002: 125), ein Unbehagen an der Mathematik, das sich mindestens bis Keynes (1936: 297f.) zurückverfolgen lässt, der in der *General Theory* eine wirtschaftswissenschaftliche Verwendungsweise mathematischer Verfahren kritisierte, »which allows the author to lose sight of the complexities and interdependencies of the real world in a maze of pretentious and unhelpful symbols«. Soziologische Analysen ökonomischer Theorieprogramme sollten vor allem daran interessiert sein, Mathematik nicht als monolithisch anmutenden Block stehen zu lassen, sondern sehr genau nach der Funktion mathematischer Techniken innerhalb einzelner wirtschaftswissenschaftlicher Ansätze zu forschen, ein Unterfangen, das vermutlich auch geleistet werden kann, ohne bis in die feinsten Verästelungen der Mathematik vorzudringen. Im vorliegenden Text wird auch davon abgesehen, stattdessen wird eine Dimension ins Blickfeld genommen, die den verbalen Kompetenzen der Soziologie weit mehr entgegenkommt und die mir aber auch grundsätzlich einen validen Einstiegspunkt ins Thema darzustellen scheint.

III. Ein Blick auf das Feld der Reflexion ökonomischer Reflexionstheorien

Bis dato wurde vor allem auf den bestenfalls torsohaften Charakter genuin soziologischer Beiträge zu einer Wissenssoziologie der Wirtschaftswissenschaften verwiesen, eine Perspektive, die insofern unvollständig ist, als seit den 1970er Jahren auf den Feldern der ökonomischen Dogmengeschichte und Methodologie sowie der *Social Studies of Science* ein ganzer Korpus an

---

contrast to the standards of reasoning that were accepted in the late 1930's. [...] The greater logical solidity of more recent analyses has contributed to the rapid contemporary construction of economic theory. It has enabled researchers to build on the work of their predecessors and to accelerate the cumulative process in which they are participating.«

Literatur generiert wurde, der sich dezidiert mit der Wissenschaftlichkeit der Wirtschaftswissenschaften auseinandergesetzt hat und der vorhandene soziologische Beiträge sowohl nach Tiefe wie nach Trennschärfe weit hinter sich lässt. Es kann an Ort und Stelle nicht darum gehen, einen auch nur ansatzweise vollständigen Überblick über die verschiedenen dortigen Ansätze und materialen Befunde vorzulegen (vgl. als Einführung Backhouse 1998). Was aber geleistet werden kann, ist ein kurzer Blick auf die grundlegende Struktur des Feldes mit dem Ziel, die Optik einer gesellschaftstheoretisch informierten soziologischen Perspektive – ihr mögliches Alleinstellungsmerkmal – stärker zu konturieren. Der Fortgang des Textes wird noch aufzeigen, dass die Disziplin der Wirtschaftswissenschaft intern eine recht deutliche Zentrum-Peripherie-Differenzierung aufweist, die sich so in keiner anderen Geistes- und Sozialwissenschaft auffinden lässt. So weit ich sehen kann, bleibt hiervon auch das Feld der Reflexion nicht unaffiziert: Blaug (2001: 147) spricht beispielsweise vom (universitär zunehmend zurückgedrängten) Forschungsbereich der *History of Economic Thought* als »haven for heterodoxy«. Köllmann (2008: 577) notiert ganz ähnlich »a striking tension between the way in which most economists assess their discipline and the critical, even hostile view that is held by most philosophers of economics«. Mit anderen Worten: Die disziplinäre Parzellierung findet insofern ein Ebenbild auf dem Feld der Reflexion, als die Vertreter des *Mainstreams* kaum dazu bereit sind, sich an meta-theoretischen Debatten zu beteiligen und sich stattdessen der »positiven Forschung« widmen, wohingegen die Heterodoxie wissenschaftstheoretische Ansätze und Befunde oftmals als Ressource in Anspruch nimmt, um den dominanten wirtschaftswissenschaftlichen Paradigmen ganz grundsätzlich die Wissenschaftlichkeit abzusprechen. Dass nicht alle Protagonisten ökonomischer Dogmenhistorik und Methodologie damit einverstanden sind, kann folgendes Zitat von Weintraub (2002: 7) exemplarisch veranschaulichen:

»In contrast to Ingrao and Israel, and Mirowski, I am not sympathetic to using history in order to criticize the discipline of economics. It is not that I have no beliefs about the strengths or weaknesses of particular lines of economic analysis. It is rather that, as a historian, both my interests and my tasks are different from that of an economist who wishes to argue with other economists about current analysis and policy.«

Um die verschiedenen im Feld aufzufindenden Varianten einer Beobachtung und Beschreibung ökonomischer Theorien zu situieren und eine erste Einschätzung vorzunehmen kann kurz eine gesellschaftstheoretische Perspektive eingenommen werden (vgl. zum Folgenden Kieserling 2004). Geht man von einem Regime funktionaler Differenzierung als grundlegender Struktur der modernen Gesellschaft aus, denkt also »Gesellschaft« als polykontexturales Ensemble einer Mehrzahl eigenlogisch operierender Funktionssysteme wie Wirtschaft, Politik, Wissenschaft, Religion, Kunst *et cetera*, dann kann die segmentäre Binnendifferenzierung der modernen Wissenschaft in eine Mehrzahl von Disziplinen ein Stück weit als Spiegel dieser Gesellschaftsstruktur begriffen werden. Parallel zur sachlichen Ausdifferenzierung der Gesellschaft – und diese sicher auch selbst begünstigend – entstand eine ganze Reihe von Wissenschaftstypen (etwa: Pädagogik, Wissenschaftstheorie, Ästhetik, Religionswissenschaft, Rechtswissenschaft, Politikwissenschaft), die bei Luhmann allesamt unter dem Label der Reflexionstheorien firmieren, weil sie durch eine doppelte Referenz gekennzeichnet sind: Einerseits haben sie einen unmittelbaren Gegenstandsbezug, sie widmen sich einem bestimmten Feld des Sozialen, andererseits verorten sie sich als Varianten von Wissenschaft, reklamieren also eine spezifische Form kognitiver Validität für die jeweils konstruierten und tradierten Gedankengebäude, methodischen Verfahren und empirischen Erkenntnisse. Ältere Varianten von Wissenschaftsforschung (wie der logische Positivismus oder der kritische Rationalismus) tendierten dazu, auf Basis einer als übergeordnet begriffenen Reflexionstheorie – der Wissenschaftstheorie, die, wie unsere gesellschaftstheoretische Optik zeigt, aber nur eine Reflexionstheorie unter vielen anderen ist –, Kriterien auszuarbeiten, die von außen an andere Felder der Wissenschaft herangetragen wurden, um das dortige Geschehen zu evaluieren. Ein prominenter Vertreter im Bereich gegenwärtiger ökonomischer Methodologie ist Blaug (1997, 2002), der Poppersche Forderungen nach empirischer Validierung von Axiomen und Theoriegebäuden immer wieder – vor allem gegenüber Varianten der allgemeinen Gleichgewichtstheorie – kritisch geltend gemacht hat. Retrospektiv werden solche und ähnliche Vorgehensweisen gemeinhin als »›shelf of scientific philosophy‹ view of economic methodology« (Hands 2001: 2) bezeichnet:

»economists have simply borrowed various arguments from the philosophy of natural science and then applied (or tried to apply) those arguments to economics – most commonly focusing on the issue of whether economics is (or is not), or what it would need to do to become, a legitimate empirical science.« (Ebd.)

Mit dem Auftauchen naturalistischer Epistemologien wurden auch andere Reflexionstheorien dazu herangezogen, epistemologische Fragestellungen und Sachverhalte zu analysieren, das Feld wurde rearrangiert und als empirisches Objekt situiert: »I hold that knowledge, mind, and meaning are part of the same world that they have to do with, and that they are to be studied in the same empirical spirit that animates natural science. There is no place for a prior philosophy« (van Quine 1969: 26). Die Sonderrolle der Philosophie beziehungsweise Wissenschaftstheorie wurde zurückgenommen, womit eine Situation entstanden ist, in der prinzipiell die Kompetenz jeder Reflexionstheorie dazu in Anspruch genommen werden kann, jeweils andere Wissenschaftsgebiete und Formen von Wissenschaft zu sondieren. Insofern ist es wenig verwundernswert, wenn seit einiger Zeit auch materiale wirtschaftswissenschaftliche Theorieversatzstücke – etwa unter Bezeichnungen wie *Economics of Science* – wissenschaftstheoretische Verwendung finden. Gefragt wird beispielsweise danach, »how the right stuff (cognitively reliable scientific knowledge) can emerge from a social environment (the scientific community) where the individual scientists are pursuing their own self-interest« (Hands 1997: 108). Hier wird das prominente ökonomische Theorem der unsichtbaren Hand (jeweils eigennützige, strategisch motivierte Handlungen kumulieren sich zu einem sozialen Optimum) auf das Feld der Wissenschaft appliziert und in der Form eines »efficient marketplace of ideas« (Blaug 2001: 148) rekonfiguriert, unter anderem mit dem Resultat, »that history of economic thought can be safely neglected by modern economists, because what is valuable in the ideas is fully contained in the present curriculum« (ebd.).

Der Grund dieses kleinen Rekurses bestand vor allem darin, auf die Pluralität der möglichen Beobachterstandpunkte hinzuweisen und diese selbst ansatzweise gesellschaftsstrukturell zu verorten. Geht man von einem Primat der Gesellschaftstheorie auch in epistemologischen Fragen aus, ergibt sich nicht nur die Möglichkeit, die Normativität normativ gearbeiteter Kritikverfahren zu problematisieren und zu hinterfragen, sondern auch solche Ansätze, die auf eine explizite normative Fundierung verzichten oder eine solche gar ablehnen, gesellschaftstheoretisch zu erden. Das kurz referierte Konzept eines *Efficient Marketplace of Ideas* kann dann beispielsweise in seiner Perspektivität rekonstruiert werden und als Variante von *Economic Imperialism* sichtbar gemacht werden, also der Ausweitung ökonomischer Theorietechniken auf Sphären des Sozialen, die möglicherweise andersartig strukturiert sind als die entsprechenden theoretischen Zugriffe es behaupten. Damit wird eine Zugriffsweise möglich, die zugleich kritisch wie nicht-essenzialistisch operiert: Sie operiert kritisch, weil sie vorhandene und sedimentierte Perspektiven nach ihrer Referenz befragt und mit einem alternativen Blickwinkel konfrontiert; sie operiert nicht-essenzialistisch, weil sie auch den eigenen Beobachterstandpunkt expliziert. Diesem Verfahren soll in den beiden folgenden Abschnitten etwas weiter gefolgt werden, zunächst ist es dazu unumgänglich, einige Worte über die Entwicklung der Wirtschaftswissenschaft im 20. Jahrhundert zu verlieren, sodann kann vor dem Hintergrund dieser Folie skizziert werden, inwieweit wissenschaftstheoretisch generierte Klassifikationsregime auf den Objektbereich, den sie nur zu beschreiben vorgeben, zurückwirken, und dass gerade im Fall der hier interessierenden Wirtschaftswissenschaft damit zu rechnen ist, dass dieselbigen auch strategisch-intentional eingesetzt werden.

IV. Die Wirtschaftswissenschaften in der zweiten Hälfte des 20. Jahrhunderts: Ein allzu knapper Abriss

Die Entwicklung der Wirtschaftswissenschaften im 20. Jahrhundert wird mehrheitlich als Wandlungsprozess von einem multiparadigmatischen, heterarchischen Zustand hin zu einem monoparadigmatischen, stark integrierten Zustand beschrieben (siehe exemplarisch den Sammelband *From Interwar Pluralism to Postwar Neoclassicism* von Morgan/Rutherford 1998). War die erste Hälfte des 20. Jahrhunderts bis in die Zwischenkriegszeit hinein noch geprägt durch ein teils unverbundenes, teils konflikthaftes Nebeneinander mehrerer in etwa gleich stark institutionalisierter, nach disziplinärer Hegemonie strebender Theorieprogramme – manifestiert etwa im Methodenstreit zwischen dem Marginalismus der österreichischen Schule und der deutschen historischen Schule (vgl. Backhaus/Hansen 2000) oder in der Konkurrenz von institutionalistischen und neoklassischen Forschungsrichtungen in den USA der Zwischenkriegszeit (vgl. Yuval 1998) –, so werden eine Reihe ineinandergreifender Phänomene als entscheidende Faktoren angesetzt, die jenen Zustand in Kraft gesetzt haben, der das gegenwärtige Bild des Fachs zu kennzeichnen scheint: Eine deutlich ausgeprägte Zentrum-Peripherie-Differenzierung, wie sie so in keiner anderen geistes- und sozialwissenschaftlichen Disziplin zu finden ist (vgl. zum gut situierten Theorien- und Methodenpluralismus in der Soziologie exemplarisch Zima 2004). Es kann hier nicht darum gehen, die Prozesse mikrologisch nachzuzeichnen, die für jenen Wandel als ursächlich angesehen werden könnten, weshalb einige tentative Bemerkungen ausreichen müssen. Köllmann (2010) bestimmt als wesentliche Aspekte jener Verwissenschaftlichung, die um die Mitte des 20. Jahrhunderts herum eine Variante von Wirtschaftswissenschaft geschaffen haben, die das Bild der Disziplin bis in die jüngste Gegenwart geprägt haben, erstens die konsequente Mathematisierung der Theorie durch Samuelson, Hicks und andere, zweitens die zeitgleich erfolgende Revolutionierung der volkswirtschaftlichen Gesamtrechnung sowie drittens die Verbindung dieser beiden Elemente durch die vor allem in der *Cowles Commission* ebenfalls zeitgleich entstehende Ökonometrie, die eine Anwendung statistischer Techniken auf die von der neuen Gesamtrechnung gelieferten Daten im Rahmen der gerade erst mathematisierten Modelle ermöglichte (vgl. dazu ausführlich Backhouse 2002: 237ff.). Die zunächst in ganz heterogenen Kontexten entstandenen Versatzstücke der neoklassischen Mikroökonomie, der Ökonometrie und der Statistik beziehungsweise volkswirtschaftlichen Gesamtrechnung haben sich – unter kaum zu überschätzendem Einfluss sozialstruktureller Faktoren wie der Weltwirtschaftskrise der 1920er und 1930er Jahre, der Politik des *New Deal*, dem großflächigen Einsatz ökonomischer Expertise im Verlauf von Planungsaktivitäten im Zweiten Weltkrieg, schließlich dem Blockkonflikt – zu einem neuartigen Standard von Wissenschaftlichkeit verdichtet. Als Resultat dieser emergente Eigenschaften zeitigenden Aggregation heterogener Momente scheint sich auch das Gesamtbild des Objektbereichs entscheidend verändert zu haben: »The economy had been turned into a ›thing‹ whose behavior could be described (through national accounts), modeled into equations, tested, predicted, and acted upon« (Fourcade 2009: 85).

Das Integrationspotential dieses neuartigen Amalgams soll hier nur anhand von zwei Beispielen angedeutet werden: Der überraschend zügige Niedergang des älteren ökonomischen Institutionalismus in der Nachkriegszeit kann damit erklärt werden, dass das dortige Projekt einer quantitativ fundierten Wirtschaftswissenschaft »was made obsolete by the combined rise of mathematical economics and econometrics, which associated empiricism with the explicit formulation and testing of economic theories« (ebd.: 83f.). Galt die neoklassische Theorie bis in die 1930er Jahre hinein noch weithin als begrenzter, empirieferner Ansatz und der Institutionalismus als ein Theorieprogramm, das statistische und ökonometrische Kompetenz für sich beanspruchen konnte, so wurde durch die oben genannte erfolgreiche Verkopplung eine neuartige Konstellation geschaffen, in der das Programm des Institutionalismus fortan als *Measurement Without Theory* kritisiert werden konnte (vgl. dazu Yonay 1998: 188). Ein anderes empirisches Phänomen würde man in der Integration – oder besser Assimilation – der Keynesschen Theorie in diesen neuartigen Komplex aus mathematisierter Neoklassik, Ökonometrie und volkswirtschaftlicher Gesamtrechnung auffinden können, die bis heute unter dem Label »neoklassische Synthese« firmiert. Die Keynessche Theorie war ursprünglich als Alternative zu den makroökonomischen Konzepten der klassischen politischen Ökonomie formuliert worden, nicht zuletzt gegen die dort vorherrschende wirtschaftspolitische Doktrin des *laissez-faire*. Gegenüber den marginalistischen Ansätzen, die bis in die 1930er Jahre auf mikroökonomische Untersuchungen beschränkt waren, verhielt sie sich zunächst tendenziell indifferent (vgl. Yonay 1998: 190). Es war unter anderem Hayek, der das methodische Verfahren bei Keynes, funktionale Relationen zwischen makroökonomischen Aggregatgrößen aufzustellen, einer Kritik unterzog und eine Mikrofundierung der Makroökonomie einforderte, also die Fundierung der makroökonomischen Aussagensysteme im Optimierungshandeln rationaler Agenten (vgl. dazu Zouache 2008: 107; Weintraub 1986). Das ursprünglich bereits 1937 konstruierte IS/LM-Modell von Hicks (1937) schließlich präsentierte eine strenge Formalisierung einiger basaler Keynesscher Theoreme und bestimmte damit jenes Bild der Keynesschen Theorie, das, zunächst bei Samuelson (1947) und Patinkin (1965) prominent konfirmiert, in den 1960er und 1970er Jahren zum Standardrüstzeug fast aller Ökonomen avancierte (siehe für eine Diskussion des Modells Morgan 2001 sowie Backhouse/Laidler 2003). Fourcade (2009: 160) spricht davon, dass die neoklassische Synthese »reduced the Keynesian approach to a special case of neoclassical theory. Hence although Keynes' economics was exported from Britain to the United States in the 1930s, it was then marketed back to Europe as ›Keynesian economics‹ in the 1940s and 1950s«. Eine mikrologisch in dieser Richtung fortschreitende Untersuchung würde vermutlich die These bestätigen, dass der relative Monismus heutiger Wirtschaftswissenschaft nicht *per se* als lineare Durchsetzungsgeschichte eines um materiale Prämissen (etwa: eine subjektive Werttheorie) gruppierten Theorieprogramms (Neoklassik) begriffen werden kann, sondern als Emergieren eines neuen dominanten Verständnisses von Wissenschaftlichkeit, das ebenso sehr seitens der Wissenschaft geprägt wurde wie seitens politischer Ansprüche und eines insgesamt neuartigen Verständnisses des Objektbereichs.

V. Die Performativität von Klassifikationssystemen und wissenschaftstheoretischen Konstrukten als soziologisches Forschungsprogramm

Wie oben angedeutet gehe ich davon aus, dass jeweils verwendete Kategorien und Klassifikationssysteme nicht nur als getreue Abbilder der Struktur einer wissenschaftlichen Disziplin zu deuten sind, sondern selbst eine performative Dimension enthalten, die sich gut als Einstiegspunkt einer wissenssoziologischen Untersuchung anbietet.[6] Das soll hier wenigstens noch angedeutet werden. Es kann zum Beispiel daran erinnert werden, dass sowohl die Begriffe »Klassik« wie »Neoklassik« von Kritikerseite geprägt wurden (im ersten Fall 1847 von Marx, im zweiten Fall 1900 von Veblen, vgl. dazu Colander/Holt/Rosser 2004: 491) und als solche nicht zuletzt dem Ziel dienten, der eigenen Devianz ein kompaktes Angriffsziel zu bieten. Der Terminus »heterodoxe Ökonomie« wurde erstmals in Gruchys (1947) Lehrbuch *Modern Economic Thought* im Zusammenhang mit »Veblen and other heterodox economists« verwendet, bevor er spätestens in den 1970er Jahren auch als Selbstbeschreibung Verwendung gefunden hat (siehe Wrenn 2007: 98). Das Thema kann noch deutlicher konturiert werden, wenn ins Auge gefasst wird, dass auch wissenschaftstheoretische Hypothesen und Befunde seitens praktizierender Ökonomen aufgegriffen wurden und dezidiert als Verifikationsinstanzen oder Rahmungen ins Feld geführt wurden. So wurde beispielsweise von Vertretern post-Keynesianischer Ansätze regelmäßig auf das bis in die 1970er Jahre hinein besonders populäre Kuhnsche (1962) Modell wissenschaftlicher Revolutionen – als einem Wandel jeweils vorherrschender dominanter Paradigmen – referiert, um die Relevanz und Potenz des eigenen Forschungsansatzes auszuflaggen. Eichner und Kregel (1975: 1294) vermuten, »that post-Keynesian theory has the potential for becoming a comprehensive, positive alternative to the prevailing neoclassical paradigm«, ein analoges Beispiel findet sich in Shapiros (1977) Text *The Revolutionary Character of Post-Keynesian Economics* oder in Beiträgen wie *Radical Political Economy as*

---

6 Zur Bedeutung von Klassifikationsschemata als basalen Mechanismen der Konstruktion von Identität und Differenz sowie allgemeiner zur »Lesbarmachung von Welt« existiert inzwischen eine weitausgefächerte sozialwissenschaftliche Literatur (vgl. etwa Douglas/Hull 1992; Zerubavel 1992), die sich bis zur Gemeinschaftsarbeit von Durkheim und Mauss, *Primitive Classification* (1903, 1963), zurückführen lässt. Explizit wissenssoziologisch wurde das Thema bislang jedoch nur selten fruchtbar gemacht (siehe aber Schwartz 1981).

a Scientific Revolution (Worland 1972) oder *Austrian Economics as Extraordinary Science* (Dolan 1976), wo bereits die Titel das zu Grunde gelegte wissenschaftstheoretische Deutungsschema anzeigen (vgl. dazu Garnett 2006: 523f.). Inhaltlich kommt hier ein vermutlich bis in die jüngere Zeit dominantes Schema zum Ausdruck, das es als Aufgabe der diversen Stränge heterodoxer Ökonomik betrachtet, ein kohärentes und monolithisches Alternativprogramm zum als Neoklassik beschriebenen *Mainstream* auszuarbeiten, um somit eine wissenschaftliche Revolution im Kuhnschen Sinne herbeizuführen. Methodisch kann angemerkt werden, dass wissenschaftstheoretische Kategorien aus ihrem Entstehungskontext herausgelöst und generalisiert werden, um die Deutungshoheit der eigenen Prämissen und Situationsbeschreibungen zu erhöhen. Die neuere Wissenschaftsforschung hat entsprechende Phänomene registriert und darauf hingewiesen, dass Klassifikationsschemata wie »Paradigmen« oder »harte Kerne« keine unmittelbar im Objektbereich vorliegenden Sachverhalte darstellen, sondern dass »[t]he boundaries between them are shaped by negotiations and struggles of scientists who are involved in trials of strength, similar to the way ›facts‹ are constructed. There is no one ›correct‹ way to map a field and classify its practitioners« (Yonay 1998: 24). Es müsste sich lohnen, detaillierter der Frage nachzugehen, welchen Einfluss der Wandel wissenschaftstheoretischer Hypothesen und Kategorien auf die Selbstverortungen und Strategien ökonomischer Theorieprogramme hat. Kann beispielsweise ein Zusammenhang zwischen dem relativen Niedergang des Paradigmenkonzepts und solchen Organisationsformen ökonomischer Devianz ausgemacht werden, die nicht länger das Ziel verfechten, dem gegenwärtigen *Mainstream* ein alternatives neues Kernprogramm entgegenzustellen, sondern die Forderungen nach Pluralismus zu ihrem Hauptanliegen machen?[7] Und wenn dies so ist: Welche alternativen Beschreibungsarten finden dort Verwendung, mit welchen Argumenten wird das Terrain unterteilt, wie wird der *status quo* kritisiert? Natürlich kann der Anspruch einer wissenssoziologischen Beobachtung der Wirtschaftswissenschaften nicht darin bestehen, ultimative Klassifikationssysteme aufzustellen und als sakrosankten Maßstab ins Feld zu führen. Es ginge allerdings darum, strukturreichere Modelle anzubieten, die in der Lage sind, in der vorhandenen Literatur auffindbare Desartikulationsstrategien,

---

7 Ein Beispiel liegt in der Protestbewegung der *Post-Autistic-Economics* vor, die mittlerweile als Sammelbecken verschiedenster Segmente fungiert, die sich von den Paradigmenkämpfen traditioneller heterodoxer Schulen zu unterscheiden suchen.

Abschattierungsmanöver und Formatierungsmuster vorzuführen und kontextsensitiv und genetisch zu situieren.[8]

VI. Ausblick: Eine Re-Politisierung der Ökonomie qua Re-Politisierung des ökonomischen Wissens?

Mit dem kollektiven Abdanken der Altmännerregime des Realsozialismus osteuropäischer und sowjetrussischer Machart und parallel zum Niedergang und zur akademischen Marginalisierung westeuropäischer kritischer Theorien haben vor allem poststrukturalistisch inspirierte Theorieunternehmen das zunehmend verwaiste Feld der Gesellschaftskritik besetzen können. Jenseits des vormaligen Gezankes um Haupt-, Neben- und sonstige Widersprüche wurde hier (prominent manifestiert in und seit Laclau/Mouffes *Hegemony and Socialist Strategy*, 1985) eine Identitätspolitik betrieben, die sich unmittelbar an der Pluralität spätkapitalistischer Erfahrungswirklichkeiten orientiert hat und eine Art *Mainstream der Minderheiten* (Farbige, Frauen, sexuelle Minderheiten, Migranten/Migrantinnen) als neuartigen Adressatenkreis entdeckt hat. So sehr dies auch gut zu finden ist, und so sehr es auch kein Zurück hinter diese Errungenschaften geben sollte, so sehr fällt die Tendenz ins Auge, dass als Kehrseite der Politisierung nahezu aller Bereiche von Gesellschaft eine *Entpolitisierung der Ökonomie* stattgefunden hat. Die Strukturen des heutigen Weltmarktes und der damit eingesetzten internationalen Arbeitsteilung werden als nicht zu hinterfragende Geschäftsgrundlage jeglicher Verhandlungsregime ausgegeben – und somit unter der Hand gleichermaßen affirmiert wie reifiziert. Mehr noch: Parallel zur proklamierten »Erschöpfung utopischer Energien« (Habermas 1985: 141) hat sich unter der Hand eine Utopie des Marktes zur Basalideologie der gegenwärtigen Moderne gemausert, die sich vielleicht gerade darin als utopisch erweisen könnte, dass stillschweigend – und wiederum als quasi-transzendentales Apriori allen Räsonierens – unterstellt wird, das gegenwärtige liberalkapitalistische Wirt-

---

8 Mit Blick auf den gegenwärtigen Zustand interner Differenzierung beispielsweise wurden in jüngerer Zeit eine ganze Reihe von Argumenten geliefert, wonach eine zweistellige, entlang von *Mainstream* und Heterodoxie diskriminierende Unterscheidung, nicht zureichend sei, um die Struktur der Disziplin zu erfassen, auch sei die umstandslose Identifizierung des *Mainstreams* des Fachs mit dem neoklassischen Paradigma der gegenwärtigen Situation unangemessen (vgl. dazu ausführlich Colander/Holt/Rosser 2004).

schaftssystem – inklusive demokratischer Verwaltung – sei eine taugliche Grundlage, um die auf kultureller Ebene erhobenen radikaldemokratischen Forderungen zu ermöglichen (so lauten jedenfalls die Einwände bei Žižek 1998, 2000, 2005). Ganz gleich ob man in der Ausweitung von ursprünglich wirtschaftswissenschaftlich generierten Analyseverfahren auf traditionell als nicht-ökonomisch beschriebene Gesellschaftsbereiche ein – zu kritisierendes – wissenschaftliches Korrelat zur Ausweitung marktförmiger Steuerungsregime erblicken möchte (*Economic Imperialism*) oder nicht: Die anderen, nicht-ökonomischen Sozialwissenschaften wären gut beraten, ihre an ganz anderen Objektbereichen geschärften und hinreichend unter Beweis gestellten Kompetenzen und Methoden in Zukunft mindestens teil- und testweise der Wirtschaft zuzuwenden. Insofern jeglicher solcher Zugriff immer schon auf ein Objekt stößt, das durch wirtschaftswissenschaftliche Beschreibungen vorstrukturiert ist –»economics is part and parcel of the economy as it exists today« (Fourcade 2009: 261) –, würde ein solches Bestreben die Analyse der Wirtschaftswissenschaften dezidiert einschließen. Die Soziologie und die anderen, nicht *per se* auf Ökonomie geeichten sozial- und geisteswissenschaftlichen Disziplinen haben den Vorteil, dass sie – im Unterschied zum Feld ökonomischer Dogmengeschichte und Methodologie – über eigene wissenschaftliche Infrastrukturen, nach eigenen Kriterien auszuschüttende Forschungsgelder und eigene kognitive Autoritäten verfügen; gut möglich, dass hier ein Unterschied gemacht werden kann, der einen Unterschied macht. Dass vor Simplifizierungen zu warnen ist, hat der vorliegende Text verschiedentlich angesprochen, vermutlich ginge es nicht darum, den oftmals allzu linear gearbeiteten Fortschrittsnarrativen des ökonomischen *Mainstreams* ein bloß konfrontativ motiviertes Gegenbild entgegenzusetzen und sich den seitens heterodoxer Strömungen präferierten Verfallsrhetoriken anzuschließen. Gerade die mit den genannten institutionellen und kognitiven Faktoren gegebenen Freiheitsgrade könnten dazu genutzt werden, aus den dominanten Schemata auszubrechen und kontrastreichere, weniger vorfestgelegte Narrative an ihre Stelle zu setzen, die vielleicht besser dazu geeignet sind, die naturalistische Erscheinungsweise der ökonomischen Wissenschaft aufzubrechen und ihre historisch-kontingente Gewordenheit offen zu legen.

Literatur

Ackerman, Frank (2002), »Still dead after all these years: interpreting the failure of general equilibrium theory«, in: *Journal of Economic Methodology*, Jg. 9, H. 2, S. 119–139.

Backhaus, Jürgen/Hansen, Reginald (2000), »Methodenstreit in der Nationalökonomie«, in: *Journal for General Philosophy of Science*, Jg. 31, H. 2, S. 307–336.

Backhouse, Roger (1998), *Explorations in Economic Methodology. From Lakatos to Empirical Philosophy of Science*, New York.

Backhouse, Roger (2002), *The Penguin history of economics*, London.

Backhouse, Roger (2004), »A Suggestion for Clarifying the Study of Dissent in Economics«, in: *Journal of the History of Economic Thought*, Jg. 26, H. 2, S. 261–271.

Backhouse, Roger/Laidler, David (2003), »What Was Lost with IS-LM«, in: *Department of Economics Working Papers*, University of Western Ontario, London/Canada.

Barone, Charles A. (1991), »Contending Perspectives: Curricular Reform in Economics«, in: *The Journal of Economic Education*, Jg. 22, H. 1, S. 15–26.

Beckenbach, Frank (2006), »Postautistische Mikroökonomik: ein Kommentar«, in: Thomas Dürmeier/Tanja von Egan-Krieger/Helge Peukert (Hg.), *Die Scheuklappen der Wirtschaftswissenschaft. Postautistische Ökonomik für eine pluralistische Wirtschaftslehre*, Marburg, S. 75–84.

Blaug, Mark (1997), *The methodology of economics. Or how economists explain*. 2. Aufl., Nachdr., Cambridge.

Blaug, Mark (2001), »No History of Ideas, Please, We're Economists«, in: *Journal of Economic Perspectives*, Jg. 15, H. 1, S. 145–164.

Blaug, Mark (2002), »Ugly currents in modern economics«, in: Uskali Mäki (Hg.), *Fact and fiction in economics. Models, realism, and social construction*, Cambridge, S. 35–56.

Boyer, Robert (2000), »Is a Finance-Led Growth Regime a Viable Alternative to Fordism?«, in: *Economy and Society*, Jg. 29, H. 1, S. 111–145.

Brodbeck, Karl-Heinz (1998), *Die fragwürdigen Grundlagen der Ökonomie. Eine philosophische Kritik der modernen Wirtschaftswissenschaften*, Darmstadt.

Colander, David/Holt, Richard P. F./Rosser, J. Barkley (2004), »The Changing Face of Mainstream Economics«, in: *Review of Political Economy*, Jg. 16, H. 4, S. 485–499.

Debreu, Gerard (1991), »The Mathematization of Economic Theory«, in: *American Economic Review*, Jg. 81, H. 1, S. 1–7.

Dolan, Edwin G. (1976), »Austrian Economics as Extraordinary Science«, in: Ders. (Hg.), *The Foundations of Modern Austrian Economics*, Kansas City, S. 3–18.

Douglas, Mary/Hull, David (Hg.) (1992), *How Classification Works: Nelson Goodman among the Social Sciences*, Edinburgh.

Durkheim, Emile/Mauss, Marcel (1903/1963), *Primitive Classification*, Chicago.

Eichner, Alfred S./Kregel, Jan A. (1975), »An Essay on Post-Keynesian Theory: A New Paradigm in Economics«, in: *Journal of Economic Literature*, Jg. 14, H. 4, S. 1293–1314.

Fourcade, Marion (2006), »The Construction of a Global Profession: The Transnationalization of Economics«, in: *American Journal of Sociology*, Jg. 112, H. 1, S. 145–194.

Fourcade, Marion (2009), *Economists and societies. Discipline and profession in the United States, Britain, and France, 1890s to 1990s*, Princeton.

Fourcade, Marion (2010), »Interview with Marion Fourcade«, in: *Economic Sociology – the European electronic newsletter*, Jg. 11, H. 3, S. 66–68.

Garnett, Robert F., jr. (2006), »Paradigms and Pluralism in Heterodox Economics«, in: *Review of Political Economy*, Jg. 18, H. 4, S. 521–546.

Gruchy, Allan G. (1947), *Modern Economic Thought: The American Contribution*, New York.

Habermas, Jürgen (1985), *Die neue Unübersichtlichkeit. Kleine politische Schriften 5*, Frankfurt/M.

Hands, Douglas Wade (1997), »Caveat Emptor: Economics and Contemporary Philosophy of Science«, in: *Philosophy of Science*, Jg. 64, H. 1, S. 107–116.

Hands, Douglas Wade (2001), *Reflection without rules. Economic methodology and contemporary science theory*, Cambridge.

Heine, Michael (2001), »Die Entkopplungsthese – eine kritische Würdigung«, in: Arne Heise (Hg.), *Neue Weltwährungsarchitektur*, Marburg, S. 25–40.

Heintz, Bettina (2000), *Die Innenwelt der Mathematik. Zur Kultur und Praxis einer beweisenden Disziplin*, Wien.

Hicks, John R. (1937), »Mr. Keynes and the Classics: A Suggested Interpretation«, in: *Econometrica*, Jg. 5, H. 2, S. 147–159.

Keen, Steve (2004), *Debunking economics. The naked emperor of the social sciences*, Nachdr., Annandale.

Keynes, John Maynard (1936), *The General Theory of Employment, Interest and Money*, London.

Kieserling, André (2004), *Selbstbeschreibung und Fremdbeschreibung. Beiträge zur Soziologie soziologischen Wissens*, Frankfurt/M.

Köllmann, Carsten (2008), »General Equilibrium Theory and the Rationality of Economics«, in: *Analyse & Kritik*, Jg. 30, H. 2, S. 575–599.

Köllmann, Carsten (2010), »Die ewige Krise der Wirtschaftswissenschaft«, in: Detlev Ehrig/Uwe Staroske/Otto Steiger (Hg.), *Eigentum und Recht und Freiheit. Otto Steiger zum Gedenken*, Marburg, S. 109–130.

Kuhn, Thomas S. (1962), *The Structure of Scientific Revolutions*, Chicago.

Kurz, Robert (1999), *Schwarzbuch Kapitalismus. Ein Abgesang auf die Marktwirtschaft*, Frankfurt/M.

Laclau, Ernesto/Mouffe, Chantal (1985), *Hegemony and socialist strategy. Towards a radical democratic politics*, London.

Luhmann, Niklas (1988), *Die Wirtschaft der Gesellschaft*, Frankfurt/M.

MacKenzie, Donald (Hg.) (2007), *Do economists make markets? On the performativity of economics*, Princeton.
McGoun, Elton (1997), »Hyperreal finance«, in: *Critical Perspectives on Accounting*, Jg. 8, H. 1/2, S. 97–122.
Menzel, Ulrich (2000), »Marx wieder gelesen. Über die Attraktivität von Karl Marx am Ende des 20. Jahrhunderts«, in: *MEGA-Studien*, H. 1, S. 3–24.
Morgan, Mary S. (2001), »Models, stories and the economic world«, in: *Journal of Economic Methodolgy*, Jg. 8, H. 3, S. 361–384.
Morgan, Mary S./Rutherford, Malcolm (Hg.) (1998), *From Interwar Pluralism to Postwar Neoclassicism*, Durham.
Nienhaus, Lisa/Siedenbiedel, Christian (2009), »Die Ökonomen in der Sinnkrise«, in: *Frankfurter Allgemeine Zeitung*, 5. April.
Ormerod, Paul A. (1994), *The death of economics*, London.
Pahl, Hanno (2008), *Das Geld in der modernen Wirtschaft. Marx und Luhmann im Vergleich*, Frankfurt/M.
Patinkin, Don (1965), *Money, Interest and Prices: An Integration of Monetary and Value Theory*, 2. Aufl., New York.
Polanyi, Karl (2004), *The great transformation. Politische und ökonomische Ursprünge von Gesellschaften und Wirtschaftssystemen*, 1. Aufl., Nachdr., Frankfurt/M.
Samuelson, Paul Anthony (1947), *Foundations of Economic Analysis*, Cambridge/Mass.
Schumpeter, Joseph A. (2009), *Geschichte der ökonomischen Analyse*, Göttingen.
Schwartz, Barry (1981), *Vertical Classification: A Study in Structuralism and the Sociology of Knowledge*, Chicago/London.
Shapiro, Nina (1977), »The Revolutionary Character of Post-Keynesian Economics«, in: *Journal of Economic Issues*, Jg. 11, H. 3, S. 541–560.
Söllner, Fritz (2001), *Die Geschichte des ökonomischen Denkens*, 2., verb. Aufl., Berlin.
Spremann, Klaus/Gantenbein, Pascal (2005), *Kapitalmärkte*, Stuttgart.
Swedberg, Richard/Himmelstrand, Ulf/Brulin, Göran (1987), »The paradigm of economic sociology. Premises and promises«, in: *Theory and Society*, Jg. 16, H. 2, S. 169–213.
Tholen, Georg Christoph (2002), *Die Zäsur der Medien. Kulturphilosophische Konturen*, Frankfurt/M.
Trigilia, Carlo (2007), »Unbalanced Growth. Why is Economic Sociology Stronger in Theory than in Policies?«, in: *Current Sociology*, Jg. 55, H. 1, S. 59–74.
van Quine, Willard Orman (1969), *Ontological relativity, and other essays, by W. V. Quine*, New York.
Vobruba, Georg (2005), »Editorial«, in: *Soziologie*, Jg. 34, H. 2, S. 129–130.
Weintraub, Eliot Roy (1986), *Microfoundations. The compatibility of microeconomics and macroeconomics*, Cambridge.
Weintraub, Eliot Roy (2002), *How economics became a mathematical science*, Durham.

Winkler, Hartmut (2004), *Diskursökonomie. Versuch über die innere Ökonomie der Medien*, Frankfurt/M.

Worland, Stephen T. (1972), »Radical Political Economy as a Scientific Revolution«, in: *Southern Economic Journal*, Jg. 39, H. 2, S. 43–58.

Wrenn, Mary V. (2007), »What is Heterodox Economics? Conversations with Historians of Economic Thought«, in: *Forum for Social Economics*, Jg. 36, H. 2, S. 97–108.

Yonay, Yuval Peretz (1998), *The struggle over the soul of economics. Institutionalist and neoclassical economists in America between the wars*, Princeton.

Zerubavel, Eviatar (1991), *The Fine Line: Making Distinctions in Everyday Life*, New York.

Zima, Peter V. (2004), *Was ist Theorie? Theoriebegriff und Dialogische Theorie in den Kultur- und Sozialwissenschaften*, Tübingen.

Žižek, Slavoj (1998), »A Leftist Plea for ›Eurocentrism‹«, in: *Critical Inquiry*, Jg. 24, H. 4, S. 988–1009.

Žižek, Slavoj (2000), »Class Struggle or Postmodernism? Yes, please!«, in: Judith Butler/Ernesto Laclau/Slavoj Žižek (Hg.), *Contingency, hegemony, universality. Contemporary dialogues on the left*, London, S. 90–135.

Žižek, Slavoj (2005), »Against Human Rights«, in: *New Left Review*, Jg. 34, H. 4, S. 115–131.

Zouache, Abdallah (2008), »On the microeconomic foundations of macroeconomics in the Hayek-Keynes controversy«, in: *The European Journal of the History of Economic Thought*, Jg. 15, H. 1, S. 105–127.

Dr. Real and Mr. Hype: Die Konstrukte der Kaufleute

Eva Kormann

Lord Darlington in Oscar Wildes *Lady Windermere's Fan* wird gefragt, was er unter einem Zyniker verstehe, und antwortet: »A man who knows the price of everything and the value of nothing.« (Wilde 1985: 70) Eine Variante davon kursiert im Netz als einer der vielen *Jokes* über Wirtschaftswissenschaftler: »An economist is a man who knows the price of everything and the value of nothing.« (Vgl. Velthuis 2008: 321)

Derzeit werden sich allerdings nicht nur Zyniker und Ökonomen darüber wundern, dass Oscar Wildes nicht-zynischer Lord Preis und Wert so schlicht unterscheiden zu können glaubte. Kann, wer den Preis einer Sache kennt, ihren Wert überhaupt verkennen? Denn was, wenn nicht der Wert einer Sache, bestimmt ihren Preis, oder auch: was, wenn nicht der Preis, kennzeichnet den Wert einer Sache? Schließlich bezeichnen – und begleichen – wir Preise mit Geld, und Geld hat unter anderem »Wertaufbewahrungsfunktion« (Issing 2007: 1). Innerhalb der Betriebswirtschaftslehre gilt der Preis eines Produkts als sein Wert. Volkswirtschaftler sind da etwas umständlicher, aber auch volkswirtschaftlich bestimmen den Wert eines Gutes – verstanden als seine Bedeutung für die Bedürfnisbefriedigung – seine Knappheit und sein Gebrauchswert. Der wiederum beinhaltet auch die subjektive Komponente des Wunsches, ihn zu besitzen oder zu genießen – und damit eben auch den Bereich gesellschaftlicher Bedeutung, Wertschätzung, des Prestiges. Auch dieser »Gebrauchs«-Wert lässt sich dann wiederum als Preis in einem Geldbetrag beziffern. Kurzum: Lassen sich in einer Marktwirtschaft Wert und Preis auseinanderdifferenzieren?

Besonders schwierig wird ein solcher Differenzierungsversuch bei Aktien, also bei Wertpapieren, die Anteile an Firmen verbriefen. Was ist der Wert einer Aktie? Ihr fixierter Nennwert, der berechenbare Buchwert oder der gerade in letzter Zeit höchst volatile Kurswert? Und welchen Gebrauchswert hat eine Aktie, die ja stets nur als Wert*papier* einen Wert symbolisiert, ein Wertpapier, das zudem die meisten Aktienbesitzer nie konkret in Händen halten, sondern ausschließlich als – kapitalisierbare – Position des Depotauszuges kennen, als Zeichen eines Zeichens also? Liegt der Wert einer Aktie in der Wertschöpfung, das heißt in der Summe aus Dividende und Kursgewinn, abzüglich Steuern, oder in der Wertaufbewahrung? Und entspricht der Gebrauchswert damit dem Börsenkurs und ist somit höchst variabel? Und damit, so er nicht durch Verkauf realisiert wird, möglicherweise auch rein virtuell, und das heißt: »der Anlage nach als Möglichkeit vorhanden« (o.A. 2003: 953)?

Befinden sich daher, so werde ich im Folgenden fragen, Kurswerte mit ihrem in letzter Zeit so wilden, von aller realen Bedingung losgelöst scheinenden Auf und Ab gänzlich im Nirwana der Fiktionalität? Da sich Kurswerte schlicht aus Angebot und Nachfrage an den verschiedenen Börsen ergeben, muss man auch fragen, wie Angebot und Nachfrage entstehen beziehungsweise welche Konstruktions- und Narrationsprozesse – und eventuell auch welche Verfahren der Dichtung – dahinterstehen. Schließlich bestimmen, seit es Börsen gibt, auch bewusst gestreute Gerüchte, die auf bloßer Erfindung beruhen, Kurswerte in mehr oder minder starkem Ausmaß.[1]

Was, so lautet folglich die entscheidende Frage, unterscheidet das Börsenparkett in Frankfurt, New York und London von dem Spielbrett des Börsenspiels, das wir in unserer Kindheit gelegentlich am heimischen Esstisch aufgebaut haben? Den Vergleich der Börse mit einem Gesellschaftsspiel habe ich hier bewusst gewählt, denn – neben Romanen, Dramen und Spielfilmen – gehören solche Spiele zum unumstrittenen Reich der Fiktionalität.

Die Immobilien- und diverse andere Blasen haben allerdings viele in den letzten Monaten fragen lassen, ob sich das Gebiet des Fiktionalen inzwischen vergrößert hat: Bewegen sich in den letzten zehn Jahren Börsen und Börsenauguren ebenfalls vollkommen im Bereich des Fiktionalen oder gibt es auch in diesen Zeiten noch eine »Realökonomie«? Sind wir heute alle Ökonomen oder Zyniker, wenn wir nach dem Fiktionalen im realen Börsenpoker fragen? Oder sind diejenigen, die die Ergebnisse des Londoner, New Yorker, Shanghaier und Frankfurter Börsen-»Spiels« für Fiktionen halten, nicht gerade Realisten? Auf diese Fragen versuche ich im Folgenden literaturwissenschaftliche Antworten zu finden – und muss dazu die Sphäre der Wildeschen Paradoxa verlassen und zu bierernsten Begriffsklärungen übergehen.

Zunächst aber der – durchaus realistische – Ausgangspunkt meiner Überlegungen:

---

[1] Vgl. zu einem konkreten Verdachtsfall der Marktmanipulation durch Gerüchte z.B. Peitsmeier (2010: 11).

Die Konstrukte der Kaufleute 93

Wer Mitte 2003 eine größere Menge Aktien der Deutschen Bank gekauft hat, sie im Frühjahr 2007 verkauft und Ende 2008 wieder erworben hat, der zog in der globalen Finanzkrise das große Los. Von der Differenz zwischen Verkaufs- und Kaufpreis konnte ein solcher Glückspilz mit dem Gespür für Chairos, den richtigen Zeitpunkt, sich ein märchenhaftes Leben leisten. Auch Finanzkrisen können zum Schauplatz glücklicher Börsenspiele werden. Allerdings gibt es – Chairos und Glückspilze hin und *self fulfilling prophecy* oder Verbot von Insidergeschäften her – Institutionen auf dem Börsenparkett und Bedingungen ihrer Finanzausstattung, die über Chairos und Glück aller Teilnehmer am Spieltisch stärker mitbestimmen können als andere: etwa die Einkäufer großer Kapitalsammler und die Zinspolitik von Zentralbanken (vgl. Boeschen 2009). Und dies sind Realitäten und keine Simulationen oder Fiktionen.

Wer dieselben Aktien allerdings zum gleichen Zeitpunkt, also Mitte 2003, gekauft, aber sie Anfang 2009 verkaufen musste, hat eine Menge Kapital »verspielt« und muss als Opfer der Finanzkrise gelten. Wer allerdings als Lebenskünstler sein Depot zwischen Mitte 2003 und heute keines Blicks gewürdigt hat und weder verkauft noch gekauft hat, da sein Kopf immer zwischen Buchdeckeln steckte und er in der Welt der Romane lebte, entdeckt womöglich keinen Unterschied – sein Vermögensverzeichnis weist in beiden Jahren denselben Betrag aus. Von einer Krise, aber auch von einem Boom hat ein solcher Freund fiktionaler Welten, der sich weder um *price* noch um *value* seiner Aktien kümmert, gar nichts bemerkt.

Hinter diesen und anderen Gewinnen und Verlusten steckt allein die Bewegung der Börsenkurse, der jeweils aktuellen Preise für Unternehmensanteile also, und diese Bewegung hat – im Fall einer Bankaktie in Zeiten der Finanzkrise – durchaus einiges mit harten Geschäftszahlen zu tun. Aber sind diese Zahlen nun wirklich »hart«, halten sie Dr. Reals Misstrauen stand oder sind sie windelweiche Jonglierbälle eines Mr. Hype? Konstrukte von Kaufleuten sind sie in jedem Fall. Denn Preis oder Wert einer Sache, eines Produkts, eines Vorgangs gehören diesem nicht zwangsläufig an, sondern sind immer Ergebnis eines – gesellschaftlichen, kommunikativen, normativ und machtvoll strukturierten – Konstruktionsvorgangs, in dem Fall des Börsenkurses einer Aktie des Ausbalancierens von gesellschaftlich, kommunikativ, normativ und machtvoll strukturiertem Angebot und ebensolcher Nachfrage an den verschiedenen Wertpapierbörsen der Welt. Das heißt aber auch: Angebot und Nachfrage schwanken nicht zufällig, aber auch nicht eindeutig berechenbar, und nicht alle Akteure auf diesem Markt haben die gleichen

Chancen der Realisierung von Gewinnen. Insofern hinkt das Schimpfwort »Casino-Kapitalismus« doch ganz erheblich: Denn im Spielcasino, am Roulette-Tisch etwa, sind die Gewinn- und Verlustchancen klar berechenbar, und wir haben im Fall des Casinos, wenn wir den Betreiber mit einbeziehen, ein Nullsummenspiel vor uns. Das reale »Börsenpoker« dagegen ist kein Nullsummenspiel, denn zu manchen Zeiten werden fast alle zu Gewinnern und zu anderen nahezu alle zu Verlierern. Börsengeschäfte als Ausbalancieren von gesellschaftlich, kommunikativ, normativ und machtvoll strukturiertem und technisch möglichem[2] Angebot und ebensolcher Nachfrage zu beschreiben, verdeutlicht, dass gerade die Vorgänge an den Kapitalmärkten Foucaults Konzeption der Macht (vgl. Foucault 1977) veranschaulichen und Baudrillards Behauptung, es gebe nur noch Simulationen der Macht (oder auch der Akkumulation) (vgl. Baudrillard 1983: 50 u. 72), widersprechen: Diffundiert und nicht mehr eindeutig personalisier- und in Einflussgrößen messbar, aber dennoch wirkungsmächtig und durchaus merklich und beschreibbar, so verlaufen Machtprozesse bei Angebot und Nachfrage an Aktienbörsen.

Der Konstruktionsvorgang des Preises gilt nicht nur für die Finanzmärkte – und insofern scheint mir der Gegensatz zwischen Finanz- und Realwirtschaft problematisch. Eine strikte Differenz zwischen einer Finanzwirtschaft, die sich ins Reich des Fiktionalen abgesetzt, und einer Realwirtschaft, die den Boden der Tatsachen unter den Füßen habe, scheint mir nicht überzeugend konstruierbar zu sein. Dennoch soll hier selbstverständlich nicht bestritten werden, dass der Konstruktionsvorgang von Angebot und Nachfrage die Finanzmärkte sehr viel offensichtlicher und befreiter von realen Grundlagen regiert, aber gleichzeitig auch durchschlagender auf ganz verschiedene Bereiche des täglichen materiellen Lebens als beispielsweise der Markt für frische Kuhmilch. Schließlich folgen die Finanzmärkte mit ihren Kurswerten erklärtermaßen auch und vor allem dem Glauben an Potenziale, also an Möglichkeiten, und orientieren sich dezidiert nicht (nur) an Substanz, also an Gegebenem, Faktualem, Materiellem. Damit verlassen sie auch den Bereich des mathematisch berechenbaren Risikos. Kurse werden von konventionalisierten Erwartungen mitbestimmt (vgl. Skidelsky 2010: u.a. 146). Kurse werden noch losgelöster von sachbezogenen Erwägungen, wenn potentielle Käufer und Verkäufer das auch irrationale Verhalten anderer Marktteilnehmer in ihre Prognose einbeziehen wollen: Dies zeigt etwa die so genannte

---

2 Vgl. zum Einfluss der Technik auf die konkrete Struktur des Marktes den Beitrag von Katja Urbatsch in diesem Band.

Immobilienblase, von der schon längst vor ihrem Platzen alle Welt redete und dennoch via Kreditvergabe, Hausbau oder Kauf von Immobilienfondsanteilen – und hier sieht man auch die Nichttrennbarkeit von Realwirtschaft (Bau) und Finanzwirtschaft (Kredite, Fonds) – die Blase weiter blähte, einfach im Vertrauen darauf, dass sie gerade jetzt nun doch nicht platze, da dies sich schließlich keiner leisten könne oder einfach die Palmströmsche Logik regieren müsse. Kurswerte bewegen sich damit zwischen, so möchte ich im Folgenden zeigen, Virtualität und *scheinbarer* Fiktionalität und sind doch – selbst für das, was inzwischen wieder liebevoll, aber nach wie vor unpräzise Realwirtschaft genannt wird – prägender und damit systemrelevanter Teil unserer Realität.

Das heißt aber: aus Konstruktionen, in diesem Fall Erwartungen für die Zukunft oder auch Erwartungen über die Erwartungen anderer, werden Kurswerte. Diese sind, nicht realisiert, bloße Chiffren auf einem Depotauszug genannten Papier, das heißt potenzielle Werte, Werte, die (nur) scheinbar Romanwelten und anderen fiktionalen Reichen vergleichbar sind. Sie sind aber dennoch, das möchte ich hier plausibel machen, keine fiktionalen Werte und auch keine fiktiven (so sie nicht als rein erfundene in einem gefälschten Bericht stehen, aber auch durch solche Bestandteile würde ein solcher Bericht nicht fiktional, sondern nur betrügerisch). Es sind, so möchte ich als Begriff vorschlagen, virtuelle Werte, also mögliche, realisierbare, aber nur gelegentlich, nicht zwangsläufig realisierte. Und diese gelegentliche Realisierung ist nicht vergleichbar mit dem Nachspielen von Romanwelten.

Im Folgenden möchte ich für eine Trennung der Begriffe Virtualität und Fiktionalität plädieren. Allerdings scheint mir die kulturwissenschaftliche Begriffsbildung im Fall der Virtualität noch nicht sehr prägnant zu sein. Deshalb verstehen sich die folgenden Überlegungen als vorläufiger Versuch. Bei all den verschiedenen Sprachgebräuchen in Alltag, Informationswissenschaft, Physik und Mathematik lässt sich, so meine ich, Virtualität durch die Triade *Konstruktion, simulierter Impuls, alltagsweltliche Wirkung* kennzeichnen – gegenüber der Fiktionalität, die meines Erachtens durch die Triade *Konstruktion, imaginierter Impuls, Wirkung im Reich der Imagination* beschreibbar ist.[3] Das heißt: Virtualität bedeutet, dass unter bestimmten konstruierten Bedingungen eine reale, im Allgemeinen messbare Wirkung entsteht, obwohl der Impuls, der Stimulus, der diese Wirkung üblicherweise

---

3 Aufmerksame Leserinnen und Leser werden bemerken, dass dieser Definitionsversuch mit Hilfe von Triaden durch Wolfgang Iser (1983: 122–125) inspiriert ist, von Isers Überlegungen aber abweicht.

erreicht, so gar nicht vorhanden ist: So funktionieren virtuelle Arbeitsspeicher wie reale, nur sind es keine Arbeitsspeicher, die hier am Werk sind, während Fiktionalität sich dadurch auszeichnet, dass aus imaginierten Bausteinen eine fiktionale Welt konstruiert wird, deren eigentliche Wirkungen sich im Reich der Fantasie, der Freiheit, des Losgelöstseins von Alltagsfolgen abspielen: Wer beim heimischen Monopoly verliert, muss im Alltagsleben eben keinen Offenbarungseid leisten – und er glaubt auch keineswegs, dies tun zu müssen. Der Unterschied liegt in der Intention und Rezeption des Impulses: Die Geschichte, die ein Roman erzählt, wird von ihrem Autor oder ihrer Autorin als erfunden markiert und vom Lesepublikum auch als erfunden aufgenommen. Zwischen Text und Lesenden wird also ein fiktionaler Pakt abgeschlossen oder das vereinbart, was der englische Schriftsteller und Philosoph Samuel T. Coleridge (1983: 6) »suspension of disbelief« nannte: Nur naive Leser fragen bei einem Roman, ob das denn alles »wirklich« so abgelaufen sei, und nur mit den Regeln von Spielen nicht Vertraute fühlen sich ruiniert am Ende eines Monopoly-Spiels. Die Unterscheidung wird nur scheinbar schwieriger im Fall von Geldspielen: Hier verknüpfen die Spielerinnen und Spieler mit der fiktionalen Spielwelt eine Bedingung, die dezidiert Auswirkungen auf die spielexterne Welt haben soll. Insofern gilt für solche Spiele nicht die Loslösung der Spielwelt aus ihrer Umgebung, da die Wirkung nicht auf das Reich der Imagination begrenzt ist und sein soll: Solche Spiele bewegen sich daher mit ihrer Außenwirkung nicht im Bereich des Fiktionalen. Verknüpfungen von Fiktionalität und Außenwirkung existieren auch im Bereich der literarischen Öffentlichkeit: Jede fiktionale Literatur, die verkauft und gelesen wird, hat auch alltagsweltliche Wirkungen, die zwar durch den literarischen Text bedingt sind, aber nicht mehr zu ihm gehören: politische Debatten etwa oder kommerzielle Folgen.

Im Fall der Börsen liegen die Verhältnisse anders als im Fall spielerischer oder literarischer Fiktionalität: Wenn eine Gruppe von Marktbeteiligten durch bewusstes Streuen von Erfindungen die Kurswerte einer Aktie beeinflusst, unterscheidet sich ihr Erzählen einer erfundenen Geschichte in zwei entscheidenden Punkten vom Fall des Romans – und des Monopoly-Spiels –, in der Frage der Intention nämlich und der Frage der Rezeption. Wer unter Börsianern gezielte Gerüchte streut, um damit Kurse zu beeinflussen, tut dies im Wunsch, möglichst viel alltagsweltliche Wirkung zu erzeugen, und keineswegs, um nur Wirkungen im Reich der Imagination zu erzielen. Während die Urheber der Gerüchte zwar wissen, dass alles, was sie erzählen, erfunden ist, ist ihr »Spiel« gerade nur dann erfolgreich, wenn die anderen, die Rezipienten der Gerüchte, das Erzählte für wahr, für nicht erfunden halten – oder doch zumindest damit rechnen, dass es viele solcher gutgläubiger Rezipienten gibt. Wer auf kursierende Marktgeschichten reagiert, handelt nicht aus einem »suspension of disbelief« heraus, sondern geradezu aus einer Verpflichtung zum Glauben, einem »commitment to belief«, wie ich es nennen möchte: Was alle glauben, muss zu erfolgreichem Handeln führen. Das heißt, die Autoren von Geschichten, die Börsenkurse manipulieren sollen, wollen jedes Misstrauen vermeiden und bieten ihrem Publikum in betrügerischer Weise einen referenziellen Pakt[4] an, das heißt sie behaupten, sie sagten die Wahrheit.

Börsenkurse wiederum beruhen nicht nur auf Narrativen, die für nichtfiktional gehalten werden müssen, um wirkungsvoll zu sein, sondern haben zudem noch reale, nicht selten existenzielle Auswirkungen und zwar, weil sie für wirkungsmächtige Teile der Realität gehalten werden: die monetären und sozialen Folgen von Hochkonjunktur oder Wirtschaftskrise. Auch dieser Ablauf folgt einem Hang zum Glauben, schließlich gelten Finanzprodukte als Vertrauensgüter: Weil sich in der Öffentlichkeit der Finanzmärkte bestimmte Erwartungen aufbauen – und diese Erwartungen sind Zukunftsprognosen, die die Akteure an den Börsen für hochwahrscheinlich eintretend halten – weil an diese Erwartungen geglaubt wird, reagieren die Börsen, und Börsenkurse korrigieren die Erwartungen der am Börsenspiel Beteiligten. Und es reagieren nicht nur die Börsen, sondern Menschen entscheiden nach *Hausse* oder *Baisse* und durchaus auch nach den bloßen Ziffern auf ihren Bankauszügen, ob der weihnachtliche Gabentisch ganz real mit märchenhaftem Luxus, also mit Champagner, Gänseleber und Fünfkaräter gedeckt wird und auf edelstem Marmor oder Parkett steht oder ob sich nicht auch mit dem gefakten Abklatsch davon, etwa Rotkäppchensekt, vegetarischer Leberwurst und Swarowski-Mode-Schmuck auf Resopal und Laminat, feiern lässt. Womit wir im Bereich der »Real«-Wirtschaft angekommen sind.

Das heißt virtuelle Werte haben – realisiert oder nicht – Folgen, die die Lebenswirklichkeit vieler Menschen als Produzenten und Konsumenten betreffen. Sie haben diese Folgen aber, weil die Teilnehmenden am Wirtschaftsleben an die Realität der an den Börsen ausgehandelten Kurse glauben. Würden die Marktteilnehmer Kurse für fiktional halten, hätten diese Kurse keine Informations-, Selektions- und Allokationsfunktion mehr, könnten also die Aufgaben nicht mehr erfüllen, die Volkswirtschaftler üblicherweise Preisen

---

4 Zum Begriff des referenziellen Pakts oder auch des *pacte de vérité* vgl. Lejeune (1994: 40; 2005).

zubilligen (vgl. o.A. 2008: 464): Die Höhe eines Preises orientiert die Marktteilnehmer über die Attraktivität eines Produkts, leitet sie zu Alternativen um und steuert damit die Nachfrage. Fiktionale Kurse könnten dies nicht. Denn wer vermutet, dass hinter einem hohen Aktienkurs nur Erdichtetes steht, schließt den erforderlichen Pakt nicht, das heißt: er kauft nicht – und fiktionale Kurse hätten damit weder innerhalb noch außerhalb des Finanzsektors wirtschaftliche Auswirkungen, und Kurstabellen wären ausschließlich ästhetisch-spielerische Produkte und bar jeden Aufregungswerts.

Das bedeutet, die Finanzkrise des Jahres 2008 beruht keineswegs auf Fiktionalität. Wenn fiktive Zahlen verwendet und zum Teilauslöser und Verstärker der Krise wurden, wie etwa mutmaßlich bei der von Elfriede Jelinek in *Die Kontrakte des Kaufmanns* (2009) angesprochenen Meinl-Bank, ist dies Betrug und nicht Dichtung – auch wenn diese Zahlen und ihre realen und medialen Folgen dann wiederum Gegenstand der Dichtung Jelineks werden konnten.

Literarische Fiktionalität folgt, wie oben erläutert, einem gegenteiligen Ablauf zur Virtualität des Börsenverlaufs: Fiktionale Literatur konstruiert Figuren, Räume und Zeiten, die sich im Reich der Freiheit und der Fantasie bewegen.[5] Sollen solche Geschichten funktionieren, das heißt ihre Lesenden mit auf die Reise nehmen, erfordern sie Coleridges »suspension of disbelief«: Romanleser lassen sich nicht auf ein »commitment to belief« ein, sondern schieben die Frage nach Lüge oder Wahrheit einfach beiseite: Sie wollen nicht zweifeln an den Romanwelten, an die sie nur abseits der realen Welt »glauben« – und haben damit ja Recht, denn Romane lügen nicht, da sie im Unterschied zu Anlageberatern nie behaupten, die Wahrheit zu sagen.

Aber drehen wir die Schraube noch eine Runde weiter: Befinden sich in einem Aktien-Hype nicht alle, die vom Börsenfieber gepackt sind, auch in einem Willen oder gar Zwang, alles Misstrauen in die Kompetenz der Auguren beiseite zu schieben und sich ebenfalls auf eine wilde »suspension of disbelief« einzulassen – und zwar mit Haut und Haaren und allem, was sie besitzen?

Zudem ist der literaturwissenschaftliche Fiktionalitätsbegriff längst nicht so belastbar und bodenständig wie der Melkschemel in einer Almhütte. Die literaturwissenschaftliche Debatte zur Theorie der Fiktionalität und erst recht die Anwendung in einzelnen Lektüren ist recht volatil und weit davon entfernt eine stabile Grundlage für die Abgrenzung von literarischer und

---

5 Damit soll im Übrigen keineswegs in Abrede gestellt werden, dass sich Literatur sehr oft und mit äußerster Brisanz mit menschlichen Lebensbedingungen auseinandersetzt.

alltagsweltlicher Fiktionalität und den Triebkräften hinter der Variabilität von Börsenkursen zu sein. Denn es gibt nicht nur Coleridge (1983), Iser (1983; 1991) und Landwehr (1975), sondern auch Vaihinger (1911), Marquardt (1983: 35–55) und Aleida Assmann (1989). Und Karlheinz Stierle (2001) erzählt anhand seines Eintrags zur »Fiktion« in Barcks Handbuch *Ästhetische Grundbegriffe* gleich die Geschichte des europäischen Romans von der Antike bis heute.[6]

Um eine möglichst klare Begriffsbestimmung auszuhandeln, möchte ich zunächst mit Iser betonen, dass das polare literaturwissenschaftliche Begriffspaar »Fiktionalität« und »Nicht-Fiktionalität« nichts mit dem konventionellen Gegensatzpaar »fiktiv«/»real« zu tun hat und schon gar nicht mit dem alltagsweltlichen Kontrastprogramm »Lüge bzw. Irrtum« versus »Wahrheit«. Deshalb gilt im Übrigen Aleida Assmanns These, die Unterscheidung zwischen Fiktion und Wahrheit sei spätestens in Zeiten der Postmoderne obsolet geworden, keineswegs für die Frage nach der Differenz zwischen Fiktionalität und Nicht-Fiktionalität, und mir scheint, Assmann habe dies auch gar nicht behaupten wollen, sondern ihre Untersuchung gerade auf den Bereich fiktionaler Texte fokussiert. Denn solche Texte können Gegenstände, Prozesse, Orte, Figuren verbinden, die in der realen Alltagswelt vorfindbar sind oder waren, oder sie können ihre Mosaiksteine aus dem Reich der Fantasie holen. Das tut nichts zur Sache bei der Entscheidung über ihre Fiktionalität oder eben Nicht-Fiktionalität, und es tut nichts zur Sache bei der Entscheidung über ihre Qualität und Überzeugungskraft. So ist bei allem Bezug auf historische Figuren und Ereignisse Büchners Drama *Danton's Tod* (1835) ein fiktionales Theaterstück und keine nicht-fiktionale Geschichtsdarstellung. Und bei aller Konstruktion auch der Historiographie und allem Irrtum auch noch in einem Sachbuch zur Geschichte der Französischen Revolution bleibt das miserabelste Sachbuch ein nicht-fiktonaler Text, der dann aber eben im Zweifelsfall auch fehlerhaft, verfälschend und täuschend sein kann. Denn nicht-fiktionale Texte können Gegenstände und andere Aspekte aus der Alltagswelt vortragen – oder sich aus dem Reich der Fantasie bedienen. Und auch das tut nichts zur Sache bei der Entscheidung über ihre Fiktionalität oder Nicht-Fiktionalität, sehr wohl aber tut es etwas zur Sache bei der Beurteilung ihrer Qualität und Überzeugungskraft.

---

6 Vgl. auch die neueren Untersuchungen zum Fiktionalitätsbegriff von Andree (2005), Bareis (2008), Walton (1993) und Zipfel (2001). Sowohl Zipfels als auch Waltons Theorien greifen hier allerdings nicht. Denn während Zipfels Unternehmung sich auf den Bereich der literarischen Narration beschränkt, beschäftigt sich Walton mit der Fiktion in mimetischen Künsten.

Denn Fiktionalität, so mein Vorschlag, der auf Coleridge und Landwehr und auf Isers Konzept der Fiktionssignale sowie Philippe Lejeunes Vertrags-Metaphorik zurückgreift, ist ein Status, der Texten oder kommunikativen Abläufen zugeschrieben wird – und zwar im Idealfall von deren Produzenten und Rezipienten. Wenn sich Produzenten und Rezipienten nicht einig sind, misslingt die gemeinsame Verständigung, agieren die Beteiligten des Kommunikationsprozesses auf schwankendem Grund, dann missverstehen sie sich – mit allen realen Konsequenzen, die sich aus solchen Missverständnissen ergeben können: Wir alle kennen die Berichte über Verkehrsunfälle nach der Rundfunk-Ausstrahlung von Orson Welles' Hörspiel *Invasion from Mars* im Jahr 1938: Eine große Zahl von Radiohörern verwechselte das Hörspiel mit einer Reportage über ein aktuelles Ereignis und wollte sich daher vor den Invasoren in Sicherheit bringen. Aber dieses Beispiel und andere Fälle provozierter Missverständnisse sprechen keineswegs zwingend dafür, dass in einer Mediengesellschaft sich Realität verflüchtigt und wir es ausschließlich mit Simulation und Hyperrealität zu tun hätten. Verwechslungsbeispiele machen nur dreierlei deutlich:

1. Fiktionale und nicht-fiktionale Texte lassen sich nicht allein aufgrund intratextueller Signale unterscheiden. Kontextuelle, paratextuelle und intertextuelle Signale müssen hinzukommen. Ein Hörspiel kann die Sprachmuster einer Nachrichtensendung zitieren – dass diese Sprachmuster im Hörspiel nur zitiert werden, markieren dann die Paratexte, etwa die Ansagen und Programmhinweise, die den Text als Hörspiel und eben nicht als Nachrichtensendung klassifizieren, und die Intertextualität etwa zu Nachrichtensendungen, die das im Hörspiel in Szene gesetzte Ereignis gerade nicht kennen.
2. Die Teilhabe an medialen Kommunikationsprozessen funktioniert nicht voraussetzungslos. Es braucht gewisse Grundkompetenzen im Umgang mit Medien.
3. Die Unterscheidung zwischen Fiktionalität und Nicht-Fiktionalität ist für Medienkonsumenten grundlegend: Nur wer das Hörspiel für eine referenzielle Nachrichtensendung hielt, begann zu fliehen. Das Publikum von Katastrophenfilmen verlässt seine Kinosessel üblicherweise nicht.

Produzenten und Rezipienten verleihen den Status »Fiktionalität« einem kommunikativen Produkt dann, wenn sie das, was in diesem Text oder dem Vorgang behauptet wird, nicht als referenziell, also nicht als wirklichkeitsbezogen, betrachten, sondern wenn im Rahmen des Kommunikationsprozesses eine eigene nicht außer-textuell – und das meint hier: nicht außerhalb des sie erzeugenden Textes – existierende Welt geschaffen wird.

Die Sache wird komplizierter, wenn wir konstruktivistisch gewitzt sind: Dann gelten Menschen, die von einer außer-textuell existierenden Welt ausgehen, als so radikal naiv, dass man ihnen schon gar nicht mehr genau zuhören muss. Aber hier wird nicht behauptet, dass diese außer-textuelle Welt wahrnehmbar ist ohne Text, aber sie ist, wie auch immer, vorhanden und soll, so der Ansatz von Produzenten und Rezipienten nicht-fiktionaler Texte, beschrieben werden. Fiktionale Texte aber werden nicht geschrieben, um eine außer-textuelle Welt wie auch immer konstruierend zu beschrieben, sondern sie werden geschrieben, um eine textuelle Welt ohne Referenzialität zu schaffen, um einen Spielraum zu ermöglichen und damit durchaus ein Reich der Freiheit für Imaginäres.

Dass es Kommunikationsprozesse gibt, in denen die Produzenten wie betrügerische Fondsmanager den Rezipienten ein X für ein U vormachen wollen und reale Prozesse verdreht darstellen oder Dinge erfinden, die gar nicht vorhanden sind, wird hier nun keineswegs bestritten. Aber dann enthalten Bilanzen fiktive Werte – damit wird eine solche Bilanz aber nicht zum fiktionalen Text, sondern bleibt ein Betrug: Beispiel dafür ist etwa die Flow-Tex-Affäre um Manfred Schmider, dessen Unternehmen Anteile an nichtexistenten – also fiktiven – Horizontalbohrmaschinen für den unterirdischen Leitungsbau verkaufte und die Renditen aus neu verkauften Anteilen statt aus dem Einsatz solcher High-Tech-Bagger bezahlte (vgl. o.A. 2001). Umgekehrt kann durchaus ein Bilanzauszug – sogar ein alltagsweltlicher – Teil eines fiktionalen Textes (Romans, Films, Theaterstücks, Gesellschaftsspiels) werden, nur spielt es dann für das fiktionale Kunstwerk keine Rolle, ob die Zahlen eine Referenz in der Wirklichkeit besitzen. Und es kann Kommunikationsprozesse geben, in denen Rezipienten sich irren oder auch irren sollen (siehe Orson Welles), Texte, in denen die Übergänge und Abgrenzungen zwischen Fiktionalität und Referenzialität experimentell ausgelotet werden.

Irmgard Nickel-Bacon, Norbert Groeben und Margrit Schreier führen daher eine dritte Kategorie ein, die sie als Hybridisierung bezeichnen. Die Einführung einer solchen mittleren Kategorie scheint mir verunklärend, da sie Texte und Abläufe kategorial verschiedener Art verschleiernd vermischt: spielerisch Experimentelles genauso wie Betrügerisches oder auch Aussagen, die unüberprüfbar sind, aber Referenzialität behaupten (wie Traumberichte, autobiografische Schilderungen von Gefühlen), und provozierende Pseudo-

Dokumentationen genauso wie *Reenactment* in Dokumentarspielen (vgl. Schreier 2003).

Mir scheint dagegen eine Skala mit den Polen Referenzialität und Fiktionalität brauchbarer. Entscheidend für die Einordnung von sprachlichen und plurimedialen Texten als fiktional oder nicht-fiktional oder auch als im Raum dazwischen liegend sind Fiktionalitäts- oder aber Wirklichkeitssignale, aufgrund derer ein fiktionaler oder referenzieller – oder eben auch mehr oder weniger fiktionaler – Pakt geschlossen wird: Die Signale sind intra-, para-, inter- oder kontextuell. Allein aus Signalen des konkreten Textes lässt sich, wie schon erwähnt, keine halbwegs verlässliche Einordnung auf der Fiktionalitäts-Referenzialitäts-Skala vornehmen. Romane können die sprachlichen Floskeln von Wirtschaftsberichten kopieren und Wirtschaftsberichte können zur Veranschaulichung einer Aussage auf *urban legends* zurückgreifen. Und Geschichtsbücher können – neben einer Dokumentation geschichtswissenschaftlicher Forschung – in äußerst kunstvoller Prosa verfasst sein.

Hayden Whites Satz: »Rein als sprachliche Kunstwerke gesehen, sind Geschichtswerke und Romane nicht voneinander unterscheidbar« (White 1986: 145) erlaubt keinen vernünftigen Widerspruch. »Rein als sprachliche Kunstwerke gesehen« ist dabei allerdings der entscheidende Satzteil: Es besteht für den Rezipienten kein Unterschied zwischen diesen Texten, wenn er auch die referenziellen Werke nicht in ihrer referenziellen Funktion, sondern rein in ihrer ästhetisch-poetischen Qualität wahrnimmt: Auf einem Museums-Sockel wird auch ein Staubsauger zum Kunstwerk, für dessen (künstlerische) Qualität es völlig unerheblich ist, ob man mit ihm einen Fußboden saugen kann. Diese Funktionalität beim Saugen ist aber auch unerheblich, wenn *ausschließlich* die ästhetische Qualität eines Bodenstaubsaugers aus dem Putzschrank beurteilt wird, wenn beide also »rein als Kunstwerke gesehen« werden.

Wenn ich für eine Skala mit den Polen Fiktionalität–Nichtfiktionalität plädiere, dann weil sowohl Produzenten als auch Rezipienten von Texten Fiktionalität und Referenzialität keineswegs als dichotome Kategorie begreifen. Alle Rezipierenden von Medien sind sich einig, dass an Bilanzen ein härterer Maßstab angelegt werden muss als an Hochglanzwerbeprospekte und dass universitäre Abschlussarbeiten strenger kontrolliert werden als Wahlversprechen von Politikern. Dass es aber geschönte Unternehmenszahlen und gefälschte Forschungsergebnisse gibt, macht Texte, die sich als Forschungsarbeit oder Bilanz geben und solche Teile enthalten, noch lange nicht zu fiktionalen Werken, die einen »suspension of disbelief« ermöglichen, sondern schlicht zu betrügerischen Fälschungen, da sie sich als Texte geben, die ein »commitment to belief« erfordern und herausfordern wollen.

Eine vernetzte, globalisierte Kommunikationswelt kann, meine ich, auf die grundsätzliche systematische Unterscheidung von Texten im Hinblick auf den Grad an Fiktionalität und Referenzialität, den sie anbieten, nicht verzichten, gerade weil wir in einer Mediengesellschaft voller sekundärer Wahrnehmungen leben, die den Medienkonsumenten den Eindruck geben wollen, sie seien *live* dabei beim abgefilmten und oft doch durch diesen Film erst konstruierten Ereignis. Während Aleida Assmann (1989) feststellt, dass in einer solchen Situation eine zunehmende Fiktionalisierung der Wirklichkeit vorliege und damit die Differenz zwischen Fiktion und Nicht-Fiktion aus den Augen verloren werde, scheint mir – aus derselben Diagnose des Überwiegens sekundärer, das heißt medial vermittelter Wahrnehmung – es gerade für eine kritische Literaturwissenschaft mit dem Anspruch auf gesellschaftliche Relevanz notwendig, analytisch zwischen Fiktionalität und Nicht-Fiktionalität zu unterscheiden. Und die Differenzierung scheint mir auch notwendig im Hinblick auf die globale Finanz- und Wirtschaftskrise: Wenn Hochglanzprospekte in coolem Design undurchschaubar konstruierte Fonds verkaufen sollen, werden damit nicht fiktionale Kunstwerke verkauft – auch wenn sie Anlass und Material dazu werden können wie etwa in Elfriede Jelineks Theaterstück *Die Kontrakte des Kaufmanns*.

Was wir allerdings durchaus transdisziplinär brauchen, ist eine Schärfung des Begriffs der Virtualität und eine Analyse der verschiedenen Kommunikationsbeziehungen in der Finanzwirtschaft im Spannungsfeld zwischen Referenzialität, Konstruktion, Irrtum, Fälschung und Fiktionalität. Und in jedem Fall – und da sehe ich in Folge der Finanzkrise eine hohe alltagsweltliche Relevanz der Literaturwissenschaft – müssen die rhetorischen und narrativen Strategien – und dazu gehören auch die oft metaphorisch verwendeten mathematischen Modelle und Statistiken – in wirtschaftswissenschaftlicher Theorie und in non-fiktionalen Berichten über Wirtschaftsprozesse, also etwa in Geschäftsberichten, untersucht werden. Denn dass ein Text nichtfiktional ist, bedeutet ja nicht, dass er nicht konstruiert ist und schon gar nicht, dass er keine Strategien der Publikumsüberwältigung verwendet. Dies ist meine ich auch der Aspekt, den Willie Henderson (1995) verfolgt, wenn er »Economics as Literature« betrachtet.

Literatur

Andree, Martin (2005), *Archäologie der Medienwirkung. Faszinationstypen von der Antike bis heute (Simulation, Spannung, Fiktionalität, Authentizität, Unmittelbarkeit, Ursprung)*, München.

Assmann, Aleida (1989), »Fiktion als Differenz«, in: *Poetica*, Bd. 21, S. 239–260.

Bareis, J. Alexander (2008), *Fiktionales Erzählen. Zur Theorie der literarischen Fiktion als Make-Believe*, Göteborg (Göteborger germanistische Forschungen 50).

Baudrillard, Jean (1983), *Oublier Foucault*, 2. Aufl., München.

Boeschen, Mark (2009), »Wirklich abgefahren«, in: *Wirtschaftswoche*, Nr. 42, 12. Oktober, S. 94–97.

Coleridge, Samuel T. (1983), *Biographia Literaria or Biographical Sketches of My Literary Life and Opinions* [1817], Bd. 2, hg. v. James Engell u. W. Jackson Bate, Princeton.

Foucault, Michel (1977), *Überwachen und Strafen. Die Geburt des Gefängnisses*, Frankfurt/M.

Henderson, Willie (1995), *Economics as Literature*, London.

Iser, Wolfgang (1983), »Akte des Fingierens oder: Was ist das Fiktive im fiktionalen Text?«, in: Dieter Henrich/Wolfgang Iser (Hg.), *Funktionen des Fiktiven*, München (Poetik und Hermeneutik 10), S. 121–151.

Iser, Wolfgang (1991), *Das Fiktive und das Imaginäre. Perspektiven literarischer Anthropologie*, Frankfurt/M.

Issing, Otmar (2007), *Einführung in die Geldtheorie*, München.

Landwehr, Jürgen (1975), *Text und Fiktion*, München.

Lejeune, Philippe (1994), *Der autobiographische Pakt*, Frankfurt/M.

Lejeune, Philippe (2005), *Signes de vie. Le pacte autobiographique 2*, Paris.

Marquardt, Odo (1983), »Kunst als Antifiktion«, in: Dieter Henrich/Wolfgang Iser (Hg.), *Funktionen des Fiktiven*, München (Poetik und Hermeneutik 10), S. 35–55.

O.A. (2001), »Manfred Schmider und das ›Harry-Potter-Phänomen‹«, in: http://www.spiegel.de/wirtschaft/0,1518,171036,00.html (Stand: 17.2.2010).

O.A. (2008), »Preis«, in: *Brockhaus Wirtschaft*, 2. Aufl., Mannheim, S. 463–465.

O.A. (2003), »virtuell«, in: *Brockhaus Computer und Informationstechnologie*, Mannheim, S. 953.

Peitsmeier, Henning (2010), »Betrüger sollen Märkte manipuliert haben. Staatsanwalt ermittelt gegen Investoren, Zocker und Gerüchtestreuer«, in: *Frankfurter Allgemeine Zeitung*, Nr. 223, 25. September, S. 11.

Schreier, Margrit (2003), »Pseudo-Dokumentationen. Zum Verschwimmen der Grenze zwischen Realität und Fiktion in den Medien«, in: http://computerphilologie.uni-muenchen.de/jg03/schreier.html#fn2 (Stand: 17.2.2010).

Skidelsky, Robert (2010), *Die Rückkehr des Meisters. Keynes für das 21. Jahrhundert*, München.

Stierle, Karlheinz (2001), »Fiktion«, in: Karlheinz Barck u.a. (Hg.), *Ästhetische Grundbegriffe. Historisches Wörterbuch in sieben Bänden*, Bd. 2, Stuttgart/Weimar, S. 380–438.

Vaihinger, Hans (1911), *Die Philosophie des Als Ob. System der theoretischen, praktischen und religiösen Fiktionen der Menschheit auf Grund eines idealistischen Positivismus*, Berlin.

Velthuis, Olav (2008), »Rezension zu: Michael Hutter and David Thosby (Hg.), Beyond Price. Value in Culture, Economics and the Arts«, in: *Journal of Cultural Economics*, Bd. 32, S. 321–324.

Walton, Kendall L. (1993), *Mimesis as Make Believe. On the Foundations of the Representational Arts*, Cambridge/Mass.

White, Hayden (1986), *Auch Klio dichtet oder die Fiktion des Faktischen. Studien zur Tropologie des historischen Diskurses*, Stuttgart.

Wilde, Oscar (1985), *Lady Windermere's Fan. A Play about a Good Woman*, hg. v. John Poziemski, Stuttgart.

Zipfel, Frank (2001), *Fiktion, Fiktivität, Fiktionalität. Analysen zur Fiktion in der Literatur und zum Fiktionsbegriff in der Literaturwissenschaft*, Berlin.

Virtualität und Fiktionalität – Überlegungen zur Finanzwelt als »Vorstellungsraum«

Anna Burgdorf

Dieser Beitrag setzt bei der These an, die Finanzwelt bilde einen monetären Raum aus, der einer hochkomplexen Eigendynamik unterworfen und uns daher faktisch nicht zugänglich, in gewisser Weise also *virtualisiert* ist.[1] Nur scheinbar ist er zugänglich, wenn uns Ursprünge, Zusammenhänge und Auswirkungen der noch nachwirkenden weltweiten Finanzkrise(n) nicht konkret, sondern bildhaft erklärt werden. Mit üblichen Metaphern wie »Spekulationsblase« und »Finanzspritze« werden komplizierte ökonomische Gefüge und Abläufe überhaupt erst kommunizierbar gemacht, indem Begriffe aus uns bekannten Diskursen transferiert werden – die Reduktion komplexer Prozesse auf ein kommunizierbares Narrativ, nicht selten mittels der Verwendung metaphorischer Ausdrücke, ist ja gängige Praxis. Gleichwohl bleibt fraglich, ob damit im Fall zunehmend virtualisierter Finanzwirtschaft der Gegenstand wirklich begreifbar oder nur *vorstellbar* wird, ferner ob diese Form der Kommunikation überhaupt noch auf reale Aktanten, Vorgänge und Entwicklungen referieren kann. Oder, so kann weiter gefragt werden, greifen Erklärungen der Zusammenhänge in der Finanzwelt vielmehr auf Vokabular zurück, das nur noch auf einen »Vorstellungsraum« Bezug

---

1 Es besteht ein Desiderat einer fundierten, alle relevanten Konnotationen und Verwendungen beachtenden Definition von »Virtualität«. Zugänglich sind bisher lediglich Definitionen unterschiedlicher Bereiche und Gegenstände, welche die Eigenschaft haben, virtuell zu sein, wobei »virtuell« aus dem französischen »virtuel« entlehnt »möglich« meint (vgl. Seebold 2002). Freilich sind hier besonders Termini zum Beispiel der Informatik wie etwa »Virtuelle Realität« oder »Virtueller Arbeitsspeicher« zu nennen. Damit sind Teilbereiche der Virtualität (alles in allem von unterschiedlichen wissenschaftlichen Disziplinen und auch Fachleuten verschiedener Praxen) definitorisch mehr oder weniger hinlänglich erfasst, nicht aber der übergreifende Begriff, die Eigenschaft oder auch Entität. Der Anspruch, diese Lücke zu füllen, ist in diesem Rahmen nicht gegeben, soll es schließlich im weiteren Verlauf weniger um ontologische Seinsweisen, als vielmehr um einen, so die These, mit Fiktionsrezeption vergleichbaren Umgang mit Virtualität der Finanzwirtschaft gehen, wofür in diesem ersten Schritt das gemeine, alltägliche und unscharfe Verständnis des Begriffs genügt. So stellt »Virtualität« in diesem Zusammenhang eher einen Arbeitsbegriff dar.

nehmen kann, dessen Gesetzmäßigkeiten erst nachgeordnet, also durch konventionalisierte Formen der Kommunikation darüber ausgehandelt wurden? Lassen wir uns demnach in Konfrontation mit der virtuellen Finanzwelt auf eine Art kommunikativen Kontrakt und somit vielleicht auch auf ein Imaginationsspiel ein? Ist dies dann vergleichbar mit einem Imaginationsspiel, das durch die Rezeption von Fiktionen ausgelöst wird? Und ist ein solcher Vorstellungsraum somit durch fiktionstheoretische Ansätze beschreibbar? Eine Überlegung dazu stellt dieser Beitrag an und bedient sich dafür des Fiktionalitätskonzepts Kendall L. Waltons, das er in seiner Monografie *Mimesis as Make-Believe* (1990) entwirft (vgl. hierzu Bareis 2008). Der vorliegende Ansatz, zwei scheinbar unvereinbare Untersuchungsgegenstände miteinander in Verbindung zu bringen, versteht sich selbst als Versuch und soll dabei in erster Linie einen Denkanstoß zu weiteren theoretischen Überlegungen liefern.

Zunächst scheint der grundsätzliche Vergleich von Fiktionalität und Virtualität (der Finanzwelt) gerechtfertigt, da beiden eine uneindeutige Referenz zu unserer Realität eigen ist.[2] Dies wird im Fall der Virtualität der Finanzwelt anschaulich an der Historie des Mediums »Geld«: Schon seit Ende des Tausches von Sachgütern und spätestens seit Einführung des Papiergeldes, das dem Medium den reinen Materialwert nahezu gänzlich nimmt, ist es eher Symbol als faktischer Wert. In dem historischen Prozess, in dem Geld »immer weniger greifbar, immer weniger konkret [wird]: vom Vieh zur Goldmünze, von der Goldmünze zum Papiergeld, vom Papiergeld zum Girokontenbestand, von dort zur Überweisung, zur Scheckkarte« (Schäfer 1997: 105), stellt die Virtualisierung des Geldes gleichsam die letzte Stufe seiner Immaterialisierung dar (vgl. Bühl 2000: 190). Trotz dieser Tendenzen, welche ihren Höhepunkt in der metaphorisch umschriebenen Finanzwirtschaft finden, erkennen wir kollektiv – als Rezipienten[3] – das Medium Geld auch in seiner virtualisierten Form an und setzen es mit bestimmten Gegen-

---

[2] Die wissenschaftliche Diskussion um Referenz/Referenzialisierbarkeit von Fiktionen ist noch nicht beendet: »It is often supposed in debates about literary truth that a great deal hangs on the question of whether, or how, works of fiction can *refer*. There are three clearly discernible views […], on the matter which, in summary, might be labelled pro-reference, non-reference, and anti-reference.« (Lamarque/Olsen 1994: 107, H.i.O.).

[3] »Rezipient« sei hier also im »allgemeinsten Verständnis [als] Empfang, Aufnahme sowie geistig emotionale Aneignung« verstanden (vgl. Simon 2003: 146). Aus Gründen der Einfachheit wird in diesem Beitrag, wenn auf keine spezifische Person, sondern allgemein auf Rezipientinnen und Rezipienten oder Autorinnen und Autoren und dergleichen Bezug genommen wird, allein das männliche Genus gebraucht.

werten gleich (vgl. Böhn 2007: 432). Dabei ist, wie auch Fiktionalität als im intuitiven Verständnis »Erdachtes, Irreales«,[4] die Virtualität als »Mögliches« oder auch – in neuerer Semantik – als »gedachte, simulierte Existenz« (Eickhoff u.a. 1997) etwas Überschrittenes dessen, *was der Fall ist*.[5] Beide Begriffe – Fiktionalität und Virtualität – bezeichnen etwas, das eine gleichsam »gebrochene«[6] Referenz zu dem hat, was wir als *Wirklichkeit* anerkennen. Angesichts solcher phänomenologischen Überschneidungen liegt es nahe, als Literaturwissenschaftlerin im Zuge der Untersuchung des Verhältnisses von Literatur und Wirtschaft nicht allein den Fokus auf Wirtschaft als Sujet oder Motiv in literarischen Texten zu richten. Es gilt vielmehr auch danach zu fragen, ob die im geisteswissenschaftlichen Diskurs seit Jahrzehnten geführte Debatte um den Forschungsbereich der Fiktionalität und die in deren Rahmen entwickelten Theorien dem Verständnis des (kommunikativen) Umgangs mit zunehmend virtualisierter Ökonomie zugute kommen können. Dabei soll die Diskrepanz zwischen dem, was die Verständigung über den virtuellen Vorstellungsraum des Finanzmarktes empirisch Nachvollziehbares bewirken kann (Krisen, Veränderungen der Arbeitslosenquote oder der Neuverschuldung von Nationen, Fall oder Anstieg des Bruttosozi-

---

4 »Fiktion« als »Erdachtes, Irreales« ist aus dem lateinischen »ficti(-ionis)« entlehnt, das ein Abstraktum des lateinischen Verbs »fingere (fictum)« ist, zu deutsch »formen, gestalten« (vgl. Seebold 2002).

5 Es liegt auf der Hand, dass viele hier zugrunde liegende Entitäten, voneinander abgegrenzte Begrifflichkeiten, begonnen bei »Wirklichkeit« und »Realität«, deren Negationen gewiss nicht ohne weiteres Fiktionalität und Virtualität als Eigenschaften zugeschrieben werden dürfen, im Zusammenhang mit Fiktionalitätstheorien eigentlich erklärungsbedürftig sind; solch diffizilen und umfangreichen relativierenden Erklärungen kann hier jedoch kein Platz eingeräumt werden.

6 Das »stumme Wissen« (vgl. Iser 1993: 18), das über den Bereich der Fiktionalität besteht, ein kollektives außerwissenschaftliches Vorverständnis dessen, was Fiktionalität ausmacht, beinhaltet auch die Intuition, Fiktionen, die eben etwas »Erfundenes« erzählen, hätten keine »echte«, vielmehr eine gleichsam »gebrochene« Referenz zu dem, was als Realität bezeichnet wird. Jedoch besteht in diesem Zusammenhang ein Problem des theoretischen Stellenwerts gebrochener Referenz/Referenzialisierbarkeit: Etwa erscheint das Postulat ihrer als Kriterium für Fiktionalität fragwürdig, richtet man den Blick auf Autobiografien, die fiktive Elemente enthalten, auf Romane, die faktische Elemente enthalten, oder auf Spielfilme, die mit Versatzstücken »nicht-gestellter«, also »realer« Filmaufnahmen arbeiten. Infolge dieser Problematik verwende ich den zwar unscharfen, aber doch das hier Entscheidende benennenden Begriff »gebrochen«. Es ist ja keine »gekappte« Verbindung, vielmehr besteht zwischen fiktionalen Texten (und auch virtuellem Geld) zu unserer Realität zweifelsohne eine Relation – es wird in ihnen auf Wissensbestände aus unserer Wirklichkeit zurückgegriffen.

alprodukts *et cetera*), und dem, was Fiktionen gewöhnlich bewirken,[7] hier nur peripher von Bedeutung sein: als Grund für das prinzipielle Interesse daran, dass etwas als Fakt hingenommen wird, das zunächst einmal nicht mehr als nur *möglich* ist oder nur anderes imitiert – und sich dabei doch erst mithilfe dieser Akzeptanz durch seine Auswirkungen in der Realwirtschaft *tatsächlich* manifestiert.

Einige Fiktionalitätstheorien beschreiben unseren Umgang mit gebrochenen Referenzen als Imaginationsspiel, das zu spielen wir gewohnt sind – bei der Lektüre eines Romans, eines Comics und beim sonntäglichen »Tatort«-Schauen. Unter diesen Theorien ist Waltons Ansatz für die Übertragung auf das Phänomen der Virtualität zunächst besonders geeignet, da der Rezipient, nicht der Autor oder das Autorenkollektiv einer Fiktion den Ausgangspunkt für seine Theorie bildet. Eben dort muss auch in diesem Kontext angesetzt werden, denn die Finanzwirtschaft unterliegt, laut einleitender These, weitestgehend einer Eigendynamik, die auf keinen Urheber und kein Urheberkollektiv zurückzuführen ist, das mit intentionalen Autorinstanzen von Fiktionen vergleichbar wäre. Dass zu Recht der unstrittige Einfluss einiger Akteure in der Finanzwirtschaft auf deren Krise kritisiert wird, tut dem keinen Abbruch, schließlich sind Einfluss und Lenkung mancher Abläufe nicht mit Urheberschaft des Phänomens gleichzusetzen.

Der Blick auf die Rezipientenseite also führt zu dem Philosophen Walton, für dessen Theorie »Quasi-Emotionen«[8] den Ausschlag geben: Obwohl, wie festgestellt, das Referenzverhältnis einer Fiktion zur Wirklichkeit gebrochen ist, können wir bei der Rezeption eines fiktionalen Textes starke Emotionen empfinden, die sich gar in »wirklichen« Tränen des Mitleids oder »wirklichem« Angstschweiß äußern können. Waltons Begriff des »Make-Believes« bezeichnet die Rezeption fiktionaler Rede als eine Art Spiel – ein »game of make-believe« (Walton 1990: 37) –, während dessen so getan wird, als ob das Gespielte real wäre.[9] Die Theorie veranschaulicht der Philosoph

---

7 Gewiss gibt es historisch belegte Fälle, bei denen Fiktionen zu nicht unerheblichen Reaktionen und Handlungen in der Realität führten – dies ist oft aber eher auf ein Missverständnis eines fiktionalen Textes als faktual zurückzuführen (vgl. etwa Reicher 2007: 8). Schließlich »kann ein fiktionaler Text immer Nicht-Fiktion imitieren« (Ryan 2009: 70).

8 Zu englisch: »quasi emotions« (Walton 1990: 245), vgl. Reicher (2007: 14f.), Walton (2007: 104). Diese »Quasi-Emotionen« sollen in diesem Kontext keine weitere Rolle spielen, da Anteilnahmen an Fiktionen in Art und Ausmaß stark variieren und eine einheitliche Erklärung vielleicht nicht möglich ist (vgl. Reicher 2007: 15f.).

9 Tatsächlich setzt Walton (1990: 11) beim Kinderspiel an: »In order to understand paintings, plays, films, and novels, we must first look at [fantasies built around] dolls, hobbyhorses, toy trucks and teddy bears. The activities in which representational works of arts

durch Schilderung eines Spiels unter Kindern, das auf der Abmachung basiert, jeder Baumstumpf sei ein Bär. Immer wenn sie auf einen Baumstumpf oder aber auf einen scheinbaren Baumstumpf, etwa einen bemoosten Stein, treffen, laufen die Kinder ängstlich davon. Die Regel, alle Baumstümpfe seien Bären, generiert die fiktionale Wahrheit, »alle Baumstümpfe sind Bären«, woraus »binnen kürzester Zeit ein Geflecht von voneinander abhängigen fiktionalen Wahrheiten« (Bareis 2008: 33) (also eine Art Vorstellungsraum) entsteht. Die Regel, die durch die Kinder eingangs vereinbart und im weiteren Verlauf des Spiels eingehalten wird, lässt sich in Erweiterung zu Waltons Ansatz (dessen Interesse dieser Frage nicht gilt) in Analogie zu Regeln setzen, die Fiktionalitätssignale mit sich bringen. Kaufen wir einen Roman, so gilt als Ausgangspunkt die Regel: Stellen wir uns vor, die Geschichte, die wir gleich lesen werden, sei wahr. Ein kommunikativer Kontrakt, von dem bereits die Rede war, kommt also durch Fiktionalitätssignale wie den paratextuellen Hinweis auf einen »Roman« zustande. Es ist meist ein ganzes Set an Signalen, das als Angebot eingangs zunächst vom Rezipienten angenommen wird und welches dann seine Rezeption anleitet. Diese kommt einem Imaginationsspiel gleich – dieser Ansatz, namentlich die Interaktion zwischen etwas »Ausgedachtem« oder »Möglichem« und der aktuellen Welt als rezipientenseitiges Imaginationsspiel zu erklären, kann Gemeinsamkeiten zwischen Fiktionalität und Virtualität aufdecken, die auf längere Sicht einem schärferen Verständnis beider allgegenwärtigen Bereiche den Weg ebnen können.[10]

Anders als etwa John R. Searle und Gregory Currie, die den Begriff des »Make-Believes« sprechakttheoretisch von der Seite des Autors ausgehend beleuchten (vgl. Currie 1990, 2007; Searle 1969, 2007), orientiert sich Walton also in *Mimesis as Make-Believe* am Rezipienten – dem Rezipienten übrigens nicht nur literarischer Werke, sondern von Kunst allgemein, also durchaus auch virtueller Kunst (vgl. Bareis 2008: 12, 24).[11]

---

are embedded and which give them their point are best seen as continous with children's games of make-believe. Indeed, I advocate regarding these activities as games of make-believe themselves, and I shall argue that representational works function as props in such games, as dolls and teddy bears serve as props in children's games.«

10 Schließlich sind nicht nur wissenschaftliche Erklärungsversuche zu »Virtualität« defizitär, vielmehr ist auch die interdisziplinäre Debatte um Fiktionalität noch von einem »Panfiktionalismus« (Bareis 2008: 11) geprägt, also einer disparaten Begriffsverwendung von »Fiktionalität«.

11 In Waltons Verständnis kommt der vieldiskutierte Begriff der »Mimesis« weitestgehend dem später in diesem Beitrag noch erklärten Begriff der »representation« oder »Darstellung« gleich: »Mimesis‹, with its distinguished history, can be understood to correspond

Der Fokus auf den Rezipienten, nicht auf den Autor oder das Autorenkollektiv, offeriert den Versuch, den Beitrag Waltons zur disziplinübergreifenden Fiktionalitätsdiskussion nicht nur auf Virtualität allgemein oder auf virtuelle Kunst, sondern speziell auch auf die Virtualität des Finanzmarktes anzuwenden, dessen Abläufe – wie gesagt – kaum konkret auf einen intentionalen Urheber oder ein Urheberkollektiv zurückgeführt werden können. Entscheidend vor diesem Hintergrund ist Waltons Prämisse, dass wir die Fähigkeit zur Imagination besitzen, die Fähigkeit also, uns über Dinge, die wie Fiktionales und Virtuelles von der Realität abweichen, eine Vorstellung machen zu können.

Walton präzisiert den Begriff der Imagination in mehrfacher Hinsicht, wobei in diesem Rahmen zwei Bestimmungen von Interesse sind. Vorderhand differenziert er zwischen absichtlicher (»deliberate«; Walton 1990: 11) und spontaner (»spontaneous«; ebd.) Imagination, wobei erstere einen eher sekundären Zweck zur schärferen Herausstellung der anderen besitzt. Sie ist zu begreifen als Imagination, die ausschließlich von der einen imaginierenden Person ausgelöst und betrieben wird. Es handelt sich dabei um Vorstellungen, die auf der Falschheit ihres Ausgangspunkts basieren und die impliziten Propositionen, also Sachverhalte, dadurch kaum als »wahr« angenommen werden können. Die Vorstellung, man sei reich und berühmt, dient dafür als Beispiel (vgl. ebd.: 36). Ein entscheidender Unterschied dieser Imaginationen zu der anderen Art ist: »They do not make use of props« (ebd.: 13), also »Requisiten«, die das Imaginationsspiel auslösen.[12] Die spontane Imagination dagegen wird von äußeren Stimuli angestoßen, weshalb sie etwas ist, »that happens to us, not something we do« (Walton 1990: 47);[13] sie ist in ihrem Ausgang ungewiss. Sie nimmt insofern einen Spielcharakter an, als sie uns überrascht, sich entwickeln und verändern kann. Etwa kann ein spontanes Imaginationsspiel durch ein Werbeplakat, das eine Strandszenerie abbildet, ausgelöst und bis hin zu einer eigenen Urlaubsreise vorangetrieben werden.

---

roughly to ›representation‹ in my sense«. (Walton 1990: 3) »Als Darstellung im Sinne Waltons gelten Objekte, die als Requisite in unserer kulturellen Praxis dienen, um im Rahmen eines Make-Believe-Spiels fiktionale Wahrheiten zu generieren.« (Bareis 2008: 24)

12 Alexander Bareis übersetzt »props« mit »Requisiten«; auch im Folgenden orientiere mich an Bareis' Übertragungen der Waltonschen Termini in das Deutsche.

13 Diese Eigenschaft nennt Walton (1990: 14) auch »independence of the will«.

Eine spontane Imagination wird nach Walton auch durch die Rezeption eines Romans ausgelöst.¹⁴ Überdies betont Walton, neben der individuellen gebe es eine kollektivsoziale Imaginationsform (»collective imagining«; ebd.: 18); an einem solchen Imaginationsspiel, das sich dadurch auszeichnet, regelgeleitet zu sein, sind also mehrere Personen beteiligt, die diesen Regeln folgen. Diese können im Vorfeld explizit vereinbart worden sein, wie etwa in einem Spiel, bei dem Kinder eingangs verabreden, ein Baumstumpf sei ein Bär.¹⁵ Oder die Regeln sind fixiert durch konventionalisiertes Weltwissen, zu dem beispielsweise eine ungefähre Vorstellung dessen, was ein Roman ist, zählt; diese auf Konventionen beruhenden Regeln bezeichnet Walton als »representations« (ebd.: 2). In unserem Kulturkreis gängige Formen von Darstellung wie Roman, Film und Theaterstück sind solche Repräsentationen (vgl. Bareis 2008: 24).

Ob nun die Regeln durch Konventionen oder Explikationen festgelegt werden – in beiden Fällen fungieren die Objekte, die das Imaginationsspiel auslösen, als Requisiten. Damit ein Objekt die Funktion eines Requisits annimmt, müssen folgende Bedingungen erfüllt werden: Es muss erstens intelligibel, also wahrnehmbar sein, zweitens ein spontanes Imaginationsspiel auslösen, das drittens gewissen Regeln (entweder explizit vereinbart oder konventionalisiert) folgt und viertens dadurch nicht individuell, sondern kollektiv-sozial stattfindet. Ein Requisit wäre etwa das Buch *Effi Briest* als Ganzes mitsamt allen Worten darin,¹⁶ während das paratextuelle Fiktionssignal »Roman« als Repräsentation im Sinne Waltons fungiert, also als konventionalisierte Spielregel, durch die der Rezipient aufgefordert wird, eine relativ lange, fiktionale Erzählung als »wahre Geschichte mit realen Personen« zu imaginieren. Lösen also Requisiten ein regelgeleitetes, spontanes und kollektiv-soziales Imaginationsspiel, ein »game of make-believe«, aus, dann ist das nach Waltons Terminologie eine »Fiktion«. Im Rahmen dieses regelgeleiteten Imaginationsspiels generieren sich fiktionale Wahrheiten (»fictional truth«; Walton 1990: 35). So handelt es sich etwa um eine fiktionale Wahrheit, dass Effi Briest im Alter von siebzehn Jahren heiratet.

Zusammenfassend bedeutet das, dass wir es nach Walton mit einer Fiktion zu tun haben, wenn folgende drei Voraussetzungen erfüllt werden: Eine

---

14 Walton räumt jedoch ein: »The line between deliberate and spontaneous imaginings is not sharp.« (Ebd.: 14)
15 »The stump in the thicket makes it fictional that a bear is there only because there is a certain convention, understanding, agreement in the game of make-believe, one to the effect that wherever there is a stump, fictionally there is a bear.« (Ebd.: 38)
16 »Works of fiction are simply representations«. (Walton 1990: 103)

Person mit der Fähigkeit zur Imagination nimmt ein Objekt als Requisit wahr und behandelt es gemäß den Regeln eines Imaginationsspiels, die entweder explizit oder durch Konventionalisierungen intersubjektiv, also kollektiv-sozial, etabliert wurden. Die Haltung, die die Rezipienten dem Requisit gegenüber einnehmen, kommt einem kommunikativen Kontrakt gleich: Indem das Angebot des Requisits, das regelgeleitete Imaginationsspiels zu beginnen, akzeptiert wird, wird der Kontrakt geschlossen. Das Requisit offeriert also ein Angebot zu einem spezifischen Modus der Rezeption, nämlich zur beschriebenen Form der Imagination. Zugleich liefert es das Regelwerk, das diese Imagination anleitet. Dieses Imaginationsspiel bildet also den Kern des kommunikativen Kontrakts.

Anlass zu Kritik gibt die Tatsache, dass Walton die Beschaffenheit der Artefakte und Objekte, die als Requisiten fungieren können, nicht differenziert (vgl. Lamarque/Olsen 1994: 46f.). Eine Fotografie, ob nun Werbeplakat oder Urlaubsschnappschuss, und ein Roman oder Spielfilm stehen sich in Waltons Theorie im Hinblick auf ihr Potenzial, ein Imaginationsspiel auszulösen, in Nichts nach. Sein rezeptionstheoretisches Modell wird somit dem Begriff der Fiktion nicht hinlänglich gerecht. Indes trifft Walton damit vielleicht gerade einen *nicht exklusiv*, aber *auch* zu Fiktionstheorien gehörenden Bereich, der eine Schnittmenge der Eigenarten von Fiktionalität und Virtualität implizit voraussetzt. Infolgedessen kann gerade diese Offenheit der Waltonschen Theoriebildung im Zusammenhang mit Virtualität genutzt werden. Dass die Bedingungen für die Funktion eines Objekts als Requisit wenig selektiv wirken und das eigentlich Entscheidende darin besteht, *dass* es ein Imaginationsspiel auslösen muss, ermöglicht, etwa die virtuelle Finanzwelt als Requisit zu begreifen. Als eine diesem zugrunde liegende beziehungsweise mitgelieferte Regel könnte etwa formuliert werden: »Behandle X, als sei es Y wert«. Eine »virtuelle« Wahrheit wäre in dem Fall: »Es gibt X und es gibt Y«.

Ferner mag ein Aspekt, der an Waltons Theorie für die Bestimmung von Fiktion gewinnbringend erscheint, auch für das Erfassen der Aufnahme und Wirkung virtueller Finanzströme hilfreich sein. Es ist das Moment, das Fiktion von bloßer Imagination trennt, welches nämlich in Waltons Begriff der Repräsentation besteht. Er schließt Imaginationen, die von explizit vereinbarten Regeln, wie ein Baumstumpf sei ein Bär, angeleitet sind, von der Fiktionsdefinition aus. Der Gegenstand beschränkt sich auf solche Imaginationsspiele, deren Regeln durch ein konventionalisiertes Verständnis über die

Rezeptionsform, etwa einen Roman, entstehen – so wie es durchaus auf die »Rezeption« virtueller finanzieller Abläufe übertragbar ist.

Es gilt also Folgendes zu konstatieren: Zum einen besitzt auch Virtualität als eine Art gedachte Existenz ein gebrochenes Referenzverhältnis zur Realität. So wie Fiktionen Emotionen auslösen und schon insofern in die Realität hinein wirken und mit ihr in Interaktion stehen, ist dies zum anderen fraglos hinsichtlich der virtuellen Finanzwelt auch der Fall, ohne die keine reale Wirtschaft, wie wir sie kennen, denkbar ist. Obendrein scheint es auch hinsichtlich der »Rezeption« der Kapitalbewegungen konventionalisierte Regeln, Repräsentationen also, zu geben: So lautet etwa eine Regel für virtuelles Geld, darauf zu vertrauen, es habe einen bestimmten (Tausch-)Wert. Viertens findet dieses Imaginationsspiel kollektiv statt: Der Wirtschaftstheoretiker Burda spricht von einem »Herdentrieb«, der anstelle einer »Diskussionskultur« etwa zu Finanzblasen führe.[17] Fünftens werden »virtuelle« Wahrheiten generiert: »Derivat X sichert gegen Preisverfall Y ab«. Sechstens lässt sich – ähnlich wie bei Fiktionen davon gesprochen wird, das Zusammenwirken von fiktionalen Wahrheiten bilde eine »Welt« – auch sagen, alle »virtuellen« Wahrheiten ergäben zusammen eine Welt: die Finanzwelt als Vorstellungswelt. In dieser Welt »gelten« kausale Gesetze, es »gibt« schuldige Akteure, es »bestehen« lineare Beziehungen und die verhandelten Beträge »besitzen« einen Gegenwert.

Dabei ist die Rückbindung an aktuale Phänomene im Rahmen des Imaginationsspiels unerheblich: Es ist durch interdependente fiktionale Wahrheiten selbstgenügsam und kohärent. Übertragen kann das so formuliert werden, dass »virtuelle« Wahrheiten den Vorstellungsraum über die Finanzwelt »füllen«. Die Verständigung darüber findet auf der Basis des Imaginationsspiels statt, wobei die zugrunde liegenden Gesetzmäßigkeiten nicht verifizierbar sind. Denn das Referenzverhältnis ist gebrochen und die Referenzialisierbarkeit erschöpft sich in den fiktionalen oder »virtuellen« Wahrheiten des Vorstellungsraums. Demnach fungieren bildhaft-unkonkrete Ausdrücke in der Rede über die Finanzwelt also vielleicht auch als »props« in Waltons Sinn, indem sie ein Imaginationsspiel auslösen.

---

17 »Überhaupt sind Finanzblasen dadurch gekennzeichnet, dass Leichtsinn und Herdentrieb an die Stelle von Sorgfalt und Diskussionskultur rücken. Die Menschheit scheint dabei einem Kollektivrausch zu verfallen: Das Denken wird gleichgeschaltet, aus Angst vor Blamagen und Demütigungen wagt niemand mehr, etwas gegen den Mainstream zu sagen.« (Burda 2009)

Was also spricht zusammenfassend dafür, den »Vorstellungsraum« über die Finanzwelt, den wir aushandeln und den⋅wir zur Kommunikation über Prozesse, Akteure und Phänomene der Finanzwelt etablieren, mit dem Imaginationsspiel nach Walton zu vergleichen? Zunächst gibt es viele Arten von Auslösern solcher Spiele, die Verwendung des Ausdrucks »Finanzblase« kann dazu zählen. Ferner sind dafür keine Aktanten (Autoren bei Fiktion respektive Urheber bei Finanzprozessen) nötig. Darüber hinaus können als gesichert angesehene »Wahrheiten« über die Gesetzmäßigkeiten der Finanzwelt mit fiktionalen Wahrheiten analogisiert werden. Diese »Wahrheiten« sind viertens kohärent, selbstbezogen und interdependent. Gleichwohl können fünftens auch in Imaginationsspielen reale Entitäten und Personen vorkommen.

Indes ist ein entscheidendes Gegenargument hinsichtlich der Übertragung des Konzepts Waltons auf unseren Umgang mit der virtualisierten Finanzwelt nicht zu leugnen: Diese als Vorstellungsraum funktioniert unter anderen Prämissen; schließlich glauben wir, es tatsächlich mit der Wirklichkeit zu tun zu haben. Bei Fiktionen lassen wir uns auf ein Imaginationsspiel ein, während wir angesichts der Finanzwelt meinen, uns nicht darauf einzulassen. Wir hegen ein Vertrauen in die »Wahrhaftigkeit«, ergo Realitätsreferenz, »virtueller Wahrheiten«, das die genannte kollektive Akzeptanz ermöglicht.[18] Jedoch mag die Realitätsreferenz der virtuellen Finanzwirtschaft auf längere Sicht genauer hinterfragt werden, wird schließlich das Vertrauen mit jeder in der Lebensrealität spürbaren Finanzkrise erschüttert, woraus womöglich Zweifel an der Gewissheit einzelner »Wahrheiten« resultiert. In Folge dessen kann das nunmehr als solches bewusste Imaginationsspiel weitergeführt oder aber als solches verurteilt und – sei es mithilfe zunehmender

---

18 Zwar liegt Walton (2007: 95) ein psychologischer Erklärungsansatz eher fern, gleichwohl handelt es sich in seinem Konzept um einen kommunikativen Kontrakt, der auf vertrauensvoller Annahme konventionalisierter Regeln und der von der anderen Seite generierten fiktionalen Wahrheiten, wie »Effi Briest ist eine Frau«, basiert. Ein gewisses rezipientenseitiges Vertrauen ist auch insofern impliziert, als der Ausgangspunkt der Theorie Waltons der menschlichen Fähigkeit zur Imagination ergänzt werden kann durch seinen Hinweis auf eine »Gewohnheit« des Menschen, Imaginationsspiele durchzuführen: Nach Walton (ebd.: 111, H.i.O.) ist »die Leichtigkeit, mit der wir dazu gebracht werden können, bewusst ein Als-ob-Spiel zu spielen«, dadurch bezeugt, dass im gewöhnlichen Reden und selbst in nüchterner Literaturkritik nicht stets mit Geschichtenoperatoren respektive fiktionalen Operatoren wie »dem Roman ›Effi Briest‹ zufolge ist wahr, dass« und dergleichen operiert wird. Die im Zuge des Imaginationsspiels generierten Wahrheiten werden also gehandelt, als seien sie »nicht-fiktionale Wahrheiten«.

Transparenz der Finanzwelt – vermieden werden. Vielleicht, um in Waltons Terminologie zu sprechen, können Krisen zur Folge haben, dass, wenn entsprechende »props« ein spontanes Imaginationsspiel auslösen, wenigstens die »representations«, die mitgelieferten Regeln also, und die durch das Spiel generierten Wahrheiten, die gemeinsam eine »virtuelle« Welt bilden, kollektiv in ihrer Referenz zur Wirklichkeit genauer hinterfragt werden. Vielleicht wird aber auch das Angebot des »props« zu dem spezifischen Modus der Rezeption, des »Make-Believes«, – so dieser überhaupt hinsichtlich virtuellen Geldes auf die Weise beschreibbar ist – schlicht ausgeschlagen und durch einen anderen ersetzt.

Obwohl die Theorie Waltons nicht einwandfrei zweckfremd anwendbar ist, besitzt sie den Vorteil, als Heuristik erste Ansätze zur Beschreibung des Virtualitätsphänomens zu bieten. Das »Make-Believe« Waltons als ein menschliches Imaginationsspiel ist ein Erklärungsversuch der rezeptionsseitigen Annahme von etwas, das ein gebrochenes Referenzverhältnis zu unserer Wirklichkeit hat. Mit Blick auf das (noch) zugrunde liegende kollektive Vertrauen böte sich weiterführend – neben der experimentellen Anwendung anderer Fiktionalitätstheorien – ebenso etwa eine wirtschaftspsychologische Untersuchung des Vertrauens in etwas »Hyperreales« an, das ein Imaginationsspiel in Waltons Sinn ja erst ermöglicht.

Literatur

Bareis, J. Alexander (2008), *Fiktionales Erzählen. Zur Theorie der literarischen Fiktion als Make-Believe*, Göteborg.
Böhn, Andreas (2007), »Wirtschaft«, in: Thomas Anz (Hg.), *Handbuch Literaturwissenschaft. Bd. 1: Gegenstände und Grundbegriffe*, Stuttgart/Weimar, S. 430–434.
Bühl, Achim (2000), *Die virtuelle Gesellschaft des 21. Jahrhunderts. Sozialer Wandel im digitalen Zeitalter*, Wiesbaden.
Burda, Michael C. (2009), »Das Glücksrad wird sich weiterdrehen«, in: *Spiegel online*, 28. Juli; http://www.spiegel.de/spiegelgeschichte/0,1518,640427-4,00.html (Stand: 18.05.2011).
Currie, Gregory (1990), *The Nature of Fiction*, Cambridge.
Currie, Gregory (2007), »Was ist fiktionale Rede?«, übers. v. Maria E. Reicher, in: Maria E. Reicher (Hg.), *Fiktion, Wahrheit, Wirklichkeit. Philosophische Grundlagen der Literaturtheorie*, Paderborn, S. 37–53.
Eickhoff, Birgit u.a. (1997), *Duden Fremdwörterbuch*, Bd. 5, Mannheim.

Iser, Wolfgang (1993), *Das Fiktive und das Imaginäre. Perspektiven einer literarischen Anthropologie*, Frankfurt/M.

Lamarque, Peter/Olsen, Stein Haugom (1994), *Truth, Fiction and Literature. A Philosophical Perspective*, Oxford.

Reicher, Maria E. (2007), »Einleitung«, in: Dies. (Hg.), *Fiktion, Wahrheit, Wirklichkeit. Philosophische Grundlagen der Literaturtheorie*, Paderborn, S. 7–20.

Ryan, Marie-Laure (2009), »Fiktion, Kognition und nichtverbale Medien«, übers. v. Sylvia Zirden, in: Gertrud Koch/Christiane Voss (Hg.): »*Es ist, als ob*«. *Fiktionalität in Philosophie, Film- und Medienwissenschaft*, Paderborn/München, S. 69–86.

Schäfer, Ulrich (1997), »Geld ohne Gesicht«, in: *Spiegel special 3: Der digitale Mensch*, S. 105.

Searle, John R. (1969), *Speech Acts. An Essay in the Philosophy of Language*, Cambridge.

Searle, John R. (2007), »Der logische Status fiktionaler Rede«, übers. v. Maria E. Reicher, in: Maria E. Reicher (Hg.), *Fiktion, Wahrheit, Wirklichkeit. Philosophische Grundlagen der Literaturtheorie*, Paderborn, S. 21–36.

Seebold, Elmar (2002), »virtuell« , in: *KLUGE. Etymologisches Wörterbuch der deutschen Sprache*, Berlin/New York, S. 961.

Simon, Tina (2003), *Rezeptionstheorie. Einführungs- und Arbeitsbuch*, Frankfurt/M. u.a. (Leipziger Schriften. Einführungs- und Übungsbücher 3).

Walton, Kendall L. (1990), *Mimesis as Make Believe: On the Foundations of the Representational Arts*, Cambridge/Mass.

Walton, Kendall L. (2007), »Furcht vor Fiktionen«, übers. v. Fabian Fricke, in: Maria E. Reicher (Hg.), *Fiktion, Wahrheit, Wirklichkeit. Philosophische Grundlagen der Literaturtheorie*, Paderborn, S. 94–119.

II. Sprache und Ökonomie – Sprache der Ökonomie

Im Zauberkreis der Sprache

Justin Stagl

I. Das schöpferische Wort

In Gottfried Kellers Roman *Der grüne Heinrich* beschuldigt ein Knabe von überschüssiger Imagination einige Mitschüler, ihm unanständige Ausdrücke beigebracht und ihn obendrein malträtiert zu haben. Damit will er seine Kenntnis dieser Ausdrücke rechtfertigen. Dieses Lügenmärchen hat zur Folge, dass die Beschuldigten hart bestraft werden. Rückblickend bekennt der Ich-Erzähler:

»So viel ich mich dunkel erinnere, war mir das angerichtete Unheil nicht nur gleichgültig, sondern ich fühlte eher noch eine Befriedigung in mir, dass die poetische Gerechtigkeit meine Erzählung so schön und sichtbar abrundete, dass etwas Auffälliges geschah, gehandelt und gelitten wurde, und das infolge meines schöpferischen Wortes. Ich begriff gar nicht, wie die misshandelten Jungen so lamentieren und erbost sein konnten gegen mich, da der treffliche Verlauf der Geschichte sich von selbst verstand und ich hieran so wenig ändern konnte als die alten Götter am Fatum.« (Keller 1980: 73)

Dieser Knabe wird ja dann hernach auch Künstler. Erst spät im Leben versteht und bereut er sein damaliges Handeln. Der Autor betitelt diese Episode »Kinderverbrechen« (ebd.: 70–74).

Die Beziehung zwischen einem Stück Wirklichkeit und dessen sprachlicher Fassung nennt man seit der klassischen Rhetorik »Repräsentation« (Lausberg: 401f.; §§ 810, 811). Da jede Wirklichkeit unausschöpflich ist, kann ihr keine Repräsentation gerecht werden. Die Sprache wählt aus und arrangiert. Dennoch ist die sprachliche Fassung der von ihr repräsentierten Wirklichkeit gegenüber nicht bloß defizient. Sie kann auf ihre Adressaten eine Wirkung ausüben, die Vertrauen in die Richtigkeit der Repräsentation weckt. Diese vertrauensbildende Leistung hat etwas mit der Persönlichkeit des Sprechenden, mit der internen Konsistenz seiner Rede sowie mit deren externer Vereinbarkeit mit anderen, von den Adressaten bereits akzeptierten

Repräsentationen von Wirklichkeit zu tun. So schiebt sich also die Sprache vor die Wirklichkeit, ja sie kann aus sich heraus Wirklichkeitsderivate hervorbringen, die man »Fiktionen«[1] nennt.

Dies hatte auch das »schöpferische Wort« des *grünen Heinrich* nicht ohne Erfolg getan. Doch warum sollte der gereifte Erwachsene nun Unbehagen darüber empfinden? Der Knabe hatte den schäbigen Zweck damit verbunden, eine drohende Strafe von sich ab- und anderen, Unschuldigen, zuzuwenden. Zudem hatte das spätere Leben ihn gelehrt, dass Wirklichkeitsderivate eben doch nicht die Wirklichkeit selbst sind. Zwar ist hier die Grenze oft schwer zu ziehen und in dieser Grauzone gedeiht die Literatur, ja gedeiht überhaupt die Gesellschaft, ist doch auch sie über die Sprache vermittelt. Nun kann sich aber das Verhältnis von Wort und Wirklichkeit aufgrund der geschilderten Wirkungsmacht der Sprache in sein gerades Gegenteil verkehren; dann greift das Wort über seine Wirkung auf die Adressaten verändernd in die Wirklichkeit ein. Dazu tragen die Denkfaulheit oder das Unterhaltungsbedürfnis der Adressaten ebenso bei wie die Täuschungsabsicht oder die Fabulierfreude des Redenden. Die Eigenmacht des Wortes, die »Form« gegenüber der Wirklichkeit, dem »Stoff«, betonend schreibt der Dichter Gottfried Benn (1992a: 159): »Stil ist der Wahrheit überlegen, er trägt in sich den Beweis der Existenz.«[2] Denselben Sachverhalt fasst die Soziologie im »Thomas-Theorem«: »Wenn Menschen Situationen als wirklich definieren, sind diese wirklich in ihren Konsequenzen.«[3] (Thomas 1928: 572) Wo etwa die Hexerei zur Situationsdefinition gehört, wird es ungemütlich für die dieses Verbrechens Bezichtigten. Aus gesellschaftlich akzeptierten Wirklichkeitsdefinitionen bauen die Kulturen sich auf (vgl. dazu Stagl 1993; 2008).

Die klassische Rhetorik war von der mündlichen Rede ausgegangen. Ihre moderne Nachfolgerin, die Literaturwissenschaft, hält sich eher an die verschriftlichte Rede. Dadurch wird die Problematik der Repräsentation noch gesteigert. Verschriftlichte Reden, »Texte« (vgl. Ong 1982; Horstmann 2003), sind im allgemeinen in sich differenzierter und der repräsentierten

---

[1] Nach der besten mir vorliegenden Definition bezeichnet man als Fiktion »einen Gegenstand oder Sachverhalt, dessen Existenz bzw. Bestehen entweder ungeklärt oder aber definitiv auszuschließen ist, wiewohl er beschrieben wird, als ob er existierte oder bestünde« (Gessmann 2009: 227).

[2] Diese provokante Parteinahme für den Stil gegen die Wahrheit hat Gottfried Benn dazu prädisponiert, auf bestimmte literarische Mystifikationen hereinzufallen. Vgl. dazu Anm. 4 und 10 sowie Teil II dieses Beitrags.

[3] Das Originalzitat lautet: »If men define situations as real, they are real in their consequences.« Übersetzung J.St.

Wirklichkeit gegenüber autonomer als die mündliche Rede, die in einer konkreten Situation auf ihre Adressaten wirken muss und somit auch deren Rückfragen ausgesetzt ist. Darum interessiert sich die Literaturwissenschaft stärker für die Eigengestalt der Texte (ihre Form) als für deren Bezug zur außertextuellen Wirklichkeit (ihren Stoff). Manche Literaturwissenschaftler, vor allem solche postmoderner Observanz, behandeln die Repräsentationsproblematik mit prononcierter Indifferenz.

So sucht Wolfgang Iser in seinem einflussreichen Buch *Das Fiktive und das Imaginäre* die ohnedies unscharfe Grenze zwischen Wirklichkeit und Fiktion noch weiter zu verwischen. Seien doch alle Texte, solche die Wirklichkeit zu repräsentieren beanspruchen ebenso wie rein fiktive, aus Realem und Fingiertem zusammengemischt. Daraus folgert Iser eilfertig deren Ununterscheidbarkeit. Diese Ununterscheidbarkeit wiederum bietet ihm die »heuristische Rechtfertigung« dafür, den von der Antike bis heute grundlegenden Gegensatz real/fiktiv auszuhebeln. An seine Stelle setzt Iser die Trias real/fiktiv/imaginär (vgl. Iser 1991: 18f.). Damit wird das Reale aus dem Gegenpol des Fiktiven zu bloß noch einem Moment unter dreien, denn als gleichberechtigtes Drittes tritt das Imaginäre hinzu. Isers Argumentation ist keineswegs unplausibel. Die Imagination, wie wir sie etwa aus Tagträumen kennen (oder aus dem Lügenmärchen des *grünen Heinrich*) ist ein Fiktionen hervorbringendes Prinzip. Für Iser entnimmt die Imagination der Realität Elemente, um Gestalten daraus zu formen, in denen sie, die ansonsten flüchtig ist, sich konkretisieren und überdauern kann. Doch hat für dieses Starkmachen der Imagination bei Iser auch einen Zweck: Er hofft, damit »die Opposition von Fiktion und Wirklichkeit verabschiedet« (ebd.: 23) zu haben, womit er, wie ich zeigen möchte, doch etwas zu weit geht. Für ihn freilich ist die Literaturwissenschaft damit eine »Verlegenheit« (ebd.) losgeworden.

Doch wie plausibel man die Isersche Trias auch immer empfinde, lässt sie sich gleichermaßen auf alle Textsorten anwenden? Es gibt zum Beispiel Texte wie die Gesänge Ossians oder Helene Hegemanns Roman *Axolotl Roadkill*,[4]

---

[4] Dieser vorgeblich autobiografische Roman einer siebzehnjährigen Schulabbrecherin aus medienerfahrenem Elternhause erschien im Februar 2010 bei Ullstein und wurde sofort zum Bestseller. Die Kritik rief erst »Hosianna«, aber bald schon »Crucifige«. Denn ein Blogger namens Airen hatte deutlich gemacht, dass Frau Hegemann seine – höchstwahrscheinlich authentischen – Erlebnisberichte über wüste Technoparties kommentarlos übernommen hatte. Eine Synthese von »Hosianna« und »Crucifige« ermöglicht hier der repräsentationsskeptische Ansatz. Das Feuilleton der *Zeit* stimmte den Leser unter Anrufung bewährter Autoritäten (Goethe, Büchner, Brecht, Thomas Mann) auf den kavaliersmäßigen Umgang mit fremdem geistigem Eigentum ein. Iris Radisch interpretierte dort

die vorspiegeln, etwas anderes zu sein als sie in Wirklichkeit sind. Die repräsentationsskeptische Literaturwissenschaft behandelt sie kavaliersmäßig. Sie feiert in ihnen die amoralische Lust an der Simulation, die Infragestellung des Autors, des Originals und der Authentizität (vgl. dazu Frank u.a. 2001). Solchen Vorzügen gegenüber erscheint die Frage, wen oder was diese Texte gelegentlich repräsentieren, als überflüssig, ja provinziell. Doch die literarischen Mystifikationen sind keine Produkte unschuldiger Fabulierfreude und bedienen nicht nur ein harmloses Unterhaltungsbedürfnis. Sie sind Betrügereien, die literarische Qualität haben mögen, jedoch zu außerliterarischen, etwa ideologischen oder karrieristischen, Zwecken veranstaltet werden und von irreführenden Paratexten, Lügen und weiteren Täuschungsmanövern Gebrauch machen (vgl. Stagl 2002: 246–251).

Näher noch am »schöpferischen Wort« des *grünen Heinrich* sind die wissenschaftlichen Mystifikationen. Wenn es um Wahrheit geht, möchten wir nach einer Formulierung des Soziologen Clemens Albrecht auf die Wissenschaft als die »Instanz verbindlicher Welterklärung« (Albrecht 2009: 2) vertrauen können. Dieses Vertrauen wird von Mystifikatoren missbraucht,

---

das »Gebell« der »Fußnoten-Wächter« als Hexenjagd akademisch ausgewiesener älterer Herren gegen eine »begabte junge Frau«. Doch diese Begabung bleibe den Vertretern des Althergebrachten unerreichbar, stehe sie doch für das »Verschwinden des Authentizitätsgefühls in der Kultur«. Bei alledem ist aber Frau Radisch fein heraus, denn sie legt sich nicht fest: Persönlich wünscht sie sich, wie sie sagt, dass Helene Hegemann Unrecht habe, denn für die »Welt der Subjektphilosophie, der Eigentumsrechte und der mündigen Bürger ist das eine Tragödie« (Radisch 2010: 45). Wir lernen: Der Jugend gehört die Zukunft, ob es uns passt oder nicht. – In der *Frankfurter Allgemeinen Zeitung* sprang der Dichter Durs Grünbein der interessanten jungen Dame als Ritter zur Seite: Die Frage von Material und Form sei »keine Frage der Gesinnung oder des Rechts«, sondern »ganz ausschließlich des literarischen Urteils, der affektiven Impression, der persönlichen Überwältigung«, welche, scheint es, für *Axolotl Roadkill* sprächen, während die Plagiatsaufdecker »sonderbare Persönlichkeiten« (Grünbein 2010a: 33) sein müssten. Tags darauf publizierte der schlaue Dichter am gleichen Ort einen *Disclaimer*: Dieser Text stamme großteils von Gottfried Benn, er selbst habe ihn nur ein bisschen verfremdet. Damit hoffe er, der Debatte »einen Dreh ins Dadaistische« verpasst zu haben: »Was ist Intertextualität, was ein Plagiat, was ist ein Ready-made, wie wir es aus visuellen Künsten kennen, was ist ein Insert, ein Zitat, ein Pastiche?« (Grünbein 2010b: 33) Wir lernen: 1. Der Dichter Grünbein hat sich selbst wieder ins Gespräch gebracht. 2. Er hat dabei den »sonderbaren Persönlichkeiten«, sofern diese Literaturkritiker sind, einen Tag lang die Gelegenheit gegeben, sich durch ihre Unkenntnis Benns zu blamieren. 3. Indem er die eigene Mystifikation aufdeckt, bevor andere es tun können, ist er wie Iris Radish fein heraus: sich selbst hat er nicht fest gelegt, aber anderen bedeutet, dass sie Spießer sind. (Zu Benn s. auch Anm. 2 und 10)

deren Zwecke und Motive oft das Gegenteil von edel sind.⁵ Fälscher wissenschaftlicher Befunde schmuggeln unter dem Anschein, Wirklichkeit zu repräsentieren, Fiktionen in die Wissenschaft ein. An der Raffinesse solcher Wirklichkeitsderivate kann nur der sich wirklich freuen, der keinen prinzipiellen Unterschied zwischen literarischen und wissenschaftlichen Texten macht und dem die Ursachen solchen Schmuggels ebenso gleichgültig sind wie seine Folgen.⁶ Wie würden sich kavaliersmäßige Repräsentationsskeptiker etwa zu den durch die Datenmanipulationen Lyssenkos ausgelösten Hungersnöten stellen (vgl. Medwedjew 1971)? Hat uns Isers Behauptung, Reales und Fiktives seien prinzipiell ununterscheidbar, tatsächlich bloß von einer Verlegenheit befreit?

II. Im Zauberkreis der Sprache

Woraus entsteht dieses Bedürfnis, Wort und Wirklichkeit zu trennen? Zunächst ist das Repräsentationsproblem ein schwerwiegendes. Die Grenze zwischen Realem und Fiktivem ist im Einzelfall oft schwer zu ziehen. Manchem Fuchs sind diese Trauben schlichtweg zu sauer. Dann ist die Moderne ja mehr als alle bisherigen Epochen mit dem verschriftlichten Wort, mit

---

5 Eine qualifizierte Ausnahme hinsichtlich der Zwecke und Motive möchte ich hier für die Mystifikation des Physikers Alan Sokal (»Sokal's hoax«) machen. Sokal unterbreitete einer führenden postmodernistischen Zeitschrift (*Social Text*) eine Montage aus modischen Schlüsselbegriffen und antizipierten Leseerwartungen hinsichtlich der Relativität naturwissenschaftlicher Befunde. Die Zeitschrift nahm seinen Galimathias ernst und druckte ihn ab. Daraufhin schickte ihr Sokal ein »Postscriptum«, in dem er die Mystifikation offenlegte. Sein Vorgehen war sicher nicht nett gegenüber den betroffenen Redakteuren. Man kann darin einen verdeckten Test ihrer Intelligenz, editorischen Sorgfalt und Vorurteilsstruktur sehen, den sie nicht bestanden haben. Die Anti-Spießer reagierten humorlos und verweigerten den Abdruck des »Postskriptums« wegen dessen angeblich fehlender wissenschaftlicher Qualität (vgl. dazu Sokal/Bricmont 1999). – Man sieht, dass Sokals Vorgehen dem des Dichters Grünbein (vgl. Anm. 4) nicht unähnlich war. Doch der Physiker wollte damit nicht fein heraus sein. Eine gewisse Schadenfreude und Lust an der eigenen Brillanz vielleicht abgerechnet hatte er ein ernsthaftes Anliegen: Die Verteidigung der Aufklärung gegen deren Verdunkler. Man könnte in der »Sokal-Affäre« die *Epistulae obscurorum virorum* der Postmoderne sehen. Ich hoffe, dass sie eine ähnliche Wirkung haben wird wie diese.
6 Im Unterschied etwa zu Gottfried Benn (vgl. Anm. 2 und 4), der es mit seinem »Doppelleben« ernst nahm und als Mediziner auch wissenschaftliche Texte publizierte, worin er größten Wert auf handwerkliche Solidität legte.

Texten, konfrontiert und sieht daher vor allem deren Eigengestalt. Erzählungen, etwa die der Historiker, stülpen dem Literaturwissenschaftler Hayden White (1996: 280) zufolge der erzählten Wirklichkeit ein »zentrales Organisationsprinzip« über, das aber nicht dieser Wirklichkeit, sondern der Imagination entnommen ist.[7] So geht die Form sprachlicher Mitteilungen zu Lasten ihres Inhalts.

Schließlich fördert die gesellschaftliche Entwicklung die Tendenz der Sprache, sich von der Wirklichkeit abzunabeln. Für den Soziologen Niklas Luhmann wird die bisher vorherrschende »hierarchische« durch die »funktionale Differenzierung« der Gesellschaft abgelöst; deren Teilbereiche gewinnen also dem Ganzen gegenüber an Eigenständigkeit (vgl. Luhmann 1997: Bd. 2, 609ff.). Zentren werden schwächer, Peripherien stärker. Hierarchien aller Art erscheinen nur noch als relativ berechtigt und die Rede vom Ganzen als Anmaßung.

Einer dieser sich verselbstständigenden Teilbereiche ist das Universum der Medien. Vor mehr als hundert Jahren schon hat Stéphane Mallaramé (1943: 275) bemerkt, dass alles in der Welt letztlich dazu bestimmt sei, in ein Buch einzugehen (»tout, au monde, existe pour aboutir à un livre«). Dieser Sog ins Schriftliche entwertet das konkrete, individuelle Wort zugunsten des Mediums, in dem es sich äußert.[8] Alles, was Wort ist, auch wenn es ursprünglich ein besonderes Stück Wirklichkeit meinte, geht durch seine Inszenierung, Interpretation und wechselseitige Beeinflussung in das Reich der Intertextualität ein, aus dem es kein Entrinnen gibt. Es schließt sich ein Zauberkreis.

»Muss in ihrem Zauberkreise / Leben nun auf ihre Weise«, so schildert Goethe (2000: 96) die magische Geschlossenheit einer Liebesbeziehung. Das Phänomen des Zauberkreises kennen viele, vermutlich wohl alle Kulturen. Dieser trennt aus der großen, weiten Welt eine kleine heraus, in der eine besondere Definition von Wirklichkeit gilt. Bis zu seiner Grenze fühlen sich die Innenstehenden in Kontrolle, draußen waltet das Unvorhergesehene, Unkontrollierbare, gegen das sie den Innenraum durch immer wieder neue Selbstvergewisserungsmaßnahmen sichern müssen.[9]

---

7 Narrativität sei »less a *form* of representation than [...] a *manner* of speaking (White 1996: 275; H.i.O.), die auf die Moralisierung der Wirklichkeit hinauslaufe (vgl. ebd.: 285).

8 Dies wurde vom Medienwissenschaftler und -kritiker Herbert Marshall McLuhan in dem bekannten Diktum »Das Medium ist die Botschaft« gefasst (vgl. McLuhan 1964).

9 Vgl. dazu Müller (2010: 130f., 183ff., 194f., 232, 282f., 389, 392, 420f.). – »Kraft seiner Umzirkelung bildete [das Dorf frühagrarischer Völker, J.St.] einen *magischen Kreis*, der seine Bewohner vor der feindlichen Außenwelt abschirmte, einen gesamtgesellschaftlichen

Wer das Repräsentationsproblem mit Benn[10] bagatellisiert oder es mit
Iser für prinzipiell unlösbar erklärt, sichert den Zauberkreis der Sprache gegen
die Wirklichkeit ab. Es sind dies Maßnahmen einer Zentralinstanz, die
in ihrem Bereich in Kontrolle bleiben möchte. Wer aber ist diese Instanz?
Nicht die sprachlichen Äußerungen selbst, sie sind ja entwertet. Nicht ihre
Urheber, ist doch der Autor für tot erklärt, das Original aufgelöst, die Authentizität
unglaubwürdig geworden. Und schon gar nicht ihre Adressaten,
die naiverweise immer noch an die Möglichkeit der Sprache glauben, die
Wirklichkeit zu repräsentieren. Nein, die Zentralinstanz im Zauberkreis der
medialisierten Sprache bilden die Interpreten, die mit Wort und Text professionell
umgehen, sie inszenieren, über sie verfügen. Konkret sind es vor allem
die in den verschiedenen Medien Tätigen, aber auch die Literatur-, Sozial-
und Kulturwissenschaftler. Sie sind keine selbstlosen Diener des Wortes.

Seklusionsbereich, der ihre Kräfte nach innen zu konzentrierte und ihnen Kohärenz, Solidität, Festigkeit und Bestand verlieh. Drohten Gefahren, pflegte man den Schutzring zu erneuern, indem man die Umgrenzungslinie rituell ein weiteres Mal markierte, das heißt den Schöpfungsprozess wiederholte« (ebd., 194; H.i.O.).

10 In Gottfried Benns Falle betrifft dies nur das literarische Werk, nicht die Privatperson und den Mediziner (vgl. Anm. 6). Dennoch hat ihn seine die Repräsentation bagatellisierende Attitüde dazu verleitet, Mystifikatoren zu wenig inneren Widerstand entgegenzusetzen. Benns die Plagiatskritik abschmetternde Rezension des Bestsellers *Das verlorene Kind* (1926) von Rahel Sanzara (Pseudonym für Johanna Bleschke, 1894–1936) hat dem Pastiche Durs Grünbeins (vgl. Anm. 4) als Vorlage gedient (vgl. Benn 1992b). In einem anderen Falle, dem des Lyrikers »George Forestier«, ist Benn diese Haltung zum Verhängnis geworden. »Forestiers« Gedichtband *Ich schreibe mein Herz in den Staub der Straße* (in dem die Vorbilder Rimbaud und Lorca spürbar sind), erschienen 1952, war das Kunstprodukt eines heute vergessenen Verlagslektors (Karl Emerich Krämer, 1918–1987), der ein bekennender und praktizierender Nazi gewesen war. Dieser, dem es wohl vor allem um die Karriere ging, hatte zum Namen »George Forestier« eine den Zeitbedürfnissen genial angepasste Biografie lanciert: Elsässer, freiwillige Meldung zur SS, Russlandkämpfer, in Frankreich als Kollaborateur verurteilt, Fremdenlegionär, vermutlich gefallen in Indochina, die letzten Verse notiert zwischen solchen von Gottfried Benn. Diesem, der wohl dadurch die eigene Biographie entsühnt sah, wurde das Herz weich und das literarische Urteil trüb: »Wunderbar zarte, gedämpfte, melancholische Verse, Wanderverse eines Soldaten, der durch viele Länder kam, Verse eines Heimatlosen, der zu ahnen schien, dass er auf alles Besungene nur einmal seinen Blick zu werfen die Bestimmung hatte […], aber sein Name wird angeschlossen sein an die Reihe der Zarten und Schönen, der Frühbezwungenen, in die sich Aphrodite und Persephone, in die sich das Licht und die Schatten teilen« (Benn 1992c: 315). Auch ich erinnere mich noch an »George Forestier« aus meiner Deutschstunde in den fünfziger Jahren. Nach der Entdeckung seiner Mystifikation publizierte der wirkliche Autor Krämer weiterhin Forestier-Gedichte, die aber ohne die dazupassende Biografie als schwache Wiederaufgüsse erkannt wurden und keine Wirkung mehr hatten (vgl. Fuld 1999).

Sie verwenden ihre Interpretationsmacht auch für eigene kulturelle Konstruktionen (vgl. Stagl 1993; 2008). Diese interpretatorischen Hervorbringungen könnte man Repräsentationen zweiter Ordnung nennen. Sie bauen auf dem auf, was bisher schlichtweg als Repräsentation bezeichnet wurde, also auf sprachliche Fassungen eines Stückes der Wirklichkeit. Wie dort das Wort auf eine außersprachliche Wirklichkeit verwies, so verweist in Repräsentationen zweiter Ordnung die Interpretation auf das Wort. Es versteht sich, dass dies die Schwierigkeiten der Repräsentation potenziert. Immerhin ist man jetzt einen Schritt weiter von der repräsentierten Wirklichkeit entfernt. Den Interpreten aber bietet dies die verlockendsten Möglichkeiten, sich von der Wirklichkeit zu lösen und frei zu entfalten.

Darum wehren sie auch alle Ansprüche ab, die aus anderen Teilbereichen der Gesellschaft an ihren Zauberkreis herangetragen werden: Nicht die Politik, nicht die Moral, nicht die Wirtschaft, selbst nicht die Wissenschaft sollen ihnen etwas hereinzureden haben. Diesen Autonomieanspruch verkünden schon zwei Slogans aus dem 19. Jahrhundert, »l'art pour l'art« und »épater le bourgeois«: Die Innenstehenden sollen mit den wirklichkeitsdefinitorischen Vorgaben der Zentralinstanz locker mitgehen und alles sein, nur keine »Spießer«.[11] Hieraus erklärt sich die kavaliersmäßige Attitüde von Künstlern, Journalisten und Literaturwissenschaftlern zum Repräsentationsproblem. Die Sicherung des Zauberkreises nach außen und der Hegemonieanspruch in seinem Inneren sind zwei Seiten derselben Medaille. Doch dieser Hegemonieanspruch will sogar über die Begrenzung des Kreises hinaus, will imperialistisch werden. Wenn alles dazu bestimmt ist, Text zu werden, dann eben auch die Politik, die Moral, die Wirtschaft und selbst die Wissenschaft.

---

11 Die Formulierung »l'art pour l'art« findet sich laut Büchmann (1972: 423) erstmals in Victor Cousin: *Histoire des idées littéraires en France au XIXe siècle* (Paris 1863); »épater le bourgeois« wird laut Bartlett (1992: 494) Charles Baudelaire zugeschrieben. Zu den geistesgeschichtlichen Hintergründen und Folgen vgl. Sedlmayr (1955). – Der vor den Kopf zu stoßende, wirklichkeitsnahe und kunstfremde »Bourgeois« ist heute, da der Begriff »Großbürger« meist anerkennend gebraucht wird und Kunstverständnis unterstellt, zum »Kleinbürger« oder »Spießer« mutiert. Die für denselben charakteristische Angst, für einen ebensolchen gehalten zu werden, nötigt ihn, die künstlerischen Moden rechtzeitig mitzumachen, sich Verständnis des Unverstandenen, Genuss des Wesensfremden anzusuggerieren und somit natürlich auch auf Mystifikationen hereinzufallen. – Das russische Äquivalent der beiden französischen Formulierungen lieferte zur selben Zeit Dostojewski: »›Zweimal zwei ist vier‹, das ist meiner Ansicht nach geradezu eine Frechheit […]; aber wenn man schon alles lobt, dann ist auch ›Zweimal zwei ist fünf‹ manchmal ein allerliebstes Sächelchen« (Dostojewski 1921: 54).

Wenn aber wissenschaftliche Texte die außersprachliche Wirklichkeit ebenso wenig repräsentieren können wie alle anderen Texte, büßt die Wissenschaft ihren Vorrang als die Instanz verbindlicher Welterklärung ein. Hier verhält sich die Literaturwissenschaft zwiespältig. Wohl möchte sie den Rang und die akademischen Privilegien einer Wissenschaftsdisziplin genießen, dabei aber doch, zumindest in ihrer postmodernen Richtung, interpretatorisch konstruktiv werden und der Wissenschaft den Boden entziehen. So gerät ihr die Wirklichkeit zum prinzipiell unerkennbaren Ding an sich, wogegen das, was sich an ihr sprachlich fassen lässt, als »Produkt und Hirngespinst menschlicher Konstruktionsleistungen« (vgl. Kneer 2009: 12; und dazu auch Holzinger 2009) verstanden wird. Nicht wenige erleben diesen Wirklichkeitsverlust als Befreiung. Für den Literatur- und Kulturwissenschaftler Klaus P. Hansen reicht die Menschenwelt nunmehr »bis zum Kriterium einer von keiner Notwendigkeit getrübten Freiheit und Willkür« (Hansen 1993: 173), weshalb wir Menschen denn auch unsere »Lebenswirklichkeit selbstherrlich und imaginativ« (ebd.: 171) konstruieren können.

Die Lust an der Subversion des Bestehenden und an der eigenen Konstruktion beseelt auch die postmodernen Sozial- und Kulturwissenschaften. Von den exakteren Disziplinen als Leichtgewichte behandelt und im Wettlauf um Prestige und Ressourcen benachteiligt, spüren sie nunmehr den Wind des Zeitgeists im Rücken und möchten den Spieß umkehren, aus den Letzten die Ersten werden. Von den Anforderungen der Repräsentation erster Ordnung befreit, befestigen sie umso mehr ihr Monopol auf die Repräsentation zweiter Ordnung. Der emanzipatorische Optimismus, wie ihn die Zitate Hansens ausstrahlen, hat aber einen hässlichen Nebeneffekt: Er unterteilt die Menschheit in zwei Kategorien: die einen (noch) im Dunkeln, die anderen (schon) im Licht. Ich nenne jene die »Eingeborenen«, die in ihrer Rückständigkeit noch auf die Repräsentationskraft der Sprache vertrauen, und diese die »Ethnografen«, die das bereits als Illusion durchschaut haben. Die Ethnografen gewinnen damit die Möglichkeit, die Eingeborenen ins, aber auch hinters Licht zu führen (vgl. Stagl 2008). Damit man aber nicht befürchten müsse, sie könnten ihre Definitionsmacht eigensüchtig ausüben, beeilen sie sich (wie alle anderen Emanzipationstheoretiker vor ihnen) hinzuzufügen, dass sie es mit dem Menschen gut meinen. Nütze ihre Subversion von Zentralitäten und Hierarchien doch den Peripheren und Untenstehenden. Wie der Kulturwissenschaftler Rainer Winter (2005: 285) erläutert, geht es ihnen darum, das Interesse der Unartikulierten zu artikulieren und diesen damit zur Reflexivität und Selbstbestimmung zu verhelfen. Was schließlich die konstruktive Leistung der Medien betrifft, hat Jonathan Swift 1710 geurteilt:

»[...] der größte Lügner hat seine Gläubigen, wie auch der nichtwürdigste Schriftsteller seine Leser, und es geschieht oft, dass eine Lüge nur für eine Stunde geglaubt zu werden braucht, um ihren Zweck zu erfüllen.« (Swift 1957: 14) »Die Falschheit fliegt, und die Wahrheit hinkt hinterher; so ist es, wenn die Menschen die Täuschung erkennen, schon zu spät: Der Hieb hat bereits gesessen und die Lüge ihre Wirkung getan.« (Ebd.: 9; Übersetzung J.St.)

III. Die Finanzwirtschaft als Regietheater

Auch das moderne Wirtschaftssystem bildet einen erst nach Autonomie und dann nach der Hegemonie über alle anderen strebenden Teilbereich der Gesellschaft. Auch ihm liegt eine optimistische, emanzipatorische Weltanschauung zugrunde: die des unbeschränkten Wachstums. Diese Ideologie kommt dem Ökonomen Hans Christoph Binswanger zufolge aus der stoischen Lehre von einer grundsätzlich guten Welt- oder All-Vernunft, welche das konkrete einzelne Gute und Böse relativiert: Eigennütziges Handeln der Einzelnen soll sich sozialgesetzmäßig in den maximalen Nutzen für alle transformieren. Das von dieser Weltanschauung beseelte Wirtschaftssystem hat sich als ausgesprochen erfolgreich erwiesen, freilich, wie Binswanger (1998: 47–64) betont, um den Preis der Auszehrung der ethischen, ästhetischen und natürlichen Ressourcen der Gesellschaft.

Dieses Wirtschaftssystem hat auch eine Sondersprache hervorgebracht, für die sich das Repräsentationsproblem nicht in seiner ganzen Schärfe zu stellen scheint. Die »Wirtschaftssprache« erhebt durchaus den Anspruch, das Wirtschaftsgeschehen korrekt zu repräsentieren. Da dieses Geschehen nicht nur von den Innenstehenden, sondern auch von immer mehr Außenstehenden als maßgeblich für die Gesellschaft überhaupt aufgefasst wird, dringen die Wirtschaftssprachen mit ihren besonderen Wirklichkeitsdefinitionen auch in die anderen gesellschaftlichen Teilbereiche vor (vgl. dazu Pörksen 2007). Ihre Virtuosen, die Ökonomen, als die befugten Interpreten des Wirtschaftsgeschehens, interpretieren ohne große Repräsentationsskepsis inzwischen schon die Gesamtgesellschaft. Aber auch die Wirtschaftssprache begnügt sich nicht mit der bloßen Repräsentation, sie wird schöpferisch, kehrt das Verhältnis von Wort und Wirklichkeit um und bringt ihre eigenen Derivate hervor.

Man könnte demnach meinen, dass die beiden Hegemonieansprüche, der der Sprachinterpreten und der der Virtuosen der Wirtschaftssprache, zusammenstoßen und sich gegenseitig zu vernichten suchen müssten. Das ist aber nur ganz eingeschränkt der Fall (etwa bei der Abhalfterung der Kultur- und Sozialwissenschaften auf den ökonomisierten Universitäten). Denn in den Medien, die ja auch Wirtschaftsunternehmen sind, arrangieren sich die beiden Hegemonieansprüche besser, als man zunächst denken würde. Hilfreich ist dazu auch die wachsende Abstraktheit des modernen Wirtschaftssystems, seine Entfernung vom konkret nachvollziehbaren Wirtschaften Einzelner.

Die Ökonomik richtet sich nach den Zeittendenzen. So scheinen ihre Hauptthemen heute nicht Arbeit, Technologie und Ressourcennutzung zu sein als vielmehr der Markt und das Geld. Es geht ihr weniger um die Auseinandersetzung des Menschen mit der Natur als um die der Menschen miteinander (vgl. dazu Fikentscher 2007; Blümle/Goldschmidt 2007). In extremer Form vertritt diesen Ansatz Niklas Luhmann (1989: 14), kein Ökonom freilich, sondern Soziologe, für den ein »ausdifferenziertes«, zur Reife gelangtes Wirtschaftssystem als Medium das Geld und als Form die Zahlung aufweisen muss, was natürlich vor allem auf unser eigenes Wirtschaftssystem zutrifft.[12] Diese Reduktion des Wirtschaftslebens auf ein Kommunikationsgeschehen erleichtert es den Sozial-, Kultur-, ja auch Literaturwissenschaftlern, in den ökonomischen Diskurs einzutreten.

Einerseits lässt sich eine auf Kommunikationsakte reduzierte Wirtschaft gut globalisieren, andererseits wird sie zur Sache von Spezialisten. So bildet sich eine übernationale Gemeinschaft Innenstehender, die sich der wirklichkeitsdefinitorischen Wirtschaftssprache bedienen und auf dieser Grundlage weltweit agieren können: »Der Markt«, schreibt der Medienwissenschaftler Ramón Reichert (2009: 59), »löst sich von einem verbindlichen Raum- und Zeitgefüge und findet hauptsächlich im Medium statt: Screen und Enduser Interface werden zum Markt«.

Auf diesem Markt geht es zunächst nicht um Sachen und auch nicht eigentlich um Worte. Es geht um Informationen, welche möglichst zahlreich

---

12 Um die Distanz seiner Systemtheorie von der wirtschaftswissenschaftlichen Forschung noch stärker zu betonen, setzt Luhmann hinzu: »Sollten wirtschaftswissenschaftliche Theorien sich in unseren Ausführungen wiedererkennen können, wäre das reiner Zufall« (Luhmann 1989: 14).

und möglichst neu sein sollen. Daher fordert die so genannte »Informationseffizienz« deren maschinengestützte, weitgehend automatisierte Verarbeitung. Das heißt, dass die Einzelinformationen, die noch Wirklichkeit repräsentierten, in ihrer Aggregation verschwinden. Reichert fasst zusammen: »Die statistische Berechnung erlaubt keine Repräsentation mehr als stabiles, visualisierbares Wissen, dem die Kontrolle über die inhärenten Risiken zugetraut werden kann« (ebd.).[13] Wer sich diese Kontrolle aber zutraut, das ist wiederum eine autonome Zentralinstanz, das sind die Innenstehenden des Finanzmarktes, die dort sozialisiert worden sind, seine wirklichkeitsschaffende Sprache gebrauchen und ein Gefühl dafür entwickelt haben, was hier geht und nicht geht. Dafür beziehen sie auch die bekannt exorbitanten Honorare und Boni, die ihre gesellschaftliche Stellung bestätigen und die ihnen bis zur gegenwärtigen Finanzkrise auch anstandslos gewährt wurden. Ihre Leistung ist, wie Reichert es nennt, »performativ«, ja »kulturerzeugend« (ebd.: 19; vgl. auch 159–211). Solange sie damit erfolgreich sind, oder doch solange das System, in dem sie funktionieren, als Ganzes vertrauenswürdig bleibt, verfügen sie als Interpreten zweiter Ordnung des Wirtschaftsgeschehens über die »Hyperrealität« des Finanzmarktes. Wohl nur noch das Regietheater steht in vergleichbarer Höhe über den Texten, die es interpretiert, und damit letztendlich über der Wirklichkeit, die in diese Texte eingegangen ist.

Zauberkreise schirmen die Innenstehenden gegen die Außenwelt ab. Sie verleihen ansonsten Sinnlosem Sinn (vgl. Lessing 1983)[14] und denen, die diese Sinngebung akzeptieren, das Identitätsgefühl, das der Mensch zu brauchen scheint, um leben zu können.[15] Was zum Leben hilft, garantiert damit aber noch nicht das Überleben. Behaglichkeit plus Beschränktheit ergibt Wellness, aber nicht Fitness. Auf die Dauer lässt sich die Wirklichkeit nicht ungestraft aussperren; will man sie bestehen, muss man sich ihr unmittelbar stellen. So beginnen auch die radikalsten Repräsentationsskeptiker, wenn es sich um ihre ureigensten Interessen handelt, wie akademische Karriereschritte oder medizinische Behandlungen, auf die Repräsentationskraft der Sprache zu vertrauen.

---

13 Hier wiedergegeben ist der Klappentext, in dem der Autor seine Analyse griffig zusammengefasst hat.

14 Für den Leser Theodor Lessings wird die These des Narratologen Hayden White (1996) von der imaginativen Organisation des Wissens von der Vergangenheit (vgl. Anm. 7) nicht mehr allzu überraschend kommen.

15 Vgl. dazu Anm. 9. – Diesen Gedanken äußern Erasmus von Rotterdam im »Lob der Torheit«, Giacomo Leopardi in seiner »Theorie des schönen Wahns« oder Henrik Ibsen mit seinem Konzept der »Lebenslüge«.

In der gegenwärtigen Finanzkrise geschieht Auffälliges, es wird gehandelt und gelitten. Nun aber nicht, wie beim *grünen Heinrich*, weil sich Imagination und Fiktion in die Wirklichkeit eindrängen, sondern umgekehrt wegen des Einbrechens der Wirklichkeit in einen Zauberkreis. Krisen bedeuten das Wegfallen der *ceteris-paribus*-Klausel, die eine Zeitlang Erwartungs- und Verhaltenssicherheit gewährt und damit die Sinnstiftung stabilisiert hat. *Ceteris-paribus*-Klauseln aber gelten nicht absolut, sondern für die Zeit und die Gelegenheit. Die Finanzkrise holt die »Hyperrealität« des Finanzmarktes wieder auf den Boden der Realität, hier der so genannten »Realwirtschaft«, zurück.

In diesem Zusammenhang hört man heute oft die Metapher von der »geplatzten Blase«. »Es ist kein Zufall«, schreibt die Journalistin Heike Schmoll (2009: 1), »dass die Bologna-Blase so kurz nach der Finanzblase platzt.« In beiden Fällen diagnostiziert die Autorin einen Verlust des Bezuges zur Wirklichkeit. Ein durchökonomisiertes Wissenschaftssystem, das seinen Innenstehenden Gewinnsucht und sonstige eigennützige Motive zugestehen will, doch keineswegs das Motiv der unparteiischen Wahrheitssuche – sei doch Wahrheit, wie man ja wisse, Ansichtssache – ein solches System fördert das Anpassertum und die leere Betriebsamkeit.[16] Das untergräbt die Glaubwürdigkeit der Wissenschaft als die Instanz verbindlicher Welterklärung. Wo aber sollte eine begründete Kritik an der Willkürlichkeit von Konstruktionen oder auch der »Performances« von Finanzjongleuren sonst herkommen? Ich meine eine Kritik, die nicht wiederum bloß Ansichtssache ist: Zwar sind auch wissenschaftliche Erkenntnisse unsicher und vorläufig und hängen von ihren sozial-kulturell-wirtschaftlichen Rahmenbedingungen ab. Doch ihre Relativität hinsichtlich solcher Bedingungen besagt, wie es der Philosoph Karl Acham (1976: 93) formuliert, »noch nichts über die Relativität derjenigen Standards, die uns erst den Nachweis solcher Relativitäten und temporären Geltungsansprüche ermöglichen«. Wer das eingesehen hat, der wird

16 Dies beginnt auf den Kopf seiner Initiatoren zurückzufallen. Einige Politiker sind neuerdings unter Medienbeschuss geraten, weil sie ihre Zeit und Zuwendung, gelegentlich sogar per Annonce, an interessierte Wirtschaftstreibende verkaufen. Was tun sie damit anderes, als sie auch den von ihnen abhängigen Wissenschaftlern vorschreiben, nämlich Drittmitteleinwerbung? Merkwürdigerweise scheint diese Form der Selbstfeilbietung den Wählern doch nicht zu munden – sonst wären die medialen Skandalisierungsbemühungen nicht so erfolgreich. Ich glaube, dass es nur noch eine Frage der Zeit ist, bis man über die universitäre Drittmitteleinwerbung ähnlich zu fühlen beginnen wird. (Heute, März 2011, zeigen die Fälle Guttenberg und Ghaddafi junior, dass Universitäten bei der Drittmitteleinwerbung auch allzu erfolgreich sein können. Ist es irrelevant, aus welcher Quelle die eingeworbenen Mittel kommen?)

die kulturalistische ebenso wie die ökonomistische Zumutung an die Wissenschaft, sich selbst aufzugeben, da sie ja doch die Wirklichkeit nicht repräsentieren könne, ebenso übertrieben finden wie Mark Twain die Nachricht von seinem eigenen Tod.[17]

Literatur

Acham, Karl (1976), »Über einige Probleme der Instrumentalisierung und Hypostasierung der Wissenschaft«, in: *Neue Hefte für Philosophie*, Jg. 10: Moderne Sophistik, S. 78–111.
Albrecht, Clemens (2009), *Wissenschaft als Kulturmacht*, unveröffentlichtes Vortragsmanuskript.
Bartlett, John (1992), *Familiar Quotations*, 16. Aufl., Boston/Toronto/London.
Benn, Gottfried (1992), *Gesammelte Werke IV: Autobiographische und vermischte Schriften*, hg. v. Dieter Wellershoff, Stuttgart.
Benn, Gottfried (1992a), »Doppelleben, VII«, in: Ders., *Gesammelte Werke IV*, S. 69–172.
Benn, Gottfried (1992b), »Plagiat« [1926], in: Ders., *Gesammelte Werke IV*, S. 189–192.
Benn, Gottfried (1992c), »Bemerkungen zu drei Gedichtbänden« [1954], in: Ders., *Gesammelte Werke IV*, S. 314–319.
Binswanger, Hans Christoph (1998), *Die Glaubensgemeinschaft der Ökonomen. Essays zur Kultur der Wirtschaft*, München.
Büchmann, Georg (1972), *Geflügelte Worte*, 32. Aufl., Berlin.
Blümle, Gerold/Goldschmidt, Nils (2007), »Die historische Bedingtheit ökonomischer Theorien und deren kultureller Gehalt«, in: Reinhard/Stagl (Hg.), *Menschen und Märkte*, S. 451–473.
Dostojewski, Fjodor Michailowitsch (1921), »Aufzeichnungen aus dem Dunkel der Großstadt« [1864], in: Ders., *Sämtliche Romane und Novellen*, Bd. III, Leipzig, S. 7–199.
Fikentscher, Wolfgang (2007), »Die Rolle des Marktes in der Wirtschaftsanthropologie und das globale Wirtschaftsrecht«, in: Reinhard/Stagl (Hg.), *Menschen und Märkte*, S. 373–399.
Frank, Susi/Lachmann, Renate/Sasse, Sylvia/Schahadat, Schamma/Schramm, Caroline (Hg.) (2001), *Mystifikation – Autorschaft – Original*, Tübingen.

---

17 Mark Twain schrieb an einen Zeitungskorrespondenten, der diese Neuigkeit in die Welt gesetzt hatte: »*The report of my death was an exaggeration*« (zitiert nach Bartlett 1992: 528; Hervorhebung J.St.).

Fuld, S. Werner (1999), »George Forestier«, in: Ders., *Das Lexikon der Fälschungen*, Frankfurt/M., S. 78–80.
Gessmann, Martin (2009), *Philosophisches Wörterbuch*, 23. Aufl., Stuttgart.
Goethe, Johann Wolfgang (2000), »Neue Liebe, Neues Leben«, in: Ders., *Werke, Bd. 1: Gedichte und Epen I*, Hamburger Ausgabe, textkritisch durchges. und kommentiert v. Erich Trunz, München, S. 96.
Grünbein, Durs (2010a), »Plagiat«, in: *Frankfurter Allgemeine Zeitung*, Nr. 45, 23. Februar, S. 33.
Grünbein, Durs (2010b), Warum haben Sie geklaut, Herr Grünbein?«, in: *Frankfurter Allgemeine Zeitung*, Nr. 46, 24. Februar, S. 33.
Hansen, Klaus P. (1993), *Kulturbegriff und Methode. Der stille Paradigmenwechsel in den Geisteswissenschaften*, Tübingen.
Holzinger, Markus (2009), »Welcher Realismus? Welcher Sozialkonstruktivismus? Ein Kommentar zu Georg Kneers Verteidigung des Sozialkonstruktivismus und zu Bruno Latours Akteur-Netzwerk-Theorie«, in: *Zeitschrift für Soziologie*, Jg. 38 H. 6, S. 521–534.
Horstmann, Susanne (2003), »Text«, in: *Reallexikon der deutschen Literaturwissenschaft*, Bd. 3, hg. v. Jan-Dirk Müller, Berlin/New York, S. 594–597.
Iser, Wolfgang (1991), *Das Fiktive und das Imaginäre. Perspektiven literarischer Anthropologie*, Frankfurt/M.
Keller, Gottfried (1980), »Der grüne Heinrich«, in: *Kellers Werke in fünf Bänden*, hg. v. Hans Richter, 8. Aufl., Berlin/Weimar.
Kneer, Georg (2009), »Jenseits von Realismus und Antirealismus. Eine Verteidigung des Sozialkonstruktivismus gegenüber seinen postkonstruktivistischen Kritikern«, in: *Zeitschrift für Soziologie*, Jg. 38 H. 1, S. 5–26.
Lausberg, Heinrich (1990), *Handbuch der literarischen Rhetorik. Eine Grundlegung der Literaturwissenschaft*, 3. Aufl., Stuttgart.
Lessing, Theodor (1983), *Geschichte als Sinngebung des Sinnlosen* [1919], München.
Luhmann, Niklas (1989), *Die Wirtschaft der Gesellschaft*, 2. Aufl., Frankfurt/M.
Luhmann, Niklas (1997), *Die Gesellschaft der Gesellschaft*, 2 Bde., Frankfurt/M.
Mallarmé, Stéphane (1943), »Quant au livre«, in: Ders., *Divagations*, mit einem Vorwort v. E. M. Souffrin, Paris, S. 259–281.
McLuhan, Herbert Marshall (1964), *Understanding Media. The Extensions of Man*, New York.
Medwedjew, Shores (1971), *Die Wissenschaft kapituliert*, Hamburg.
Müller, Klaus E. (2010), *Die Siedlungsgemeinschaft. Grundriss der essentialistischen Ethnologie*, Göttingen.
Ong, Walter J. (1982), *Orality and Literacy. The Technologizing of the Word*, London/New York.
Pörksen, Uwe (2007), »Expansion der Wirtschaftssprache«, in: Reinhard/Stagl (Hg.), *Menschen und Märkte*, S. 475–484.
Radisch, Iris (2010), »Die alten Männer und das junge Mädchen«, in: *Die Zeit*, Nr. 8, 18. Februar, S. 45.

Reichert, Ramón (2009), *Das Wissen der Börse. Medien und Praktiken des Finanzmarktes*, Bielefeld.

Reinhard, Wolfgang/Stagl, Justin (Hg.) (2007), *Menschen und Märkte. Studien zur historischen Wirtschaftsanthropologie*, Wien/Köln/Weimar.

Schmoll, Heike (2009), »Die Bologna-Blase ist geplatzt«, in: *Frankfurter Allgemeine Zeitung*, Nr. 273, 24. November, S. 1.

Sedlmayr, Hans (1955), *Die Revolution der modernen Kunst*, Hamburg.

Sokal, Alan/Bricmont, Jean (1999), *Eleganter Unsinn. Wie Denker der Postmoderne die Wissenschaft missbrauchten*, München.

Stagl, Justin (1993), »Der Kreislauf der Kultur«, in: *Anthropos*, Jg. 88, H. 4–6, S. 477–488.

Stagl, Justin (2002), *Eine Geschichte der Neugier. Die Kunst des Reisens 1550–1800*, Wien/Köln/Weimar, S. 246–251.

Stagl, Justin (2008), »Kultur, Kulturen, Kulturalismus«, in: *Jahrbuch für Europäische Ethnologie*, 3. Folge, Bd. 3, S. 91–104.

Swift, Jonathan (1957), *The Examiner and other Pieces Written in 1710–11*, hg. v. H. Davis, Oxford.

Thomas, William I. (1928), *The Child in America. Behavior Problems and Programs*, New York.

White, Hayden (1996), »The Value of Narrativity in the Representation of Reality«, in: Susanna Onega/José Angel García Landa (Hg.), *Narratology. An Introduction*, London/New York, S. 273–285.

Winter, Rainer (2005), »Der zu bestimmende Charakter von Kultur. Das Konzept der Artikulation in der Tradition der Cultural Studies«, in: Joachim Renn/Ulrich Wenzel (Hg.), *Kulturen vergleichen: Sozial- und kulturwissenschaftliche Grundlagen und Kontroversen*, Wiesbaden, S. 271–289.

Kollabierende Sprachsysteme

Zwei Strategien sprachlicher Verarbeitung der Geldwirtschaft[1]

Nina Peter

I. »Keiner versteht, was da aktuell auf den globalisierten Finanzmärkten passiert«[2]?

Bei den Abläufen an den Finanzmärkten, den Ursachen und Dynamiken der aktuellen Finanzkrise scheint es sich um Zusammenhänge zu handeln, die dem Vorstellungsvermögen nicht unmittelbar zugänglich sind und deren Verständnis komplexe Erklärungsleistungen erfordert: »Wie erkläre ich einer breiten Bevölkerung etwas«, fragte Peer Steinbrück (2008b) im November 2008 bezüglich der Krise, »was sich sehr leichten Erklärungen und umgangssprachlichen Wortprägungen entzieht?« Für die konstatierten Verständnis- und Erklärungsschwierigkeiten lieferte er folgende Begründung:

»[W]ir haben es zu tun mit sehr komplexen Vorgängen, mit einer fast anonymen Welt, wo von Zahlen die Rede ist, die sich jeder vorstellbaren Dimension entziehen. […] Da herrscht ein Sprachgebrauch vor, der inzwischen eher exkludierenden Charakter hat, weil ein normaler Zeitungsleser gar nicht weiß, was ein Conduit ist oder was asset backed securities, ein investment vehicle oder eine Aufsichtsarbitrage sind. Versuchen Sie das mal zu erklären!« (Ebd.)

Zurückführen lässt sich die Unvorstellbarkeit der »Welt« des Marktes nicht zuletzt auf seine »zunehmende Entfernung von realen […] Dingen« (Blaschke 2009: 220). In einer ökonomischen »Entwicklungslogik, [die] vom handfesten Wert über das gemünzte Gold und die Assignaten bis hin zum Scheck und über beschriebenes Papier hinaus in schlechthin immaterielle Sphären« (Hörisch 1998: 81) führt, wird nicht nur die Frage nach der Deckung von

---

[1] Der vorliegende Beitrag entstand im Rahmen des Forschungsprojektes »Emotionen in Wirtschaftskrisen« (Leitung: Prof. Dr. Christian von Scheve) am Exzellenzcluster »Languages of Emotion« an der Freien Universität Berlin. Für die Anregungen und Diskussionen möchte ich mich bei allen Projektmitgliedern, insbesondere bei Prof. Dr. Oliver Lubrich und Sven Ismer, bedanken; für Kommentare und Hinweise danke ich außerdem Dr. Bernd Blaschke.

[2] So fasst Polt-Heinzl (2009: 58) Diskussionsbeiträge Kurt Rothschilds aus dem Januar 2009 zusammen.

Werten zunehmend problematisch, sondern auch die Beschreibung und Erklärung der ökonomischen Austausch-Prozesse. Ein Markt, dessen Wertkonstitutionen und Transaktionen sich zu einem großen Teil als virtuelle Informationsbewegung und damit ohne jeden »körperlichen Bezug« (Vief 1991: 139) vollziehen, der Gewinn und Verlust »im Medium« (ebd.: 130) statt in der »körpergebundene[n] Wirklichkeit« (ebd.: 132) verhandelt, wird auch zu einer sprachlichen Herausforderung: Wie lassen sich die aktuellen ökonomischen Prozesse in ihrer Komplexität ohne Rückgriff auf eine Fachterminologie sprachlich fassen, beschreiben und vorstellbar machen, obwohl sie sich zu einem großen Teil jenseits erfahrbarer Wirklichkeit abspielen? Der spekulative Handel mit Derivaten, Zertifikaten und Wertpapieren – mit Werten also, die von »realen« Referenten in hohem Maße abstrahieren (ebd.: 135)[3] – verweigert sich konventionellen allgemeinverständlichen Bezeichnungen und »Wortprägungen«. Einer »referenzlosen Sphäre der Hyperrealität« (Pahl 2008: 26) lässt sich mit einer einfachen Repräsentationslogik offenbar schwerlich begegnen: Ökonomiestrukturen, die ihrerseits durch den »weitgehende[n] Abschied von der Repräsentation (von Waren und Werten) und eine Umstellung auf Autopoiesis und Performanz« (Blaschke 2009: 220) gekennzeichnet sind, scheinen wiederum selbst Repräsentations- und Vermittlungsprobleme zu verursachen.

In der Krise tritt die oftmals als von der Realität »entkoppelt« beschriebene Finanzwelt wieder mit dieser in Beziehung und erweist sich als wirkungsmächtiger Faktor mit konkret wahrnehmbarem Einfluss auf das »reale Leben«, sei es in – zumindest näherungsweise – bezifferbaren finanziellen Verlusten oder der Bedrohung von Arbeitsplätzen. Werden die immateriellen Vorgänge und Werttransformationen des Börsenhandels mit dem Zusammenbruch des in hohem Maße selbstreferenziell ausgerichteten Bezugssystems in ihren konkreten Auswirkungen mittelbar oder unmittelbar erfahrbar, so lässt sich vermuten, dass gerade dieses »Durchschlagen«[4] abs-

---

3 Auf die besonderen Kommunikationskriterien der abstrahierenden spekulativen Ökonomie verweist auch Urs Stäheli (2007: 11): »Die Besonderheit der Spekulation liegt in der Abstraktion von jenen ›realen‹ Werten, die zuvor als Garanten der Ökonomizität wirtschaftlicher Operationen gegolten haben.« Und: »Weder muß die Spekulation sich auf den Arbeitsprozeß noch auf die Fundamentaldaten von Unternehmen beziehen. Auch die Produkte geraten in den Hintergrund und fungieren nur noch als auswechselbare Zeichen, bestenfalls als Referenzpunkte für die spekulative Einbildungskraft der Händler und Spekulanten. Die spekulative Kommunikation gewinnt ihre Kommunikationskriterien nur aus sich selbst.« (Ebd.: 40)

4 Die Häufigkeit der Metapher des »Durchschlagens« der geldwirtschaftlichen Prozesse auf die Realität oder auf die Realökonomie weist ebenso wie die häufige Metaphorisierung der

trakter Finanzprozesse auf die Realität eine Suche nach Erklärungs- und Darstellungsweisen des Wirtschaftsgeschehens auslöst. Die Erfahrung der Diskrepanz zwischen virtueller »Geldvernichtung« (@cri 2008) und realer Auswirkung zieht das Bedürfnis nach sich, nicht nur die Konsequenzen der Krise, sondern auch die Funktionsweise des Systems möglichst konkret und allgemeinverständlich in Worte zu fassen. Der »Kollaps« der Wirtschaft generiert jedoch – so die These – nicht nur eine Vielzahl von Texten, Erklärungs- und Darstellungsbemühungen, sondern zugleich ein »Kollabieren« der Sprache: Die beschriebene virtuelle »Verbindung von Schein und Sein, [...] Latenz und Wirksamkeit« (Meyer 1998), die Verortung des Marktes in der »Lücke oder dem Schnitt zwischen ›Realität‹ und ›Simulation‹« (Halbach 1991: 830) stellt sich als Sprachproblem – und führt dazu, dass die Krisenhaftigkeit und -anfälligkeit der ökonomischen Prozesse sich in unterschiedlichen Formen auf sprachlicher Ebene spiegeln.

Im Folgenden sollen zwei Strategien der sprachlichen Darstellung des Finanzmarkt- und Börsengeschehens vorgestellt und miteinander verglichen werden. Zunächst werden mediale Berichterstattung und politische Stellungnahme zur Finanzkrise in den Blick genommen, die durch eine auffallend hohe Frequenz von Metaphern geprägt sind.[5] Kontrastiv lässt sich diesem Beschreibungsverfahren Elfriede Jelineks Stück *Die Kontrakte des Kaufmanns* (2009) gegenüberstellen, das Finanz- und Repräsentations-Krise miteinander verschränkt und den Text so zum performativen Reflektionsmedium macht. Anhand des Vergleichs der Finanzkrise-Verarbeitungen im literarischen Text einerseits und in nicht-fiktionalen Medienberichten und Reden andererseits, lassen sich verschiedene Modi der Darstellung und Verhandlung virtueller Prozesse mit unklarer Referenzlogik analytisch in den Blick nehmen. Anschließen lässt sich die Frage nach dem jeweiligen Umgang mit dem schwer fass- und beschreibbaren Realitätsstatus der immateriell ab-

---

Börse als »Paralleluniversum« oder »eigene Welt« auf die beschriebene Empfindung einer Getrenntheit von virtueller Wirtschaftssphäre und konkret erfahrbarer Lebensrealität hin.

5 Zurückgegriffen wird hier auf eine im Rahmen des Forschungsprojektes »Emotionen in Wirtschaftskrisen« entstandene Analyse des Metapherngebrauchs in der medialen Berichterstattung und in öffentlichen Aussagen über die Finanzkrise. Das Untersuchungsmaterial besteht aus 53 einschlägigen Artikeln der Zeitschrift *Der Spiegel* (je ein Artikel pro Ausgabe) aus dem Zeitraum vom 1.8.2008 bis zum 31.8.2009 sowie aus den 31 Reden zur Finanzkrise, die während des Untersuchungszeitraums vom Bundesminister für Finanzen, Peer Steinbrück, gehalten wurden. Publikationen einer detaillierten inhaltlichen Analyse der verwendeten Metaphern sowie zum Analysemodell sind in Vorbereitung (Oliver Lubrich, Christine Knoop).

laufenden ökonomischen Prozesse. Wie entwerfen die Texte Wirklichkeitsstatus und -bezug des Marktes? Wie positionieren sie sich zur Frage nach der Fiktionalität zeitgenössischer Wirtschaftspraktiken? Wird das Spannungsverhältnis zwischen realer globaler Relevanz und ungreifbarer Immaterialität der Märkte in den Texten zum Thema?

II. Die Krise in Metaphern

In Medien und Politik löste das Geschehen der Finanzkrise eine hohe Metaphernproduktion aus. Kaum eine politische Stellungnahme oder Rede, kaum ein Bericht jenseits des Wirtschaftsteils verzichtete auf eine auffallend intensive sprachliche Verbildlichung: Die Krise wird umschrieben als platzende Blase, als Flächenbrand, Kernschmelze, Flut oder Verkehrsunfall, als Abgrund, Wasserscheide, Talfahrt, Kollaps oder Krankheit – eine Liste, die sich nahezu beliebig lang fortsetzen ließe.[6] Wie lässt sich der Rückgriff auf das konventionell als rhetorisch-literarisch verstandene Darstellungs- und Deutungsmittel der Metapher erklären und einordnen? Welche Effekte hat die Verbildlichung der Krise?

Geht man wie Lakoff und Johnson (2003) davon aus, dass die Konzeptualisierungen von Wirklichkeit, auf denen menschliches Denken und Handeln beruht, in hohem Maße metaphorisch strukturiert und organisiert sind und die Metapherndichte mit dem Abstraktionsgrad des zu erfassenden Zusammenhangs steigt,[7] so lassen sich die zahlreichen Metaphern der Finanzkrisenberichterstattung als direkte Reaktion auf die schwer fassbaren abstrakten und immateriellen Ursachen und Kausalzusammenhänge der Krise

---

6 Dass sich auch der wissenschaftliche ökonomische Diskurs zur Modellierung und Veranschaulichung komplexer Zusammenhänge oder als Überzeugungsmittel der Metapher bedient und damit zum Gegenstand rhetorischer und literaturwissenschaftlicher Analysen werden kann, haben u.a. Henderson (1995) und McCloskey (1985) in ihren Studien zu Sprache und Metapherngebrauch in der Ökonomie gezeigt. Ob sich die Metapherndichte in Medienberichterstattung und öffentlichen Aussagen in wirtschaftlichen Krisenzeiten proportional wandelt, wäre weiter zu untersuchen.

7 Vgl.: »We have seen that metaphor pervades our normal conceptual system. Because so many of the concepts that are important to us are either abstract or not clearly delineated in our experience […], we need to get a grasp on them by means of other concepts that we understand in clearer terms.« (Lakoff/Johnson: 115) Vgl. außerdem: »we typically conceptualize the nonphysical *in terms of* the physical – that is, we conceptualize the less clearly delineated in terms of the more clearly delineated.« (Ebd.: 59, H.i.O.)

verstehen. Die Methode metaphorischer Kodierung scheint sich zudem in der Reaktion auf als bedrohlich empfundene Krisensituationen und Alteritätserfahrungen als Darstellungs-, Deutungs- und Reflektionsverfahren besonders anzubieten und deren problematische sprachliche Erfassung, Bewältigung und Kommunikation zu ermöglichen.[8] Das besondere Darstellungspotenzial metaphorischer Beschreibungen erklärt sich durch die ihnen zugrunde liegende Technik der Übertragung: »The essence of metaphor is understanding and experiencing one thing in terms of another« (Lakoff/Johnson 2003: 5). Damit kann das metaphorische Darstellungsverfahren auch dort einsetzen, wo eine »inhaltlich explizit[e]« (Lubrich 2004: 223) Beschreibung und Erklärung problematisch wird. Metaphorische Konzeptualisierung ermöglicht es, Zusammenhänge, die sich aufgrund ihres Abstraktionsgrades, ihrer Virtualität oder ihrer Überwältigungsstruktur dem Verständnis und der Vorstellbarkeit sowie einer unmittelbaren Erfassung und Kommunikation entziehen, mittels »systematic correlates within our experience« (Lakoff/Johnson 2003: 58) und damit mit Hilfe von »directly emergent concepts« (ebd.: 81) zu erfahren, zu denken und zu beschreiben: »Metaphors come out of our clearly delineated experiences and allow us to construct highly abstract and elaborate concepts.« (Ebd.: 105)

Vor diesem Hintergrund lässt sich die sprachlich konstruierte Verbindung der Krise mit von ihr völlig unabhängigen Realitätsbereichen als Versuch einer »Übersetzung in begreifliche Kontexte« (Lubrich 2004: 223f.) verstehen. Bei der metaphorischen Beschreibung handelt es sich somit um ein Textverfahren, das die immateriellen und virtuellen Aspekte ökonomischer Prozesse als – im wahrsten Sinne des Wortes – »greifbare«[9] materielle Realität modellieren und so den eingangs beschriebenen Darstellungsschwierigkeiten begegnen kann: Auf sprachlicher Ebene lassen sich die virtuellen Marktvorgänge einem gegenständlichen Realitätsbereich korrelieren. Die Metaphern in den Texten über die Finanzkrise ermöglichen ihre »Einbindung in Zusammenhänge, die vor dem Hintergrund ›normaler‹ Erfahrungen nachvollziehbar sind« (Lubrich 2004: 224).

Anschließen lässt sich nun die Frage, ob die Metaphern der Finanzkrisentexte neben der Ermöglichung der Darstellung schwer fassbarer abstrakter

---

8 Dies konstatiert Oliver Lubrich (2004: 223f.) als Ergebnis einer Analyse von Ernst Jüngers Kriegstext *In Stahlgewittern*.

9 Vgl. hierzu den für sich sprechenden Metapherngebrauch Lakoffs und Johnsons (2003: 97) zur Veranschaulichung der Funktionsweise von Metaphern: »A metaphorical structuring of a concept […] allows us *to get a handle* on one aspect of the concept.« (Hervorhebung N.P.)

Vorgänge weitere Funktionen erfüllen. Abhängig von Kontext und Art ihrer Verwendung können Sprachbilder zu unterschiedlichen Zwecken eingesetzt werden. Nicht zuletzt in ökonomischen Zusammenhängen lassen sie sich durchaus als Erklärungsmodelle komplexer Vorgänge verwenden.[10] Grundsätzlich ist Metaphern jedoch ein in hohem Maße konstruktives Moment eigen: Sie fungieren keineswegs lediglich als objektives Erklärungsmittel einer gegebenen Wirklichkeit, sondern sind konstitutiv an der Realitätskonstruktion und -wahrnehmung beteiligt, strukturieren und formen die Vorstellung und das Verständnis der mit ihrer Hilfe erfassten Sachverhalte und Zusammenhänge (vgl. Lakoff/Johnson 2003: 4)[11] und können auf diese Weise nicht zuletzt konkreten Einfluss auf (zum Beispiel ökonomische) Verhaltensweisen nehmen, wie Boers (1997: 239) experimentell nachgewiesen hat: »metaphors do have an effect on people's decision-making processes regarding socioeconomic issues.«

Metaphorischen Kodierungen lässt sich somit keineswegs ein uneingeschränktes sachliches Erklärungspotenzial zuschreiben. Hinzu kommt eine potenzielle Unschärfe und Mehrdeutigkeit der von den Metaphern evozierten Bedeutungen und Interpretationsmodelle, die ebenfalls einer präzisen Einordnungs- und Erklärungsleistung zuwiderlaufen: Neben dem jeder Metapher eigenen »gemeinsamen Nenner mit ihrem Objekt, ein[em] *tertium*, das die Übertragung überhaupt erst ermöglicht« (Lubrich 2004: 204, H.i.O.), entstehen zugleich »Sinnüberschüsse« (ebd.), ein »Mehr« an Bedeutung. Damit ist Metaphorik, wie Blumenberg (1996: 438) es formuliert, »nur als schmaler Spezialfall von Unbegrifflichkeit zu nehmen«. Die Meta-

---

10 Vgl. u.a. Scacco (2009): »Economically, metaphors serve an important cognitive purpose. [...] Economists refer to metaphors as economic ›models‹ because they explain unclear domains in terms of past understanding.« Vgl. außerdem: »metaphors are vital instruments to explain the complexitites of economic circumstances« (ebd.). Auch Lakoff/Johnson (2003: 34, H.i.O.) veranschaulichen das – spezifische und nicht unbedingt wissenschaftlich-fachliche – Erklärungspotenzial von Metaphern am Beispiel einer ökonomischen Krisensituation: »Viewing something as abstract as inflation in human terms has an explanatory power of the only sort that makes sense to most people. When we are suffering substantial economic losses due to complex economic and political factors that no one really understands, the INFLATION IS AN ADVERSARY metaphor at least gives us a coherent account of why we're suffering these losses.« Auf die Begrenztheit des Erklärungspotenzials von Metaphern, die hier bereits anklingt, verweisen implizit außerdem Vasiloaia/Drugus (2008: 658), wenn sie die Rhetorik als Methode der Vereinfachung und Komplexitätsreduktion beschreiben. Sie verstehen »rhetorical thinking as didactic tool to simplify what would otherwise be sometimes too complex for students to understand«.

11 Vgl. außerdem Scacco (2009): »Metaphors not only define reality, but create a frame of interpretation for a particular worldview.«

pher ersetzt keinen bestehenden Begriff, sondern ist »nicht ins Eigentliche, in die Logizität zurück[zu]holen« (Blumenberg 1960: 10); sie kann »nicht in Begrifflichkeit aufgelöst werden« (ebd.). Je nach Art der Verwendung und abhängig von dem Vorhandensein oder Fehlen einer Reflexion des Metapherngebrauches, einer Einbettung in meta-metaphorische Erläuterungen, können Metaphern somit ganz unterschiedliche Effekte erzeugen, die von bloßer Veranschaulichung und Illustration bis zu einer explikatorischen Modellierung oder der Emotionalisierung eines Geschehens reichen.[12]

Dass Metaphern in der Medienberichterstattung über die aktuelle Finanzkrise als Erklärungsmodelle fungieren und sie einem Nicht-Fachpublikum jenseits einer rein emotionalen Besetzung und der Illustration ihres »Katastrophencharakters« zugänglich machen können, lässt sich ausgehend von der Analyse der Finanzkrise-Metaphern einschlägiger Zeitschriften-Artikel (*Der Spiegel*) sowie der Reden des zuständigen Ministers (Peer Steinbrück) bezweifeln. Auffällig ist hier in erster Linie die durchgehende Heterogenität der Bildbereiche. Weder gibt es eine singuläre Leitmetaphorik, die sich als Modell der Krise durchsetzt, noch fällt eine Kategorisierung der verwendeten Metaphern leicht. Vielmehr werden durch gänzlich unterschiedliche Bildbereiche entgegen gesetzte Interpretationen der Krise aufgerufen, die oft innerhalb eines Artikels oder einer Rede widersprüchliche Bilder konstruieren.[13] Bereits die Überschriften der *Spiegel*-Artikel entwerfen ein gan-

---

[12] Dass Sprachbilder abhängig vom Kontext ihrer Verwendung gänzlich unterschiedliche Funktionen erfüllen, bestätigt eine Analyse des Metapherngebrauchs in der Beschreibung ökonomischer Zusammenhänge: Skorczynska/Deignan (2006: 102) stellen fest, dass die Adressierung – »the intended readership« – eines Textes eine entscheidende Rolle für dessen Metapherngenerierung und deren Funktion spielt: »Writers of periodical articles and writers of research articles assume different levels of understanding of the subject matter, and a different motivation for reading, and so they will be setting up different relationships with the readers of each type of text. It seems logical that these differences would lead to differences in the functions expressed through metaphors.« (Ebd.) Während populärwissenschaftlich und allgemeinverständlich ausgerichtete Texte zu wenig spezifischen Metaphern tendieren und diese überwiegend begriffliche Lücken schließen und zu einem geringeren Teil illustrative Funktionen haben, dienen die genre-spezifischen Metaphern in der spezialisierten Forschungsliteratur jeweils zur Hälfte der Modellierung wirtschaftlicher Zusammenhänge und der Überwindung terminologischer Leerstellen (vgl. ebd.).

[13] Lakoff/Johnson (2003: 96) beschreiben, dass das Vorkommen unterschiedlicher Bildbereiche zur Charakterisierung desselben Konzeptes und das daraus resultierende Fehlen einer »consistency across metaphors« keineswegs einer übergreifenden »cross-metaphorical correspondence« (ebd.) und »coherence« (ebd.: 105) widersprechen muss: »Though such metaphors do not provide us with a single consistent concrete image, they are nonetheless coherent and do fit together when there are overlapping entailments, though not otherwi-

zes Panorama unterschiedlicher Kategorien: »Langer Schatten«; »Cowboys im Anzug«; »Kurz vor dem Kollaps«; »Zeit der Krokodile«; »Der schwarze Herbst«; »Kleines Karo«; »Der Bankraub«; »Stille im Sturm«; »Der Fluch des billigen Geldes«; »Im Grab des großen Geldes«; »Gorillas Spiel«; »Jeden Tag ein neuer Abgrund«; »Milliardenschweres Pokerspiel«; »Der Zauberlehrling«; »Der Geldstrom stockt«; »Der Crash-Test«.[14]

Neben Metaphern aus dem Bereich von Natur und Körper, die die Krise als unvermeidlichen Ablauf erscheinen lassen, der unabhängig von menschlichem Verschulden – gleichsam natürlich – abläuft, stehen gleichberechtigt Metaphern kultureller Praxis und menschlicher Handlungsfelder, die das Wirtschaftssystem als menschliche Konstruktion und seine Krise damit als selbstverschuldetes Geschehen interpretieren. Eine Verbrechensmetaphorik etabliert klare Schuldzuweisungen und fordert den Eingriff einer »Marktpolizei«, Metaphern der Instabilität und des Einstürzens hingegen suggerieren ein unabhängig von einem verantwortlichen Subjekt ablaufendes Geschehen, dem mit (unter-)stützenden Stabilisierungsmaßnahmen zu begegnen wäre. Sprachbilder aus dem Bereich der Metaphysik wiederum implizieren die Annahme übergeordneter Kräfte, deren Wirken als nur begrenzt nachvollziehbar und beeinflussbar erscheint.

Ähnlich heterogen wie die Verantwortlichkeiten der Krise scheinen damit die von den Metaphern implizierten Möglichkeiten der Reaktion und Schadensbegrenzung: Lässt sich auf ein Erdbeben, meteorologische Schwankungen, eine Explosion oder platzende Blase kaum oder nur sehr eingeschränkt reagieren und lässt die religiöse und mythologische Metaphorik eine transzendente Existenz vermuten, die jenseits menschlicher Einflussmöglichkeiten agiert, so scheinen andererseits Krankheiten mit je unterschiedlichen Erfolgsaussichten behandelbar, Verkehrssysteme und Transportmittel – in unterschiedlichem Ausmaß – regulier- und steuerbar. Ob Teile des Marktes nur krank oder bereits gestorben sind, am Rand des Ab-

---

se.« (Ebd.) Gerade diese »shared metaphorical entailment[s]« (ebd.: 96) fehlen jedoch, so lässt sich die These formulieren, in der Darstellung der Finanzkrise.

14 Nachweise in der Reihenfolge der Aufzählung: *Der Spiegel* 35/2008 (25.8.2008), S. 65; *Der Spiegel* 36/2008 (1.9.2008), S. 78; *Der Spiegel* 39/2008 (22.9.2008), S. 76; *Der Spiegel* 41/2008 (6.10.2008), S. 48; *Der Spiegel* 42/2008 (13.10.2008), S. 22; *Der Spiegel* 45/2008 (3.11.2008), S. 26; *Der Spiegel* 47/2008 (17.11.2008), S. 44; *Der Spiegel* 51/2008 (15.12.2008), S. 72; *Der Spiegel* 4/2009 (19.1.2009), S. 58; *Der Spiegel* 6/2009 (2.2.2009), S. 75; *Der Spiegel* 10/2009 (2.3.2009), S. 79; *Der Spiegel* 11/2009 (9.3.2009), S. 40; *Der Spiegel* 12/2009 (16.3.2009), S. 18; *Der Spiegel* 13/2009 (23.3.2009), S. 68; *Der Spiegel* 16/2009 (11.4.2009), S. 64; *Der Spiegel* 30/2009 (20.7.2009), S. 18; *Der Spiegel* 34/2009 (17.8.2009), S. 44.

grunds stehen oder den Absturz bereits hinter sich haben, impliziert zudem verschiedene Einschätzungen über den Schweregrad der Krise.

Die inhärente Widersprüchlichkeit der Bedeutungsimplikationen der Finanzkrise-Metaphern findet geradezu paradigmatisch ihren Ausdruck in einem von Steinbrück (2008a) geprägten Bild: die positiv konnotierte – und von Steinbrück auch mehrfach in diesem Sinne verwendete – Metapher vom »Licht am Ende des Tunnels« wird von ihm ins Gegenteil umgedeutet, wenn er die Möglichkeit in Erwägung zieht, »dass es sich bei diesem Licht um die Scheinwerfer des entgegenkommenden Zuges handeln könnte«.

Die bildsprachliche Ebene eröffnet keineswegs einen einfachen Zugang zu einem Verständnis des Finanzmarktgeschehens. Eine explizierende Anbindung an die Realität scheitert aufgrund der Heterogenität und des begrenzten Erklärungspotenzials der aufgerufenen Bildbereiche, die zudem unreflektiert verwendet werden und ohne Erläuterung im Text stehen. Vielmehr scheint es sich bei der intensiven Metaphorisierung gerade um ein Indiz dafür zu handeln, dass die Krise einen Gegenstand bildet, dessen sprachliche Fassung und Erklärung Schwierigkeiten bereitet und für den kein schlüssiges Referenzmodell im Erfahrungsbereich der Realität zu finden ist: In ihren konkreten Auswirkungen real erfahrbar entziehen sich die Abläufe und Kausalitäten des Finanzmarktes einer Verankerung im Realen und Erfahrbaren ebenso wie einer »normalsprachlichen« Explikation. Damit bestätigt sich die Annahme, dass Metaphern in besonderer Weise geeignet sind, in terminologischen Leerstellen einzutreten beziehungsweise Fachtermini zu ersetzen und darüber hinaus das nur virtuell und abstrakt Existierende durch die Anbindung an konkrete Erfahrungsmodelle und physisch greifbare Realitätskomponenten sprachlich und imaginativ fassbar zu machen. Zugleich unternehmen die politischen und medialen nicht-fiktional angelegten Darstellungen jedoch weniger eine eindeutige Beschreibung oder Erklärung des Marktgeschehens als vielmehr dessen sprachliche Übertragung in verschiedene Wirklichkeitsbereiche durch fiktive Ähnlichkeits- und Analogiekonstruktionen. Damit wird auf die problematische Stellung einer »fiktionalen Ökonomie« – auf die Frage, in welchem Maße das heutige Wirtschaftssystem auf lediglich »gedachten« »Simulationsprogrammen« (Halbach 1991: 830) beruht und welche Bedeutung dies für unser Wirtschaftsverhalten hat – zwar implizit reagiert, sie wird jedoch gerade nicht explizit thematisiert oder reflektiert. Eröffnet werden stattdessen unterschiedliche denkbare Perspektiven auf die Krise, sie wird virtuell in verschiedenen fiktiv konstruierten Wirklichkeitsregistern durchgespielt.

III. »Negative Sicherheiten«: Sprachliche und/als ökonomische Bedeutungsinstabilität

Auch Jelineks Text *Die Kontrakte des Kaufmanns* kreist wesentlich um den virtuellen Charakter der Märkte. Er entwickelt jedoch, so die These, eine Analogie zum Marktgeschehen gerade im Verzicht auf eine Fiktionalisierung des Marktes. Obwohl es sich bei Jelineks Text laut Untertitel um eine »Wirtschaftskomödie« (Jelinek 2009a: 208) handelt und er mit dieser Gattungszuschreibung als fiktionaler literarischer Text gekennzeichnet ist, entwirft er zur Beschreibung seines Gegenstandes keine erfundene Welt. An die Stelle individueller Protagonisten und Handlungen tritt – wie so oft bei Jelinek – ein Sprachspiel: die Sprache selbst wird zum Hauptakteur des Stückes.[15] In Form von Kleinanleger-Klagen über den finanziellen Verlust durch Wertpapier-Entwertungen – die die Bezeichnung »Wertpapier« selbst *ad absurdum* führen – einerseits und mitleidlosen Stellungnahmen der Vertreter der Emittenten, der Unternehmen und Banken andererseits werden das Marktgeschehen und die ihm zugrunde liegenden Prinzipien thematisiert. In langen monologisch-chorischen Textabschnitten wird eine Versprachlichung des Finanzmarktes unternommen, die nicht zuletzt Fachvokabular und Finanzkrise-Metaphern aufgreift und zum Material für die Sprachspiele des Stückes macht.

Auch hier handelt es sich wie in den analysierten Artikeln und Reden keineswegs um eine sachlich-dokumentarische Sprache, die auf inhaltliche Explikation ausgerichtet ist. Vielmehr weist sie zahlreiche Charakteristika des von Jelinek bereits in ihren vorhergehenden Texten entwickelten dezentrierenden und dekonstruierenden Sprachgebrauchs auf: Wiederholungsstrukturen mit Bedeutungsverschiebungen und die Verwendung polysemer Ausdrücke in ihren unterschiedlichen Bedeutungen konstituieren ein »Spiel der Signifikanten«. Durch Wortspiele – Paronomasien, Homonyme, die Abwandlung oder das Wörtlichnehmen von Metaphern und sprachlichen Wendungen, Paradoxa und das Aufnehmen und Ausformen verschiedenster assoziativer, etymologischer oder klanglicher Verknüpfungen – werden konventionelle Bedeutungen destabilisiert und aufgehoben. An ihre Stelle tritt eine Verbindung des Unidentischen: semantisch unzusammenhängende Sprach- und Bedeutungssegmente werden sprachspielerisch zur Grundlage neuer konstruierter Bedeutungsbeziehungen. Auf die Bedeutungsdekon-

---

15 Vgl. zum Sprachgebrauch Jelineks unter anderem Lücke (2008, besonders: 9, 13, 30, 50, 150).

struktion durch bewusste Mehrdeutigkeit und unkonventionellen Wortgebrauch folgt der Entwurf neuer, oft ironisch gebrochener un-sinniger Bedeutungs-Äquivalenzen. Auf diese Weise wird der »Bedeutungswert« der Sprache permanent transformiert; sie wird als eindeutiger Bedeutungsträger untauglich. Der »Schrecken« verwandelt sich in eine »Schrecke« (Jelinek 2009a: 212); den semantischen Gegensatz von »wiewohl beraten« und »wohlberaten« verschleiert die klangliche Nähe (ebd.: 225); »Erlös« kann nicht »eingelöst« werden und verhindert so eine – vom Text immer wieder auch religiös durchgespielte – »Erlösung« (ebd.: 219); wenn etwas oder jemand »stiften geht« entsteht eine »Stiftung« (ebd.: 228f.); und ob Geld »normal weg«, »ganz weg« oder »wirklich weg« ist, lässt sich zwar sprachlich differenzieren, eröffnet jedoch keinen Erkenntnisgewinn über den tatsächlichen Status verlorenen Geldes (ebd.: 216). Eindeutige Bedeutung wird im Stück systematisch verspielt zugunsten einer Sprache, die sich jenseits der Kalkulierbarkeit bewegt. Damit veranschaulicht der Text das von Derrida (1972) beschriebene Prinzip der *dissémination* – einer nicht eingrenzbaren Bedeutungsstreuung und -bewegung, die die Möglichkeit einer eindeutigen und kontrollierbaren Referenzialität der Sprache grundsätzlich negiert. Zugleich gelingt Jelineks Sprache die Aufdeckung grundlegender ökonomischer Paradoxien, die im Zusammenhang der Krise in den Fokus der Aufmerksamkeit rücken und die sich nicht zuletzt auf einer sprachlichen Dimension ausprägen – denkt man an Begriffe wie »Minuswachstum« oder die Praxis der »Leerverkäufe«: »Warum sehen Sie nur Verluste anstatt der negativen Zinsen?« (Jelinek 2009a: 267)

Besondere Aufmerksamkeit lenkt das Stück immer wieder auf die Frage nach der Deckung der durch Anleger erworbenen »Papiere« (ebd.: 231): gefragt wird nach ihrer Sicherheit und Bedeutungsstabilität. Bezüglich der Verbriefung von Forderungen konstatiert der Text: »eine Forderung schließt an die andre an, eine Forderung ist die Sicherheit einer anderen Forderung, die Forderungen sind unsre einzigen Sicherheiten« (ebd.: 221f.). Sicherheiten wiederum »sind auf einmal gar nichts mehr wert, […] wir haben sie ja ausgegeben für Unsicherheit, aber als Risiken rennen sie uns nieder, als ständige Gefahr zu fallen, zu stürzen, nicht als Verlust, sondern als Risiken, das ist mehr als Verlust, weil man noch hoffen kann und unruhig ist, während Verlust Verlust ist« (ebd.: 223f.).

»Das Eigentliche« (ebd.: 217), so der ironisch gefärbte Titel des entsprechenden Aktes, bleibt unauffindbar, weder Bezeichnungen noch Referenten erweisen sich als mit sich selbst identisch. Forderungen und Sicherheiten werden durch die gleichsetzende Reihung verschiedener an sich fundamental unterschiedlicher Begriffe umgedeutet. Am Ende der (Un-)Gleichungskette sind die Sicherheiten zur »negativen Sicherheit« (ebd.: 223), zu »weniger als keine[r] Sicherheit« (ebd.: 227) geworden und auch Forderungen erweisen sich innerhalb der Iterabilität des Börsensprachspiels paradoxal nicht nur als nicht vorhanden, sondern sogar als ein »Minus-Nichts« (ebd.: 223). Das Nichts selbst hingegen wird zu einer positiven inhaltlichen Kategorie, die sich jedoch wiederum als mit sich selbst unidentisch erweist, sich aufteilt in verschiedene nicht oder kaum zu definierende »Nichtse«: »das ist aber ein todsicheres Nichts, in das wir da investiert haben, in dieses Nichts, das wir sein werden, dieses Nichts hart zwischen Nichts und Nichts, wir sagten es schon, investiert in forderungsbesicherte Wertpapiere, in nicht nur durch nichts, sondern durch ein negatives Nichts, ein Weniger als nichts besicherte Papierfetzen, in eine Forderung an andre.« (Ebd.: 227)[16]

Der beschriebene, von Jelinek in ihrem Werk immer wieder ideologiekritisch eingesetzte Sprachgebrauch gewinnt im Stück *Die Kontrakte des Kaufmanns* in Verbindung mit dem Gegenstand der zeitgenössischen Finanzwelt und der ökonomischen Prozesse eine neue Bedeutungs- und Referenzdimension. Sprachgebrauch und Gegenstand stehen hier in einem Analogieverhältnis: Die Beschreibung des Verlusts der ursprünglich zugeschriebenen und versicherten Bedeutung der Wertpapiere – dessen, »was draufsteht« (ebd.: 219), des Ausgabewertes – wird mittels einer Sprache beschrieben, die ebenfalls ihres »ursprünglichen« beziehungsweise konventionell gesetzten Bedeutungswertes verlustig geht: Nichts ist nicht mehr nichts. Auf einer sprachlichen Ebene wird so die Wertkonstitution des an der Börse gehandelten Papiers gespiegelt: Ergibt sich dessen Bedeutung aus einer virtuellen Verkettung unterschiedlichster Abhängigkeitsverhältnisse und Korrelationen, so verhält sich Jelineks Sprache in ihrer permanenten Bedeutungsverschiebung und -aufhebung analog. Beide können aufgrund des Mangels eines unbeweglichen Zentrums der Wertsicherung – um erneut eine der prominenten Finanzkrisen-Metaphern aufzugreifen – »kollabieren«.

Lediglich als ironischer Kommentar lässt sich also der Titel der Fortsetzung des Ökonomie-Stücks verstehen: *Aber sicher!* (Jelinek 2009b). Zentrales Motiv ist hier eine Versicherungspraxis, die weder eine richtige Einschätzung der versicherten Werte vornimmt, noch bei einem Verlust für diese aufzukommen vermag. Der Text verkehrt seinen Titel ins Gegenteil – nichts ist

---

16 Baudrillards (2000: 14ff.) Überlegungen zum Tausch lassen sich hier als einer der vielen unmarkierten intertextuellen Bezüge ausmachen.

hier mehr sicher: »also diese Versicherung versichert uns ohnehin, daß sie alles versichert, auch das, was es gar nicht gibt, auch das, was noch gefordert wird, aber gar nicht da ist.« (Ebd.)

Der Prozess der Bedeutungs-Entwertung von Wertpapier und Sprache wird schließlich explizit parallel geführt; für die Schrift und das Schreiben der Literatur wie für die Börsennotierungen gilt gleichermaßen: »Papier ist ja geduldig« (Jelinek 2009a: 246). Eine sinnhafte und dem Verständnis zugängliche Bedeutung der eigenen Ökonomiebeschreibung wird ausdrücklich – ein ironischer Selbstkommentar – negiert, die sachgemäße Darstellbarkeit der Finanzmarktvorgänge in Frage gestellt. Die bewusst Paradoxalität und Absurdität der Marktgeschehnisse ausstellende Versprachlichung wird dennoch weiter geführt und die konstatierte Unsagbarkeit in kausale Relation zum wert- und bedeutungsinstabilen Finanzsystem gesetzt: »wir sind nur durch Forderungen des Nichts ans Nichts besichert, höchstens durch keine Forderungen des Nichts an den Verlust des Nichts, *was soll denn das heißen? Nein, das heißt nichts. Ich weiß, wie so oft, nicht, wie ich es sagen soll.* Denn es ist ja weniger als keine Sicherheit zu haben! Es ist weniger als das Nichts. Denn die Unsicherheit hat schon auch Forderungen« (ebd.: 227; Hervorhebung N.P.).

Für den von Jelineks Stück vorgenommenen Entwurf eines Analogieverhältnisses zwischen Sprache und Marktgeschehen erweist sich der vom Text mehrfach thematisierte Meinl-Skandal als besonders fruchtbar. Sprachliche Bedeutungspluralität erwies sich in diesem Fall als konstitutiv für die finanzielle Wertproduktion: Sowohl die Meinl-Bank als auch unterschiedliche Meinl-Unternehmen profitierten hinsichtlich ihres Aktienverkaufs und des Kursverlaufs von ihrer Namensgleichheit mit der renommierten Marke Meinl, ohne jedoch mit dieser in direkter Verbindung zu stehen. Der Name ist Kapital, ist verkäuflich und wird mit sich selbst unidentisch, obwohl er auf sprachlicher Ebene »idiotisch identisch« (ebd.: 250) bleibt. Das Resultat sind »Papiere, die hießen wie wir, und wir auch waren, nein, die wir nicht waren, Entschuldigung, wir waren vielleicht unsere Waren, Entschuldigung, aber wahr wird das alles trotzdem nicht« (ebd.: 322). Geradezu paradigmatisch spiegeln sich hier Thema und Strukturprinzip des Textes, wenn die Beschreibung der Mehrdeutigkeit des Marken- und Banknamens mit einem Sprachspiel auf der Grundlage der Polysemie des Wortes »Marke« verbunden wird: »es war unsere Marke, denn sie hieß wie wir, aber unsere Bank hieß auch so, ein Zufall? [...] eine Marke ist eine Marke, damit kann man alles abschicken.« (Ebd.: 264)

Sprachliche Bedeutungs- und ökonomische Wertkonstitution werden in Jelineks Text parallelisiert, enthüllen sich gegenseitig als fiktive selbstreferenzielle Setzungen, die innerhalb einer ständigen Bedeutungstransformation – einem »Ringelspiel« (ebd.: 323) der Iterabilität – begriffen sind. Bedeutung wird autopoietisch hervorgebracht,[17] erweist sich jedoch als flüchtig und instabil. Sowohl Jelineks Sprache als auch den beschriebenen Marktprozessen fehlt es damit ganz offensichtlich an beglaubigender »Substanz«. Sie sind Ergebnis und Ausdruck einer Dereferenzialisierung – auch und gerade dann, wenn die Existenz einer verlässlichen Fundierung behauptet wird: »Wir sagen Ihnen: Aber die Substanz ist unverändert vorhanden. Sie war zwar nie vorhanden, sie ist nicht vorhanden, aber sie ist nie verändert vorhanden gewesen, sie ist unveränderlich nie vorhanden gewesen.« (Ebd.: 232) Eine Fundierung der Bestimmbarkeit und Festschreibung finanzieller und sprachlicher Werte, eine sinnhafte, »substantielle« Differenz zwischen Nichts und Etwas, »gutem« und »schlechtem« Geld, »guten« und »bösen« Risiken (ebd.: 225) ist weder sprachlich noch in Jelineks Marktmodell auffindbar: »das Geld ist jetzt durch Geld gerettet, das eine Geld in Form von Geld, das andre Geld in Form von Papier, aber schon auch Geld, es ist ein Papier, das für Geld steht und für das Sie auch Geld ausgaben, da wir Zertifikate ausgaben, die hießen wie wir, aber in Wirklichkeit nichts hießen« (ebd.: 322).

Wie das Geld auf dem Markt schickt Jelinek ihre Sprache »arbeiten«. Eine Garantiefunktion für Wert und Bedeutung kann durch nichts und niemanden übernommen werden. Damit figuriert in Jelineks Stück die Sprache – und zwar insbesondere die literarische Sprache, innerhalb derer sich das Prinzip von Derridas *différance* bevorzugt zeigt – als Modell für die als ähnlich instabil begriffenen Wertzuschreibungen und -entwicklungen des Finanzmarktgeschehens. Die lange Tradition der Analogiebildung zwischen Sprache und Geld, dem linguistischen und dem ökonomischen System,[18] findet so eine literarische Umsetzung. Sprache und Geld werden hier nicht theoretisch in Beziehung gesetzt, sondern ihr Verhältnis wird literarisch und gewissermaßen performativ entworfen: der Gegenstand spiegelt sich im Medium seines Ausdrucks und umgekehrt. Damit fallen mehrere bislang getrennt gedachte Perspektiven des *New Economic Criticism* zusammen (vgl. Osteen/Woodmansee 1999: 35–39): Wirtschaft als Thema in der Literatur

---

17 Vgl.: »[…] die Papiere heißen jetzt etwas, denn sie haben sich selbst erworben« (Jelinek 2009a: 324).
18 Ein Überblick der Forschungen zu Ökonomie und Literatur findet sich bei Blaschke (2004: 37–106).

wird von Jelinek auf einer literarischen Ebene verbunden mit den methodischen Herangehensweisen des Lesens von Literatur als ökonomischem Wert- und Austauschsystem[19] und umgekehrt der Analyse der Wirtschaft und wirtschaftlicher Diskurse hinsichtlich ihrer rhetorischen, narrativen und fiktionalen Elemente.[20] Markiert Jelinek, wie beschrieben, einerseits die Virtualität und Autopoiesis, den selbstreferenziellen eigendynamischen »Beziehungswahn« (Hörisch 1998: 96) des Finanzmarktes, so thematisiert sie andererseits dessen »Durchschlagen«, seine direkten Auswirkungen auf die konkrete Lebensrealität,[21] indem sie einen realen österreichischen Mordfall zu einem der Leitmotive des Textes macht. Als Reaktion auf den Verlust des Vermögens an der Börse tötete ein Familienvater seine ganze Familie: »fort mit der ganzen Familie, sie soll den Weg des Geldes gehen« (Jelinek 2009a: 343). Diese brutal-ironische Gleichsetzung von Geldverlust und Mord wird in Jelineks Text zu einem Bild für die destruktive Diskrepanz zwischen der Ungreifbarkeit und Unkontrollierbarkeit zeitgenössischer Finanzspekulation und deren Auswirkung als und auf die existenzielle Realität.

IV. Ökonomie als Literatur – Literatur als Ökonomie

Den öffentlichen Aussagen über die ökonomischen Prozesse, die durch eine metaphorische übertragene Sprechweise eine Fiktionalisierung der Krise unternehmen, steht mit Jelineks Stück eine Aufdeckung der instabilen Relationsbeziehungen und Wertkonstitutionen des Marktes gegenüber. Der Text thematisiert dessen nicht in der Realität verankerte immaterielle Wertproduktion, die sich nicht notwendig auf real existierende Referenten berufen muss. Als Beispiel dienen hier unter anderem forderungsbesicherte Wertpa-

---

19 Vgl. zum Beispiel Shell (1978); Jean-Joseph Goux (1984).
20 Vgl. Anm. 6.
21 In diesem Aspekt entspricht Jelineks Text einer von Hempel/Künzel (2009: 14) konstatierten Tendenz der zeitgenössischen Literatur, die sich verstärkt mit den »Auswirkungen [und Opfern] einer neoliberalen Wirtschaftsordnung und der Globalisierung« auseinandersetze. Auch die beschriebene Diskrepanz zwischen virtueller Finanzwelt und realer Erfahrungswelt lässt sich als zentrales Thema zeitgenössischer Literatur beobachten, wie bereits an anderer Stelle anhand eines Vergleichs von Texten von Dennis Kelly, Albert Ostermaier, Elfriede Jelinek und Falk Richter geschehen (Peter, in Vorbereitung, erscheint voraussichtlich im Herbst 2011).

piere, die – vereinfacht gefasst – mit einem Geld abgesichert sind, das nur »gedacht« existiert und das, wie sich in der Krise erwiesen hat, nicht immer realisierbar ist – Papiere also, die mit dem Zusammenbruch des virtuellen Absicherungssystems auf ihren Gebrauchswert als »leeres Stück Papier« (ebd.: 231) zurückfallen. Die hohe Frequenz metaphorisch konstruierter fiktiver Ähnlichkeitsbeziehungen zwischen der Finanzkrise und anderen Realitätsbereichen innerhalb des öffentlichen Diskurses lässt implizit auf das Fehlen eines greif- und vorstellbaren Äquivalents des Marktes schließen. Die daraus resultierende Beschreibungsproblematik wird jedoch selten explizit thematisiert, der eigene Sprachgebrauch nicht kritisch hinterfragt. Jelineks Stück hingegen gelingt eine Darstellung und Thematisierung gerade jener »Eigendynamik monetärer Verknüpfungsreihen« (Hörisch 1998: 102), denen es an substanzieller Deckung und einer Rückbindung an die Realität mangelt. Während die Metaphern des politischen und medialen Diskurses die Krise in fiktionalen Registern durchspielen, findet umgekehrt im Medium der Literatur durch die literarisch-poetische Analogiebildung zwischen sprachlichen und ökonomischen Prozessen eine simulative Nachmodellierung der Finanzwelt statt, durch die ihre Nähe zur Fiktionalität – dem Bereich des »nur Gedachten«, dem lediglich als sprachliches und imaginatives Konstrukt Existierenden – greifbar wird. Dies scheint Hörischs Vermutung zu bestätigen, dass gerade die ihrerseits unbeglaubigte, »ungedeckte« poetische Sprache mit dem ihr eigenen Bewusstsein der Brüchigkeit referenzieller Repräsentation (ebd.: 18) den »ansonsten eher vermiedenen Fragestellungen wie der nach der Geltung und Deckung anderer Codes nachgehen« (ebd.) kann. Literatur und Literaturwissenschaft erscheinen so als geeignete Instrumente der Thematisierung und Befragung des Realitätsstatus von Finanzmarktprozessen. Umgekehrt gewinnt Jelineks Sprache der Dekonstruktion durch ihren Entwurf als Modellstruktur des Marktes eine neue – wenn auch nicht mimetische – so doch simulativ-nachformende Qualität, eine zusätzliche Realitätsdimension.

Literatur

@cri (2008), »Eine gigantische Geldvernichtung«, in: *Frankfurter Allgemeine Zeitung*, 9. Januar; http://www.faz.net/s/Rub645F7F43865344D198A672E313F3D2C3/

Doc-E4B458BCF0B0446BC9A1C6EB2A057DFBE-ATpl-Ecommon-Sspezi al.html (Stand: 23.8.2010).

Baudrillard, Jean (2000), *Der unmögliche Tausch*, aus dem Französischen v. Martin Sedlaczek, Berlin.

Blaschke, Bernd (2004), *Der »homo oeconomicus« und sein Kredit bei Musil, Joyce, Svevo, Unamuno und Céline*, München.

Blaschke, Bernd (2009), »›McKinseys Killerkommandos. Subventioniertes Abgruseln‹. Kleine Morphologie (Tool Box) zur Darstellung aktueller Wirtschaftsweisen im Theater«, in: Franziska Schößler/Christine Bähr (Hg.), *Ökonomie im Theater der Gegenwart. Ästhetik, Produktion, Institution*, Bielefeld, S. 209–224.

Blumenberg, Hans (1960), *Paradigmen zu einer Metaphorologie*, Bonn.

Blumenberg, Hans (1996), »Ausblick auf eine Theorie der Unbegrifflichkeit«, in: Anselm Haverkamp (Hg.), *Theorie der Metapher*, Darmstadt, S. 438–454.

Boers, Frank (1997), »›No Pain, No Gain‹ in a Free Market Rhetoric. A Test for Cognitive Semantics?«, in: *Metaphor and Symbol*, Jg. 12, H. 4, S. 231–241.

Derrida, Jacques (1972), *La dissémination*, Paris.

Halbach, Wulf R. (1991), »Simulierte Zusammenbrüche«, in: Hans Ulrich Gumbrecht/K. Ludwig Pfeiffer (Hg.), *Paradoxien, Dissonanzen, Zusammenbrüche. Situationen offener Epistemologie*, Frankfurt/M., S. 823–833.

Hempel, Dirk/Künzel, Christine (2009), »Einleitung«, in: Dies. (Hg.), *»Denn wovon lebt der Mensch?« Literatur und Wirtschaft*, Frankfurt/M. u.a., S. 7–18.

Henderson, Willie (1995), *Economics as Literature*, London.

Hörisch, Jochen (1998), *Kopf oder Zahl. Die Poesie des Geldes*, Frankfurt/M.

Jelinek, Elfriede (2009a), »Die Kontrakte des Kaufmanns«, in: Dies., *Drei Theaterstücke. Die Kontrakte des Kaufmanns. Rechnitz (Der Würgeengel). Über Tiere*, Reinbek bei Hamburg, S. 207–349.

Jelinek, Elfriede (2009b), *Aber sicher!*; http://www.elfriedejelinek.com (Stand: 05.03.2010).

Lakoff, George/Johnson, Marc (2003), *Metaphors We Live By*, Chicago/London.

Lubrich, Oliver (2004), *Das Schwinden der Differenz. Postkoloniale Poetiken. Alexander von Humboldt – Bram Stoker – Ernst Jünger – Jean Genet*, Bielefeld.

Lücke, Bärbel (2008), *Elfriede Jelinek. Eine Einführung in das Werk*, Paderborn.

McCloskey, Deirdre (1985), *The Rhetoric of Economics*, Wisconsin.

Meyer, Jürgen (1998), »Schöpfungen aus dem Nichts: Virtuelles in Physik und Literatur«, in: *diss.sense. Zeitschrift für Kultur und Kommunikation*; http://www.diss. sense.uni-konstanz.de/virtualitaet/meyer.htm (Stand: 30.08.2010).

Osteen, Mark/Woodmansee, Martha (1999), »Taking Account of the New Economic Criticism. An Historical Introduction«, in: Dies. (Hg.), *The New Economic Criticism. Studies at the Intersection of Literature and Economics*, London/New York, S. 3–50.

Pahl, Hanno (2008), *Das Geld in der modernen Wirtschaft*, Frankfurt/M./New York.

Peter, Nina, »Like a Real Thing‹. Virtuelle Finanzoperationen und ihre realen Auswirkungen als Thema zeitgenössischer Literatur«, in: Diana Modarressi-Tehrani/

Stephan E. Göthlich (Hg.), *Zukunftsfähigkeit der Wirtschaft – Wirtschaftsfähigkeit der Zukunft?*, Münster (Kon.texte Bd. 4). [In Vorbereitung, erscheint voraussichtlich im Herbst 2011.]

Polt-Heinzl, Evelyne (2009), *Einstürzende Finanzwelten. Markt, Gesellschaft & Literatur*, Wien.

Scacco, Josh (2009), »Shaping Economic Reality. A Critical Metaphor Analysis of President Barack Obama's Economic Language during His First 100 Days«, in: *gnovis Journal*, Jg. 10, H. 1; http://gnovisjournal.org/journal/shaping-economic-reality-critical-metaphor-analysis-president-barack-obama-s-economic-langua (Stand: 30.08.2010).

Skorczynska, Hanna/Deignan, Alice (2006), »Readership and Purpose in the Choice of Economic Metaphors«, in: *Metaphor and Symbol*, Jg. 21, H. 2, S. 87–104.

Stäheli, Urs (2007), *Spektakuläre Spekulation. Das Populäre der Ökonomie*, Frankfurt/M.

Steinbrück, Peer (2008a), »Regierungserklärung des Bundesministers der Finanzen zur Lage der Finanzmärkte im Deutschen Bundestag am 25. September 2008«, Bundesfinanzministerium; http://www.bundesfinanzministerium.de/nn_54098/sid_9E670B94D2E9B4AE5DD4EAE88D1B88D1/DE/Presse/Reden_20und_20Interviews/095_Regierungserkl_Finanzmaerkte.html (Stand: 16.08.2009).

Steinbrück, Peer (2008b), »Rede des Bundesministers der Finanzen bei der Jahrestagung des Gesamtverbandes der deutschen Versicherungswirtschaft (GDV) am 13. November 2008 in Berlin«, Bundesfinanzministerium; http://www.bundesfinanzministerium.de/nn_54322/DE/Presse/Reden_20und_20Interviews/102_RedeGDV_13112008.html (Stand: 16.08.2009).

Vasiloaia, Mihaela/Drugus, Liviu (2008): »The Use of Metaphors in Teaching Students of Economics«, in: *Analele Universitatii Din Oradea*, Jg. 17, H. 1, S. 658–663.

Vief, Bernhard (1991), »Digitales Geld«, in: Florian Rötzer (Hg.), *Digitaler Schein. Ästhetik der elektronischen Medien*, Frankfurt/M., S. 117–146.

»Es fehlt an Geld, nun gut, so schaff es denn« – Geldzauber und die Sehnsucht nach Überfluss

Stefan Frank

Ein Roman aus dem Jahr 1928, von dem Sie wahrscheinlich noch nie gehört haben, obwohl man ihn mit einigem Recht als eines der einflussreichsten Werke des 20. Jahrhunderts bezeichnen könnte, endet wie folgt:

»Oft vorher schon hatte er die lange und geheimnisvolle Reihe von Lichtern eines abfahrenden Zuges beobachtet, der sich durch die dunkle Nacht wand, und jedes Mal einen Schauer empfunden. Aber nie einen so heiligen Schauer wie jetzt.« (Foster/Catchings 1929: 222)

Inhalt des Buches ist ein Gespräch im Rauchsalon eines Eisenbahnwaggons, das von der bloß als »grauer Herr« bezeichneten Person in Gang gebracht wird, die gerade den heiligen Schauer empfunden hat. Dieser ist berechtigt, hat der »graue Herr« doch im Gespräch mit einem Abgeordneten, einem Geschäftsmann, einem Seidenwarenfabrikanten und einem Ökonomieprofessor eine Möglichkeit entdeckt, Wirtschaftskrisen und Arbeitslosigkeit ein für alle Male abzuschaffen. Alles, was zu tun wäre, sei Folgendes: Der Staat müsse Statistiken erstellen, mit denen die wirtschaftliche Aktivität gemessen werden könne. Sobald sich eine Abschwächung der Konjunktur andeute, müsse er für höhere Nachfrage sorgen, indem er Geld ausgebe für den Bau von Wasserstraßen, Häfen, Staatsstraßen, Parkanlagen und Dämmen. Ja, es ist das, was wir heute als Keynesianismus bezeichnen. Die Idee wurde aber nicht etwa von dem britischen Ökonomen Keynes bekannt gemacht – der seine *General Theory* ja erst 1936 veröffentlichte – sondern von den beiden amerikanischen Publizisten Waddill Catchings (1879–1967) und William Trufant Foster (1879–1950), die den Roman geschrieben haben, aus dem ich eben zitiert habe und der den Titel *Der Weg zum Überfluß* trägt. Er war es, der US-Präsident Hoover, seinen Nachfolger Roosevelt und dessen *New Deal* inspirierte.

Literatur eignet sich durchaus dazu, Entwicklungen in der Wirtschaft anzustoßen. Literatur und Wirtschaft sind ja auch in gewisser Weise verwandt. In beiden geht es darum, Neues zu schaffen und das Vorhandene ständig neu zusammenzusetzen. Beide haben keine Grenzen, sondern streben zum Unendlichen hin, und bei beiden spielt die Story eine große Rolle.

Es ist vielleicht kein Zufall, dass die Anhänger des Keynesianismus von Foster und Catchings nichts mehr wissen – oder nichts mehr wissen wollen. Wäre es nicht unangenehm, dass am Anfang aller keynesianischer Fantasie nicht ein gelehrtes ökonomisches Werk mit vielen Formeln stand, sondern ein Roman? Das könnte daran erinnern, dass der Keynesianismus keine Wissenschaft ist, sondern ein literarisches Phänomen: Keynes liefert die Story für das, was Politiker ohnehin am liebsten tun: Geld ausgeben. Dass die Gesellschaft reicher wird, indem sie fahrtüchtige Autos verschrottet, ist eine Vorstellung, die an das literarische Vorbild der Schildbürger erinnert.

Überhaupt gibt es in der Wirtschaft und an den Finanzmärkten eigentlich nichts, was die Literatur nicht schon viel früher entdeckt hätte. Komplexe Finanzinstrumente existierten in der Vorstellung der Dichter schon vor Jahrhunderten, man denke etwa an das »Fortunati Glückssäckel« in Adelbert von Chamissos *Peter Schlehmils wundersame Geschichte* oder den Dukatenesel im Märchen »Tischlein deck dich«. Damit sie von der Idee zur Wirklichkeit springen konnten, musste allerdings eine Schranke niedergerissen werden: Geld durfte nicht mehr an etwas Materielles gebunden sein, sondern musste zu einer Imagination werden – nicht zu einer individuellen freilich, sondern zu einer kollektiven und universellen. Ein 100-Euro-Schein wird überall auf der Welt als Geld akzeptiert, obwohl er bloß bedrucktes Papier ist. Sein Wert ist durch nichts gedeckt – so, wie eine literarische Fiktion in der Regel nicht durch Tatsachen gedeckt ist und es für ihren literarischen Wert auch keine Rolle spielt, ob sie »wahr« ist. Wir sprechen von »Zeichengeld«, im Englischen ist das Wort »fiat money« üblich: Das lateinische »fiat« steht für »es werde« und lässt an die Schöpfungsgeschichte des *Alten Testaments* denken. Tatsächlich handelt es sich um den Schöpfungsmythos der modernen Wirtschaft. Sie wird nicht allein vom Austausch von Waren und Dienstleistungen bestimmt, sondern wesentlich von Geschichten, die erzählt werden. Wenn sie schon nicht wahr sind, so sollen sie doch zumindest plausibel sein, es kommt also darauf an, sie glaubwürdig zu erzählen. Schwächen in der Erzählung werden irgendwann bestraft: Das »Verbrauchervertrauen« sinkt, »die Märkte verlieren das Vertrauen«, am Ende kommt es zur allgemeinen Glaubenskrise, der so genannten »Kreditklemme« (Kredit von lateinisch *credere*: glauben). Der Glaube kann sehr schnell verlorengehen, aber auch sehr leicht hergestellt werden, sodass Werte zwar schnell verschwinden, aber auch im Handumdrehen geschaffen werden können. Das war nicht immer so. Als Geld noch etwas Materielles war, war die Alchimie vor schier unlösbare Probleme gestellt. Denis Zachaire, ein französischer Alchimist des 16. Jahrhunderts, hat uns eine Autobiografie hinterlassen, die einen Eindruck gibt von den Mühen und Herausforderungen des damaligen Alchimistenlebens:

»Nachdem ich 15 Tage gereist war, kam ich am 9. Januar 1539 in Paris an. Einen Monat lang blieb ich fast unbekannt. Doch kaum dass ich angefangen hatte, die Geschäfte der Schmelzofenmacher zu besuchen, hatte ich auch schon die Bekanntschaft mit über hundert aktiven Alchimisten gemacht, von denen jeder eine andere Theorie und Arbeitsweise hatte. Manche bevorzugten die Zementation; andere suchten das Alkahest oder Lösemittel; und andere prahlten mit der großen Wirkung der Schmirgelessenz. Einige strebten danach, Quecksilber aus anderen Metallen zu extrahieren, um es nachher wieder zusammenzusetzen. Damit jeder von uns mit den Methoden der anderen gründlich vertraut würde, vereinbarten wir, uns jede Nacht irgendwo zu treffen und die Fortschritte zu berichten. Wir trafen uns mal in dem Haus des einen, mal in der Dachstube des anderen. Nicht nur an Wochentagen, sondern auch sonntags und an den hohen kirchlichen Feiertagen. ›Ah‹, pflegte einer zu sagen, ›wenn ich bloß die Mittel hätte, das Experiment zu wiederholen, würde schon etwas dabei herauskommen.‹ ›Ja‹, sagte ein anderer, ›wenn mein Schmelztiegel nicht zerbrochen wäre, hätte ich längst Erfolg gehabt‹, während ein dritter mit einem Seufzer sagte: ›Wenn ich nur ein rundes Kupfergefäß von genügender Dicke hätte, hätte ich bereits Silber mit Quecksilber vereint.‹ Es war keiner unter ihnen, der nicht eine Entschuldigung für sein Versagen hatte, doch ich blieb taub gegenüber ihren Reden und gab keinem mein Geld, denn ich erinnerte mich daran, wie oft ich schon von solchen Versprechen betrogen worden war.« (Mackay 2006: 139)

Wir sehen hier, dass auch damals schon die Gewinner unter den Goldmachern diejenigen waren, die die beste Story zu erzählen hatten und so Investoren anlocken konnten. Für den Geschäftserfolg war nicht das tatsächlich erzielte Resultat ausschlaggebend – zumindest dann, wenn sie sich schnell genug aus dem Staub machten. Doch erst mit der Erfindung und Verbreitung des Zeichengelds konnte das Alchimistenziel erreicht werden. Die Alchimisten alter Schule hatten ihre Aufgabe einfach zu wörtlich genommen und versucht, echtes Gold herzustellen – was ihnen natürlich nicht gelingen konnte. Eine Abstraktion war notwendig, um zum Ziel zu gelangen. Man durfte den Begriff des Goldes nicht für bare Münze nehmen, sondern musste die dahinter verborgene Idee erkennen.

Der schottische Abenteurer John Law verfasste 1705 eine finanztheoretische Schrift, in der er den Mangel an Geld als drängendstes ökonomisches Problem seiner Zeit beschrieb:

»Der Binnenhandel hängt vom Geld ab. Eine größere Menge bringt mehr Menschen in Beschäftigung als eine geringere. Eine begrenzte Menge Geld kann nur eine begrenzte Menge Leute beschäftigen, das ist der Grund, weshalb dort, wo Geld knapp ist, gute Gesetze zur Beschäftigung der Armen und Untätigen versagen. Gute Gesetze können das Geld zur vollen Zirkulation bringen, dorthin, wo es am profitabelsten für das Land ist. Aber kein Gesetz kann es darüber hinaus zwingen, noch können mehr Menschen in Arbeit gebracht werden, ohne dass mehr Geld zirkuliert, um ihre Löhne zu bezahlen. Sie könnten auf Kreditbasis in Arbeit gebracht werden, aber das ist nicht zweckmäßig, es sei denn, der Kredit zirkuliert [...], dann wäre Kredit Geld und hätte denselben Effekt, im Inland und im Außenhandel.« (Law 1705: 20f.)

John Law sah in Geld kein Wertaufbewahrungs-, sondern in erster Linie ein Tauschmittel. Frankreichs fiskalische Schwierigkeiten boten ihm die Möglichkeit, seine Vision in die Tat umzusetzen. 1715 starb Ludwig XIV. und hinterließ einen riesigen Schuldenberg. John Law stellte sich als derjenige vor, der das Problem lösen würde, und der Regent Philipp II. ließ ihn gewähren, da ihm selbst nichts Besseres einfiel. Law schuf eine Notenbank, die Papiergeld ausgab, und ein Unternehmen, das die Kolonisierung Louisianas zum Ziel hatte und 1718 die Stadt New Orleans gründete. Eine Hyperspekulation in den Aktien dieses Unternehmens machte viele Franzosen in kurzer Zeit reich; man erfand das Wort »Millionär«, und der erste Millionär war John Law selbst.

Die schönste künstlerische Behandlung des Themas findet sich in *Faust II*, wo Mephisto die Finanzprobleme des Kaisers beseitigt, indem er das Papiergeld erfindet. In den Worten des Kanzlers (I. Akt, Vs. 6054ff.):

»Beglückt genug in meinen alten Tagen.
So hört und schaut das schicksalschwere Blatt,
Das alles Weh in Wohl verwandelt hat.
Er liest. ›Zu wissen sei es jedem, der's begehrt:
Der Zettel hier ist tausend Kronen wert.
Ihm liegt gesichert, als gewisses Pfand,
Unzahl vergrabnen Guts im Kaiserland.
Nun ist gesorgt, damit der reiche Schatz,
Sogleich gehoben, diene zum Ersatz.‹«
(Goethe 1988: 187)

Faust selbst stellt fest (I. Akt, Vs. 6111ff.):

»Das Übermaß der Schätze, das, erstarrt,
In deinen Landen tief im Boden harrt,
Liegt ungenutzt. Der weiteste Gedanke
Ist solchen Reichtums kümmerlichste Schranke;

Die Phantasie, in ihrem höchsten Flug,
Sie strengt sich an und tut sich nie genug.
Doch fassen Geister, würdig, tief zu schauen,
Zum Grenzenlosen grenzenlos Vertrauen.«
(Goethe 1988: 188)

Die *New Economy* zu Zeiten John Laws sah so aus: Das Steigen der Mississippi-Aktien führte zu einer größeren Akzeptanz des Papiergeldes, mit dem man diese Aktien kaufen konnte. Das wiederum ermöglichte es, noch mehr Papiergeld zu drucken, was zu einer galoppierenden Inflation und einem noch stärkeren Anstieg des Aktienkurses führte. Bis eines Tages sowohl die Aktien als auch das Papiergeld wertlos waren. Das Experiment schien so lange zu glücken, wie die dahinterstehende Geschichte geglaubt wurde: Dass Papier Geld sein könne und es in Louisiana ungeheure Bodenschätze gebe. Als der Bevölkerung dämmerte, dass das Papiergeld unkontrolliert vermehrt wurde und gleichzeitig klar wurde, dass an der Louisiana-Story nichts dran war, brach Panik aus, und die Wirtschaft kollabierte. John Law floh nach Venedig, wo er sich wieder der Tätigkeit widmete, die sein Leben vor seinem Eintritt in die Politik bestimmt hatte: dem Glücksspiel.

Das Börsenfieber in Frankreich führte zu Nachahmern in England. Jemand kam auf die Idee, eine Firma zu gründen, die ein reines Schwindelunternehmen war: die South Sea Company. Auch ihre Aktien stiegen in sagenhafte Höhen, obwohl sie kein Geld verdiente – und auch niemals etwas verdienen würde. Plötzlich gab es zahllose Unternehmer, die die Gunst der Stunde nutzen wollten, um Wagniskapital zu sammeln. Der Kapitalismus war noch jung, und die Liste der Unternehmen, die beantragten, als Aktiengesellschaft zugelassen zu werden, zeigte auf beeindruckende Weise die kreativen Möglichkeiten freien Unternehmertums. Zu den Geschäftsideen gehörten unter anderen: die Straßen von London pflastern; die Stadt Deal mit frischem Wasser versorgen; Matrosen gegen Lohnausfall versichern; Tabak importieren und nach Schweden weiterverkaufen; Schiffe gegen Seeräuber schützen; Versicherungen gegen Scheidungen anbieten; im Chelsea-Park Maulbeerbäume pflanzen und Seidenraupen züchten; Silber aus Blei extrahieren; oder auch – warum nicht? – ein *Perpetuum mobile* entwickeln. Die originellste Idee aber, die auch heute noch immer wieder zitiert wird, war: »Ein Unternehmen durchführen, das für alle von großem Vorteil sein wird, von dem aber nicht gesagt werden kann, worin es besteht.«

Dies war die Geschäftsidee der Zukunft: Auch knapp 300 Jahre später, auf dem Höhepunkt der *New Economy*-Blase 1999/2000, erfuhren gerade

Aktien solcher Unternehmen phänomenale Kurssteigerungen, deren Geschäft niemand verstand. Ein gutes Beispiel hierfür ist der Börsengang der Softwarefirma VA Linux im Dezember 1999. Es handelte sich um ein Unternehmen, das keine nennenswerten Patente besaß, nur geringe Umsätze machte und auch in Zukunft nur Verluste erwartete. Die Aktien sollten ursprünglich zu 11 Dollar ausgegeben werden, doch wegen der großen Nachfrage wurde der Preis erst auf 20, dann auf 30 Dollar erhöht. Am ersten Handelstag stiegen sie bis auf 320 Dollar und schlossen bei 239 Dollar – ein Tagesgewinn von 697 Prozent. Auf dem Papier waren die Firmenbesitzer über Nacht zu Milliardären geworden, ohne dass ihr Unternehmen auch nur einen Dollar verdient hätte oder der Buchhalter hätte sagen können, ob denn jemals ein Gewinn zu erwarten gewesen wäre.

Die Welt war zum Märchenland geworden. Die Banken, die die Aktien an die Börse brachten, stellten jeden Tag aufs Neue unter Beweis, dass sie in der Lage waren, aus Stroh Gold zu machen. Der damalige Investmentbanker brauchte die Fähigkeiten eines Schriftstellers. Wichtig waren die »Story« und seine Fähigkeit, die Fantasie seiner Zuhörer und Leser zu beflügeln. Dieses Geschäft beschreibt John Rolfe, ein ehemaliger Angestellter der Investmentbank Donaldson, Lufkin, Jenrette, in seinem Buch *Monkey Business. Swinging Through the Wall Street Jungle*. Ein Unternehmen, das an die Börse wollte, fragte bei verschiedenen Investmentbanken an, welchen Erlös es bei einem Börsengang erwarten könne. Was die Investmentbanker dann taten, beschreibt Rolfe so:

»Wir hatten viele Bewertungsmethoden zur Verfügung. Es wäre schön gewesen, wenn wir einige Techniken hätten ausprobieren können und dann diejenige benutzen, mit der wir die anvisierte Bewertung hätten erreichen können. Das Problem war, dass uns unsere Bewertungsmethoden für gewöhnlich nicht die Zahlen gaben, die wir brauchten. Die Zahlen, die wir den Unternehmen geben mussten, um den Auftrag zu erhalten, waren normalerweise höher als das, was wir vernünftigerweise hätten rechtfertigen können. Dies war ein Problem, aber kein unlösbares. Solange wir willens waren, die Grenzen unseres Optimismus auszudehnen und eine zweite Hypothek auf unseren Anstand aufzunehmen, konnten wir dort landen, wo wir sein mussten.« (Rolfe/Troob 2001: 122)

Ein Ingenieursunternehmen, das Rolfe an die Börse bringen sollte, hatte viele Kunden in der Rundfunkbranche. Rolfe schreibt:

»Aktien von Rundfunkfirmen waren damals an den Aktienmärkten viel höher bewertet als Ingenieursunternehmen, also überzeugten wir die Käufer davon, dass die

Firma, deren Börsengang bevorstand, eigentlich ein Rundfunkunternehmen sei, dass sehr viele Ingenieure beschäftige. Es funktionierte wie Magie.« (Ebd.: 123) Nach dem großen Börsenkrach der Jahre 2000 und 2001 wechselten Fiktion und Fantasie vom Aktien- zum Rentenmarkt. Investmentbanker, die nach einem neuen Eldorado suchten, fanden eine Möglichkeit, den Markt für festverzinsliche Wertpapiere, der bis dahin als sicher, aber langweilig gegolten hatte, zu einem aufregenden und riskanten Abenteuer zu machen. Wie im *Faust* ging es um ungehobene Schätze: Mithilfe von so genannten CDOs konnte jeder feste Zahlungsstrom oder zukünftige Wert verbrieft werden, beispielsweise: Hypothekenkredite, Unternehmenskredite, Autokredite, Leasingeinnahmen aller Art, Franchisegebühren, Schiffskredite, Einnahmen aus Autobahngebühren und so weiter. Der britische Musiker David Bowie erwarb 1997 einen *Asset Backed Bond*, der durch Einnahmen aus den Rechten an seinen Songs gedeckt war. Während des US-Immobilienbooms zwischen 2002 und 2007 verdoppelten sich die Hypothekenkredite von 7 auf 14 Billionen Dollar. Eine riesige Menge an dubiosen Schuldscheinen musste an deutsche Landesbanken verkauft werden. Nun wären dubiose Schuldscheine normalerweise nicht auf großes Interesse gestoßen. Das änderte sich dadurch, dass man viele Katzen in einen Sack steckte und von den Ratingagenturen die Beglaubigung einholte, dass die Katzen alle eine sehr hohe Bonität hätten. Die *Frankfurter Allgemeine Zeitung* schrieb im Januar 2008:

»Die modernen Finanzalchemisten destillierten aus einem ›bleiernen‹ Portefeuille mit vielen riskanten Hypotheken eine große CDO-Tranche mit ›goldener‹ Bonität, ferner mehrere kleinere Tranchen mit höheren und teilweise auch sehr hohen Ausfallrisiken.« (Fehr 2008)

Im Sommer 2007 kamen die Banken auf die Idee, noch einmal in die Säcke hineinzuschauen, und was darin war, war so erschreckend, dass es sofort zu einer Finanzkrise führte. Die Panik ließ erst nach, als Staaten und Notenbanken beruhigende Geschichten erzählten, die sie durch viel Geld glaubhaft machten. Hierin ähneln sich Notenbanken und Schriftsteller: Beide bringen große Mengen bedrucktes Papier in Umlauf. Beide müssen aber auch darauf achten, dass das Volk dessen nicht überdrüssig wird. Man muss es bei Laune halten.

Der Glaube an ein *Happy End* ist jedoch auf dem Gebiet der Wirtschaft ebenso rar geworden wie auf dem der ernsthaften Literatur. Ein Politiker, der Wohlstand für alle oder Vollbeschäftigung verspräche, erschiene ebenso unseriös wie der Schriftsteller, der seine Protagonisten glücklich bis ans Ende ihrer Tage leben ließe. Das führt aber in keinem Fall zu permanentem Fatalismus. Denn weder die Wirtschaft noch die Literatur können lange Zeit in Stagnation verharren, beide sind vom Geist der Alchemisten beseelt. Unentschieden ist, wer auf diesem Gebiet die größeren Leistungen vollbracht hat. Auf den Finanzmärkten ist es möglich, ungehobene Schätze zu handeln und durch Hokuspokus reich zu werden. Das ist beachtlich, doch die Literatur steht der Finanzwelt nicht unbedingt nach: Schaut man sich an, welche Bücher in den letzten Jahren sehr große Verkaufserfolge hatten, muss man zugeben, dass auch viele Verleger Alchemisten sind und die Fähigkeit haben, unedle Stoffe zu Geld zu verwandeln.

Literatur

Fehr, Benedikt (2008), »Düstere Aussichten – S&P erwartet steigende Ausfälle bei Subprimes«, in: *Frankfurter Allgemeine Zeitung*, 16. Januar.
Foster, William T./Catchings, Waddill (1929), *Der Weg zum Überfluß. Grundlinien für den Wohlstand aller*, Leipzig.
Goethe, Johann Wolfgang (1988), »Faust. Der Tragödie zweiter Teil«, in: ders.: *Werke*, Bd. 3: Dramatische Dichtungen I, Hamburger Ausgabe in 14 Bänden, textkritisch durchges. u. kommentiert v. Erich Trunz, München 1988.
Law, John (1705), *Money and Trade Considered: With a Proposal for Supplying the Nation With Money*, Edinburgh.
Mackay, Charles (2006), *Extraordinary Popular Delusions and the Madness of Crowds*, Hertfordshire.
Rolfe, John/Troob, Peter (2001), *Monkey Business. Swinging Through the Wall Street Jungle*, New York.

III. Lektüren

Der Börsendiskurs im ausgehenden 19. Jahrhundert: Fiktion und Stigma

Franziska Schößler

Zum Ende des 19. Jahrhunderts lässt sich, verstärkt durch den grassierenden Nationaldiskurs, eine Kopplung von antikapitalistischen und antisemitischen Argumenten im Sinne eines antimodernen deutschen Sonderwegs (Bollenbeck 1999) feststellen (vgl. auch Lange 2007).[1] Ökonomische, literarische, medizinische und politische Schriften stellen ausdifferenzierte Analogien zwischen kapitalistischen Strukturen und jüdischer »Mentalität« her, die zum Teil auf Topoi langer Dauer wie Wucher, Untauglichkeit zum Ackerbau und zum Handwerk *et cetera* zurückgehen und den Kapitalismus – anders als seit Adam Smiths Usus – ausschließlich auf den Finanzsektor fokussieren, auf einen mit Nachdruck kritisierten »Mammonismus«.[2] Insbesondere die Börse wird zum Inbegriff des hasardierenden Spiels sowie der skrupellosen Spekulation und tritt damit in den Fokus einer popularisierten Kapitalismuskritik, die zugleich eine umfassende Modernekritik formuliert. Börse beziehungsweise Aktien und »jüdische« Geisteshaltung gleichen sich beispielsweise – so die kollektive Wahrnehmung – in ihrer Mobilität, Rastlosigkeit, »Hysterie« und Internationalität. Werner Sombart personifiziert in *Die deutsche Volkswirtschaft* die Aktie zu einem nervösen Wesen, das unweigerlich auf seinen Inhaber abfärbt:

»Hat man aber an unserm Effekt gleich bei seiner Geburt etwa eine stark nervöse Veranlagung wahrgenommen, das heißt die Fähigkeit, im Kurs leicht zu schwanken,

---

1 Lange (2007) behandelt in diesem Zusammenhang unter anderem Gustav Freytags Roman *Soll und Haben* genauer, ebenso Oesers/Glaubrechts Geschichten von Landjuden, *Das Volk und seine Treiber*, widmet sich darüber hinaus Karl Marx (ebd.: 39f.) sowie den Debatten während des Antisemitismusstreits; er rekonstruiert die Positionen Heinrich von Treitschkes und Ludwig Bambergers (ebd.: 124), Adolf Stöckers (ebd.: 120f.) und Franz Fürchtegott Perrots (ebd.: 113f.), der ebenfalls gegen den »Aktienschwindel« angeht. Zu Glagau und seinem Stück *Aktien. Ein historisches Schauspiel aus der allerjüngsten Vergangenheit in fünf Acten* legt er ebenfalls eine Analyse vor (ebd.: 108f.).
2 Von dieser Verengung grenzen sich beispielsweise Diehl/Mombert (1979) in ihrer 1923 erschienenen Sammlung zu Kapital und Kapitalismus ab.

weil es vielleicht Bezugsrechte auf sehr wechselnde Erträge verbrieft, so kann ein ganz anderes Schicksal seiner harren: es kann rastlos von Hand zu Hand wandern, unausgesetzt verkauft und gekauft und wieder verkauft werden. Alle Tage womöglich. Solche fliegenden Holländer nennt man dann Spekulationspapiere.« (Sombart 1954: 198)

Der zeitgenössische ökonomische Diskurs assoziiert die Börse also mit dem Topos des »Luftjuden« (vgl. Berg 2005; 2008) und des »wandernden Juden«.

In den Blick genommen werden im Folgenden zunächst die diskursiven Konstruktionen eines prekären Reichtums, die den »jüdischen« Finanzsektor aus dem hoch besetzten Produktivitätsdiskurs ausgrenzen, dann die Schnittstellen zwischen Börse und Kunst, denn die Dekadenzliteratur um 1900 analogisiert mit Vorliebe Dichter und spekulierende Börsianer, die sich scheinbar ungehemmt ihren Fantasiespielen hingeben. Zum Abschluss werden Gegenentwürfe in der deutsch-jüdischen und amerikanischen Literatur skizziert, die Alternativen zu der diskursiven Kopplung von Fiktionalität, Börse und Ethnizität entwickeln (vgl. dazu ausführlicher Schößler 2009).

I. Prekäre Reichtümer und die Ausgrenzung des »jüdischen« Finanzsektors aus dem Produktivitätsdiskurs

Insbesondere nach 1873 – dem Jahr eines internationalen Börsenkrachs – wird die monopolisierende Vermögensbildung an der Börse aus einem binär organisierten und damit leicht popularisierbaren Produktivitätsdiskurs ausgegrenzt, der die Primärproduktion, also den Ackerbau, und das Handwerk von der »dekadent-schmarotzenden« Finanzwirtschaft absetzt, obgleich bereits Mitte des 19. Jahrhunderts Landbesitzer ohne Kredit kaum mehr handlungsfähig waren. Der antijüdische Börsendiskurs greift in diesem Zusammenhang einen Topos langer Dauer auf, nämlich die Auffassung, Juden seien zu körperlicher Arbeit nicht tauglich, wie sie bereits die aufklärerischen Programme artikulierten, beispielsweise Christian Konrad Wilhelm von Dohms Studie *Über die bürgerliche Verbesserung der Juden* (1781; 1783), Friedrich Traugott Hartmanns *Untersuchung ob die bürgerliche Freiheit den Juden zu gestatten sei* (1783) und die Schrift *Befähigung der Israeliten zum deutschen Bürgerrecht* (1828). Für diese weit verbreitete Argumentation kann gelten, dass »letztlich nur die körperliche Arbeit als mit Mühen verbundene Erwerbstätigkeit und somit als Arbeit im eigentlichen Sinne angesehen wird« (Erb 1987: 116). Diese ethnifizierte Produktivitätsdoktrin schreibt der antisemitische Diskurs des ausgehenden 19. Jahrhunderts fort, wenn beispielsweise Adolf Stöcker 1879 erklärt: »Für mich gipfelt die Judenfrage in der Frage, ob die Juden, welche unter uns leben, lernen werden, sich an der gesamten deutschen Arbeit, auch an der harten und sauren Arbeit des Handwerks, der Fabrik, des Landbaues zu beteiligen« (Stöcker 1890: 368). Die Börse gilt ganz offenkundig nicht als Feld »saurer Arbeit«, sondern regelrecht als jüdischer »Raub am Volksvermögen«, und zwar in rechten Kreisen (Karl Lueger) wie in linken: Johann Baptist von Schweitzer folgt zum Beispiel der negativen Bewertung »jüdischer« Aktienspekulation von Ferdinand Lassalle in seinem sozialistischen Roman *Lucinde oder Capital und Arbeit. Ein socialpolitisches Zeitgemälde aus der Gegenwart in drei Bänden* (1863/64).

Der supponierte Reichtum der »jüdischen Börsianer« – eine unzulässige Einheitskategorie, wie Bruno Frei (1920: 22) mit Blick auf Werner Sombarts Schriften moniert – gilt prinzipiell als unsolider und magisch beziehungsweise unrechtmäßig erworbener; nach Georg Simmel (1989: 318) erscheint es vielfach, als sei die »Entstehung großer Vermögen nicht ganz mit rechten Dingen zugegangen«. Gustav Freytags Roman *Soll und Haben* setzt diese Dämonisierung des jüdischen Reichtums ebenso in Szene wie einige Jahrzehnte später Thomas Manns Prinzenmärchen *Königliche Hoheit*, das die Geldschöpfung eines amerikanischen (in den Vorstudien jüdischen; vgl. Elsaghe 2000: 121) Reichen mit der Kabbala und alchemistischen Operationen vergleicht, und – um einen weniger bekannten Text zu nennen – Robert Hamerlings *Homunculus. Modernes Epos in zehn Gesängen*, das die »jüdische Geldaffinität« aus der alchemistisch-künstlichen Herstellung der Juden selbst ableitet (vgl. Hamerling 1890: 4, 12, 24f.).[3]

Mit dieser Fantasie, die Reichtum auf magische Praktiken zurückführt, ist der Vorwurf der Spekulation eng verbunden, der die Börse seit ihrer Entstehung begleitet und prominent an Daniel Defoes Reaktion auf das Platzen der *South Sea Bubble* abzulesen ist. Dieses spekulative Moment ergibt sich im Wesentlichen aus dem Kalkül mit Zeit, das heißt mit Zukunft, Risiko und Kontingenz, sowie aus der Selbstreferenz, die der Börse eigentümlich ist. Die Börse interessiert sich nicht für die monetären Referenzen, sondern Geld wird »zum *reinen Medium* ohne eigenen Wert und ohne Repräsentations-

---

3 Dieses Epos versammelt sämtliche Klischees des antisemitischen Diskurses: Geldhunger, intellektuelle Stärke, Naturfeindlichkeit (die durch die künstliche Herstellung in der Retorte vorgegeben ist), Begabung für das Pressewesen *et cetera*.

funktion« (Stäheli 2007: 66) – diese Abstraktion erklärt Sombart zur geistigen Disposition des jüdischen Händlers. Die Börse kalkuliert, so unterstreicht auch Max Weber, mit noch nicht bestehenden Gütern und gerät deshalb in den Ruch des Fantastischen. In seiner apologetischen Börsenschrift heißt es: »[A]n der Börse wird ein Geschäft geschlossen über eine nicht gegenwärtige, oft noch unterwegs befindliche, oft erst künftig zu produzierende Ware« (Weber 1999: 140), so dass der »Geldwert der *Zeit*« (ebd.: 158, H.i.O.) erfahrbar wird. Literarische wie expositorische Texte können diese Arbeit mit der Zukunft als völlig kontingente auffassen und den Börsianer oder auch den Kreditnehmer zum reinen Spieler erklären, wie beispielsweise Thomas Mann in der berühmten Halmkauf-Episode aus den *Buddenbrooks*, oder sie konzipieren, wie es der amerikanische Börsendiskurs sowie die deutsch-jüdischen Romane im ausgehenden 19. Jahrhundert versuchen, die Zukunft als einigermaßen kalkulierbare Instanz, so dass ein rationaler, fachkundiger Börsianer vom Spieler unterschieden werden kann. »Für den Spieler ist die Kontingenz Selbstzweck, für ihn ist die Chance ›final‹ und ein aufregendes Mittel, sich zu amüsieren, während der Spekulant das Rätsel der Kontingenz zu entziffern versucht, um in ihr die Zukunft zu lesen.« (Stäheli 2007: 69)

Die Besonderheiten der Börsenoperation, ihre Abstraktion, ihre Selbstreferenz als Gleichgültigkeit gegenüber konkreten Waren und die irritierende Kalkulation mit der Zukunft, also die Temporalisierung von Wert, all das wird zum jüdischen Geist personifiziert und an den Topos des »jüdischen Luftmenschen« angeschlossen, der (auch als Intellektueller) den Bezug zum Boden (als nationaler Grund) verloren hat. Literarische Texte wie beispielsweise Fontanes erster Gesellschaftsroman *L'Adultera* setzen diese ethnisch kodierte Opposition von Boden, Wärme, Sesshaftigkeit, Nationalität auf der einen Seite und (»jüdischer«) Luftexistenz, Kälte, Internationalität, Mobilität auf der anderen Seite ebenfalls um.

II. Die Börse und die Kunst

Der wirtschaftliche Wandel um 1900 eignet sich deshalb für literarisch-poetologische Bearbeitungen, weil er sich aus zeichentheoretischer Sicht als Einzug der Arbitrarität und Konventionalität beschreiben lässt, als Verabschiedung von essentialistischen Substanztheorien, die Wert beispielsweise über

Arbeit definieren. In *Donner le temps: 1. La fausse monnaie* (1991) analogisiert Jacques Derrida Ferdinand de Saussures Sprachtheorie mit den neuen ökonomischen Theoremen, mit den subjektiven Werttheorien, die den Wert in gewissem Sinne für fiktional, für das Resultat individueller dezisionistischer Setzungen erklären (vgl. Gernalzick 2000: 151). Nadja Gernalzick führt über diese Subjektivierung und ihre Effekte aus: »Wahrheit und Wert sind als verhandelbare Konventionen Fragen des individuellen Glaubens und der Entscheidung, welche anhand von gegebenen Markierungen getroffen werden muß.« (Ebd. 157) Diese Fiktionalisierung des Ökonomischen, wie man die Subjektivierung von Wert auch beschreiben könnte, reflektieren literarische Texte der Jahrhundertwende auf poetologischer und zeichentheoretischer Ebene.

Die Literatur des ausgehenden 19. Jahrhunderts macht den jüdisch markierten Börsianer gerne zur Spiegelfigur des Literaten, der auf diese Weise seinen eigenen Statusverlust artikuliert, wie in Heinrich Manns Gesellschaftssatire *Im Schlaraffenland*, in Arthur Schnitzlers Inflationsmonolog *Fräulein Else* und Émile Zolas Börsenroman *L'Argent* deutlich wird.[4] *Tertium Comparationis* von Börsianer und Dichter ist ganz augenscheinlich die Fantasiearbeit, das Spekulative, das Imaginäre. Zola bezeichnet in seinem berühmten Text *L'Argent* den spekulierenden Protagonisten ausdrücklich als »lyrischen Geldpoeten«. Saccard lässt sich wiederholt, so heißt es, von »seiner Gabe fortreißen, sich an der eignen Begeisterung zu berauschen; vermöge seiner glühenden Sehnsucht nach Erfolg redete er sich in förmlichen Glauben hinein« (Zola 1995: 149). In Schnitzlers Monolog *Fräulein Else* ist die Protagonistin das Double des »spekulierenden« Vaters und des schreibenden Autors – es gleichen sich die Serialität ihrer Zukunftsentwürfe, deren extreme Konturen und die permanente Fantasiearbeit. Schnitzler überträgt die Prinzipien des kontingenten Börsengeschäfts in den privat-intimen Bereich und wendet die Spekulation – ähnlich wie Thomas und Heinrich Mann – poetologisch. Die Spekulanten sind Dichter und umgekehrt; die Börse als selbstreferenzielles Medium der Wertschöpfung und Ort imaginärer Zukunftsentwürfe korrespondiert einem ebenso seriellen, visionären wie reflexiven Erzählen, das die eigene Fiktionalität in gesteigerter Form wahrnimmt.

Auch der dekadente Künstler, den Heinrich Mann im *Schlaraffenland* entwirft, imitiert moderne wirtschaftliche Praktiken, das heißt er operiert mit der Zeit. Zumsee sei ein Spekulant, so betont der Erzähler, denn er spe-

---

4 Zur Fantasie als Habitus des Börsianers vgl. auch Blaschke (2007: 288).

kuliere mit seiner noch nicht existenten ästhetischen Produktion, der allein die Presse (als ebenfalls jüdisch markiertes Feld) zu einem fantasmatischen Dasein verhilft. In einem Pressebericht über den neuen Stern am Berliner Boheme-Firmament heißt es: »Wie verlautet, wurde das Stück, das den Titel ›Eine Verkannte‹ tragen wird, von einer hiesigen ersten Bühne bereits zur Aufführung angenommen, und dürfte die Erstaufführung noch in laufender Saison stattfinden.« (H. Mann 1951: 188) Die immanente Poetologie, die die »Arbeit« des Dichters der spekulativen Praxis des jüdischen Börsianers parallelisiert, greift konsequenterweise auch die rekurrente Luftmetapher auf, um das Fantasmatische der Kunst zu bezeichnen. Als Köpf den Roman *Schlaraffenland* in einer selbstreferenziellen Geste dem inzwischen aus der Gnade gefallenen Journalisten Zumsee vorlegt, merkt dieser ironischerweise an: »Sie haben das Ganze, wenn ich ein Gleichnis gebrauchen darf, aus der Luft gegriffen.« (Ebd.: 395) Wie die Fünfzigmarkscheine in einer früheren Szene (in Anlehnung an *Faust II*) ist auch der literarische Text aus der Luft, aus dem Nichts geschöpft und wird so aus der Sphäre »wahrer« Arbeit ausgegrenzt. Kunst ist Spekulation, ist Fiktion und kann deshalb dem hoch besetzten Produktivitätsethos nicht entsprechen, jedenfalls nicht in den Entwürfen einer negativen Dekadenzpoetik.[5] Artikuliert wird auf diese Weise eine Krise des Ästhetischen um 1900, ein Bedeutungs- und Statusverlust, der nicht von ungefähr über antijüdische Topoi chiffriert wird, denn ästhetische Produktivität ist eng mit dem Genie- und Originalitätsdiskurs verknüpft, jüdische Intellektualität hingegen mit dem Plagiat. Sombarts ökonomisch-weltanschauliche Ausführungen in *Die Juden und das Wirtschaftsleben* illustrieren auch diese diskursive Kopplung von Ökonomie und Kunst:

»Rationalismus – das ist ja das Wort, mit dem wir alle diese Besonderheiten zusammenfassen – Rationalismus ist der Grundzug des Judaismus wie des Kapitalismus. Rationalismus oder Intellektualismus: Wesensrichtungen, die gleicherweise dem irrational Geheimnisvollen wie dem Sinnlich-Künstlerisch-Schöpferischen entgegengesetzt sind.« (Sombart 1911: 242f.)

– eine Überzeugung, die Richard Wagner in *Das Judentum in der Musik* ebenso formuliert wie Thomas Mann in seinem Essay *Kritik und Schaffen* (vgl. Thiede 1998: 79). Dieser unschöpferisch-plagiatorischen Attitüde »des Juden« entspricht die imitatorische Redeweise des Mannschen Künstlers, der

---

5 Zumsee formuliert entsprechend die Sehnsucht nach »wahrer« schöpferischer Arbeit: »Wenn man nur loskommen könnte! Ganz zur Arbeit zurück! In einem fünften Stockwerk, mitten in einem Proletarierviertel Berlins, oder in irgendeiner fernen Waldeinsamkeit – gleichviel, nur Arbeit, nichts als Arbeit.« (H. Mann 1951: 230).

das Gehörte konsequent und skrupellos für seine eigenen Ideen ausgibt und schlagkräftige Formulierungen ohne Markierung in seine Rede integriert, wobei sich dieses zitierende Verfahren auf der Metaebene des Romans wiederholt.[6] Die Dichotomie von Mechanik/Künstlichem/Imitation und Schöpferischem/Natur/Arbeit, die den antisemitischen Ökonomiediskurs durchzieht, wiederholt sich im Ästhetischen und grenzt den windigen Dekadenzliteraten (als Pendant des Börsianers) in einer negativen Poetik aus dem Feld der Arbeit aus.

Auch Thomas Manns Roman *Buddenbrooks* bewertet die jüdisch markierten Zeit- und Kreditgeschäfte, um ein weiteres prominentes Beispiel zu nennen, ausschließlich als betrügerische Machenschaft und riskantes Spiel. Man bietet Thomas Buddenbrook an, Weizen auf dem Halm zu kaufen, das heißt mit Waren zu operieren, die noch nicht existent sind, die allein die Zeit beziehungsweise die Natur zum Wertgegenstand verwandelt. Er hält über diese Spekulation fest: »Ich habe von solchen Geschäften hauptsächlich in Hessen gehört, wo ein nicht kleiner Teil der Landsleute in den Händen von Juden ist [...] Wer weiß, in das Netz welches Halsabschneiders der arme Herr von Maiboom gerät [...]« (Th. Mann 2002: 499). Zwar passt er das spekulative Geschäft nach und nach seinem Leistungsethos ein, indem er den Coup mit den Weihen göttlicher Vorsehung versieht,[7] doch dass die Transaktion gleichwohl ein imaginäres »Luftgeschäft« bleibt, davon rückt der Text nicht ab. Thomas Buddenbrook merkt scheinbar beiläufig an, dass sie »über etwas ganz Unbestimmtes, völlig in der Luft stehendes« (ebd.: 502) sprechen. Und er muss seine Einbildungskraft bemühen, um sich die zukünftigen Resultate vor Augen zu stellen. Es heißt: »Er durchdachte das Ganze noch einmal, [...], sah die gelbreife Ernte von Pöppenrade im Winde schwanken, phantasierte von dem allgemeinen Aufschwung der Firma, die diesem Coup folgen würde.« (Ebd.: 521) Er zaubert sich »Säcke mit Weizen, Roggen, Hafer und Gerste« (ebd.: 522) vor sein inneres Auge – ein fantasmatisches Spiel, wie es die Spekulation mit der Zukunft *per se* verlangt und das kurz darauf zum »wirklichen« Kinderspiel wird. Am nächsten Tag beschäftigt sich der Vater mit Hanno, »indem er seinem Sohne half, winzige Getreidesäcke an einem kleinen, ziegelroten Speicher hinaufzuwinden, und dabei die hohlen und gedehnten Rufe der Arbeiter nachahmte« (ebd.: 523). Tho-

---

6 Nach Horstmann-Nash (1999: 150f.) nimmt der Protagonist damit die Position des »Juden« und der »Frau« ein.
7 Vogt (1983: 67) weist darauf hin, dass dieses Ethos einem dezisionistischen Akt entspringt und mit soldatischen Begriffen versetzt ist.

mas Buddenbrooks mühsame Entscheidung ruft bezeichnenderweise das rekurrente Motiv des Spiels auf, das im zeitgenössischen Börsendiskurs dominant ist: Thomas hebt am Spieltisch »den Deckel einer kleinen eichernen Truhe, die Kartenspiele, Notizblock und ähnliche Dinge enthielt. Er ließ eine Anzahl knöcherner Anlegemarken klappernd durch seine Hand gleiten« (ebd.: 518). Er öffnet die Büchse der Pandora, die Truhe mit den Spielen, zu denen auch seine misslingende Spekulation ohne Deckung gehört. Diese Spielmetaphorik ist im zeitgenössischen literarischen Diskurs eng mit einer antikapitalistischen Kritik verknüpft, wie sich in Fontanes Romanen *Cécile* und *L'Adultera* ebenfalls zeigt. Sind die Spielmarken bei Thomas Mann »knöchern«, so rufen sie nicht nur den Tod auf, sondern assoziieren auch das *symbolon*, das im Griechischen ein materiell geringfügiges Vertragspfand bezeichnet. Platon übersetzt den Begriff mit »gültige Marke für den Tausch« oder »Geld« und meint damit das konventionelle, arbiträre Zahlungs- und Rechnungsmittel einer Gemeinschaft, das nicht auf substanziellen Werten beruht, sondern durch Kontrakte fixiert ist (vgl. Gernalzick 2000: 167f.). In diese Sphäre substanzloser Verträge und spekulativ-dubioser Spiele tritt Thomas mit seinem (»jüdischen«) Geschäft ein.

Die Episode um den windigen Erbschleicher Grünlich spricht eine ganz ähnliche Sprache.[8] Allein die verwandtschaftliche Verbindung, der Name, der Ruf, sorgt dafür, dass aus Nichts Geld wird. Der Bewertung des Kredit- und Bankgeschäfts als reine Spekulation entspricht, dass die geschäftlichen Transaktionen auf einem Billardtisch stattfinden, denn es sind dubiose Spiele von Hasardeuren, reine Glücksspiele: »*Grünlich* hat den *grünen* Spieltisch hergerichtet... es liegen eine Menge Papiere und Bleistifte darauf« (Th. Mann 2002: 231; Hervorhebungen F.S.). Das Grün des Spieltisches wiederholt sich nahezu tautologisch im Namen des Spekulanten, so dass das Zeichen zwischen Name und Bezeichnung oszilliert beziehungsweise sich zu einem leeren *symbolon* transformiert, das »haltlosen« Setzungen zur Verfügung steht.

Bezeichnenderweise variiert der Text ausgerechnet den Namen des Betrügers Grünlich in geradezu obsessiver Weise – der Name durchzieht als arbiträre Chiffre in metamorphotischer Form den Roman. Das Zeichen verweist nicht etwa auf einen fixen Referenten, sondern die Bedeutung des *symbolon*

---

8 Vgl. zu den Einflüssen, die in diese Episode eingegangen sind, u.a. Ebel (1974: 170). Der Konsul Grüner aus dem Roman *Ein Mahlstrom* von Jonas Lie ist bezeichnenderweise mit Antonie Foss verheiratet. Das erste Treffen zwischen Grünlich und der Familie Buddenbrooks folgt zudem Kiellands Roman *Gift* (vgl. ebd.: 171f.).

wird kontextuell definiert und damit temporalisiert. Der Text deklariert »grün« beispielsweise zur Farbe von Objekten – wiederholt essen die Buddenbrooks unmittelbar nach Grünlichs Besuch »grünen Käse« (ebd.: 111). Kurz bevor Tony die Brautwerbung des »rosigen« Liebhabers Grünlich mitgeteilt wird, »setzte sie sich mit schlaf*roten* Augen an ihren Platz, nahm Zucker und Butter und bediente sich mit *grünem* Kräuterkäse« (ebd.; Hervorhebungen F.S.). Der Begriff verfügt über keine rekurrente Bedeutung, wird je nach Kontext neu definiert.

Thomas Mann transponiert die ökonomischen Prinzipien mithin auf die Zeichenebene des Romans und er reflektiert die Schöpfung aus dem Nichts auch auf ästhetischer Ebene. Insbesondere über Hannos Klavierimprovisationen konturiert er eine an wirtschaftlichen Prämissen geschulte negative Dekadenzpoetik, denn dessen musikalische Fantasien weisen die Merkmale der spekulativen Ökonomie auf. Ähnlich wie die Spekulationen Grünlichs aus dem Nichts schöpfen, heißt es über den modesten Einstieg von Hannos Improvisation: »Es war ein ganz einfaches Motiv, das er sich vorführte, *ein Nichts*, das Bruchstück einer nicht vorhandenen Melodie« (ebd.: 824; Hervorhebung F.S.). Dieses »Nichts« wird zum Fundament einer fantasmatischen Wertschöpfung: Hannos Ton ist eine »kurzatmige, armselige Erfindung, der aber durch die preziöse und feierliche Entschiedenheit, mit der sie hingestellt und vorgebracht wurde, ein seltsamer, geheimnis- und bedeutungsvoller *Wert* verschafft ward« (ebd.: 825; Hervorhebung F.S.). Aus Nichts entsteht Wert – dieser Prozess verweist dezidiert auf die diskreditierten ökonomischen Praktiken im Roman, und zwar auch dann, wenn von der »Kurzatmigkeit« der musikalischen Fantasie die Rede ist. Denn diese etwas frappierende Eigenschaft erinnert an Hermann Hagenström, der *in toto* für die modernen Geschäftspraktiken steht und aufgrund seiner »jüdischen Nase« nur mühsam atmen kann – ein traditionsreiches Klischee, das Thomas Mann beispielsweise auch in *Gladius Dei* aufgreift. Darüber hinaus arbeitet der Text in Hannos Improvisationen das Motiv des ruhelosen Ahasver als Allegorie geschäftiger Rastlosigkeit ein. Es begannen, so heißt es über die Musik, »bewegte Gänge, ein rastloses Kommen und Gehen von Synkopen« (ebd.). Unter Hannos »arbeitenden Fingern« (ebd.: 826) entsteht eine »wild *erregte* Geschäftigkeit« (ebd.: 825; Hervorhebung F.S.), die an die topische Sexualisierung des jüdischen Geschäftsgebarens gemahnt – der erste Handel des jungen Hermann besteht darin, eine delikat belegte Zitronensemmel gegen einen Kuss einzutauschen.

III. Gegenentwürfe in der deutsch-jüdischen und amerikanischen Literatur

Vor allem die deutsch-jüdischen Stadtromane versuchen die exkludierenden Topoi des jüdischen Wirtschaftens an der Börse zu widerlegen, meist in bestimmter Negation. Sie entwickeln integrative Idealbilder einer »guten«, sprich soziablen und an Ehre interessierten Börsentätigkeit, indem sie sehr sorgfältig zwischen ehrlicher Praxis und Betrug beziehungsweise Spiel unterscheiden, zudem zwischen Experten, die sich durch ihre Kompetenz, Weitsicht, Erfahrung und Rationalität auszeichnen, und Amateuren beziehungsweise Kleinanlegern, die sich den lockenden Verheißungen plötzlichen Reichtums leichtgläubig hingeben – auf diese Weise differenzieren die deutsch-jüdischen Romane den Börsendiskurs aus. Salomon Kohns Prager Börsenroman *Ein Spiegel der Gegenwart* beispielsweise betont den karitativen Habitus der jüdischen Finanziers,[9] bezieht das Aktiengeschäft auf den Ehrdiskurs und nimmt eine klare Distinktion zwischen Spiel, Abenteuer, Gier einerseits und Kalkül, Rationalität, Genie, Ruhe andererseits vor. Zu dem Ordnungssystem, das die produktiven Kräfte der Börse freizusetzen vermag, gehört die strikte Unterscheidung zwischen »Abenteurer« und »Mann« – die deutsch-jüdischen Texte konzipieren die Börse auch als Medium einer Männlichkeitsbildung, die deshalb umso dringlicher ist, weil der herrschende Diskurs jüdische Männer tendenziell effeminiert. Diese Unterscheidung vermag auch der Börsenkrach nicht in Frage zu stellen, der selbst »Männer« in den Ruin treibt: »Männer – nicht Aventuriers der Börse – Firmen, die zu den ältesten, geachtetsten des Landes zählten, brachen hilf- und rettungslos zusammen.« (Kohn 1875: 3. Buch, 76) »Männer« – das sind die kompetenten, besonnen kalkulierenden Finanziers mit Weitblick, die das Risiko der Zeitgeschäfte zu minimieren vermögen und sich als Elite von den Amateuren der unwissenden Menge absetzen. Der jüdische Börsianer Ulmenstein, für den die internationale Krise einen regelrecht kathartischen Effekt besitzt, weil sie seine unstillbare Ehrsucht zu wahrer Ehrliebe läutert, definiert in seinen programmatischen Reden den Finanzier als kühlen Rechner, der sich dem *Thrill* des Spiels verweigert, wie ihn beispielsweise Arthur Schnitzler in seiner Erzählung *Tod im Morgengrauen* schildert. Kohns Protagonist räsoniert:

---

9 Viele der großen jüdischen Finanziers traten als Gründer gemeinnütziger Stiftungen oder Förderer wohltätiger Zwecke auf – die säkulare Ausprägung eines vormodernen jüdischen Konzepts der Gruppenfürsorge (vgl. Prinz 1984: 52).

»Er [gemeint ist Malten als Idealtypus; F.S.] hat an der Börse in kurzer Zeit, mit den allerbescheidensten Mitteln ein großes Vermögen gewonnen, und was seinen Erfolgen erhöhten Werth verleiht, es war bei ihm kein blindes Spiel, seine glänzenden Resultate entsprangen immer gut angelegten Berechnungen, die ihn durch meisterhaft ausgeführte Operationen stets zu dem klar vorausgesehenen Ziele führten. Er vereinigt alle guten Eigenschaften eines Finanzmannes; – er ist energisch und zugleich vorsichtig, ich hatte selbst Gelegenheit, mich hiervon zu überzeugen. Ich habe selten einen solchen Menschen gesehen, diese Ruhe, diese Kaltblütigkeit, diese Geistesgegenwart, der streift in seiner Art an das Ideal; – damit verbindet er Bildung und feines Benehmen.« (Ebd.: 1. Buch, 85f.)

Noch dazu ist dieser perfekte Börsianer ein gläubiger Jude, also kein Konvertierter, wie es die nicht-jüdischen Romane meist als selbstverständlich voraussetzen. Malten, so räsoniert Ulmenstein weiter, sei ein »frommer Jude, – es ist fast lächerlich, er besucht Samstag die Börse nicht, macht kein Geschäft, das ist vielleicht sehr unpraktisch; – aber das muß man anerkennen, von Charakter, Consequenz, Opferfähigkeit und geistiger Selbstständigkeit zeigt es« (ebd.: 1. Buch, 87). Der Glaube gilt in Salomon Kohns Roman als unkorrumpierbare Sicherungsinstanz des *homo oeconomicus*, weil er Eigenschaften wie Beständigkeit, Konsequenz und Festigkeit fördert, zudem konsolatorische Qualitäten besitzt und für die Soziabilität des Kapitals sorgt.

Zum Habitus des idealen Börsianers gehören darüber hinaus Höflichkeit, Bildung, Zuvorkommenheit und das ruhige Sprechen (vgl. ebd.: 1. Buch, 4) – alles Eigenschaften, die die (weiblich konnotierte) Massenhysterie an der Börse, also den Lärm und das unübersehbare Chaos konterkarieren, die – so Urs Stäheli – die Männlichkeitsinszenierungen an der Börse grundsätzlich in Frage stellen. Kohn setzt dem Börsenspiel als neurasthenisch-nervöse Tätigkeit und Ausdruck von Spannung Ruhe und Gelassenheit entgegen. Denn: »Der körperliche Kontingenzgenuß gilt als Rückfall in barbarische und irrationale Zeiten, während ein rationaler Umgang mit Kontingenz zum Privileg der Spekulation werden wird.« (Stäheli 2007: 70)

Der Roman *Ein Spiegel der Gegenwart* trennt zudem eine »kranke« von einer »gesunden« Börse, respektive Spielpapiere, »Wechslerbank-Actien«, die in besonderem Maße krisenanfällig sind (vgl. Kohn 1875: 2. Buch, 179), von soliden Papieren wie Obligationen mit niedrigen Zinsen. Analog dazu kann zwischen lauteren Transaktionen und Betrug unterschieden werden: Die Panik von 1873 sei das Ergebnis krimineller Machenschaften, die durch »künstliche« Strategien die »Gesundheit«, die »Natürlichkeit« der Börse in Frage stellen, das heißt in diesem konkreten Fall die abzusehende Baisse aufschieben. Diesen Betrug vermag selbst der berechnende *homo oeconomicus* nicht zu antizipieren – eine Grenze seiner Kompetenz –, doch es sind allein die fragwürdigen Machenschaften, die den Leumund der Börse gefährden.

Das Bemühen um solide Börsenpraktiken verlangt folgerichtig eine klare Trennung zwischen Amateuren, die sich der Gier nach Gold hingeben, und den Profis, die sich durch Wissen und Erfahrung auszeichnen – der Roman Kohns optiert ähnlich wie Walther Rathenau in *Vom Aktienwesen* gegen eine Allinklusion, wie sie für die deutschen und österreichischen Börsen kennzeichnend ist. Denn allein der Fachmann verfüge über Mittel und Wege, um sich die relevanten Informationen zu verschaffen, wie Malten in seinem biografischen Rückblick verdeutlicht (vgl. ebd.: 3. Buch, 174). Allein dieses Fachwissen vermag die Urteilskraft zu schärfen (ebd.), die durch Erfahrungen zusätzlich gestützt wird:

»Ich fand Gelegenheit, die gewonnenen Erfahrungen auszunützen. Ich sah voraus, daß das lebenslustige Publikum der Residenz sich mit wilder Leidenschaftlichkeit dem raschen Gelderwerbe in die Arme stürzen würde, daß die Actien aller Unternehmungen auf eine, ihren wahren, reellen Werth bei Weitem übersteigende Höhe gebracht werden müßten.« (Ebd.: 3. Buch, 173)

Dieses leidenschaftlich involvierte Publikum ist der »Feind« des *homo oeconomicus* an der Börse, die in dieser Passage nicht von ungefähr zur *Femme fatale* stilisiert wird, zur verlockenden Verführerin irrational-unbeherrschter Käufer.[10]

Die Unterscheidung zwischen kompetentem Anleger und Masse der Amateure, die von der Gier regiert werden, treffen auch die amerikanischen Romane um 1900, die der Börse weitaus weniger kritisch gegenüber stehen als die deutschsprachigen Texte. An die Stelle ethnischer Ausschlussverfahren treten Integrationsnarrative, die die Börse als Medium zirkulierenden Geldes zum »Blutstrom«, zum Herzen allegorisieren und damit zum vitalen Zentrum nationaler Identität erklären. Urs Stäheli hat gezeigt, dass sich in Nordamerika neben der puritanischen Verdammung jeglichen Spiels (und damit auch der Börse) im Laufe des 19. Jahrhunderts insbesondere im Westen eine positive Einschätzung der Spekulation durchsetzt. Denn ähnlich wie es jedem Frontiermann möglich sein sollte, seine ungesicherte Zukunft zu meistern, konnte die Kontingenz des Spiels als Chancengleichheit begriffen wer-

---

10 In Ludwig Jacobowskis *Werther, der Jude* (1892) entwirft der Protagonist ebenfalls das Ideal eines ehrlichen Börsianers und macht dieses zum Prüfstein seiner eigenen unglücklichen Existenz. Adolf Dessauer hingegen verschiebt in seinem Wiener Roman *Großstadtjuden* (1910) die scheinbar jüdische Korruption auf christliche Protagonisten und bleibt damit ebenfalls auf den antikapitalistischen Diskurs bezogen.

den. »Die amerikanische Geldspielsemantik verbindet eine Jacksonianische Idee der demokratischen Gleichheit mit der Zelebrierung von Kontingenz«. (Stäheli 2007: 59) Auf diese doppelte Semantik des Börsenspiels mag es zurückzuführen sein, dass die Romane von Frank Norris, vornehmlich *The Pit*,[11] und von Theodore Dreiser, der in seiner Trilogie, vor allem in *The Financier*, einen spekulativen Verkehrsmagnaten auf den Spuren Nietzsches schildert, widersprüchliche Konnotationen der spekulativen Geschäftspraktiken entfalten. Ethnifizieren die deutschsprachigen Romane die Börse sowie das Kreditwesen und schließen sie die modernen Institutionen aus dem Feld ehrlicher, produktiver Arbeit aus, so verzichten Norris' und Dreisers Börsenromane weitgehend auf rassistische Zuordnungen. Das Metapherngeflecht von *The Pit* setzt die Börse vielmehr Naturkräften (dem Weizen, dem Wasser, dem Blutkreislauf) gleich und stilisiert sie zu einer Urkraft, die zyklischen Gesetzen gehorcht und die Nation mit einem zentrierenden Netzwerk aus zirkulierenden Waren-, Geld- und Informationsströmen versorgt. Die emphatische Bildlichkeit seines Romans potenziert die unkalkulierbaren Schwankungen der Wirtschaft *und* domestiziert diese, wenn die ökonomischen Bewegungen Naturgesetzen zu folgen scheinen.

IV. Schluss

In den deutschsprachigen Texten steht die jüdisch markierte Börse für einen prekären Reichtum, der als Raub am nationalen Volkseigentum bezeichnet und aus der Sphäre der Produktivität ausgeschlossen wird, zudem die gefürchtete Internationalität, die Globalisierung sowie undurchschaubare moderne Wirtschaftspraktiken verkörpert. National- und Geschlechterdiskurs, Rassentheorie, Nationalökonomie und Literatur stabilisieren sich in einem regen Tauschgeschäft von Tropen (Greenblatt 1993: u.a. 31) gegenseitig und nutzen systemische Kopplungen (die allem voran die Figur der Analogie ermöglicht), um jüdische Wirtschaftsakteure zu pathologisieren beziehungs-

---

11 Kurt Müller (1991: 98) stellt eine Nähe zwischen Dreiser und Norris fest: »Dreisers Romantrilogie verbindet sich insofern mit den sozialkritischen Intentionen des *muckraking movement*, als sie insbesondere die moralisch-ethische Komponente des Horatio-Alger-Mythos einer radikalen Ideologiekritik unterzieht.« Zu den naturalistischen Prinzipien vgl. ebd.: 100f. Die Börse signalisiert nach Müller die Konstruiertheit jeglicher Wirklichkeit, denn Wert entstehe allein durch (manipulierbare) Information (vgl. ebd.: 139).

weise zu kriminalisieren und zugleich eine schematische antikapitalistische Kritik zu formulieren. Diese Kopplung von Antikapitalismus und Ethnizität findet sich in der gegenwärtigen Literatur selbstverständlich kaum noch (vgl. Schößler 2008). Allerdings verbindet die deutschsprachige Gegenwartsliteratur die kritisierten kapitalistischen Entwicklungen im postfordistischen Zeitalter, die gleichermaßen mit dem Begriff der Fiktion als Ausdruck unproduktiver Arbeit assoziiert werden, nicht eben selten mit Fremdheit oder Krankheit wie zum Beispiel in John von Düffels Roman *Ego*, Albert Ostermaiers Monodrama *Erreger*, Moritz Rinkes Burleske *Republik Vineta* und Georg M. Oswalds Roman *Alles was zählt*. Fraglich ist mithin, ob die unterstellte »Fiktionalität« der Börse nicht ein populäres Diskursphänomen darstellt, das eng mit den antikapitalistischen (und nationalistischen) Tendenzen verknüpft ist und Bestandteil eines umfassenden (historischen, gleichwohl weiterhin präsenten) Ausgrenzungs- und Abwertungsgestus bildet. Zu überlegen ist, ob im Kontext von Börse und Spekulation nicht eher mit dem Kompetenzparadigma zu operieren wäre, wie es die deutsch-jüdischen und amerikanischen Romane etablieren. Auf diese Weise könnten die nicht unproblematischen Argumente der popularisierten Kapitalismuskritik, die bis heute virulent sind, umgangen werden.

Literatur

Berg, Nicolas (2005), »Bilder von ›Luftmenschen‹ – Über Metapher und Kollektivkonstruktion«, in: Dan Diner (Hg.), *Synchrone Welten. Zeiträume jüdischer Geschichte*, Göttingen, S. 199–224.
Berg, Nicolas (2008), *Luftmenschen. Zur Geschichte einer Metapher*, Göttingen.
Blaschke, Bernd (2007), »Markt-Zeiten und Markt-Räume in Börsenromanen 1900/2000. Emile Zola, Paul Erdmann und Don DeLillo«, in: Andreas Langenohl/Kerstin Schmidt-Beck (Hg.), *Die Markt-Zeit der Finanzwissenschaft. Soziale, kulturelle und ökonomische Dimensionen*, Marburg, S. 261–291.
Bollenbeck, Georg (1999), *Tradition, Avantgarde, Reaktion. Deutsche Kontroversen und die kulturelle Moderne 1880–1945*, Frankfurt/M.
Derrida, Jacques (1991), *Donner le temps: 1. La fausse monnaie*, Paris.
Diel, Karl/Mombert, Paul (Hg.) (1979), *Ausgewählte Lesestücke zum Studium der politischen Ökonomie. Kapital und Kapitalismus*, mit einer Einführung Kapital und Kapitalismus – neu betrachtet v. Rudolf Hickel, Frankfurt/M. u.a.

Ebel, Uwe (1974), *Rezeption und Integration skandinavischer Literatur in Thomas Manns Buddenbrooks*, Neumünster.

Elsaghe, Yahya (2000), *Die imaginäre Nation*.

Thomas Mann und das »Deutsche«, München.

Erb, Rainer (1987), »›Warum ist der Jude zum Ackerbürger nicht tauglich?‹ Zur Geschichte eines antisemitischen Stereotyps«, in: Ders./Michael Schmidt (Hg.), *Antisemitismus und jüdische Geschichte*, Studien zu Ehren v. Herbert A. Strauss, Berlin, S. 99–120.

Frei, Bruno (1920), *Jüdisches Elend in Wien. Bilder und Daten*, Wien/Berlin.

Gernalzick, Nadja (2000), *Kredit und Kultur. Ökonomie und Geldbegriff bei Jacques Derrida und in der amerikanischen Literaturtheorie der Postmoderne*, Heidelberg.

Greenblatt, Stephen (1993), *Verhandlungen mit Shakespeare. Innenansichten der englischen Renaissance*, Frankfurt/M.

Hamerling, Robert (1890), *Homunculus. Modernes Epos in zehn Gesängen*, 5. Aufl., Hamburg.

Horstmann-Nash, Ursula Anna (1999), *Die Grenzen der Nation: Nationale Identität und Fremdheit in literarischen Diskursen deutscher Vereinigungen (1870/71 und 1989/90)*, Ann Arbor.

Kohn, Salomon (1875), *Ein Spiegel der Gegenwart. Ein Roman*, 3 Bde., Jena.

Lange, Matthew (2007), *Antisemitic Elements in the Critique of Capitalism in German Culture, 1850–1933*, Oxford/Bern/Berlin u.a.

Mann, Heinrich (1951), »Im Schlaraffenland. Ein Roman unter feinen Leuten«, in: Ders.: *Ausgewählte Werke in Einzelausgaben*, Bd. 1: Im Schlaraffenland. Professor Unrat, hg. v. Alfred Kantorowicz, Berlin, S. 5–400.

Mann, Thomas (2002), »Buddenbrooks. Verfall einer Familie«, in: Ders.: *Große kommentierte Frankfurter Ausgabe. Werke – Briefe – Tagebücher*, hg. v. Heinrich Detering, Bd. 1.1., hg. und textkritisch durchgesehen v. Eckhard Heftrich unter Mitarbeit v. Stephan Stachorski/Herbert Lehnert, Frankfurt/M.

Müller, Kurt (1991), *Identität und Rolle bei Theodore Dreiser. Eine Untersuchung des Romanwerks unter rollentheoretischem Aspekt*, Paderborn u.a.

Prinz, Arthur (1984), *Juden im Deutschen Wirtschaftsleben. Soziale und wirtschaftliche Struktur im Wandel 1850–1914*, bearb. u. hg. v. Avraham Barkai, Tübingen.

Schößler, Franziska (2008), »Versteckspiele: Jüdische Ökonomie und Kultur in Martin Walsers Roman *Angstblüte*«, in: Heinz Ludwig Arnold/Matthias Lorenz (Hg.): *Juden.Bilder*, München (Text+Kritik IX, H. 180), S. 47–60.

Schößler, Franziska (2009), *Börsenfieber und Kaufrausch: Ökonomie, Judentum und Weiblichkeit bei Theodor Fontane, Heinrich Mann, Thomas Mann, Arthur Schnitzler und Émile Zola*, Bielefeld (Figurationen des Anderen 1).

Schweitzer, Johann Baptist von (1863/64), *Lucinde oder Capital und Arbeit. Ein social-politisches Zeitgemälde aus der Gegenwart in drei Bänden*, Frankfurt/M.

Simmel, Georg (1989), *Philosophie des Geldes*, hg. v. David P. Frisby/Klaus Christian Köhnke, Frankfurt/M.

Sombart, Werner (1911), *Die Juden und das Wirtschaftsleben*, München/Leipzig.

Sombart, Werner (1954): *Die deutsche Volkswirtschaft im neunzehnten Jahrhundert*, Darmstadt.
Stäheli, Urs (2007), *Spektakuläre Spekulation*. *Das Populäre der Ökonomie*, Frankfurt/M.
Stöcker, Adolf (1890), *Christlich-Sozial. Reden und Aufsätze*, 2. Aufl., Berlin.
Thiede, Rolf (1998), *Stereotypen vom Juden. Die frühen Schriften von Heinrich und Thomas Mann. Zum antisemitischen Diskurs der Moderne und dem Versuch seiner Überwindung*, Berlin.
Türk, Karl (1891), *Die Ritter vom Gelde. Sozialer Roman*, Leipzig.
Vogt, Jochen (1983), *Thomas Mann. Buddenbrooks*, München.
Weber, Max (1999), »Die Börse«, in: Ders.: *Börsenwesen. Schriften und Reden 1893–1898*, 1. Halbband, hg. v. Knut Borchardt, in Zusammenarbeit mit Cornelia Meyer-Stoll, Tübingen, S. 127–174.
Zola, Émile (1995), *Das Geld [L'Argent]*, aus dem Französischen übers. v. Leopold Rosenzweig, Frankfurt/M./Leipzig.

Finanzblasen, Schwarzmärkte, fehlende Böden *oder* »Virtuelle« Geschäfte und ihre Akteure – jung, smart und dynamisch

Evelyne Polt-Heinzl

> »Ich kann mir nicht vorstellen, dass man neue Ideen fürchtet – ich fürchte mich vor den alten.«
> John Cage

I. Mafia goes Forbes

Auch die Mafia, ein global agierendes Unternehmen mit einer Vielzahl von Derivatgesellschaften und -geschäften, wurde 2008 von der Wirtschaftskrise getroffen; wie die staatlich aufgefangenen Großbanken soll die Cosa Nostra die Gehälter ihrer Paten zumindest kurzfristig gekürzt haben. Dabei gehen die Geschäfte eigentlich nicht schlecht, vor allem in den neu erschlossenen Tätigkeitsfeldern Produktpiraterie, Medikamentenfälschung, Sondermüllentsorgung und Finanzkriminalität, wobei die Grenzen zwischen Legalem und Illegalem tendenziell verwischen und die Mafia bereits Milliardenbeträge in legale Geschäftsbereiche investiert. Als im November 2009 das US-Magazin *Forbes* das neue Ranking der Superreichen präsentierte, protestierte die mexikanische Regierung gegen die Aufnahme von Joaquín Guzmán Loera, einem der meist gesuchten Drogenbosse des Landes – der im Übrigen bereits in der *Forbes*-Liste im März 2009 genannt wurde, was damals weitgehend unbeachtet blieb. Die Logik des Magazins ist jedoch überzeugend: Die Reihung eines Mafia-Bosses unter die Top-Verdiener bestätigt gewissermaßen offiziell, dass die Grenze zwischen Verbrechen und Wirtschaftserfolg zunehmend ins Virtuelle kippt.

Da, wie der Volksmund weiß, die erste Million immer ergaunert ist, liegen die Anfänge großer Geldkarrieren oft deutlich jenseits der Halblegalität. In wirtschaftlich unruhigen Zeiten werden diese Zusammenhänge oft deutlicher sichtbar als den Akteuren lieb ist. »[…] wir sollten überhaupt den Ursprung unserer Vermögen nicht so genau prüfen. Es ist ja auch im Grunde unwichtig« (Leitner 1930: 188), sagt der reiche Collegeboy zu seiner Tanzpartnerin Marjorie, der Tochter des Zeitungsmagnaten Strong in Maria Leitners Roman *Hotel Amerika* aus dem Jahr 1930. Das formuliert das gemeinsame Credo derer, die als Schwarzmarkthändler begannen, als Erpresser, Schwindler oder Spekulanten ohne Kapital.

»Ungeheure Risiken am Anfang. […] Wenn die 30 Millionen entweder da waren. Oder die Verhaftung. Damals hatte er eine solche Prozedur erwarten müssen. Stündlich. […] sein einziger Auftritt in der Öffentlichkeit dann in der ›Financial Times‹ eine kleine Notiz gewesen wär, dass ein late trading aufgeflogen wäre und er in Untersuchungshaft.« (Streeruwitz 2008: 60f.)

So erinnert sich der Börsenguru Max in Marlene Streeruwitz' Roman *Kreuzungen*, dessen Aufstieg in der Blüte der letzten großen Finanzblase 2000 begann. Doch Max hat die Wachsamkeit der Börsenaufsicht eindeutig überschätzt; mit der Zeit fasst er Tritt und kann mittlerweile die geschäftlichen Ausritte in die Illegalität in Grenzen halten. Geblieben ist ihm seine »Forbeslistenscheu«. Das hat – unabhängig vom Eintritt der Mafia ins internationale Ranking – gute Gründe: Solange niemand weiß, wie groß sein Vermögen wirklich ist, fällt keinem ein, nachzuschauen, woher es kommt. Es gilt abzuwägen zwischen der Gefahr, unnötig das Interesse der Finanz- oder gar der Wirtschaftspolizei auf sich zu lenken, und dem Bedürfnis nach angemessener Selbstdarstellung inklusive automatischer Vorschussbonität.

Goethes *Faust II* ist wiederholt für den Krisenspielplan der Theater vorgeschlagen worden, weil er die Rücksichtslosigkeit der kapitalistischen Modernisierer gegen Umwelt und Betroffene wie Philemon und Baucis zeige und den Anfang missbräuchlicher Geldwirtschaft im Zeichen der mephistophelischen »Zauberblätter«: »Du zogst sie rein, dann ward's in dieser Nacht / Durch Tausendkünstler schnell vertausendfacht. / Damit die Wohltat allen gleich gedeihe, / So stempelten wir gleich die ganze Reihe.« (1. Akt/Lustgarten) Näher an das systemische Problem kommt Robert Menasses »Faust III«-Version *Doktor Hoechst* heran, uraufgeführt am Staatstheater Darmstadt am 26. April 2009. Hier betrifft der Teufelspakt das Wunder unendlichen Wachstums in einer endlichen Welt. Für Hoechst kann das größte Glück nicht im »verweile doch, du bist so schön« liegen, das bedeutet nur Stillstand; für einen Konzern ist fortgesetztes Wachstum der Profite wie der Absatzmärkte das Ziel. Mephistopheles in Gestalt des Biochemikers Gottlieb verspricht Hoechst die Beschleunigung der Wirtschaftsprozesse und eine gentechnisch in der Phiole optimierte Menschengestalt. Die Dynamik des Systems überträgt sich auf das Menschenbild seiner Akteure und sorgt für eine beständige Ausweitung der Kampfzonen des Legalen auf allen Ebenen.

II. Virtuelle Geschäfte *oder* Wo beginnt ein Mini-Madoff?

Der Realität gerecht zu werden, ist für Literatur, die sich auf Wirtschaftszusammenhänge einlässt, aktuell nicht leicht; die globalisierte Finanzwelt produziert ihre Zynismen und Ungeheuerlichkeiten selbst mit halsbrecherischer Geschwindigkeit. Die Infamie der Pyramidenspiele à la Bernard Madoff lässt sich satirisch kaum überbieten. Das zeigt auch Elfriede Jelineks Wirtschaftskomödie *Die Kontrakte des Kaufmanns:*

»[…] ein Geld zahlt das andre, ein Geld zahlt fürs andre, Geld kann ja freigebig sein und sich selber verausgaben, es ist, was es ist, es ist Gott, es ist nichts als das, was es ist, und ein Geld bezahlt, während es noch im Kreis herumkeucht, das andre, das vorangegangene Geld bezahlt das nächste, nein, das nächste Geld bezahlt fürs vorige, es werden die Schein-Gewinne der einen Anleger mit dem Scheinen, nein: den Scheinen der anderen bezahlt, das eine Geld wird mit dem andren Geld bezahlt, das einmal uns gehört hat […].« (Jelinek 2009a: 306)

Das ist die beste Beschreibung des Betrugs à la Madoff & Co, die nur vorgaben, mit so genannten »Finanzprodukten« zu handeln, und sich realiter auf die Akquisition immer neuer Kundengelder beschränkten; jeder neue »Anleger« investierte seine Gelder nicht in »Finanzprodukte«, sondern finanzierte damit ganz konventionell und unwissentlich die Gewinnausschüttung seiner Vorgänger. Jelinek liefert eine gute Beschreibung, aber keine satirische Überhöhung.

Als in den 1990er Jahren das lange abgeschottete Albanien von der Geschichte ins Zeitalter des Turbokapitalismus katapultiert wurde, begannen skrupellose Abzocker den schwierigen Überlebenskampf der Bevölkerung für unseriöse Pyramidenspiele auszunutzen. Das bescherte dem Land enorme Wachstumsziffern, für die es vom Westen Belobigung erfuhr – bis das System 1997 crashte und finanziell wie ideell eine ganze Generation entwurzelte. »Sie haben uns das Vaterland genommen«, murmelt Sam fortwährend vor sich hin; »wir haben nicht einmal die Möglichkeit, wenigstens Helden zu werden, denn alles, was wir hinter uns ließen, war eine Geschichte von Verrückten, eine skandalöse Sauerei« (Stani 2008: 76f.), meint sein Freund. Die beiden Albaner in Lazer Stanis Erzählung »Nach Bregenz fährt man zum Sterben« sind gerade in Österreich, als die rund 15 Pyramiden-Firmen crashen und in Albanien bürgerkriegsähnliche Zustände ausbrechen. Und die ganze »zivilisierte«, also seit Jahrhunderten in die Logik kapitalistischen Wirtschaftens eingeübte Welt hat damals herzlich gelacht über die Naivität der Albaner, die offenbar dachten, so mühelos werden im Kapitalismus auch die kleinen Bürger reich.

In der Spekulationsblase von 2008 wurde das albanische Pyramidenspiel dann getoppt durch die Tatsache, dass diejenigen, die jetzt über ihre Machinationen stolpern, nicht nur Betrüger großen Stils waren, sondern zugleich tragende Säulen des Systems. Deshalb ist selbst eingefleischten Verteidigern ungebremster Spekulationsgeschäfte kurzfristig das Lachen im Halse stecken geblieben – bevor es mit den großmütig verteilten staatlichen Stützungsmitteln auf höherem Niveau an die profitable Zubereitung der nächsten Blase ging. Bernard Madoff genoss als Vermögensberater einen Ruf von höchster Seriosität, betätigte sich als Kunstsponsor, war jahrelang Verwaltungsratschef der US-Technologiebörse Nasdaq und im Jahr 2000 Mitglied eines Beratungsgremiums der US-Regierung in Fragen Anlegerschutz. »Er hat den Eindruck vermittelt, einen Club mit hundert Mitgliedern zu unterhalten« (o.A. 2009a), so der ebenfalls um das Vermögen seiner Stiftung betrogene Friedensnobelpreisträger Elie Wiesel, und deshalb sah keiner genauer hin. Als weitere Fälle aufflogen oder nicht mehr vertuschbar waren, blieb Madoff das Maß der Betrugsdinge: Nur 375 Investoren um 68 Millionen Dollar betrogen zu haben, stufte die Millennium Bank auf der Karibikinsel St. Vincent zurück auf den Begriff »Mini-Madoff« ([sda] 2009).

Prinzipiell stellt sich die Frage, was sich Insider wie Laien eigentlich vorgestellt haben unter den »Innovationen« der besten Banken-Köpfe, die den Anlegern 30 und mehr Prozent »per anormalum« (Jelinek 2009a: 242) versprachen. Und genau diese Frage nach den mentalen Bedingungen und Denkmustern für das Hinnehmen und Bewundern der Finanzspekulationen wie ihrer Akteure bilden den Unterbau von Jelineks Textfläche zum aktuellen Finanzcrash. »Die Arbeit als Naturkraft […], wenn auch nur eine kleine, eine geringfügige, eine geringfügig zu Beschäftigende […], da doch das Geld ganz alleine arbeiten kann und sogar soll, wenn auch nicht bei Ihnen« (ebd.: 308f.). Diese gesamtgesellschaftliche Einübung in den Glauben an das Geld, das selbsttätig vor sich hinarbeitet, war eine Vorbedingung für das Zustandekommen der Finanzblase und es ist eine ihrer Folgen, die das Gemeinwesen nachhaltig schädigt. Hegemoniale Werthaltungen und Zeitstimmungen machen vor den Kinderzimmern nicht halt. *DKT (Remastered)*[1] ist der Titel eines Dramoletts von Antonio Fian (2009), in dem die Spielanweisungen auf den besonders gekennzeichneten Feldern etwa lauten: »Das Unternehmen, dessen Direktor du bist, hat hohe Verluste gemacht und deshalb 300 Ar-

---

1 »DKT – Das kaufmännische Talent« ist die österreichische Version von Monopoly.

beitsplätze eingespart. Du erhältst 20 Millionen Euro Bonus.« Oder: »Für eine Beratung in Steuerfragen erhältst du ein Honorar von sechs Millionen Euro.« Oder aber: »Du bist beim Zeitungsdiebstahl erwischt worden und musst für eine Runde ins Gefängnis.« Auch hier hat es die literarische Satire nicht leicht, die Drastik der Realität zu überrunden.

Die Hybris der Mächtigen, so Elfriede Jelinek in einem Interview über ihr Stück, habe sie auf die antike Frage nach der Größe von Schuld gebracht. Die Mächtigen seien »wie die Götter im Olymp, den Machtlosen entrückt. Sie haben ihre eigenen Rating-Agenturen, die aber auch nur verbreiten, was die Mächtigen wollen« (Jelinek 2009c). Tatsächlich vermochten sich Banker und Broker nach dem Crash mit unglaublicher Schnelligkeit als Götterwelt zu reetablieren – und die unterlag noch nie irdischer Gerichtsbarkeit oder menschlichen Anstandsregeln.

III. Business-Lifestyle und Tillergirls

Erschienen ist Jelineks *Die Kontrakte des Kaufmanns* in einem Band zusammen mit *Rechnitz (Der Würgeengel)* und *Über Tiere*. Das ist ein probates Umfeld: Die Brutalität der lokalen NS-Prominenz, die Ende März 1945, unmittelbar vor dem finalen Zusammenbruch des Systems, 180 Zwangsarbeiter bestialisch und in Partylaune ermordet auf der einen Seite, die Verrohung von Sitten und Sprache auf der anderen, die durch Abhörprotokolle der Geschäftsverhandlungen zwischen Kunden der besten Gesellschaft und einer Wiener Agentur für osteuropäische Prostituierte aktenkundig wurde. Gar manche dieser Kunden, die sich hier angelegentlich nach diversen Sonderleistungen und den Agios dafür erkundigten, waren wohl Akteure und Profiteure der Spekulationsblase. Die Dienste solcher Agenturen gehörten wie die Haubenlokale und die vielen Pferde unter der Motorhaube gewissermaßen zum »ganz normalen Business-Lifestyle, den man in Hochkonjunkturzeiten schätzen und lieben gelernt hat« (Zugmann 2009) und der mit der Krise zumindest kurzfristig ins Trudeln geriet. »Der Börsenkrach begann seine verheerende Wirkung auszuüben. Das Tabarin [...] war total leer, auch andere Luxuslokale spärlich besucht« (Bettauer 1924: 38), heißt es schon in Hugo Bettauers Inflationsroman *Das entfesselte Wien* aus dem Jahr 1924. Aktuell war das Problem freilich rasch behoben: »[F]alls Sie eine Bank sind, dann sind Sie jetzt wieder flott, falls Sie ein Auto sind, dann sind sie jetzt flott unterwegs, andernfalls nicht«, heißt es in Jelineks Fortsetzung ihrer Wirtschaftskomödie mit dem Titel *Aber sicher!* (Jelinek 2009b). In Madoffs New Yorker Firma Bernard L. Madoff Investment Securities LCC sollen Sex- und Drogenpartys an der Tagesordnung gewesen sein. »Der Konsum von Drogen in den Büros sei überhaupt als weit verbreitet beschrieben worden, wie es in den Gerichtsunterlagen heißt. Mit Blick auf den Kokaingebrauch bei Partys hätten die Räume den Namen ›Nordpol‹ gehabt.« ([kle/reu] 2009) Im Nachhinein scheinen das alle gewusst zu haben, wohl auch die Wirtschaftsprüfungsgesellschaft KPMG und die beiden Großbanken JP Morgan Chase und die Bank of New York, die Madoffs Betrug offenbar mittrugen und im Oktober 2009 etwas zeitverzögert doch noch angeklagt wurden. Die Sexparties, deren Organisationsgespräche Jelinek in *Über Tiere* verarbeitet, demonstrieren den Zusammenhang von Entwertung der Frau zu billig verfügbarem Material, der Boomstimmungen zuverlässig begleitet, wenn der Angststress vor dem Absturz abgebaut und die schnell verdienten Beträge rasch ausgegeben sein wollen, nicht nur im Segment der Neureichen. In den 1920er Jahren stellten die Tillergirls die inflationäre Entwertung der Geld- und Moralwerte bildhaft auf die Revuebühnen: »Multipliziert man eine nackte Frau mit fünfzig, so ist die Haupthandlung bereits da« (Geyer 1928: 7), formulierte ein zeitgenössischer Kritiker.

IV. Schwarze Magie und Reliquienhandel

Am Höhepunkt der medialen Krisendebatten überraschte der britische Mediziner John M. Coates mit einem Artikel in den *Proceedings of the National Academy of Sciences*: Der Physiologe hatte die rechte Hand von 44 Aktienhändlern der Londoner Börse vermessen: »Die Männer, deren Ringfinger länger ist als ihr Zeigefinger, hatten im Durchschnitt elf Mal so hohe Profite erzielt wie ihre mit verhältnismäßig kurzen Ringfingern ausgestatteten Konkurrenten.« (Ufen 2009) Wie eine augenzwinkernde Korrektur dazu wirkte eine sechs Monat später in derselben Zeitung lancierte Agenturmeldung, dass ein fünfjähriges Papageienweibchen namens Ddalgi in Südkorea besser investiert habe als acht ihrer menschlichen Brokerkollegen (o.A. 2009b).

Natürlich kann man solche Meldungen lächelnd übergehen, aber sie sagen, wie der Boom des Okkulten in den 1920er Jahren, doch einiges aus über mentale Befindlichkeiten. Denn entglitten ist nicht nur die »Aufsicht« über die globalen Finanzmärkte, entglitten ist auch die Realität selbst. Wer nicht eingelesen ist, vermag die Schleierrede der Wirtschaftsberichte nicht zu verstehen, nicht unbedingt, weil die berichteten Sachverhalte so komplex wären, sondern weil Begriffe wie »Gewinnwarnung« oder »Minuswachstum« bewusst irreführend gewählt sind. Für Roland Barthes ist Mythos ein Mitteilungssystem, das den Nutzer davon zu überzeugen versucht, dass es ein System von unveränderlichen Fakten darstellt. Das trifft auf diese Sprachregelungen der Wirtschaftsberichterstattung intentional zu: Sie sorgen dafür, dass die Welt unbeweglich erscheint, vor allem die Hierarchien der Geld-Macht. Es kann nicht ohne Folgen bleiben, wenn in der gesellschaftlichen Rede über Wirtschaftsfragen bewusst auf die Trennung von den zugrunde liegenden Sachverhalten hingearbeitet wird. Sprachlich hat vielleicht alles mit den »Finanzprodukten« begonnen, die da plötzlich produziert wurden ohne eben etwas zu produzieren, und mit der »Hedgefonds-Industrie«, die Begriff und Vorstellungen des Industriekapitalismus auf den tertiären Bereich der Finanzgeschäfte übertrug. Doch das Finanzprodukt ist »ein Phantasieerzeugnis jener Branche, die stolz darauf ist, dass sie nichts produziert« (Enzensberger 2009: 95). Das fällt jetzt den betrogenen Kleinanlegern auf den Kopf. Denn die Kernaufgabe der Finanzmarktaufsicht ist nur die Überwachung des Handels mit börsennotierten Wertpapieren, was die Fantasieprodukte gewissermaßen in den Bereich des Virtuellen zurückstuft.

Die systematische Entkoppelung von Sprache und Wirklichkeit erzeugt ein Gefühl von Hilflosigkeit und Verunsicherung. Das war zu allen Zeiten ein idealer Boden für den Reliquienhandel: Wo es keinen gesicherten Bezug zur Realität mehr zu geben scheint, kann jedes beliebige Ding zum Mythos aufgeladen werden, und das wird von den gesicherte Werte Suchenden bereitwillig angenommen werden. Dianas Schnürschuh oder Michael Jacksons Glitzerhandschuh erzielen Höchstpreise. So »real« und »sicher« wie zertifizierte Derivatpapiere ist ihr Wert schließlich allemal.

V. Körpersprachen

Bonusverwöhnte Manager und Banker waren das Einfallstor, durch das der allgemeine Zwang normierter Körpervorstellungen und -vorgaben auch das Männerbild invadierte. In diesem Punkt sind die Geschlechterrollen tatsächlich durchlässig geworden: Das Diktat des einnehmenden Äußeren inklusive dynamischer Jugendlichkeit gilt keineswegs nur mehr für Frauen. Gepflegte Kleidung, gesunde Bräune, Waschbrettbauch und sonstige nachprüfbare Fitnessstudio-Effekte, das sind die *musts* für ihn. Fitness-, Jugendlichkeits- und Gesundheitswahn haben genderübergreifend ein Terrorsystem über die Leiber und Gemüter der Menschen errichtet. Zu alt kann Mann wie Frau schon mit vierzig sein, erhöhte Cholesterinwerte gilt es ebenso zu verbergen wie Eheprobleme. Auch die Akteure des Big Business sind gezwungen, einander virtuelle Leben vorzuspielen.

Denn wo märchenhafte Aufstiege möglich werden, sind auch radikale Abstürze stets in Griffweite. Strategisch denken heißt die Devise und das betrifft nicht nur Investmentkalküle, Vertriebspläne oder Organisationsstrukturen, sondern auch Selbstpräsentation und Sozialverhalten. Wer sitzt mit wem beim Mittagessen zusammen? Lache ich laut genug, dass alle sehen, wie entspannt ich bin, obwohl alle wissen, dass X an meinem Stuhl sägt? Kann ich mir den Braten genehmigen oder muss ich ernährungsbewusst Flagge zeigen und den Gemüseteller bestellen? Georg M. Oswald zeigt in seinem Roman *Alles was zählt* die Innenperspektive eines ehrgeizigen Bankers am Höhepunkt der New-Economy-Blase. Thomas Schwarz ist stellvertretender Leiter der Abteilung Abwicklung und Verwertung, und er will Leiter werden. Dafür leistet er vollen Einsatz. Mit Leidenschaft für die Repräsentationsarchitektur seines Instituts betritt er frühmorgens hochmotiviert das Foyer »aus Carrara-Marmor, Chromblenden, Travertin, Spiegelflächen, Glasfronten und tropischen Hydrokulturen« (Oswald 2000: 18) und beginnt dann den Arbeitstag mit einem Computerspiel, »Virtual Corporation. Der gnadenlose Wettlauf um die Führungsspitze« (ebd.: 19), auf Anordnung der Geschäftsführung auf jedem PC installiert. Doch Thomas Schwarz neigt zu Selbstüberschätzung und vor allem zur Unterschätzung der »Mitbewerber«, weshalb seine Karriere bald abrupt endet. Maßlose Selbstüberhebung bringt Quereinsteiger oft rasch wieder zu Fall.

Manches, was zunächst ein literarisches Mittel der Überzeichnung schien, stellt sich im Nachhinein als durchaus realistisch heraus. »Die haben in kurzer Zeit extrem viel Geld verdient. Die wollten das auch ausgeben. Die wollten das leben. Die benahmen sich so, als wären sie wohlhabende Adelige. Und: Da musst du natürlich mithalten. Das ist überall so. Das ist auf der ganzen Welt das Gleiche.« (Divjak 2007: 17) So erzählt der etwas dubiose Ex-Broker Kinsky einem unsichtbaren Gegenüber in Paul Divjaks Roman *Kinsky*. Diese Lebensbeichte ist in ihren Aussagen so widersprüchlich wie der innere Monolog in Arthur Schnitzlers *Leutnant Gustl*, mit dem Kinsky auch einige zentrale Ich-Störungen teilt, etwa seine krankhafte Motorik, die sich gut in die Logik des Systems integriert, denn Stillstand ist Rückschritt. Doch was Kinsky über seine Zeit als Fondsmanager am Höhepunkt des New-Economy-Hypes erzählt, klingt heute recht plausibel. Die kriminellen Machinationen, mit denen er innerhalb von wenigen Jahren einige Millionen Dollar Vermögen »erwirtschaftet« und auf Schwarzkonten in diversen Steuerparadiesen parkt, sind mittlerweile aus den bislang aufgeflogenen Fällen gut bekannt.

»Ich hab den Kunden Produkte verkauft, die hat es nie gegeben. [...] Aber: Sie haben bezahlt. Fertig. Wir haben das Geld eingestrichen. – Und sie haben verloren. Aus. Client Dead. – New Client! [...] Du bist immer auf der Winner-Seite: der Kunde unterschreibt ja in seinem Account-Opening, dass er dich nicht dafür verantwortlich machen kann, was mit seinem Geld passiert.« (Ebd.: 21)

In Wien will Kinsky das Vermögen des alten Habsburg und seiner Tochter verzockt haben, die bis zum Ende darüber schwiegen, wo sie das Geld verspielt haben. Das ist eine plausible Erklärung für das Plötzliche der Crashs: Wer in diesen *Accounts* mit von der Partie ist, hat leicht einen Grund, Diskretion selbst im Absturz zu wahren und einzufordern.

VI. Quereinsteiger und Hochstapler

»Hochstapler gab es immer, Menschen, die unter der Vorspiegelung, mehr zu sein, anderes zu sein, als sie tatsächlich waren, vom Schein lebten.« (Ehrenstein 1991: 5) Mit diesem Satz eröffnet Albert Ehrenstein 1925 sein Vorwort zu Thomas Schrameks authentischer Hochstaplergeschichte *Freiherr von Egloffstein*. Sie erschien in der Reihe *Außenseiter der Gesellschaft – Die Verbrechen der Gegenwart*, die Rudolf Leonhard am Ende der turbulenten Inflationsjahre im Berliner Verlag *Die Schmiede* startete. Wenn Gesellschaften radikale Erschütterungen erleben und damit tradierte Sicherheiten wegbrechen, schlägt die große Stunde des Hochstaplers. Er profitiert vom Wegfall einigermaßen nachprüfbarer Kriterien zur Einschätzung sozialen und ökonomischen Handelns. Das ist nach Kriegen nicht anders als in Phasen entfesselter Wirtschaftsprozesse. Das bevorzugte Aktionsfeld des Hochstaplers sind immer Boombranchen, denn die generieren einen Handlungsraum, in dem ohne Fundament agiert werden kann. Wer Erwartungshaltungen und (Bild-)Vorstellungen dieses Feldes besonders kühn und selbstgewiss bedient, hat gute Chancen auf Erfolg, unabhängig von seinem realen Standing. »Ein phantastischer Lügner ist jener Lügner, dessen Lügen zu den Tatsachen stimmen« (Musil 1976: 427), sagt Vinzenz in Robert Musils Komödie *Vinzenz und die Freundin bedeutender Männer* (1924), der mit dem Gestus der Hochstapelei experimentiert. »In dieser wahrhaftig sträflichen Unordnung«, so Vinzenz, »lasse einfach auch ich manchmal ein kleines Kügelchen rollen; und das Merkwürdigste ist: in welcher [...] Richtung Du auch eine solche kleine Handlung abgehen läßt, sie kommt immer gut durch die Wirklichkeit durch, als wäre sie dort geradezu erwartet worden.« (Ebd.)

Als Begriff ist der Hochstapler 2000 wieder aufgetaucht im Umfeld der New-Economy-Blase. Das offensiv vermarktete Erfolgsetikett ihrer Akteure lautete »jung, smart, dynamisch«, das erstmals die Kriegsschieber und Inflationsgewinnler der 1920er Jahre für sich reklamierten, die in Auftreten wie »Berufsbild« einige Verwandtschaft mit den Akteuren von heute aufweisen. »Broker, Hedgefondsmanager, Finanzjongleure [...] sind die Fortsetzung des Hochstaplers mit den Mitteln des Marktes und des Marketings« (Pannen 2009: 111), und sie sind auch die Fortsetzung der Kriegsschieber und Spekulanten der Inflationsjahre der 1920er Jahre. Wenn der Soziologe Manfred Prisching (2009) die neuen »Tugenden« wie Dynamik, Flexibilität und Mobilität als Folgen der zunehmend notwendigen Inszenierung der Person in der Postmoderne beschreibt, so blendet das – wie fast alle Postmoderne-Zuschreibungen – historische Parallelen aus, die einiges zur Erklärung aktueller Entwicklungen beitragen können.

Damals wie heute diffundierte das marktgängige Sozialverhalten der großen Profiteure der Finanztransaktionen und der (Finanz-)Manager, die als Phänotypen des Erfolgs gehandelt wurden, in die Gesamtgesellschaft. Im Börsen-Hype der letzten Jahre, so meinte Thorsten Pannen, sei die »einstmals individuelle Travestie« des Hochstaplers »zur allgemeinen Voraussetzung für den erfolgreichen Umgang mit der Welt bei einem zugleich bestürzenden Mangel an Wirklichkeit« (Pannen 2009: 111) geraten. Doch das ist kein Novum. Auch nach dem Zusammenbruch von 1918 schlug die große Stunde der rasch Entschlossenen, auch sie legten den Grundstein für ihren Reichtum mit dem Handel mit »virtuellen« Gütern. Bei der Abwicklung der Demobilisierungsbestände der Armee, dem Ursprungspool für den Schwarzmarkthandel der Nachkriegsjahre, wurden massiert Waggonladungen von Heeresgütern nur auf dem (Zoll-)Papier verschoben. Cornel Lasch in Doderers *Dämonen* (1956) etwa legt den Grundstein seiner Geldkarriere mit der

Feuerversicherung für 200 Waggons Armee-Schuhsohlen, hydraulisch zusammengepresst aus Lederabfällen, Sägespänen, Papierabfällen und Teer, die er dann abfackeln lässt. Dazu kam bereits damals die gesellschaftliche Konditionierung auf das Neue, Unvorbelastete, Jugendliche.»[J]e jünger einer war, je weniger er gelernt hatte, desto willkommener war er durch seine Unverbundenheit mit jeder Tradition«, schreibt Stefan Zweig in seiner Autobiografie,»überall suchte man jetzt Junge und besser noch: Jüngste« (Zweig 1984: 344f.). Jung, smart und dynamisch – das ist der Börsenfachmann Hy Hunter in Linda Bildas Comic *Die goldene Welt* (2009) auf eine eigene Art: Bilda verpasst ihm einen Hai-Fuchs-Kopf und einen Anzug im Großkaro-Muster aus der Bildtradition der Panzerknacker. Die avancierte mediale Darbietungsform *Graphic Novel* sagt nicht immer etwas aus über Zeitadäquanz. Generell ist es ein eigenartiges Phänomen, dass nicht selten auch jene AutorInnen, die sich dem Thema Finanzjongleure stellen, gerade die soziologisch relevanten Merkmale der Akteure und Ereignisse übersehen – wie etwa Martin Walser. Der gelernte Jurist Edmund Gern in seinem Roman *Der Lebenslauf der Liebe* (2001) ist Börsenspekulant und Anlageberater und falliert im Crash von 2000. Gern ist persönlich wenig sympathisch, sozial ein Repräsentant der gebildeten alten Oberschicht, ein Weltmann, belesen und künstlerisch interessiert, also eindeutig keiner der schnellen Geldmänner und damit kein klassischer Vertreter der Falleure der New-Economy-Blase.

Die Verwandtschaft des Hochstaplers der 1920er Jahre mit dem Quereinsteiger von heute hat die Literatur klarer erkannt als die Wirtschaftsforscher und Soziologen sie wahrhaben wollen. Der Ex-Broker in Paul Divjaks Roman *Kinsky* oder der Börsenguru Max in Marlene Streeruwitz' Roman *Kreuzungen* sind beide, wie viele der aktuellen Profiteure im Dschungel der Derivatgeschäfte, Quereinsteiger von unten. Sie begannen ihre Karrieren als Hochstapler mit zweifelhaften Luftgeschäften im großen Stil, und es erging ihnen wie in der Realität: Einige können sich wie Max durchsetzen und darauf vertrauen, dass späterhin keiner mehr nach der Herkunft der ersten Million fragt; andere bewältigen den Aufstieg nicht und stürzen rasch wieder ab wie Kinsky.

Eine neue Dimension ist dem Hochstapler mit der Virtualisierung der Kommunikation in Internet-Foren zugewachsen.»Selbstrepräsentationen im ›Digitalismus‹« machen das Individuum »offen für ein Set freier Zuschreibungen, die im sozialen Raum […] unhinterfragt bleiben. […] Hier, wo alles möglich und wenig wirklich ist, geht Misstrauen über in Gleichgültigkeit«, meint Thorsten Pannen (2009: 109f.), der darin das Ende des »klassischen Hochstaplers« sieht. Denn wo das Rollenspiel zum hegemonialen Kommunikationsmodell wird, verliere der Hochstapler seine Erkennbarkeit. Doch die vorgespielte falsche Identität ist nur *eine* Facette des Hochstaplers. Zum Typus gehört die Intention, mit der angenommenen Identität ein gesellschaftliches Handeln zu setzen, das in einer mit der wirklichen Identität nicht erreichbaren sozialen Klasse nachhaltige Spuren hinterlässt – was über den erschwindelten Aufstieg hinausgeht – und damit zugleich die eigene Beheimatung dort für alle sichtbar, also meist medial, inszeniert.

VII. Märchenhafte Karrieren

Auch wenn die historische Tradition der Figur des Hochstaplers in den kurrenten soziologischen Befunden oft ausgeblendet bleibt, hat es doch mit der Analogie des aktuellen Krachs zum Schwarzen Freitag von 1929 zu tun, dass die Figur des Hochstaplers just in unseren Tagen wieder auftaucht. *Schöner lügen – Hochstapler bekennen,* nannte sich eine Textcollage, die Ende 2008 am Wiener Burgtheater gezeigt wurde und vor allem auf Walter Serners *Handbrevier für Hochstapler* zurückgriff, das 2007 neu aufgelegt wurde. Im selben Jahr entstand für den Bayerischen Rundfunk der Film *Die Hochstapler* von Alexander Adolph, der den Begriff etwas diffuser, mit durchlässigeren Grenzen zum »normalen« Betrüger anlegte als etwa das Theaterkollektiv Rimini Protokoll in seinem 2006 im Schauspielhaus Düsseldorf uraufgeführten Bühnenstück *Das Kapital, Erster Band.* Hier tritt der Hamburger Jürgen Harksen auf, der als eine Art früher Mini-Madoff im Schneeballsystem 80 Millionen Euro von etwa 300 Anlegern – darunter Udo Lindenberg und Dieter Bohlen – veruntreut hat, bis er 1992 aufflog. Auch in die Kriminalberichterstattung ist der Begriff zurückgekehrt: Im Fall der mit intimen Videos erpressten Erbin aus dem Quandt-Klan (BMW), wird der Erpresser immer wieder »Hochstapler« genannt. Diese Bezeichnung wäre vor einigen Jahren kaum einem Journalisten eingefallen. Sprachlich wirken viele Berichte über diesen Fall wie dem Chronikteil einer Boulevardzeitung der 1920er Jahre entnommen: »Im Garten waren Goldschätze vergraben, in den Vasen die Millionen versteckt«, heißt es über den Erpresser und seinen »Handlanger, den 43-jährigen Gigolo und Hochstapler«, der in Wirklichkeit »ja Würstelverkäufer« (Brandl 2009) war. Auch der Gigolo, im wirklichen Leben oft in

Personalunion als Eintänzer tätig, ist ein klassischer Sozialtypus der Zwischenkriegszeit – beide sind fixer Bestandteil der Gerichtsberichterstattung wie der Zeitromane der 1920er Jahre. Was heute das hochpreisige In-Lokal, war damals die Hotelbar. Die Welt der Mondänen im Getriebe der Nobelhotels, hier ist der Hochstapler zu Hause; alle Akteure dieses Biotops haben Geld oder auch nicht, jedenfalls wahren sie den Schein. Wie sie dazu gekommen sind, ja sogar, ob es im Moment des Zusammentreffens überhaupt noch vorhanden ist, das liegt in jedem Fall außerhalb der Hotelwelt und dringt ins Innere allenfalls als Gerücht. In Maria Peteanis wiederholt verfilmtem Roman *Der Page vom Dalmasse Hotel* wispern sich zwei Hochstaplerinnen, die sich den soliden Gutsherrn Dahlen angeln wollen, einmal ängstlich zu: »Hoffentlich ist er kein Hochstapler« (Peteani 1933: 82). »Es ist wahr, daß unser Nachtpublikum nicht first class ist. Aber – que voulez-vous – nur schlechtes Publikum bringt Geld in die Bude« (Baum 1929: 16), seufzt der Direktor in Vicki Baums Klassiker *Menschen im Hotel*.

Wo das schnelle Geld lockt, verlieren Sozialcharaktere tendenziell ihre Erkennbarkeit. Die Befriedigung der rasch und hoch Aufgestiegenen liegt im Zurschaustellen ihres neuen Reichtums. Das ist zugleich ein notwendiges Sozialverhalten: Luxuskonsum ist ein Symbol, das Quereinsteiger und Hochstapler nutzen *müssen*, um ihre erschwindelte Zugehörigkeit in der höheren sozialen Klasse fortwährend unter Beweis zu stellen. Zelebrierter Luxuskonsum wiederum speist die Fantasien der verarmenden Schichten, und darauf reagieren die Hochstapler-Geschichten. Die gründliche Kenntnis vom Leben und Treiben der (Neu-)Reichen ist ihre notwendige Begleitmusik. Alle im Feld der oberen Zehntausend nicht nativ Beheimateten – die Zuschauer am unteren Ende der sozialen Skala genauso wie die Quereinsteiger, die ihren betrügerischen Aufstieg betreiben – erhalten durch die unterschiedlichen Seitenblick-Formate detaillierte Einblicke in alle Schattierungen der Dekadenz und Verschwendung, der Machtgesten und Unterwerfungsrituale.

Die Vermutung, unsere »moderne Gesellschaft, von Geldgier und Geltungssucht getrieben, [sei] ein in der Geschichte vielleicht einmaliger Nährboden für Hochstapler« (Stazol 2009: 86), ist ein eher ahistorischer Befund. Forciertes Zurschaustellen von Luxuskonsum mit den entsprechenden, auch moralischen Folgekosten für die Gesamtgesellschaft, wird *immer* zu einem hegemonialen Phänomen, wenn entfesselte Wirtschaftsprozesse über Nacht sagenhafte Auf- oder Abstiege möglich machen. Das war in den Inflationsjahren der 1920er Jahre nicht anders, und bereits damals sorgte die Sensationspresse für eine flächendeckende Wahrnehmung der *Ups and Downs* in der High Society. Lifestyle-Berichte im damals neuen, aus den USA importierten Format »Magazin« vermittelten wie die Filmwelt eine »intime« Kenntnis vom Innenleben der Territorien des Luxus. »Man lebt ja heutzutage auch in der Provinz nicht außerhalb der Welt. Man liest Zeitung. Man geht ins Kino. Man sieht alles in den illustrierten Blättern. Aber in Wirklichkeit schaut es eben doch anders aus. Ich weiß zum Beispiel: Barstühle sind hoch. Sie sind aber gar nicht so hoch, finde ich«, meint in Vicki Baums *Menschen im Hotel* (1929: 38) der todkranke Bilanzbuchhalter Kringelein, der den feschen Baron Gaigern bewundert. Der aber ist der klassische Hochstapler: Er sieht prächtig aus, »hat was vom Kintopp«, gibt sich sorglos und jovial, ist je nach Situation herrisch oder verbindlich; seine Herkunft und das mit ihr eingeübte Sozialverhalten ist sein Kapital, auch wenn ihm die ökonomische Basis weg gebrochen ist. Für das Geschäftsmodell Spekulant ist Gaigern nicht gewieft genug, und so ist sein Abstieg zum Perlendieb und Fassadeneinbrecher nicht mehr abzuwenden.

VIII. Plastikgeld

Der Ich-Erzähler, der durch Robert Menasses Erzählkranz *Ich kann jeder sagen* in vielerlei Gestalt mäandert, hat in der Eröffnungserzählung »Beginnen« Wirtschaftswissenschaften studiert. Seine Abschlussarbeit zum Thema »Heterodoxer Schock« sorgte für Provokation; ein heterodoxer Schock soll eine darniederliegende Nationalökonomie durch eine bewusst herbeigeführte, reinigende Krise sanieren, »in der man völlig geänderte Bedingungen für einen neuen Aufschwung durchsetzt. Das war die Lehrmeinung. Ich plädierte aber dafür, diese Methode auch einmal bei saturierten, stabilen Volkswirtschaften anzuwenden, um auch diesen wieder das Gefühl von Aufbruch und Neubeginn zu geben.« (Menasse 2009: 9f.)

Diesen »Heterodoxen Schock« hat die Gesellschaft in Andrej Blatniks Roman *Ändere mich* bereits hinter sich. Dystopien wirken umso spektakulärer, je weiter sie negative Entwicklungspotenziale der Gegenwart in die Zukunft treiben, beunruhigender aber sind sie, je näher sie an schon sichtbaren Entwicklungen dran bleiben. Diesen Weg wählt der slowenische Autor Blatnik in seinem Erzählbericht aus einem Land, das im Sturzflug von den Mechanismen des entfesselten Kapitalismus geentert wurde. Die *Creative*

Industries sollen nun auch hier das System aus jeder Krise retten, die Behübschung liefern und der Bevölkerung mit schönen Sprüchen alles und jedes einreden, auf dass sich die Kennzahlen des allmächtigen »Synthesa«-Konzerns positiv entwickeln, der mit den absurdesten Produkten und Freizeitangeboten skrupellos und erfolgreich an der Maximierung seiner Gewinne arbeitet. »Meine Geschichte ist einfach – follow the Cashflow«, sagt bei einer Geschäftsparty der Großinvestor aus dem Osten, »mit dem viel Geld ins Land gekommen war« aber auch »andere Bräuche« (Blatnik 2009: 50f.).

Borut ist einer der »Kreativen«, in dem sich nach und nach Schuldgefühle breit machen; es waren auch seine Slogans, die dafür gesorgt haben, dass »Synthesa« marktbeherrschend wurde und ihre ausschließlich synthetisch erzeugten »ja-natürlich«-Produkte flächendeckende Akzeptanz fanden. Vielleicht überschätzt er seine persönliche Beteiligung und vielleicht überblendet sich sein Schuldkomplex mit dem Impuls, in der Mitte des Lebens noch einmal alles zu ändern. Jedenfalls steigt er aus; hilflos und ohne Strategie, aber wild entschlossen zur Sühne, verschleudert er das angesammelte Vermögen – die Kreativen verdienen meist nicht schlecht – mit Aktionen privater Mildtätigkeit. Er hebt sein Geld nach und nach bei den wenigen noch funktionierenden Bankomaten ab, die schon aus der Mode gekommen sind. »Den Oberen schien Bargeld veraltet, schmutzig, verdächtig. Und die Unteren hatten keines.« (Ebd.: 64) Auch Bestechungen oder »Aufzahlungen« erledigt hier bargeldlos die »Verwaltung«, wie die Hortleiterin Boruts Frau erklärt. Borut beginnt mit seinen Ersparnissen im großen Stil auf biologischen Schwarzmärkten frisches Obst einzukaufen, verteilt es an die sozialen Outlaws in den »Sammelstellen« und steckt Bettlern großmütig Scheine zu. Doch auch die Outlaws sind längst staatlich verwaltet: Den Stadtstreichern werden aufgrund der »Populationsindikatoren« und »in Übereinstimmung mit der ratifizierten lokalen Gesetzgebung« (ebd.: 90) bestimmte Aufenthaltsorte auf Widerruf zugewiesen, mit Vorliebe im Umfeld der hochkomplexen Mülltrennungssammelstellen. Als Borut von einem Jungen angebettelt wird, fragt er ihn, was er mit dem Geld machen will: »›Weiter platzieren natürlich‹, sagte der Kleine. ›Geld muss arbeiten, das ist der Sinn. Deshalb geben Sie es mir rasch. Wenn Sie zögern, fällt der Wert. Ich habe Verpflichtungen.‹ *Einstudierte Armut, organisiert, kultiviert.* Sonst hätten sie ihn nicht an diese Straße herangelassen. Für Amateure war hier kein Platz.« (Ebd.: 66; H.i.O.)

Wie ein Alien bewegt sich Borut durch die ihm unbekannten Terrains einer Welt, von der er nur ein kleines, radikal anders organisiertes Segment kannte, und schreckt auch vor einem Attentat auf den großen Boss von »Synthesa« nicht zurück, das Ergebnis bleibt zweifelhaft. Just der Stadtstreicher im eigenen Wohnblock klärt Borut gegen Ende des Romans über die Ineffizienz all seiner Aktionen auf: Eine Volkskrankheit infolge der »Synthesa«-Billigproduktschiene ist eine chemische Vitaminüberversorgung, Boruts Grünmarktspenden waren daher eher kontraproduktiv.

IX. Der alte Geldkoffer

Alexander Adolph, Regisseur des Films *Die Hochstapler*, protokolliert in seinem Interview mit Thomas, Spezialist für »Geldwäsche und Betrug im ganz großen Stil«, dessen Belustigung über Kriminalfilme, wo zwei Millionen Dollar mühelos in ein »Aktenköfferlein« passen. »›In Wirklichkeit‹, sagte Thomas, ›kommen die 2 Millionen in 10- und 20-Dollar-Scheinen. Das sind mehrere, große Samsonite-Koffer.‹« (Adolph 2009: 145)

Abgesehen von diesen prinzipiellen Zweifeln an der Realistik von Geldübergabeszenen in der Krimi(film)tradition, gerät der Geldkoffer als konventionelle Inkarnationen des großen (Betrugs-)Geldes generell in die Krise, wo die Gewinne mit Derivatpapieren und zertifizierten Anteilscheinen als *High frequency trading* in Sekundenschnelle via Computer gemacht werden – gegen eine Gebühr sind Kursinformationen als *Flash trading* auch um 0,03 Sekunden vor den anderen Investoren erhältlich. Die Sinnkrise des Geldkoffers spielt Terézia Mora in ihrem Roman *Der einzige Mann auf dem Kontinent* durch. Darius Kopp, Anfang 40, etwas füllig mit einer Neigung zum trägen Wohlleben, ist der einzige Vertreter der US-amerikanischen Firma Fidelis Wireless. Er residiert in einem »Businesscenter«, eine Bürogemeinschaft mit gemeinsamem Etagenempfang, denn »es wirkt eben besser, wenn man nicht gleich selbst am Telefon ist, sondern erst Frau Bach oder Herr Lasocka« (Mora 2009: 19).

Vor zwei Jahren war Darius bei der Neustrukturierung der Firma als einziger Angestellter übernommen worden und zum Salesmanager für Mittel- und Osteuropa avanciert: »Ab heute bin ich der einzige Mann auf dem ganzen Kontinent« (ebd.: 23), tönte er damals stolz. Doch die Verbindung zum *Headquarter* wird bald brüchig. Mr. Anthony in London stellt ihm die Rute ins Fenster, er bringe zuwenig Quote, kümmere sich nicht um die Zahlungseingänge der getätigten Geschäfte – für die neuerdings nicht mehr die Buchhaltung, sondern die jeweiligen Salesmanager zuständig sind. Der väterliche Bill in Amerika vertröstet ihn immer wieder, weil das Büro seit zwei Jahren immer noch nicht ordentlich gegründet ist und Darius seine Dienstgeberbeiträge selbst einzahlen muss.

Und dann kommt der Karton ins Büro, drin sind 40.000 Euro in bar, sie stammen von einem armenischen Kunden und sind eine Abschlagszahlung für ein getätigtes Geschäft. Dieser Geldkarton wird Darius zum Problem: Weder vermag er das Büro in London zu erreichen, um zu erfragen, was er damit tun soll, noch weiß er, wie er das Geld auf ein Konto transferieren könnte. Zwar sind die 40.000 Euro eigentlich »reell« verdientes Geld, aber über deren Herkunft auf armenischer Seite kann Darius nichts wissen. Dann hört er das Gerücht, seine Firma soll fusioniert werden. Panisch klickt er sich immer wieder durch die *News*-Seiten und kontrolliert auf der Firmen-Website, ob sein Name noch da steht. Der Firmeneintrag in der virtuellen Welt bestätigt ihm seinen eigenen Status, während er *de facto* nur mehr virtuell in der Firma existiert, und im Büro das reale Geld im Pappkarton verstaubt.

Terézia Moras Roman liefert eine Analyse der Arbeitsverhältnisse und Wirtschaftsstrukturen im Zeichen permanenten *Outsourcens* und Restrukturierens. Wo Eigentumsverhältnisse, Unternehmensziele und Sparpotenziale in den gleichsam exterritorialen *Headquatern* in einem fort neu definiert werden, verliert die gesellschaftliche Verankerung des Einzelnen zunehmend ihren realen Boden. Solcherart produziert das System gleichsam notwendig virtuelle Existenzen. Wie sehr der Hype der neuen sozialen Online-Netzwerke gerade diesen Bedürfnissen der Wirtschaft entgegenkommt und zuarbeitet, wäre eine eigene Untersuchung wert.

Literatur

Adolph, Alexander (2009), »Hochstapler – Der fast unmögliche Film«, in: *Kultur und Gespenster*, Nr. 9 (Herbst), S. 143–147.

Baum, Vicki (1929), *Menschen im Hotel. Ein Kolportageroman mit Hintergründen*, Berlin.

Bettauer, Hugo (1924), *Das entfesselte Wien. Ein Roman von heute*, Wien.

Bilda, Linda (2009), »Die Goldene Welt«, in: Dies.: *Keep it real. Eine Koolektion von Comics und politischen Texten*, Salzburg, S. 146–170.

Blatnik, Andrej (2009), *Ändere mich*, aus dem Slowenischen v. Klaus Detlev Olof, Wien/Bozen.

Brandl, Gregor (2009), »Gefängniszelle statt Luxusvilla: Sektenguru tritt in Hungerstreik«, in: *Kronen Zeitung*, 11. Januar, S. 14.

Divjak, Paul (2007), *Kinsky*, Wien.

Ehrenstein, Albert (1991), »Oerthel«, in: Thomas Schramek, *Freiherr von Egloffstein. Aus dem Leben eines Hochstaplers*, Dresden, S. 5–9.

Enzensberger, Hans Magnus (2009), »Das Alphabet der Krise«, in: *Zeit Literatur*, Nr. 12 (März), S. 95.

Fian, Antonio (2009), »DKT (Remastered)«, in: *Der Standard*, 19./20. Dezember, S. 34.

Geyer, Siegfried (1928), »Kleine Bemerkungen zum Thema Revue«, in: *Die Bühne*, Jg. 5, H. 202, S. 7.

Jelinek, Elfriede (2009a), »Die Kontrakte des Kaufmanns«, in: Dies., *Die Kontrakte des Kaufmanns. Rechnitz (Der Würgeengel). Über Tiere. Drei Theaterstücke*, Reinbek bei Hamburg, S. 207–348.

Jelinek, Elfriede (2009b), »Aber sicher!«; http://www.a-e-m-gmbh.com/wesely/fasicher.htm (Stand: 4.10.2009).

Jelinek, Elfriede (2009c), »Interview mit Door Kester Freriks«, in: *NRC Handelsblad*, 19. Oktober; http://www.nrc.nl/kunst/achtergrond/article239119 (Stand: 11.4.2009).

[kle/reu] (2009), »Madoff-Skandal zieht immer weitere Kreise. JP Morgan und KPMG geklagt«, in: *Wiener Zeitung*, 22. Oktober, S. 26.

Leitner, Maria (1930), *Hotel Amerika. Ein Reportage-Roman*, Berlin.

Menasse, Robert (2009), »Beginnen«, in: Ders.: *Ich kann jeder sagen. Erzählungen vom Ende der Nachkriegsordnung*, Frankfurt/M., S. 9–11.

Mora, Terézia (2009), *Der einzige Mann auf dem Kontinent*, München.

Musil, Robert (1976), »Vinzenz und die Freundin bedeutender Männer«, in: Ders.: *Die Verwirrungen des Zöglings Törleß. Erzählungen. Dramen. Nachlaß zu Lebzeiten*, Berlin, S. 385–441.

O.A. (2009a), »Madoff: ›Ich schäme mich‹«, in: *Wiener Zeitung*, 13. März, S. 26.

O.A. (2009b), »Papagei investiert besser als 8 Broker«, in: *Wiener Zeitung*, 8. August, S. 27.

Oswald, Georg M. (2000), *Alles was zählt*, München.

Pannen, Thorsten (2009), »Anmerkungen aus dem Zettelkasten eines angestellten Hochstaplers nebst Theorie zum Verschwinden der Hochstapelei im entwickelten Digitalismus«, in: *Kultur & Gespenster*, Nr. 9 (Herbst), S. 103–111.

Peteani, Maria (1933), *Der Page vom Dalmasse Hotel*, Leipzig.

Prisching, Manfred (2009), *Das Selbst. Die Maske. Der Bluff. Über die Inszenierung der eigenen Person*, Wien.

[sda] (2009), »›Mini-Madoff‹-Fall: Spuren in Schweiz«, in: *Die Presse*, 28. März, S. 11.

Stani, Lazer (2008), »Nach Bregenz fährt man zum Sterben«, in: *Literatur aus Albanien – ein Streifzug*, hg. v. Dokumentationsstelle für neuere österreichische Literatur, Wien, S. 76–83.

Stazol, Harald Nicolas (2009), »IMPOSTORS REVISITED – oder warum Hochstapler hochstapeln«, in: *Kultur und Gespenster*, Nr. 9 (Herbst), S. 79–87.

Streeruwitz, Marlene (2008), *Kreuzungen*, Frankfurt/M.

Ufen, Frank (2009), »Langfingrige erfolgreicher«, in: *Wiener Zeitung*, 11. Februar, S. 10.

Zugmann, Johanna (2009), »Lifestyle in der Wirtschafstkrise«, in: *Die Presse*, 8. November, S. K 1.

Zweig, Stefan (1984), *Die Welt von gestern. Erinnerungen eines Europäers*, Frankfurt/M.

Die unwirkliche Poesie des Zinseszinses

Fiktionalität der Geldwirtschaft in Martin Walsers
Roman *Angstblüte*

Manuel Bauer

Für G.

Eine interdisziplinäre Beschäftigung mit Phänomenen wie Fiktionalität und Virtualität im Bereich des Ökonomischen unter Beteiligung von Literatur- und Kulturwissenschaftlern wäre Karl von Kahn, der Hauptfigur aus Martin Walser Roman *Angstblüte*, ganz sicher höchst suspekt. Dass sich Vertreter der im Roman äußerst polemisch gezeichneten »kulturellen Fraktion« (Walser 2008: 44 u.ö.) mit Realökonomie und Finanzwirtschaft beschäftigen, wäre für Karl von Kahn zweifellos ein Anlass, sich »sanft triumphierend« (ebd.: 398) seiner Überlegenheit hinzugeben. Schließlich ist dieser Mann jenseits der 70 ein »Experte für Geldvermehrung« (ebd.: 471) und kennt die abstrakten Prozesse aus der täglichen Praxis, von denen Literaturwissenschaftler vielleicht nur aus schöngeistigen Büchern wissen. Aus Büchern wie Martin Walsers 2005 erschienenem Roman *Angstblüte* (vgl. Preisinger 2009),[1] der, wie in Walsers Spätwerk häufig anzutreffen,[2] die Geschichte der Liebe eines betagten Mannes zu einer jüngeren Frau erzählt, ohne dabei mit erotischen Obsessionen und der Darstellung sexueller Details zu geizen. Weitaus interessanter als die abermalige Variation dieses typischen Walser-Themas ist die kontextuelle Einbettung. Als Protagonisten wählt Walser einen Anlageberater, der einer geradezu virtuellen, abstrakten und fiktionalen Geldwirtschaft huldigt. Dabei ist es keineswegs ein Zufall, dass der Protagonist adelig ist, werden doch Aristokraten traditionell vom »Phantasma ›wahrer‹ Arbeit (zu der weder das Geldgeschäft noch die künstlerische Produktion gehören)« (Schößler 2009: 323) ausgeschlossen.

Dieser Wirtschaftsroman, in dem Vokabeln wie »Einzelhandel«, »Arbeitswirklichkeit« oder gar »Arbeitslosigkeit« nicht vorkommen, ist ein Beleg für die »Arbeitsscheu der deutschen Literatur« (vgl. Heimburger 2010: 16ff.).

---

1 Preisinger (2009: 33) führt aus, der Leser werde von Romanen wie *Angstblüte* »in die Welt der Fonds und Aktien eingeführt«.
2 So etwa in den Romanen *Der Augenblick der Liebe* (2004) und *Ein liebender Mann* (2008).

Nicht um eine Darstellung der Arbeitswelt oder die Veranschaulichung komplexer ökonomischer Zusammenhänge geht es dem Text, sondern um die ideologiekritische Entlarvung der ästhetisch verklärten Welt der Geldvermehrung, wobei sich diese kritische Attitüde als Akt der poetischen Huldigung camoufliert.

Angstblüte ist eine radikale Reflexion über Realität und Virtualität der Welt im Ganzen und insbesondere von Massenmedien, wobei dem Medium des Geldes (schon im Titel, der über das Wort »Blüte« Falschgeld assoziieren lässt) eine exponierte Rolle zukommt. Alles ist inszenierbar, sogar Emotionen, Freundschaften und Krankheiten. Selbst Eigennamen und Nahrung geraten zu höchst artifiziellen Angelegenheiten. Die Grenzen zwischen Realität und Fiktion sind kaum mehr auszumachen, vorherrschend ist das »Fiktionalreale« (vgl. Walser 2008: 213). Die Verleugnung des Wirklichkeitsprinzips und die eskapistische Ästhetisierung der Welt durchziehen sämtliche Bereiche der Handlung und sind bei etlichen Figuren in geringfügigen Variationen festzustellen. Beispielsweise führt Gundi, die Ehefrau von Karls bestem Freund und erfolgreiche Fernsehmoderatorin, im Rahmen ihrer Sendung mit großem Pathos aus: »Weg mit der verhinderungssüchtigen Wirklichkeit, in der so gut wie nichts möglich ist. Vor allem nichts Schönes. Schluß mit der Vorherrschaft des Wirklichkeitsprinzips. […] Alles ist möglich. Wir müssen es nur zulassen.« (Ebd.: 57)

Geld ist dabei kein Thema unter anderen, sondern wird als das zentrale Element der Weltanschauung der Hauptfigur im Vergleich zu anderen Medien der Entwirklichung wie Film oder Fernsehen, denen ausufernde Überlegungen gewidmet sind, als reinste Form der Selbstreferenz zelebriert. Die Unwirklichkeit der Finanzwirtschaft übt eine besondere Anziehungskraft aus: »Es gehört nicht zu den geringsten Reizen des Handels mit Wertpapieren, daß man etwas verkaufen kann, das man nicht besitzt. Ein Handel also mit virtuellen Werten.« (Ebd.: 154) Den illusionären Charakter des Finanzhandels zeigt auch Karls Bemerkung, es gebe »natürlich keinen Gewinn, also auch keinen Verlust. Es gibt die Bewegung. Die Illusion. Ist gleich: das Leben« (ebd.: 415). Das Marktgeschehen wird als unendlich flottierend dargestellt, aber auch als reines Spiel, ohne Gewinn und Verlust. Nicht nur die *Objekte* des Handels sind virtuell, auch die *Ergebnisse* sind ohne jegliche Relevanz und der Eigengesetzlichkeit des Marktes untergeordnet. Die Resultate ökonomischer Prozesse, die manifeste lebensweltliche Folgen zeitigen, werden verharmlost, zumal Ökonomie und Leben zu Illusionen erklärt werden.

Im Folgenden wird herausgearbeitet, dass und in welcher Weise Walsers Roman der Finanzwirtschaft durch die Betonung der Aspekte der Virtualität und der Hyperrealität ästhetische und religiöse Weihen zuspricht. Neben der Ästhetisierung des Geldes wird eine Tendenz zur Naturalisierung aufgezeigt und nach dem Stellenwert der Moral gefragt, um schließlich zu diskutieren, wie der Text die geschilderte Finanzwirtschaft bewertet.

I. Geldwirtschaft als Kunst

Angesichts des zentralen Themas des Romans überrascht es zunächst, dass die Handlung zu großen Teilen weniger in einem Finanz- als in einem Künstlermilieu situiert ist. Das Personal des Textes rekrutiert sich in erster Linie aus Kulturschaffenden. Karls bester Freund ist Kunsthändler, sein Bruder ist Künstler, der Großvater war Komponist, Karl selbst verkehrt mit Regisseuren, Schauspielerinnen und Lyrikerinnen.

Auch Karl selbst ist eine Künstlerfigur. Nicht, dass er auch nur die geringste Sehnsucht verspüren würde, in einem konventionellen Sinne als Künstler zu agieren. Er ist gerade in seiner Funktion als Anlageberater künstlerisch tätig, mehr noch: Er ist die einzige Figur des Romans, die sich von sämtlichen heteronomen Fesseln lösen und einen reinen Ästhetizismus ausleben kann.

Karl von Kahn sieht die Tätigkeit des Geldvermehrens explizit als »Kunst« (ebd.: 24, 121 u.a.), er und seine Tätigkeit werden mit Künstlern verglichen: »Wie dem Maler die Welt zu einem Andrang von Motiven wird, so boten sich ihm, wo er hinkam, Möglichkeiten an, Geld zu vermehren.« (Ebd.: 121) Seinem Selbstverständnis zufolge ist Karl durchaus poetisch-schöpferisch tätig, wenn er Depots und Anlagen »konstruiert«, »entwickelt« oder »zusammenbaut« (vgl. ebd.: 117). Die Anleger sind seine »Geschöpfe« (vgl. ebd.: 144). Als Schöpfer entwickelt der Anlageberater ein »Wertebauwerk« und ist »an der Erschaffung dieses Werks beteiligt« (ebd.: 152). Anlageberatung gerät zur Kunstausübung – Karl beschreibt sein Tun unter anderem als »Gesang« (ebd.: 117), »Oper« und »Arie« (ebd.: 405).[3]

Als die Schauspielerin und Lyrikerin Joni Jetter darlegt, Gedichte seien das Schönste, weil sie »die Sprache selbst« seien, nimmt Karl diese Ansicht

---

3 Karls Selbsteinschätzung wird freilich nicht von allen Figuren geteilt. Seine junge Geliebte Joni Jetter sagt unumwunden: »[D]u bist kein Künstler.« (Ebd.: 252)

zum Anlass einer weiteren Ästhetisierung des Monetären: »Er sagte, ob sie's glaube oder nicht, ganz anders sei es mit dem Zinseszins auch nicht. Er sei das Geld des Geldes, also die Sprache der Sprache, also ist der Zinseszins ein Gedicht.« (Ebd.: 339) Der Zinseszins, die potenzierte Abstraktion des Geldes, wird nicht mehr nur mit einem Kunstwerk verglichen, sondern dezidiert als ein solches bezeichnet. Karl ist dieser Auffassung zufolge ein Dichter, seine Tätigkeit Poesie in ihrer reinsten und geistigsten Form.[4]

Nicht nur als Schöpfer geriert sich Karl als Künstler, auch als Vermittler und Darsteller ist er künstlerisch tätig. Er trägt seinen Kunden mit Vorliebe die »Melodie des reinen Gewinns« (ebd.: 26) vor. Selbst der Zusammenbruch des Neuen Markts wird von Karl zynisch ästhetisiert: »Die mehr als 150 Milliarden, die da vertan worden sind, verstand er als Melodie. Für ihn eine Glücksmelodie.« (Ebd.: 98f.)

Dem korrespondiert die immer wieder ins Spiel gebrachte Frage nach dem Verhältnis der Finanzwirtschaft zur Kunst. Dabei ist der Kunstdiskurs nicht etwa vom Finanzdiskurs abgekoppelt, sondern auf das engste mit diesem verwoben. Analog zu einer in der Tradition der idealistischen Ästhetik als autonom begriffenen Kunst ist für Karl Geld gleichsam Zweckmäßigkeit ohne Zweck. Geld wird in *Angstblüte* nicht, wie etwa bei Adam Smith, als »Hilfsmittel« (vgl. Smith 2009: 27) angesehen, sondern als Zweck. Bei seiner Fetischisierung des Geldes geht Karl auch über den Geldtheoretiker hinaus, auf den er sich vorbehaltlos anerkennend bezieht. »Georg Simmel habe das schon vor mehr als hundert Jahren beschrieben, wie beim Geld aus der Substanz die Funktion wurde.« (Ebd.: 406) In der Tat hat Simmel »Wesen und Bedeutung des Geldes« jenseits »seiner Fesselung an bestimmte Substanzen« (Simmel 1989: 199) analysiert und dabei betont, dass »Geld nicht sowohl eine Funktion hat, als eine Funktion ist« (ebd.: 201). Karl würde dem zwar bedenkenlos zustimmen, aber noch einen Schritt weiter gehen. Das Faszinosum des Geldes sei just dessen vollständige Loslösung aus allen Funktionszusammenhängen – »Geld absolut« (Walser 2008: 219). Wird Geld funktional begriffen, ist man letztlich noch seiner Seinsweise als, um mit Marx zu sprechen, »Wertmaß« und »Äquivalentware« (Marx 2001: 109) verhaftet – was Karl von Kahn deswegen ablehnen würde, weil Geld immer noch als Äquivalent für »etwas« und daher als Teil des Tauschhandels begriffen, mithin noch nicht ganz bei sich selbst wäre (vgl. Walser 2008: 406). Geld als Subs-

---

4 Schößler bewertet die von Karl so geschätzte »Geldschöpfung aus dem Nichts« als eine Art »imitatorische Poesie aus zweiter Hand« und »dezidiert nicht originell« (Schößler 2008: 56).

tanz und Tauschwert gilt nachgerade als vulgär, Verbrauch als uninteressant (ebd.: 242), gar als »kitschig« (ebd.: 144). Wie in der Kunst sei beim Geldvermehren die »Sache selbst« (ebd.: 243) entscheidend. Nicht auf äußere Zwecke ist die Geldvermehrung ausgerichtet, sondern nur auf sich selbst. Karl vergleicht das mit dem Prinzip des *l'art pour l'art*. Allerdings sei das Geldvermehren der Kunst in diesem Punkt überlegen: »Aber beim Geldvermehren wird das Geldvermehren [...] kein l'art pour l'art, weil ja doch vermehrt und vermehrt wird. Das ist das Einzigartige, das Unvergleichliche des Geldes.« (Ebd.: 243) Die Zweck-Mittel-Relation, bei der das Geldvermehren sowohl Mittel als auch sein eigener Zweck ist, wird als Garantie der Produktivität erachtet. Der Geldvermehrer ist schöpferisch und produktiv, die vollkommene Selbstbezüglichkeit gewährleistet die Wertsteigerung, die aber nicht das Ziel sein dürfe: »[D]as Absahnen, Gewinnmitnehmen samt Geldausgeben ist die triviale Dimension. Ich sage verständnisvoll: die irdische Dimension.« (Ebd.: 243f.) Wenn ein Gewinn erzielt werden kann, erlebe man den »Schauer der Vermehrung« (ebd.: 244). Entscheidend ist der Grad der Abstraktion und das Erlebnis der Verzinsung, das buchstäblich in ein ästhetisches Ereignis übergeht: »Der Zins ist die Vergeistigung des Geldes. Wenn der Zins dann wieder verzinst wird, wenn also der Zinseszins erlebt wird, steigert sich die Vergeistigung ins Musikmäßige. Das ist kein Bild, kein Vergleich, das ist so. Die Zinseszinszahlen sind Noten.« (Ebd.: 244) Die »Geldkunst« sei »eine jüngere Schwester der Theaterkunst« (ebd.: 273). Beide sind Spiele und Inszenierungen.

Jeglicher Angleichung der »Geldvermehrung« an Kunstausübung zum Trotz ist es ein integraler Bestandteil von Karls »Geschäfts-Philosophie« (ebd.: 120), dass die Tätigkeit keinen eigenen Wert hat. »Ihm war von Anfang an das Geld wichtiger als die Tätigkeit, mit der er es verdiente. Es gibt offenbar Berufe, die denen, die sie ausüben, gar nicht erlauben, daß sie sie ausüben, um Geld zu verdienen. Die Berufe haben offenbar einen Wert in sich.« (Ebd.: 120f.) Der vermeintlichen Abwertung der konkreten Tätigkeit ist gleichwohl das Moment der Aufwertung inhärent. Karls Berufsausübung, obschon nur als Mittel zu einem Zweck erachtet, erhält für ihn ihre Würde dadurch, dass sie im Gegensatz zu anderen Berufen unmittelbar auf Geld und dessen Vermehrung ausgerichtet ist. Eine berufliche Tätigkeit als Dienst am Nächsten oder an der Gesellschaft kommt für Karl einer absurden Vorstellung gleich. Er leistet seinen Dienst am Geld, in dem er es vermehrt. Dadurch grenzt er sich auch, wie er selbst meint, von Künstlern und Dichtern ab, denen »es ums Weltverbessern gehen« (ebd.: 121) müsse. Dabei hat er allerdings nur ein Kunstschaffen im Blick, das nicht auf Kunst selbst ausgerichtet ist. Just das von ihm selbst ins Spiel gebrachte Prinzip des *l'art pour l'art* aber zeigt exakt die gleiche Tendenz: Künstler dienen der Kunst, so wie Karl dem Geld dient. Es ist gerade die scheinbare Geringschätzung der Tätigkeit, die diese wieder der Kunst angleicht.

Ohne dass dies Karl von Kahn – und womöglich auch Walser selbst – bewusst wäre, ist der Finanzberater mit dem künstlerischen Habitus ein echter Postmodernist, heißt es doch bei Jean Baudrillard: »[A]lles was sich selbst verdoppelt, selbst die banale und alltägliche Realität, steht [...] im Zeichen der Kunst und wird ästhetisch.« (Baudrillard 1988: 161) Die Selbstreferenz und die Verdopplung – die stete Verzinsung des Zinses und die sprachlichen Orgien von der Zinseszins-Verzinsung sind schlagendes Beispiel für diese Ansicht. Kunst ist für Karl (und für den Roman insgesamt) nicht primär mit originärem Schöpfertum verbunden, sondern mit der *Verdoppelung* und dem *Nachmachen*.

II. Der Markt als Naturgeschehen

Bei aller Wertschätzung für den abstrakten Charakter der Finanzwirtschaft versucht Karl von Kahn, das Ausmaß dieser Abstraktion zumindest für seine Kunden in einem überschaubaren Rahmen zu halten. »Er setzte seine Kunden nicht den Kunststoffwörtern aus, mit denen die Branche sich den Anschein gab, das Weltwettergeschehen der Märkte mit immer feineren Maschinen und Methoden durchschauen und berechnen und lenken zu können.« (Walser 2008: 24) Seinen Kunden gegenüber ist er bestrebt, »alles Wirtschaftliche ins Menschliche« (ebd.: 25) zu übersetzen, was bedeutet, dass möglichst kein »Expertenvokabular« (ebd.: 25) zum Einsatz kommen soll.[5] Zu diesem Zweck bedient er sich bei einem semantischen Feld, das der Künstlichkeit und Virtualität des Gegenstandes kaum fern liegender sein könnte: dem Feld des Organisch-Natürlichen.

Der Markt ist für Karl »ein Prozeß, in dem nichts ohne Folge bleibt, aber keine Folge vorhersehbar und schon gar nicht determinierbar ist [...], da darf man doch von einem Vorgang sprechen, der zur Natur gehört oder doch

---

5 Bisweilen aber zelebriert er just dieses Vokabular, vereinzelte Ausdrücke werden zum ästhetischen Ereignis: »Wertschöpfungskette, das ist ein Wort nach seinem Geschmack. Man kann es gar nicht oft genug sagen. Wertschöpfungskette.« (Walser 2008: 26)

dahin tendiert« (ebd.: 415). Das Unfassbare, Virtuelle soll als Naturprozess fassbar gemacht werden. So wird beispielsweise die Entstehung des Zinseszinses, Karls Lieblingsthema, mit dem Prozess des Säens und Erntens verdeutlicht: Karl sät den Zins und erntet den Zinseszins (vgl. ebd.: 26f.). Das Künstliche wird zum Organischen und Lebendigen, wenn das Portfolio einer Kundin als »Anlagen-Gewächshaus« bzw. »Werte-Gewächshaus« (ebd.: 23) bezeichnet wird. Während das Natürliche durch die Metapher des Gewächshauses noch als domestiziertes und daher kulturelles Phänomen zu begreifen ist, wird der Markt alsbald als »Naturgeschehen« (ebd.: 24) bezeichnet, also als ein Ereigniszusammenhang, der sich jenseits menschlicher sowie kultureller Beeinflussung vollzieht. Das Prinzip von Ursache und Wirkung wird auf den Markt übertragen, wenn auch modifiziert: »Jede Bewegung auf dem Markt hat eine Wirkung, und diese Wirkung wirkt zurück auf ihre Ursache. Und die dadurch veränderte Ursache produziert eine veränderte Wirkung, die wieder zur veränderten Ursache einer anderen Wirkung wird.« (Ebd.: 24) Mit Hilfe vorsokratischer Naturphilosophie[6] wird das Marktgeschehen gleichermaßen als natürlicher Prozess wie als philosophisches Modell dargestellt. Das »Hin und Her« hört nie auf und ist entscheidend dafür, dass Karl im Marktgeschehen das Natürliche und »das Lebendige« (ebd.: 24) sieht. Auch der umgekehrte Weg wird eingeschlagen, wenn biologische Prozesse wie blühende Bäume oder eine Ejakulation als Vorgänge der Verzinsung beschrieben werden.

Die Angleichung der Finanzwirtschaft an Naturgeschehen ist umso bemerkenswerter, als es Geld, wie nicht zuletzt Jacques Derrida bemerkte, »nicht in der Natur« (Derrida 1999: 7) gibt. Stattdessen ist Geld in höchstem Maße von Konventionen und Glauben, also von der »fundamentale[n] Unterscheidung zwischen Natur und Konvention, Natur und Gesetz, Natur und Kunst oder Artefakt« (ebd.: 8) abhängig, um überhaupt eine Legitimation zu erfahren. Es wirkt ohnehin widersprüchlich, wenn Karl die für ihre Abstraktheit gefeierte Finanzwirtschaft anderen, nachvollziehbareren Prozessen anzugleichen bestrebt ist und dafür neben dem Bereich der Kunst ausgerechnet auf Naturgegenstände, also auf das klassische Gegenteil von Künstlichkeit und Abstraktion, zurückgreift.

Allerdings ist der Widerspruch zwischen der Huldigung des abstrakten Wesens des Geldes und seiner Angleichung an Naturgegenstände nicht so gravierend, wie es zunächst den Anschein haben mag. Wie Derrida richtig bemerkt, wurde die Deutung des Übergangs vom monetären Gold und Sil-

---

6 Vgl. ebd., S. 24, wo Karl sich, wenn auch in popularisierter Form, auf Heraklit bezieht.

ber zum Papiergeld mit festgesetztem Kurs, also der Übergang von der Substanz zur Funktion und Konvention, häufig als Geschichte eine Denaturierung begriffen und ist daher ein Beispiel »einer naturalisierenden Tendenz in der Interpretation des Monetären oder des Wertes« (ebd.). Der artifizielle Charakter der modernen Finanzwirtschaft verweist *ex negativo* auf die Auffassung des Geldwertes als substanzielle Größe. Wenn Karl von Kahn die moderne Geldwirtschaft gleichermaßen als Kunst und Natur interpretiert, bewegt er sich im Paradigma des Natürlichen, das stets die Folie für die Auffassung des Künstlichen bildet.

III. Die Religion des Zinseszinses

Es ist keine neue Ansicht, dass das ökonomische Denken nach dem Fall der großen Ideologien die Leitgedanken vorgibt.[7] Bei Walser äußert sich dies vor allem in den immer wiederkehrenden Elogen über die Spiritualität, die anlässlich des Zinseszins-Zinses erlebbar werde. Die ideologische Obdachlosigkeit wird gar nicht registriert, da die Börsenwerte die Leitlinien des Lebens vorgeben. Finanzielle Vorgänge werden allenfalls als metaphysische Vorgänge begreifbar, während Metaphysik ansonsten keinen Ort in der Lebenswelt der Figuren hat.

Die Idealisierung einer selbstreferenziellen Finanzwirtschaft gipfelt in der Gesinnung, das Anlegen von Geld sei nicht nur die einzig wahre Kunst, sondern sogar die einzige Religion: »Wenn wir aber den Zinseszins-Zins erleben, erleben wir Religion. Der Wirklichkeitsgrad, Vergeistigungsgrad des Zinseszins-Zins-Effekts macht die Zahl zum Religionstext […]. Spürbar wird Gott.« (Walser 2008: 244) Aufgrund seiner totalen Vergeistigung und Virtualität ist das Wirtschaftliche nicht nur ebenso wichtig wie in früheren Zeiten die Religion, es »ist jetzt die Religion« (ebd.: 429). Wenn erst die »absolute Erhabenheit des Geldes« erwiesen sei, entfielen »alle vorläufigen Ersatzreligionen« (ebd.: 244).

Nicht nur steht das Ökonomische an der Stelle der Religion. Religiöse Zusammenhänge werden auch strikt ökonomisch gedeutet, wie etwa Karls Auslegung des Gleichnisses vom anvertrauten Geld aus dem Matthäus-Evangelium zeigt (vgl. Mt. 25,14–30), der er »eine reine wirtschaftliche Mo-

---

7 Vgl. Spinnen (2009: 10): »Nach dem Fall der großen Ideologien befinden wir uns in einer wesentlich vom Denken der Ökonomie bestimmten […] Welt.«

ral« (Walser 2008: 410) entnehmen zu können glaubt. Zudem zeigt die Rede vom »christlichen Mehrwert« (ebd.: 45), dass selbst Fragen von Heil und Erlösung in der Sprache des Kapitals behandelt werden. Folgerichtig werden Karls wiederholte Ausführungen über Zins und Zinseszins als sein »Psalm« (ebd.: 255) oder seine »Predigt« (ebd.: 415) bezeichnet – finanzwirtschaftliche Schwärmereien sind gleichsam Karls Glaubensbekenntnis.

Die Preisung des Zinses, des Zinseszinses und sogar des Zinseszins-Zinses ist durchaus bemerkenswert, weil Walser sich damit gegen eine wirkmächtige Tradition stellt, nämlich die »Antikapitalistenarie vom bösen Zins« (ebd.: 409). Ausgehend vom aristotelischen Verdikt, Zinsen widersprächen der Tauschfunktion des Geldes und seien daher gegen die Natur, also pervers, wurde diese Denkfigur unter anderem durch Thomas von Aquin und Hegel bis in die Gegenwart transportiert, wenn auch mittlerweile, wie Jochen Hörisch bemerkt, weitgehend ins Unbewusste abgedrängt (vgl. Hörisch 1996: 128). Dem stellt Walser die Apologie, wenn nicht gar die Apotheose des Zinses gegenüber. Gleichwohl wählt er dafür kein anderes Argument: Auch hier ist es die Vernachlässigung der Tauschfunktion des Geldes, die den Ausschlag gibt. Allerdings wird dieser Sachverhalt gänzlich anders bewertet. Was für Denker wie Aristoteles oder Thomas Grund zur Verdammung des Zinses ist, ist für Karl der Grund der Aufwertung. Just die Ablösung des Geldes von substanziellem Wert und die Aussonderung aus Tauschzwecken machen den Zins so attraktiv. Was der klassischen Tradition zu abstrakt war, ist dem Anlageberater von Kahn gerade abstrakt genug. Die volle Verzückung ergreift ihn schließlich erst angesichts des Zinseszins-Zins-Effekts. Die potenzierte Abstraktion und Unnatürlichkeit verheißt die höchste ästhetische und spirituelle Glückseligkeit.

Bei dieser Umdeutung von Zins und Wucher ist anzumerken, dass der Roman, wie Franziska Schößler überzeugend dargelegt hat, Karls Ansichten von der Geldvermehrung »explizit in einem jüdischen Kontext situiert« (Schößler 2008: 54)[8] und den »große[n] Reichtum aus Zinsgeschäften sowie das forcierte Interesse an Geld […] dezidiert mit einem ethnischen Index« (Schößler 2009: 320) versieht. Zwar ist Karl selbst nicht jüdisch, er bezieht sich aber beispielsweise hinsichtlich seiner Geschäftsphilosophie auf die jüdische Bankiersfamilie Rothschild (vgl. Walser 2008: 125f.) und auf zahlreiche weitere jüdische Bezugsautoren und Vorbilder (vgl. Schößler 2008: 54). Vor allem aber wird die Abstraktion, auf der die Finanzwirtschaft basiert, klassischerweise als Kennzeichen jüdischen Wirtschaftens erachtet. »Der Roman

---

8 Vgl. generell zur Debatte um Martin Walsers Antisemitismus Lorenz (2005).

Walsers kennzeichnet […] die windigen Zinsgeschäfte als jüdische und schreibt damit einen (antisemitischen) Diskurs fort, der insbesondere um 1900 Juden zu Spielern beziehungsweise skrupellosen Börsianern erklärt« (ebd.: 48), wobei die »ebenso problematischen wie folgenreichen antijüdischen Konnotationen des Wechselgeschäfts ausgespart« (ebd.) bleiben. Darauf wird noch einmal zurückzukommen sein.

IV. Ökonomie im außermoralischen Sinne

All das, was in den letzten Jahren im Zuge des Zusammenbruchs der internationalen Finanzmärkte an Vorwürfen zu lesen und zu hören war, gereicht diesen Finanzmärkten im Roman, der wenige Jahre vor einer beträchtlichen internationalen Banken- und Finanzkrise publiziert wurde, zur Ehre. Karl ist ein entschiedener Gegner jeder Form der Regulierung. Alle Maßnahmen, die eine »Wertvernichtungsorganisation« (Walser 2008: 443) wie der Staat ergreifen könnte, um das Marktgeschehen zu regulieren, werden mit scharfem Spott übergossen (vgl. ebd.: 240f. u.ö.). Radikaler Liberalismus und Deregulierung seien der Virtualität der Geldwirtschaft allein angemessen. Die Vermehrung des Geldes sei das »Reich der Freiheit« (ebd.: 406) und dürfe daher nicht von staatlichen Maßnahmen eingeschränkt werden. Der Roman präsentiert eine Meinung, die als eine der Ursachen der jüngsten Krise ausgemacht wurde.

Gleiches gilt für das Verhältnis von Wirtschaft und Moral. Obwohl Karl ebenso stolz wie selbstironisch auf »den Ethikstandard [seiner] Firma« (ebd.: 95) verweist, wird schonungslos die Abkoppelung moralischer Aspekte aus dem Feld des Ökonomischen betrieben.[9] Der »immer lebensfeindlichen Moral« wird die »lebensspendende Kraft des Kontos« (ebd.: 415) gegenübergestellt. Walser spielt mit der Mehrdeutigkeit des Wortes »Werte«. Im von ökonomischen Faktoren dominierten Weltbild dieses Romans sind moralische Werte bloße »Scheinwerte« (ebd.: 304). »Wertverluste« geraten nicht als moralische Probleme in den Blick, sondern einzig als Bedrohungen des Portfolios. Selbst Menschen werden mit Währungen gleichgesetzt: »Erewein war die Golddeckung, er war die Papierwährung.« (Ebd.: 102) Sie können sogar

---

9 In *Der Augenblick der Liebe* hatte Walser noch einen Transfer ökonomischer Systeme auf moralische Fragen thematisiert, indem er seinen Protagonisten Gottlieb Zürn an eine »[f]reie moralische Marktwirtschaft« (Walser 2007: 205) denken lässt.

zu einem »Unwert« (ebd.: 76) werden. Karl von Kahn ist ein Musterbeispiel für den »ökonomischen Menschen«, da dieser schließlich »die Dinge der Welt nicht nach wahr und falsch, gut und böse, gerecht und ungerecht sortiert, sondern nach den Kriterien von Gewinn und Verlust verfährt« (Vogl 2009: 20).

In diesem Zusammenhang sind die beim insgesamt sehr großen Anspielungsreichtum auffallend häufigen intertextuellen Bezüge zu Nietzsche signifikant. Schon bevor Karl zu hören bekommt, er klinge »wie Nietzsche persönlich« – was Karl lakonisch mit »[s]oll mir recht sein« (ebd.: 337) zur Kenntnis nimmt, der Einschätzung also zustimmt – und sich ein Kunde Karls dezidiert zu Nietzsche als seinem »Heiligen« (ebd.: 413) bekennt, spielt die immer wieder aufgegriffene Redeweise von der »Entwertung der Werte« (vgl. ebd.: 84 u.ö.) auf Nietzsches Vorhaben einer »Umwerthung aller Werthe« (Nietzsche 1999a: 253) an. Dass dabei ein moralphilosophisches Projekt ins Finanzielle transformiert wird, ist sprechend: An die Stelle der Moral ist die wirtschaftliche Spekulation getreten, die – wiederum im Geiste Nietzsches – als »jenseits von Gut und Böse« begriffen wird.[10]

Darüber hinaus wird bemerkenswert oft an Nietzsches frühe Schrift *Ueber Wahrheit und Lüge im aussermoralischen Sinne* angeknüpft (vgl. Walser 2008: 126, 314, 391, 456, 474f.) – mithin an eine sprachphilosophische Fundamentalreflexion, die nicht nur Wahrheit jenseits moralischer Kriterien bemisst, sondern mit Vehemenz die Konstruktion von Wahrheit durch den niemals adäquaten sprachlichen Zugang zur Welt hinterfragt und die vermeintlichen Wahrheiten als »Illusionen« enttarnt, »von denen man vergessen hat, dass sie welche sind« (Nietzsche 1999b: 881). Walsers Roman, der auch das Universalmedium Sprache hinsichtlich seiner Abbildungs- und Täuschungsfunktion kritisch bedenkt (vgl. Walser 2008: 74 u.ö.), legt seinerseits den fragilen Status dessen offen, was seine Figuren als Wahrheiten ansehen.

Karl will eine Neubewertung des Lügens erreichen, da nur mit Hilfe von Lügen das Dasein erträglich werde: »Lüge ist der Aufstrich aufs tägliche Brot, ohne den das Brot ungenießbar bliebe.« (Ebd.: 126) Lügen geraten zum wirkungsvollsten Mittel zur Ästhetisierung der Welt. Wie für Nietzsche ist für Karl Lüge »kein moralisches, sondern ein linguistisches Problem« (ebd.: 126). Darüber hinaus fordert Karl ein Ende der »bösartigen Unterscheidung von Lüge und Wahrheit« (ebd.: 391f.).

---

10 Außerhalb ökonomischer Zusammenhänge beharrt Karl allerdings, wie im Brief an seine Frau Helen deutlich wird, darauf, »daß er nicht amoralisch ist, nur unmoralisch« (Walser 2008: 455).

Das »außermoralische« Verhältnis von Wahrheit und Lüge, Realität und Täuschung oder Original und Imitation ist das zentrale Motiv des gesamten Romans, natürlich auch der darin thematisierten Finanzwirtschaft. Bedenkt man, dass Karl sagt, er sei ein »Simulant« und »simuliere Leben« (ebd.: 454), liegt der Bezug zum mit Begriffen wie Dereferenzialisierung, Immaterialität und Realitätsentzug verbundenen Konzept der Simulation nahe (vgl. Dotzler 2003: 518), ebenso wie zur Fiktionalität. Laut Gérard Genette führt der Fiktionstext »zu keiner außertextuellen Realität«, da »die Wesen, auf die er sich bezieht, außerhalb seiner keine Existenz haben und uns in einer unendlichen Zirkulation auf ihn zurückverweisen« (Genette 1992: 37). Ähnlich lässt sich in *Angstblüte* die Finanzwirtschaft begreifen, da auch diese nie aus ihrer eigenen Sphäre heraustritt und sich nicht auf greifbare Objekte bezieht, sondern stets auf sich selbst zurückverweist. Noch mehr aber drängt sich hinsichtlich der im Roman geschilderten Finanzwirtschaft Baudrillards Begriff des »Hyperrealen« auf:

»Die Realität geht im Hyperrealismus unter, in der exakten Verdoppelung des Realen, vorzugsweise auf der Grundlage eines anderen reproduktiven Mediums […], und von Medium zu Medium verflüchtigt sich das Reale, es wird zur Allegorie des Todes, aber noch in seiner Zerstörung bestätigt und überhöht es sich: es wird zum Realen schlechthin, Fetischismus des verlorenen Objekts – nicht mehr Objekt der Repräsentation, sondern ekstatische Verleugnung und rituelle Austreibung seiner selbst: hyperreal.« (Baudrillard 1988: 156f.)

Walsers Roman liest sich wie die Illustration dieser postmodernen Theorieblase: Das Finanzwesen ist von der Realität weitgehend abgekoppelt. Der ohnehin nur virtuelle Gegenwert des Realen verflüchtigt sich, da Geld immer nur auf Geld verweist. Das Reale verliert sich also zunehmend im Medium. Zugleich aber wird durch das Unwirklichwerden der Reiz des Objekts bedingt. Karl fetischisiert das Geld, weil es keinen eindeutigen Bezug mehr zu einem Objekt hat.

V. Die beste alle möglichen virtuellen Welten?

Es stellt sich die Frage, ob Walsers Schilderung der Geldwirtschaft und die Abwertung moralischer Überlegungen ein Symptom der Skepsis oder Ausdruck eines – aus heutiger Sicht – naiven Vertrauens in die Finanzmärkte ist, das die größte Krise seit Jahrzehnten ermöglichte. Es wurde herausgestellt, dass in den Ausführungen der Hauptfigur die Finanzwirtschaft eine ästhetische und sogar religiöse Dignität gewinnt und allen anderen kulturellen Erscheinungen vorgezogen wird. Der Finanzkapitalismus wird indes auf der Makroebene des Romans bei weitem weniger positiv bewertet, als es zunächst anmutet. Auf der Figurenebene wird der hyperrealen Hochfinanz auf durchaus faszinierende Weise ein Loblied nach dem anderen gesungen. Da es keine Figuren gibt, die dies kritisch beurteilen, und auch keine übergeordnete Erzählinstanz greifbar wird, entsteht der Eindruck, als proklamiere der Roman diese immer irrealer werdende Form der Ökonomie. Dass dies nicht so ist, zeigt bereits der Titel. Eine »Angstblüte« ist das letzte Blühen einer Pflanze, bevor sie stirbt – der Paratext signalisiert, dass das scheinbar verklärte Finanzwesen eine Verfallserscheinung ist, das letzte Aufbäumen eines dem Tode geweihten Systems. Zudem wird durch das Schicksal der Hauptfigur klar, dass die Bewertung der Tätigkeit des Geldvermehrens und der Fixierung auf den Zinseszins-Zins keineswegs ungebrochen affirmativ ist. Karl von Kahn verliert zwar nicht sein Vermögen, aber alles andere. Sein bester Freund täuscht ihn, seine Frau verlässt ihn, seine Geliebte entpuppt sich als Betrügerin. Vor allem lässt Walser am Ende seinen Protagonisten, der sein restloses Verschwinden herbeisehnt, einen völligen Ich-Verlust erleiden (vgl. Walser 2008: 476f.). Der Roman, das zeigt die »Degeneration und Verfall« signalisierende »Makrochiffre des Titels« (Schößler 2009: 321) ebenso wie die Entwicklung der Hauptfigur, ist eine »Allegorie des Todes« (Baudrillard 1988: 157).

Auch das Alter der Akteure ist hier zu berücksichtigen. Selbst über 70, ist es eine von Karls Spezialitäten, »Kunden, die siebzig plus, achtzig plus und neunzig plus waren, für langfristige Anlagen zu begeistern« (Walser 2008: 24). Die hochbetagten Kunden investieren ausgerechnet in langfristige Anlagen und gehen ein Spiel mit der Zeit ein, die mutmaßlich ihre eigene verbleibende Lebenszeit übersteigt. Indem das im Roman vermeintlich besungene Finanzsystem vornehmlich aus alten Menschen besteht, wird es abermals als Verfallserscheinung gekennzeichnet.

Die »fiktionalreale« Welt erweist sich als weitaus zerbrechlicher, als Karls Auftreten vermuten lässt. Zwischen die Elogen über Virtualität und Irrealität und den Rechtfertigungen des Lügens mischen sich erhebliche Zweifel und Symptome des Unbehagens, vor denen auch Karl nicht gefeit ist. Die Wirklichkeit ist für Karl, der auch als »Illusionist« (ebd.: 79) bezeichnet wird, nur als ästhetisches Phänomen zu ertragen (vgl. ebd.: 331 u.ö.). Er durchschaut das Gewebe des Irrealen, ohne sich von ihm befreien zu können, und verspürt eine Sehnsucht nach dem Echten und Authentischen: »Er wollte endlich sein, wie er war, und nicht, wie er sein sollte.« (Ebd.: 66) Während er sich zum einen als Großmeister der Virtualität inszeniert, leidet er zum anderen an einer weitreichenden Entfremdung sowie unter einem »Verfälschungszwang« und »stellt es sich als eine Erlösung vor, alles so zu sagen, wie es ist« (ebd.: 126).

Die Unzufriedenheit mit der verfälschten Wirklichkeit durchzieht den gesamten Text. Schon am Ende des ersten Kapitels ist zu vernehmen, dass Karl, wie ihm selbst auch bewusst ist, eine beständige Schönfärberei betreibt und diesen Vorgang sogar zur anthropologischen Notwendigkeit erhebt: »Jeder Mensch ist bereit, sich die Welt schönreden zu lassen. Nicht nur bereit. Er ist dessen bedürftig. Man muß nur sich selber als ersten davon überzeugen, daß diese Welt die beste sei von allen, die möglich gewesen wären.« (Ebd.: 27) Unter Zuhilfenahme einer trivialisierenden Leibniz-Anspielung wird eine allgegenwärtige Verfälschung und Ästhetisierung der Welt eingestanden. Die Verleugnung der Realität wird zur epistemologischen Grundhaltung, die allerdings keineswegs nachhaltige Zufriedenheit verbürgt: »Sobald er [Karl, M.B.] allein war, wußte er sich oft nicht mehr zu helfen. Mutlosigkeit breitete sich aus in ihm. Die Welt war anders. Sie rächte sich dafür, daß er sie gepriesen hatte, obwohl er wußte, daß sie anders war.« (Ebd.: 28) Was Karl den gesamten Roman hindurch vollzieht, ist eine Täuschung, derer er nicht mehr Herr ist. Das Leben in der Hyperrealität führt zum Verlust jeglicher Substanz. Dies wird frappierend deutlich, wenn Karl sich selbst als ontologische Potenzierung beziehungsweise Depotenzierung des Geldes sieht. Beim Geld sei im Laufe der Zeit aus der Substanz die Funktion geworden, und Karl sei seinerseits ein »Funktionär des Geldes« (ebd.: 406) – also Funktionär einer Funktion, weit von jeglicher Substanz entfernt. Was im Bezug auf Geld der große Vorteil zu sein scheint, ist lebensweltlich fatal. Wenn Karl äußert, er *lebe* »vom Zinseszinseffekt« (ebd.: 26), kennzeichnet er sich auf der Folie der aristotelischen Denktradition, die den Zins als widernatürlich ansieht, als degenerierte Lebensform. Die stete Preisung des Zinseszinses lässt sich als letztes Blühen vor dem Untergang auffassen, als »Angstblüte«. Vor diesem Hintergrund gewinnt auch die vermeintliche Aussparung der antijüdischen Wertungen eine neue Bedeutung, da die klassischen Versatzstücke jüdischen Wirtschaftens zwar auf der Figurenebene positiv bewertet, insgesamt aber doch als Anzeichen des Untergangs und der Degeneration ausgewiesen werden (vgl. Schößler 2008: 58).

Der Finanzkapitalismus und seine Vertreter steuern also dem Zerfall entgegen. Kapitalismuskritik ist in Walsers Oeuvre spätestens seit den 1960er Jahren fester Bestandteil der erzählten Welt (vgl. Scholz 1987: 73). Unberührt von etwaigen nationalistischen »Wandlungen« Walsers[11] ist dieses Programm auch in seinem Spätwerk noch gültig. Eine offene Kritik des Wirtschaftssystems oder gar ein Aufbegehren finden im Roman zwar ebenso wenig statt wie eine Finanzkrise. Der ästhetizistisch-selbstreferenziellen Dekadenz der Finanzwelt aber, die virtuellen, fiktionalen und hyperrealen Charakter gewinnt, wird nur ein letztes Aufblühen zugestanden, bevor sie perspektivisch dem Untergang preisgegeben wird.

Literatur

Baudrillard, Jean (1988), »Die Simulation«, in: Wolfgang Welsch (Hg.): *Wege aus der Moderne. Schlüsseltexte der Postmoderne-Diskussion*, Weinheim, S. 153–162.

Derrida, Jacques (1999), *Über das ›Preislose‹ oder The Price is Right in der Transaktion*, o. O. [Berlin].

Dotzler, Bernhard J. (2003) (in Zusammenarbeit mit Nils Röller), »Simulation«, in: Karlheinz Barck/Martin Fontius u.a. (Hg.), *Ästhetische Gundbegriffe. Historisches Wörterbuch in sieben Bänden*, Bd. 5: Postmoderne – Synästhesie, Stuttgart/Weimar, S. 509–534.

Genette, Gérard (1992), *Fiktion und Diktion*, aus dem Französischen v. Heinz Jatho, München.

Heimburger, Susanne (2010), *Kapitalistischer Geist und literarische Kritik. Arbeitswelten in deutschsprachigen Gegenwartstexten*, München.

Hörisch, Jochen (1996), *Kopf oder Zahl. Die Poesie des Geldes*, Frankfurt/M.

Lorenz, Matthias N. (2005), *»Auschwitz drängt uns auf einen Fleck«. Judendarstellung und Auschwitzdiskurs bei Martin Walser*, mit einem Vorwort von Wolfgang Benz, Stuttgart/Weimar.

Marx, Karl (2001), *Das Kapital. Kritik der politischen Ökonomie*, Erster Band, 20. Aufl., Berlin (MEW Bd. 23).

Nietzsche, Friedrich (1999a), »Der Antichrist. Fluch auf das Christenthum«, in: Ders., *Sämtliche Werke. Kritische Studienausgabe in 15 Bänden*, Bd. 6, hg. v. Giorgio Colli u. Mazzino Montinari, Neuausgabe, München, S. 165–254.

---

11 In die Problematik der Diskussionen um Walsers vermeintliche politische Wandlungen führt ein Lorenz (2005: 17–34).

Nietzsche, Friedrich (1999b), »Ueber Wahrheit und Lüge im aussermoralischen Sinne«, in: Ders., *Sämtliche Werke. Kritische Studienausgabe in 15 Bänden*, Bd. 1, hg. v. Giorgio Colli u. Mazzino Montinari, Neuausgabe, München, S. 873–890.

Preisinger, Alexander (2009), »Ökonomie als Poetologie. Der literarische Realismus des neuen Kapitalismus«, in: *literaturkritik.de*, Jg. 11, H. 5, S. 29–34.

Schößler, Franziska (2008), »Versteckspiele: Jüdische Ökonomie und Kultur in Martin Walsers Roman *Angstblüte*«, in: Heinz Ludwig Arnold/Matthias Lorenz (Hg.), *Juden.Bilder*, München (Text+Kritik IX, H. 180), S. 47–60.

Schößler, Franziska (2009), *Börsenfieber und Kaufrausch. Ökonomie, Judentum und Weiblichkeit bei Theodor Fontane, Heinrich Mann, Thomas Mann, Arthur Schnitzler und Émile Zola*, Bielefeld (Figurationen des Anderen 1).

Scholz, Joachim J. (1987), »Der Kapitalist als Gegentyp. Stadien der Wirtschaftswunderkritik in Walsers Romanen«, in: Jürgen E. Schlunk/Armand E. Singer (Hg.), *Martin Walser. International Perspectives*, New York/Bern/Frankfurt/M./Paris (American University Studies. Series I. Germanic Languages and Literature 64), S. 71–80.

Simmel, Georg (1989), *Philosophie des Geldes*, Gesamtausgabe Bd. 6., hg. v. David P. Frisby u. Klaus Christian Köhnke, Frankfurt/M.

Smith, Adam (2009), *Der Wohlstand der Nationen. Eine Untersuchung seiner Natur und seiner Ursachen*, aus dem Englischen übertragen und hg. v. Horst Claus Recktenwald, 12. Aufl., München.

Spinnen, Burkhard (2009), *Gut aufgestellt. Kleiner Phrasenführer durch die Wirtschaftssprache*, 2. Aufl., Freiburg/Basel/Wien.

Vogl, Joseph (2009), »Epoche des ökonomischen Menschen«, in: Dirk Hempel/Christine Künzel (Hg.), *»Denn wovon lebt der Mensch?« Literatur und Wirtschaft*, Frankfurt/M. u.a., S. 19–36.

Walser, Martin (2007), *Der Augenblick der Liebe*, 2. Aufl., Reinbek bei Hamburg.

Walser, Martin (2008), *Angstblüte* [2006], Reinbek bei Hamburg.

»Wollte man ihr etwas über Geld sagen, mußte man sich bildlich ausdrücken«

Literarische Diskursintegration der Ökonomie am Beispiel von Walsers *Angstblüte* und Timms *Kopfjäger*

Alexander Preisinger

> »Man wird Sie fragen, wo das Geld geblieben ist. Es ist dort verschwunden, wohin täglich hunderte Millionen verschwinden, es ist in den irrwitzigen, nicht vorhersehbaren unvergleichlichen Mahlstrom des Kapitalflusses gekommen, sozusagen in das Chaos eingegangen, verschwunden in den schwarzen Löchern des Kapitalmarkts, und doch bleibt das Geld, nach dem Gesetz der Energie, erhalten. Nein, sagte Dr. Blank, der ein vorzüglicher Anwalt ist, nein, so hat das keinen Zweck, so kommen wir nicht voran. Das alles ist zu allgemein, zu bildhaft, zu alchemistisch, das interessiert allenfalls poetisch veranlagte Beisitzer, aber nicht die durch Wirtschaftskriminalität ausgetrockneten, ausgebufften Richter, schon gar nicht den Staatsanwalt. Der lacht da nur.«
> (Timm 2006: 76)

Die Sprache der Poesie ist nicht die Sprache der Wirtschaft: Peter Walter, beschuldigt 23 Millionen Mark veruntreut zu haben, wird von seinem Anwalt gemaßregelt: Rhetorische Elemente, so der Anwalt, seien ästhetisches Beiwerk, und kaum dienlich, wenn es um Referenz und die Klärung von Sachverhalten gehe. Das kriminalistisch-strategische Kalkül des unzuverlässigen Erzählers aus Uwe Timms *Kopfjäger*, das jener Metaphorik zugrunde liegt, ist aber ebenso wenig jenes der Literatur: Denn dass Literatur nicht lügt, sondern eben vom Möglichen handelt, findet sich schon im viel zitierten neunten Kapitel der *Poetik* des Aristoteles. Unbestreitbar ist allerdings, dass Literatur bei der Verhandlung komplexer Themen und Sachverhalte, und dazu gehört eben die Ökonomie, deren Komplexität weder gerecht werden kann noch will – und dies aus gutem Grund: Wer einen Roman liest, der will eben kein Sachbuch lesen.

Im Folgenden möchte ich anhand zweier Romane – Uwe Timms *Kopfjäger* (1991) und Martin Walsers *Angstblüte* (2006) – zeigen, wie sich die literarische Integration von spezialdiskursivem Wissen – in beiden Büchern geht es um den Finanzmarkt – konstituiert und analysieren lässt. Eine solche, wie noch auszuführen sein wird, interdiskursive Re-Integration von Spezialdiskursen geht einher mit narratologischen Konsequenzen, die im Zentrum der Untersuchung stehen sollen.

I. Interdiskurstheorie

Neben Friedrich A. Kittlers Medientheorie, Arne Klawitters Sprachontologie und Klaus M. Bogdals Historischer Diskursanalyse stellt Jürgen Links Interdiskurstheorie eines der zentralen Konzepte einer Diskursanalyse der Literatur bereit, das zudem auch in den Sozialwissenschaften zur Anwendung kommt.[1] Nach Link zeichnet sich die Moderne durch Arbeitsteilung und gesellschaftliche Spezialisierung aus, was wiederum zu ausdifferenzierten Wissensgebieten führt, die an institutionelle Redeweisen und Handlungen gekoppelt sind.[2] Die Folge davon sind mitunter schwer zugängliche Spezial- und Fachdiskurse, die um Definitionsmacht und Eindeutigkeit bemüht sind. Damit Gesellschaften aber handlungsfähig bleiben, muss Spezialwissen verständlich übersetzt – Link spricht von re-integriert – werden. Dies geschieht durch eine Reihe von Strategien, zu denen Polysemien, Symbole, vor allem Metaphern, Mythen, Stereotype und narrative Schemata zählen: Über wirtschaftliche Themen lässt sich so mithilfe von Begriffen wie »Rettungsschirme«, »Hilfspakete« und »Blasen« ausgezeichnet streiten. Diese Elemente werden von Link als elementarliterarische Formen bezeichnet, da sich ihr potenziell konnotativer Überschuss und ihre Möglichkeit zur Narrativierung geradezu für die fiktionale Umsetzung anbieten. Außerdem koppeln diese Elemente Wissen aus den unterschiedlichen Spezialdiskursen – im Bild der Blase wird etwa physikalisches Wissen ebenso aktualisiert wie Wissen über Konjunktur und Finanzmärkte –, sodass Link sie als interdiskursiv bezeichnet. Massenmedien, Literatur, Film und Theater nutzen diese Formen als »Rohstoffe« ihrer Darstellung, sie sind institutionalisierte Interdiskurse, die die Re-Integration spezialdiskursiven Wissens betreiben. Elementarliterarische Formen existieren dabei freilich nicht nur im Alltagsdiskurs; selbst die

---

[1] Vgl. hierzu die aus der linguistischen Diskursanalyse stammende Kritische Diskursanalyse von Siegfried Jäger.

[2] Aus einer Vielzahl von Publikationen wurden hier drei ausgewählt, die Links Konzept zusammenfassend zur Darstellung bringen, vgl. Link (1983), Link/Link-Heer (1990), Link (2004). Für die Kollektivsymbole siehe Drews u.a. (1985).

Spezialdiskurse arbeiten viel stärker mit einer konnotativen Sprache, als sie vordergründig den Eindruck erwecken: Von Bernard Mandevilles *Bienenfabel*, über Milton Friedmans Vergleich des Keynesianismus mit Nikotinsucht bis hin zu Garry S. Beckers reichhaltig bebilderten Gegenüberstellung von Ökonomie und Alltag – Ökonomen selbst greifen intensiv auf literarische Formen zurück. Das Interesse an der diskursiven Verfasstheit der Ökonomie kommt aktuell etwa in rhetorischen als auch wissenspoetologischen Untersuchungen zum Ausdruck: für erstere sei auf die Metaphernanaylse (Diaz-Bone/Krell 2009: 22), wie sie etwa Deirdre McCloskey durchführt, hingewiesen; für zweitere sei Joseph Vogl genannt. Untersuchungen dieser Art resultieren sicherlich auch aus dem Wunsch zur Dekonstruktion der Wirtschaftswissenschaften und ihrer vielfach als überzogen kritisierten Selbsteinschätzung.

II. Martin Walsers *Angstblüte*

Da Walsers *Angstblüte* (2006)³ in diesem Band auch Gegenstand der Untersuchung von Manuel Bauer sein wird, möchte ich den Inhalt hier nur stark verkürzt wiedergeben: Protagonist ist der 71-jährige Karl von Kahn, dessen Finanzdienstleistungsunternehmen weitgehend ohne spezialisierte Produktpalette, dafür mit ungewöhnlichem Kundenstamm – Altersdurchschnitt von 66 Jahren (WA 98) – floriert. Die Handlung besteht aus einer Reihe von Schicksalsschlägen, verbunden mit der persönlichen Wandlung des Protagonisten: Sein Freund Lambert Trautman bewegt Kahn durch die List einer inszenierten Erkrankung zum Verkauf der gemeinsamen Tennisschlägermarke, sein Bruder Erewein begeht Selbstmord und der von Kahn finanzierte Film stellt sich als Verfilmung seiner eigenen Affäre mit der Hauptdarstellerin Joni Jetter heraus. Zuletzt trennt er sich von seiner Ehefrau Helen.

Das eingangs skizzierte Problem der Reintegration spezialdiskursiven Materials wird von Kahn selbst thematisiert: So versucht er in der »Kunden-Post« »alles Wirtschaftliche ins Menschliche« (WA 25) zu übersetzen, und im Bezug auf seine Frau Helen heißt es: »Wollte man ihr etwas über Geld sagen, mußte man sich bildlich ausdrücken« (WA 109). Vor allem in den Gesprächen, etwa mit Jetter oder Markus Luzius Babenberg, findet eine Verdichtung elementarliterarischer Formen statt. Komplexe Sachverhalte werden

---

3 Im Folgenden mit der Sigle WA zitiert.

auch in episodischen Erzählungen präsentiert: Um im Gespräch mit Babenberg die Gerechtigkeit des Marktes zu veranschaulichen, greift Kahn auf Erzählungen, etwa das biblische Matthäus-Gleichnis (WA 409–411) oder das Blattlaus-Beispiel (WA 414), zurück. An der für Kahn identitätsstiftenden Erzählung von der Pfund-Krise des Sommers 1992 wird das Verhältnis von Staat und Markt exemplifiziert (WA 240–241).

Daneben verwendet der Roman intensiv einen kollektivsymbolischen Komplex, der den Markt als vitalen Naturvorgang verbildlicht, dem der Staat und die Statistik gegenübergestellt werden (Tabelle 1).[4]

Tabelle 1: Katachresenmäander Wirtschaft – Wachstum – Politik

Klassematische Isotopien: /Markt/ /Unabhängigkeit/ /Natur/ vs. /Staat/ /Zwang/ /Kontrolle/	
Kollektivsymbol: »Markt als wachsender, unkontrollierbarer Naturvorgang«	Kollektivsymbol: »Staat als durchsetzungsschwacher Wertevernichter« und »Unsinn der Statistik«
[Portfolio als] »Anlagen-Gewächshaus« (WA: 23) [Portfolio als] »Werte-Gewächshaus« (WA 23) »Weltwettergeschehen der Märkte« (WA 23) »Der Markt als Naturgeschehen« (WA 24) »Das Leben will die Wieder- und Wieder- und Wiederanlage des Erworbenen.« (WA 24) »Und Karl von Kahn und seine Kunden sind für das Lebendige. Zins und Zinseszins.« (WA 24) »während wir den Zins säen und den Zinseszins ernten« (WA 26–27) »Die Flucht aus einer angeschlagenen Währung wird zum Naturereignis.« (WA 86) »in dem verwüsteten Marktgelände der Neuen Technologie die Zukunft säen« (WA 98) »Die Neue-Markt-Pleite hatte Wirkungen hinterlassen wie ein Taifun.« (WA 98)	»Aber die Politik kann sich gegen den Markt so wenig durchsetzen wie gegen das Wetter« (WA 241) [Staat als] »Wertvernichtungsorganisation« (WA 443) »Er setzte seine Kunden nicht den Kunststoffwörtern aus, mit denen die Branche sich den Anschein gab, das Weltwettergeschehen der Märkte mit immer feineren Maschinen und Methoden durchschauen und berechnen und lenken zu können« (WA 24)

---

4 Als innovativ kann diese Metaphorik freilich nicht bezeichnet werden. Vgl. hierzu im Kontrast Elfriede Jelineks *Die Kontrakte des Kaufmanns* mit ihren Katachresenmäandern, siehe Schöning (2010).

»Die Bäume gaben alles, was man an sie hindachte, reichlich zurück. Zinsen, dachte er.« (WA 103) »Niedergangsmeteorologie« (WA 117) »Markt ist ein Nervensystem« (WA 117) »Erträge werden mit den Bäumen wachsen« (WA 118) »Der Markt ist etwas Unvergleichliches. Am ähnlichsten ist noch das Wetter.« (WA 240) »die lebenspendende Kraft des Kontos. […] Sie spüren, daß Sie einen Naturvorgang erleben. Das ist Wachstum« (WA 415)	»Für die Alarmisten sind wir Statistikfutter« (WA 25) »soziologisch-statistische Alarmierungsgewäsch« (WA 25) »versicherungsmathematischer Müll« (WA 25)

Diese Elemente auf der Diskurs-Ebene korrespondieren in ihrer Wertigkeit mit der narrativen Tiefenstruktur: Dominant durchzieht etwa die klassematische Inhaltsisotopie /Leben/ vs. /Tod / den Text, deren Verhältnis dialektisch schon im Titel – »Angstblüte heißt's bei den Bäumen. […] Du kannst nämlich nicht leben ohne den Erfolg« (WA 134) – aktualisiert wird. Vor allem für die wirtschaftlichen Elemente sind die makrotextuellen Isotopien zentral (/Markt/ /Unabhängigkeit/ /Natur/ vs. /Staat/ /Zwang/ /Kontrolle/). Die semantische Struktur möchte ich mit einigen polyisotopen Beispielen veranschaulichen:

Kahns Subjektposition konstituiert sich durch die Selbstzuschreibung und die positive Wertung vitaler, dynamischer und natürlicher Attribute – etwa apostrophiert er sich zum »Instinkt-Tier« (WA 118) –, »Unabhängigkeit« (WA 304) gilt ihm als höchster Lebenswert: »Nur selber unabhängig sein, das ist es.« (WA 304) Das Gleiche gilt für die Darstellung des Marktes, der in der Metaphorik eines »Wetterereignisse[s]« und »Naturvorgang[s]« (WA 415) dargestellt wird. In der achtmal wiederholten Phrase »Bergauf beschleunigen« (WA 76, 118, 249, 287, 310, 342, 443, 473) kulminieren vitales Lebens- und Leistungsinteresse mit der ansteigenden Kurve der Aktienindizes kollektivsymbolisch:[5] Demgegenüber wird alles Kalkulierte – etwa Benchmarks (WA 409) oder statistische Hochrechnungen (WA 25) – ebenso abgelehnt wie der Staat: Die Politik kann sich »gegen den Markt so wenig durchsetzen wie gegen das Wetter.« (WA 241)

---

5 Akteursbezogen realisiert Walser damit geradezu eine Umkehrung der diskursiven Zuschreibungen, wie die Zombie-ähnlichen Consultants in Kathrin Rögglas *wir schlafen nicht*.

Die Wandlung des Hauptakteurs beschreibt die Neusituierung einer Subjektposition von der Statik fester Normen hin zur »Relativitätstheorie der Moral« (WA 151): Kahn, der sich anfangs noch als »verblümt« (WA 66) bezeichnet, entwickelt durch die Ablehnung der »Rechtfertigungsverkrampfung« (WA 151–152) eine Wertschätzung der »Rücksichtslosigkeit« (WA 276): »Er hatte Schluß machen wollen mit dieser bösartigen Unterscheidung von Lüge und Wahrheit.« (WA 391–392) Legitimiert als auch ermöglicht wird der moralische Wandel durch den präsuppositionierten Zusammenhang von Sprache und Denken: Der vulgären Ausdrucksweise Jetters schreibt Kahn jene Authentizität zu, mit der sich das Leben direkt aussprechen lässt, seiner eigenen Sprache der Rechtfertigung verordnet er »unbefristeten Urlaub« (WA 303). Die so verorteten Moralvorstellungen koppelt Kahn an den Markt: »Die Moral schützt vor Verständnis. [...] Der immer lebensfeindlichen Moral präsentiere ich die lebensspendende Kraft des Kontos.« (WA 415)

Das Andere der Kahnschen Marktphilosophie ist die »Kulturelle Fraktion« – »[d]as waren Leute, die den Geldhandel, das Investitionswesen und die Spekulation verachteten« (WA 44) –, die sich um Kahns ehemaligen Freund Lambert Trautman im Sängersaal sammelt. Spätestens mit Trautmanns Aktienverkauf, bei dem Kahn getäuscht wird, konstituiert sich ihre Beziehung dichotom: Kahn charakterisiert sich selbst als »ungebildet« (WA 274), als »Zuhörer« (WA 17), »Bewunderer« (WA 251) und profaner Geldspekulant, der die »Geschäfts-Philosophie« (WA 120) der Geldvermehrung um ihrer selbst willen nicht einmal seiner Frau preisgeben kann; er steht dem belesenen, sich selbst inszenierenden und geradlinigen – »Er sagt immer, was er will.« (WA 46) – Kunsthändler Lambert Trautmann gegenüber. Diese stereotype Zuordnung wird durch den elementarliterarischen Gegensatz beziehungsweise durch den literarischen Topos von Geist- vs. Geldmensch akzentuiert.

Aus einer historisch-diskursanalytischen Perspektive kann man Walser ein strategisches Kalkül bei der Auswahl jener diskursiven Formationen unterstellen, die die klassematischen Isotopien konstituieren: Auch wenn die Bezeichnungen neoliberal, rechtskonservativ und andere im Text nicht vorkommen, so evoziert die Auswahl und die Deutlichkeit der verwendeten Kollektivsymbole eine ganz bestimmte, von Kahn aktualisierte Subjektposition und ein spezifisches Wissen über Ökonomie.[6] Ohne den literarischen

---

6 Ohne hier näher darauf eingehen zu können, gehe ich von einem kognitiv-konzeptualistischen Metaphernansatz aus: Vgl. hierzu, am Beispiel der Heuschrecken-Metaphorik

Text direkt auf einen Ursprung beziehen zu können, steht Kahns Markt-Philosophie der Analogie von biologischer und kultureller Entwicklung, wie sie Friedrich August von Hayek entwirft, metaphorisch wie inhaltlich nahe.[7] Dies betrifft vor allem Kahns Gerechtigkeitsvorstellungen: »Je mehr Natur in einem Vorgang, desto weniger Willkür. In den Ahndungen des Marktes, die ich nicht Bestrafung nenne, ist weniger Willkür enthalten als in allen anderen von Menschen produzierten Systemen.« (WA 414) Doch die Kollektivsymbolik vom Markt als Naturereignis ist hinsichtlich der durch sie aufgerufenen Wissensbestände ambivalent: Sie ruft nicht nur spezifisch liberales Wissen um Märkte und Regulationszusammenhänge ab, sie wird in jener Sprache präsentiert, die zur Rahmung eines spezifisch kapitalismuskritischen Wissens dient. Der gängige Vorwurf der Kritiker,[8] dass der Neoliberalismus dem Sozialdarwinismus nahe stehe, wird vom Roman geradezu bestätigt. Dieser strategisch-kalkulierende Einsatz elementarliterarischer Formen lässt zugleich Rückschlüsse, im Sinne Bogdals historischer Diskursanalyse, über die Autorposition Walsers zu, die mit einer solchen ambivalenten beziehungsweise gezielt polyisotopen symbolischen Gestaltung provozieren muss und vermutlich auch möchte. Es wundert daher nicht, wenn etwa Werner Onken in einer Rezension zu *Angstblüte* davon spricht, dass die »neoliberale […] Ideologie der grenzenlosen Geldvermehrung geradezu ihre dichterische Legitimation« (Onken 2007: 33) erhält. Dennoch geht die Perspektive Kahns nicht bruchlos in einer neoliberalen Position auf, wie sie in anderer Gegenwartsliteratur – etwa Paul Divjaks *Kinsky* (2007) – in Form des Stereotyps vom kapitalistischen und moralisch verwerflichen »Zocker« zu finden ist. Kahns Finanzdienstleistungen werden als solid, konservativ und »altbacken« beschrieben, »weil jede Spezialisierung, also wohl auch jede Profilierung fehlte« (WA 82).

Müntefering in der so genannten Kapitalismusdebatte, Ziem (2008).
7 Vgl. etwa: »Daß einzelne sich berufen fühlten, die Welt zu verbessern, kam ihm vor wie eine Anmaßung. Er lebte von dem Gefühl, die Welt verbessere sich von selbst.« (WA 121) Eben diese Kritik am Szientismus und Konstruktivismus führt Hayek u.a. in seinem, dem Wortlaut nach ähnlichen Werk (*Die Anmaßung von Wissen*). Hayek sieht die Marktordnung als Katallaxie-Spiel organisiert, bei dem sich die Spieler an Regeln halten und je u.a. nach eigenem Können und Leistung gewinnen oder verlieren. Die Frage, ob der Markt moralisch sei, wird von Hayek als unsinnig abgelehnt (vgl. Hayek 1980, 1981).
8 Kritiker werfen den Neoliberalen vor, die Evolutionstheorie auf Menschenbild und Gesellschaft auszudehnen und stützen sich hierbei insbesondere auf Friedrich August von Hayek (vgl. Ptak 2007). Über den darwinistischen Diskurskomplex siehe Link (2004). Vgl. auch Waibl (1989: 58–60).

Der zweite dominante Komplex bei der interdiskursiven Verarbeitung von Ökonomie entsteht durch die Koppelung von Geld mit Praxisbereichen wie Kunst, Sprache und Religion (unter Verweis auf Georg Simmel, Alfred Sohn-Rethel und Thomas von Aquin; siehe hierzu Tabelle 2).

Tabelle 2: Katachresenmäander: Geld – Kunst – Religion

Pictura	Subscriptio
»Für Karl von Kahn genügte es, Geld zu vermehren, das war seine Kunst, seine Berufung. Wie dem Maler die Welt zu einem Andrang von Motiven wird, so boten sich ihm, wo er hinkam, Möglichkeiten an, Geld zu vermehren.« (121) »Die Zahl ist der einzig gültige Ausdruck des Geldes. Die Zahl ist der Sinn des Geldes. Die Zahl ist das Geistigste, was die Menschen haben, was über jede Willkür erhaben ist.« (243) »Wenn wir aber den Zinseszins-Zins erleben, erleben wir Religion. […] Spürbar wird Gott. Auf jeden Fall entspricht ihm nichts so sehr wie die Zahl.« (244) »Der Zins ist die Vergeistigung des Geldes. Wenn der Zins dann wieder verzinst wird, wenn also der Zinseszins erlebt wird, steigert sich die Vergeistigung ins Musikgemäße.« (244) »Geldkunst eine jüngere Schwester der Theaterkunst« (273) »Er sagte, ob sie's glaube oder nicht, ganz anders sei es mit dem Zinseszins auch nicht. Er sei das Geld des Geldes, also die Sprache der Sprache, also ist der Zinsezins ein Gedicht.« (339)	völlig entmaterialisierte Finanzmärkte die Geldvermehrung findet um ihrer selbst willen statt Geldwert als reine Selbstreferenz vertikale Hierarchie: je abstrakter, desto kulturell/spirituell hochwertiger und bedeutsamer (Zahl = Geist / Zinseszins = Musik / Zinseszins-Zins = Gott) Geldvermehrung als schöpferischer Akt

Diese Metaphorik verdichtet sich etwa in Kahns Gespräch mit der Schauspielerin Jetter, in dem er ihr seinen Beruf erklären möchte. Die *subscriptio* dieses kollektivsymbolischen Mäanders weist Geld beziehungsweise die Geldvermehrung als Kunst, als etwas Immaterielles, Selbstreferenzielles und Abstraktes aus. Auffallend an der Darstellung von Geld ist nicht nur die diskursive Ebene mit ihrer dominanten Kollektivmetaphorik, die Geld an Abstraktheit und Immaterialität koppelt, sondern auch die Verbindung von syntagmatischer und paradigmatischer Achse zu einer lexematischen Isotopie: Kahns Sprache vom Geld ist vielfach durch Wiederholungen gekennzeichnet: »Und dann immer weiter, alles, was er nicht brauchte, ließ er [Schertenleib, A.P.] von Karl vermehren, und das Vermehrte überließ er Karl zur weiteren Vermehrung.« (WA 144) »So geht es nur uns, die wir selber für uns sorgen per Anleihen und Aktien, denen, die leben vom Zinseszinseffekt, von der Wiederanlage.« (WA 26, vgl. auch das Benjamin-Franklin- und das Warren-Buffet-Zitat, ebd.: 24, 190). Auch die in Tabelle 1 dargestellten *pictura*-Elemente greifen auf Formen der syntaktischen und semantischen Selbstverdoppelung und -referenz zurück, die zugleich gewertet wird: Dem Zinseszins-Zins kommt der ranghöchste Status zu.

Die Analogie von paradigmatischer und syntagmatischer Gestaltung zieht sich auch durch größere narratologische Einheiten, in Formen, die man als hyperfiktional verstehen kann und die alle an Kahns Geschäfte anschließen: Eine gelungene Inszenierung ist die fingierte Erkrankung von Lambert Trautmann, um einen Aktienverkauf zu realisieren, wobei Gundi – »[s]ie ist Fernsehen durch und durch« (WA 49) – als unglaubwürdige Erzählerin fungiert, wie sich an etlichen anderen, erst aus der Retrospektive gelesenen Stellen zeigt. Unfreiwillig wird Kahn dann noch einmal Hauptfigur in dem von ihm finanzierten »Othello-Projekt«, dessen Regisseur Strabanzer »[i]mmer am Leben entlang« (WA 207) filmt. Weiters finden sich im Roman eine Vielzahl an unterschiedlichen medialen Formen (Briefe, das im Original abgedruckte Drehbuch, eine Fernsehshow), metadiegetische Einschübe (die Beschreibung eines Videofilms sowie das Auftreten Jetters und Dreists sowohl in ihren Rollen als auch als Schauspieler im Drehbuch), lyrische und mimetisch gestaltete dialogische Szenen (keine *inquit*-Formeln, stattdessen Namensnennung mit Doppelpunkt, etwa WA 215), die an die Präferenz des Protagonisten – »ich liebe das Nachgemachte« (WA 212, 228, 301, 309) – textimmanent anschließen. In den unterschiedlichen Doppelungsformen der Wiederveranlagung des Geldes liegt die diskursive und narratologische Homologie des Romans mit der Geldvermehrung.

III. Uwe Timms *Kopfjäger*

Timms Roman (1991)[9] handelt von Peter Walter, der nach Abbruch von Schule und Lehre als Verkaufstalent Zeitschriften, Lebensversicherungen und Anlageprodukte in Hamburg verkauft. Gemeinsam mit seinem Partner Dembrowski, einem aus der DDR geflüchteten Betriebswirt, macht er sich mit der Investmentfirma »Sekuritas« selbstständig, doch anstatt das Geld der Kunden in Warentermingeschäfte zu investieren, werden über Scheinfirmen 23 Millionen Mark auf ausländischen Konten platziert. Nach zwei Jahren fliegt der Betrug auf, der Haftstrafe können sich die beiden aber durch Flucht nach Spanien entziehen. Dort bleibt Walter so lange unbehelligt, bis sein Onkel, ein Schriftsteller, über ihn schreiben will. Um dem schreibenden Onkel zuvorzukommen und die Deutungsmacht über die eigene Geschichte zu behalten, beginnt Walter selbst zu schreiben.

Werden bei Walser wirtschaftliche Sachverhalte durch dominante kollektivsymbolische Komplexe integriert, erfolgt die diskursive Reintegration bei Timm auf der paradigmatischen Achse über einen anthropologisch-ökonomischen Diskurs, auf der syntagmatischen Achse hingegen durch die Form der Darstellung, nämlich die Erzählung als wichtiger Bestandteil der beruflichen Tätigkeit des Protagonisten, die selbstreferenziell sichtbar gemacht wird.

Die Analogie- und Verweisstruktur von Wirtschaft und Anthropologie wird bereits mit dem Titel *Kopfjäger* (vgl. Headhunter) aktualisiert. Walter, als autodiegetischer Erzähler, schreibt ein Buch über die Osterinsel und ihre Bewohner, deren Entdeckung und Kolonisation durch die Europäer parallel zu den Ereignissen in Hamburg und Spanien erzählt werden und deren Schrift zu entschlüsseln er sich zur Aufgabe gemacht hat. Stehen die beiden erzählten Welten anfangs nebeneinander, entfaltet der Roman vor allem im letzten Drittel eine interne, teils explizite, teils implizite Verweis- und Deutungsstruktur; in Salvador da Bahia, Walters spanischem Exil (Geldverbrennung) und auf der Osterinsel (Steinwurf-Ritual) verschwimmen Mythos und Realität zunehmend.

Über die Geschichte der Osterinsel wird ein Ensemble sich wiederholender anthropologisch-ökonomischer Elemente[10] (Tausch, Verschwendung, Frauen als Tauschgut et cetera) eingeführt und durch den Erzähler analytisch

---

9 Im Folgenden mit der Sigle TK zitiert.
10 Hier wären zu nennen die Werke von Marcel Mauss, Maurice Godelier, Bronisław Kasper Malinowski, George Bataille; vgl. hierzu auch Horn (1995).

kommentiert, die dann in seiner eigenen anekdotisch erzählten Biografie neu kombiniert und aktualisiert werden, wie Tabelle 3 an einigen wenigen Beispielen zeigt. Für den fiktiven Autor ist diese diskursive Reintegration strategische Absicht: Nicht Begriffe wie Schuld, Lüge oder Verbrechen werden zur Darstellung der kriminellen Handlung verwendet – Walter wehrt sich gegen einen solchen vermuteten semantischen Zugriff durch die literarische Arbeit des Onkels[11] –, vielmehr werden ökonomische Motive zu anthropologischen Konstanten. Die Struktur der Ähnlichkeit betrifft auch Walters Subjektposition: Über den Verweis auf die »Rongorongo« (TK 98), jene archaischen Erzähler der Osterinsel, die mit einem »Tanzpaddel« sich »durch Zeit und Raum bewegten« (TK 284), lädt der fiktive Autor geradezu ein, als moderner Geschichtenerzähler begriffen zu werden.

Dabei sollen die Unterschiede zwischen Walser und Timm nicht übersehen werden: Während Walser vor allem mit Kollektivsymbolen arbeitet und inhaltlich das Funktionieren der Märkte symbolisch reintegriert, greift Timm auf eine narrativ-episodische Struktur zurück und stellt die Motivstruktur des Wirtschaftens in den Vordergrund. Was Timms interdiskursive Bearbeitung des Ökonomischen im Gegensatz zu Walser sichtbar macht, ist ein Verständnis von Ökonomie abseits einer biologistisch/physikalistisch gedachten Rationalität: Ökonomie wird hier zum paradoxen Resultat von Überfluss und Mangel, von Reichtum und Zerstörung, von Sexualität und Opfer (vgl. Hielscher 2007: 140f.).

---

11 »Wenn er über mich schreibt, dann bin ich ein anderer: lächerlich, skrupellos, geldgierig, oder verschlagen.« (TK 135)

Tabelle 3: Ausgewählte Beispiele der intertextuellen Verweisstruktur des anthropologisch-ökonomischen Diskurses

Osterinsel	Hamburg
Tausch und Sexualität/Weiblichkeit	
»Ich bin davon überzeugt, daß dem Tausch immer auch Sexualität zugrunde liegt, was sich gerade in dem Verhalten der Osterinsulaner beobachten läßt.« (93)	Episode auf dem Dermatologenkongress: Walter nutzt zwei Models als Belohnung für den Abschluss von Lebensversicherungen (143). Episode aus Walters Zeit als Zeitschriftenabo-Verkäufer: »Danke, sagt sie und zupft mit dem Pulli den Büstenhalterträger hoch, läßt ihn auf die Haut zurückpitschen. Was gucken Sie denn?« (308) Episode beim »Konstruktivisten« aus Walters Zeit als Verkäufer von Lebensversicherungen (160–161)
Diebstahl als symbolischer Tausch	
»Dieser Aspekt bei der Entdeckung der Osterinsel lag mir besonders am Herzen, nämlich: was bedeutet Diebstahl. Der Diebstahl läßt sich, glaube ich, als eine Art Geschenk deuten, das den Beschenkten und den Schenkenden verbindet, man ist zum Gegengeschenk verpflichtet.« (29)	»[...] dieser mißtrauische Mann sagte nämlich, nachdem ich ihm die Geschichte erzählt hatte: Gut, legen Sie 75.000 Mark für mich an. Er hat diese Geschichte teuer bezahlt, aber sie ist, finde ich, ihren Preis wert.« (201) »Sie wollten unterhalten werden. Ich war ein Schwerstarbeiter. Und dafür habe ich mich gut bezahlen lassen.« (384)
Niedergang aus Überfluss / Luxus als zentraler wirtschaftlicher Bestandteil	
»Eine kolossale kollektive Langeweile brach aus, die sich eine Ersatzbeschäftigung suchte und darum zu der Herstellung dieser kolossalen Statuen führte, was aber auch nur in Wiederholung, also Monotonie mündete, in Langeweile, und diese [...] wird am leichtesten durch Aggression aufgelöst, durch Zerstörung der Regeln, das lustvolle Chaos, Krieg, Frauenraub, rituellen und kulinarischen Kannibalismus, Mord und Totschlag.« (423)	Episode beim »Fischfritzen«: »Es war mir gelungen, ihn und seine Frau von dem Warenterminsgeschäft zu überzeugen. [...] Ich hatte ihm einfach einen dieser tödlich langweiligen Sonntagnachmittage verkürzt. Das war meine kriminelle Energie.« (60) Kubins Theorie der Krise des Kapitalismus: »Nein, es gibt eine Überkapitalisierung, versteht ihr, viel zu viel Kapital, und so flüchtet das Kapital in alle möglichen bizarren Ecken, entkernte Granitblöcke, Penck, Platinfüllfederhalter, Bilder, auch du, mein Schatz, aber auch in van Goghs, in Anleihen, in Warenterminsgeschäfte, egal, es ist das wunderschöne Chaos.« (322)

Dreh- und Angelpunkt der Oberfläche wie Tiefenebene ist das Erzählen als semantisches und performatives Moment: Aktualisiert wird der Bedeutungskomplex vom Protagonisten als Geschichten-Erzähler durch Vorgesetzte, die jeweils ein dominantes narratives Konzept beziehungsweise eine Kollektivsymbolik einbringen: Berthold, Schulungsleiter beim Aboverkauf,[12] Wesendonk als Schulungsleiter für den Verkauf von Lebensversicherungen[13] und schließlich Godemann als Walters »Lehrmeister« (TK 253) und »Wunschvater« (TK 254), der mit einer Geschichte über Thomas von Aquin, die Vermessung Floridas und das DIN A4-Format einen Monsignore zur Bestellung einer beachtlichen Menge Papier bringt. Mit dem Headhunter Robin schließlich wird die Wunscherfüllung zur zentralen Verkaufsstrategie.[14] Der kritische Wirtschaftsjournalist Kubin bereichert Walters Sprechen um die Thermodynamik und Chaostheorie (vgl. TK 12, 16, 322, 354), auf die Walter bei der Darstellung von wirtschaftlichen Verlusten zurückgreift (vgl. TK 192, 298): »Aber wenn er [Kubin, A.P.] dann in unserer Küche saß, nachts, war er es, der mir die Bedenken nahm, nicht, indem er mir zuredete, auch weiterhin den Leuten das Geld abzuknöpfen – so direkt sprachen wir nie darüber, sondern indem er das Chaos lobte, die Entropie besang.« (TK 377)

Der andere dominante kollektivsymbolische beziehungsweise episodische Komplex bezieht sich, ebenso wie bei Walser, auf den Bereich des Religiösen: Das Warentermingeschäft wird sowohl spezialdiskursiv als auch interdiskursiv erläutert (1. Buch Moses, Kapitel 41, vgl. TK 62). Die Börse wird zum »Kanaa«, auf der das »Wunder des sich selbst vermehrenden Geldes« (TK 304) stattfindet:

»Es gibt dafür eine ganz nüchterne ökonomische Erklärung, nämlich die von Angebot und Nachfrage, aber für den Durchschnittsanleger ist es wie ein Märchen, so, als wenn es Goldtaler regnet. Daran muß man anknüpfen. Nicht die Leute überreden, sondern an diesen alle Kulturen verbindenden geheimen Wunsch anknüpfen.« (TK 305)

---

12 »Gemeint ist der Kern einer Geschichte, sagte Berthold. Man muß was man beschreibt, so beschreiben, daß es deutlich wird, also durch eine leichte Übertreibung glaubhaft wirkt.« (TK 105)
13 »Die interessantesten Geschichten sind immer die, die das Leben erzählt. Wenn Sie jemandem eine Lebensversicherung verkaufen wollen, dann studieren Sie zunächst einmal seinen Lebenslauf.« (TK 132)
14 »Das muß der Mann für Außen können, er muß diese kleinen, ganz gewöhnlichen Alltagswünsche kennen, muß für sein Produkt überzeugende Kaufmotivationen finden, Motivationen, die wiederum in die Produkte eingehen, sie so ummodeln, daß sie im Kauf ihre Erfüllung finden.« (TK 241)

Die Geldentstehungstheorie, die Walter beim Verbrennen der Geldscheine in der Altstadt von Salvador da Bahia entwickelt, geht ebenfalls von der Entstehung der Münze aus der sakralen Sphäre aus (vgl. TK 308–310) und erinnert stark an Bernhard Laums (2006) Theorie. Chaostheorie und Metaphysik werden in Kubins populärwissenschaftlicher Philosophie aneinander gekoppelt: »Das Apfelmännchen, das ist das Symbol der Chaos-Theorie. Das ist nämlich unsere Metaphysik. Ich weiß, wo Gott wohnt: in der Wallstreet. Und das erfordert eine neue fraktale Moral.« (TK 345–346).

Auf das Erzählen als selbstreflexiven Vorgang in *Kopfjäger* ist mehrfach hingewiesen worden: Verwinkelt ist Walters Lebensgeschichte mit ihren Rückblenden, die in vier verschiedenen Zeitebenen und mehreren Handlungssträngen geschildert wird, vorgetragen in der Syntax des mündlichen Erzählens und ana- und proleptisch, durch Rahmen- und Binnenerzählungen, organisiert wird. Die ohnehin schon komplexe Erzählsituation wird noch zusätzlich durch die metadiegetischen Einschübe dritten Grades gesteigert. Die Vielzahl von Geschichten scheint der reinen Fabulierlust ihres Erzählers zu entspringen, doch evoziert der Roman ein Suchen nach Tiefgründigkeit durch innertextuelle Selbstauslegung: Den »Fischfritzen«, einen reichen Fischkonservenfabrikanten, überzeugt Walter mit der Erzählung über seinen Onkel, dessen Zweitwohnsitz auf Fuerteventura durch ein plötzliches Erdbeben verschlungen wird. In der Gerichtsverhandlung wird der Geschädigte sie später nacherzählen:

»[E]rst als unser Schwindel aufflog, sei ihm klargeworden, daß ich [Walter, A.P.] ihm seinen katastrophalen Verlust vorausgesagt hatte. Eine Geschichte, in der ein Haus mit allem, was darin ist, in einem Erdloch verschwindet. Zufall? Oder eine besonders abgefeimte, in eine Geschichte gekleidete Prophezeiung? Oder hatte sich diese Geschichte, wie unter einem Zwang, selbst erfüllt?« (TK 192)

Weitere Beispiele solcher Selbstauslegung finden sich etwa in der Geschichte Wesensdonks vor Gericht (einem Gespräch zwischen Fachmann und Anleger als tödliches Missverstehen zwischen einem Segler und seiner Gattin). Die Geschichten werden nicht nur interpretiert, der Vorgang der Selbstauslegung wird wiederum selbst zum Gegenstand einer andeutungsvollen Thematisierung. So heißt es in der Episode aus Walters Lehrzeit als Auslagendekorateur: »Genau, dachte ich, das ist es, die Puppen müssen sich erst einmal selbst zur Schau stellen, damit sie etwas richtig zur Schau stellen können, so wird auch das Zurschaugestellte deutlicher.« (TK 96) Die solcherart evozierte Erwartungshaltung stellt den Leser vor die Frage, wie die nicht explizit interpretierten Stellen handzuhaben sind. Der Leser läuft Gefahr, ebenso wie die Kunden belogen zu werden: »Hört man zu, ist man schon in die Falle gegangen.« (TK 227) Dass Walter alles andere als ein glaubwürdiger Erzähler (vgl. Petersenn 2005) ist, darauf weist schon der erste Satz als literarisches Zitat hin: »Um es gleich zu sagen: ich werde gesucht.« (TK 7) Walter behauptet gegenüber seinen Kunden die Berechenbarkeit der Märkte (TK 62), wirft dem Onkel, dem »Zeck« (TK 48) und »Vampir« (TK 254), die Ausbeutung der Geschichten vor, um diesen selbst in seinen Geschichten auftreten zu lassen und dessen Geschichten zu verwenden (Trümmermörder-Geschichte,[15] TK 201). Die narrative Struktur der Erzählung legt es nahe, den Roman mit jenem Fadenspiel zu vergleichen, dass die Insulaner spielen, um sich die Zeit zu vertreiben:

»Ein Faden wird zusammengeknotet und auf den Boden geworfen, sodann wird aus dem Muster – und die Muster können unendlich sein, obwohl der Umkreis des Fadens nur endlich ist (o wunderschönes Chaos), nämlich ungefähr einen halben Meter – eine Geschichte erzählt, eine Geschichte, die man sich einfallen läßt, eine Geschichte, die von realen Gegebenheiten inspiriert sein kann oder aber ganz frei erfunden ist, die aber immer eine andere Begebenheit schafft, ein neues Geschehen, zufällig wie das Muster, und doch steckt darin eine Ordnung, eben die der permanenten Unordnung, eine Geschichte, die endlich und unendlich zugleich ist. Sie ist einmalig und gehört doch allen.« (TK 228)

Es ist der Roman selbst, der diese Interpretation anbietet und damit die Selbstauslegung von der Episode auf die gesamte Romanstruktur ausdehnt. Auch auf diese makrotextuelle Ordnung gibt der Roman einen Hinweis: Die narrative Ordnung der »permanenten Unordnung« (TK 228) entspricht jener von Benoît B. Mandelbrot entdeckten Fraktal-Theorie, die Kubin in seinen Wirtschaftsanalysen kollektivsymbolisch verwendet. Fraktale zeichnen sich durch die hohe Selbstähnlichkeit ihrer Mikro- und Makrostrukturen aus, womit die Struktur der Selbstauslegung des Romans auf einer weiteren Ebene wiederholt wird.

Dass eine populärwissenschaftliche Wirtschaftstheorie gleichzeitig als Konzept einer Erzählung dient, ist diskursanalytisch kein Zufall: Ein mit Warentermingeschäften handelnder Broker, der hier als unzuverlässiger ho-

---

15 Um die Komplexität der erzählerischen Struktur im Bezug auf ihren fiktionalen/realen Charakter anzudeuten, sei auf eine Stelle aus Timms Paderborner Poetikvorlesung hingewiesen, die sich auf eben diese Trümmermörder-Geschichte bezieht: »Der Held der diese Geschichte über das Erzählen erzählt, hat die Geschichte von einem Onkel, der Schriftsteller ist und ihm die Geschichte erzählt hat, die ich wiederum, der auch der fiktive Onkel sein könnte, den Helden erzählen lasse.« (Timm 1993: 128)

modiegetischer Erzähler auftritt und eine Vielzahl von selbstreflexiven Hinweisen gibt, scheint jener diskursiven Subjektposition zu entsprechen, die eine Homologie von Finanzmarkt und Selbstreferenzialität herstellt.[16] Statt Referenzen (etwa über den Verbleib des restlichen Geldes) bekommt der Leser eine Erzählung über das Erzählen, die sich, aus biografischer Perspektive des realen Autors Uwe Timm, ebenfalls als postmodernes Verweisspiel herausstellt: Vorbild für Peter Walter waren Timms realer Cousin Klaus und dessen betrügerische Geschäfte (vgl. Schöll 2007), sodass sich der reale Autor mit der Figur des kleinen Onkels selbst in den Roman einschreibt (vgl. Hielscher 2007: 133).

IV. Schluss

Die Möglichkeiten einer Thematisierung wirtschaftlicher Zusammenhänge wurde in diesem Aufsatz mit Jürgen Links Interdiskurstheorie erklärt: Walser nutzt in seinem Roman *Angstblüte* einen biologistischen Symbolkomplex, Timm einen anthropologisch-ökonomischen Diskurs, bei dem die Ereignisse der Osterinsel und in Hamburg wechselseitig aufeinander verweisen. Letztlich führt das in beiden Romanen zu selbstreflexiven Formen beziehungsweise zur Thematisierung von Kunst und Erzählen. Diese reflexive Perspektive erinnert an das, was Brian Rotman (2000) in seinem Buch über die Erfindung der Null – *Die Null und das Nichts* – in Anlehnung an Derrida als Xeno-Text beziehungsweise Xeno-Money bezeichnet: Geld, das sich aus Geld vermehrt, Texte, die über sich selbst handeln. Die Poetik beider Texte, allen voran die Analogie von paradigmatischer und syntagmatischer Achse, lässt sich als Ausdruck eines Diskurses begreifen, der das Finanzsystem aus einer historischen Perspektive zunehmend als selbstreferenziell begreift.[17] Ob man dem gegenwärtigen Finanzmarkt mit dem Adjektiv *hyperfiktional* gerecht wird, darüber kann ich als Literaturwissenschafter nicht entscheiden; zur Charakterisierung einer Poetologie des Finanzmarktes trifft es sicherlich mehr denn je zu.

---

16 Eine Interpretation, die genau diesen Diskurs in der Interpretation von Timms *Kopfjäger* reproduziert, findet sich bei Horn (1995: 201f.): »Poesie heißt nämlich nichts anderes als Schöpfung durch Verlust.«

17 Zur Homologie von Geld/Finanzmärkten und literarischen Metafiktionen vgl. u.a. Bornscheuer (1998).

Literatur

Bornscheuer, Lothar (1998), »Zur Geltung des ›Mythos Geld‹ im religiösen, ökonomischen und poetischen Diskurs«, in: Rolf Grimminger (Hg.), *Mythos im Text. Zur Literatur des 20. Jahrhunderts*, Bielefeld, S. 55–105.

Diaz-Bone, Rainer/Krell, Gertraude (Hg.) (2009), *Diskurs und Ökonomie. Diskursanalytische Perspektiven auf Märkte und Organisationen*, Wiesbaden (Interdisziplinäre Diskursforschung).

Diaz-Bone, Rainer/Krell, Gertraude (2009), »Einleitung: Diskursforschung und Ökonomie«, in: Dies. (Hg.), *Diskurs und Ökonomie*, S. 9–34.

Drews, Axel/Gerhard, Ute/Link, Jürgen (1985), »Moderne Kollektivsymbolik. Eine diskurstheoretisch orientierte Einführung mit Auswahlbibliographie«, in: *IASL*, Sonderheft 1, S. 256–375.

Hayek, Friedrich August (1980), *Recht, Gesetzgebung und Freiheit*, Bd. I: Regeln und Ordnung, München.

Hayek, Friedrich August (1980), *Recht, Gesetzgebung und Freiheit*, Bd. II: Die Illusion der sozialen Gerechtigkeit, München.

Hielscher, Martin (2007), *Uwe Timm*, München.

Horn, Annette und Peter (1995), »›Poesie heißt nämlich nichts anderes als Schöpfung durch Verlust‹. Die ›chaotische‹ Zirkulation der Zeichen in Uwe Timms Roman *Kopfjäger*. Bericht aus dem Inneren des Landes«, in: Manfred Durzak (Hg.), *Die Archäologie der Wünsche. Studien zum Werk von Uwe Timm*, Köln, S. 199–215.

Laum, Bernhard (2006), *Heiliges Geld. Eine historische Untersuchung über den sakralen Ursprung des Geldes*, Berlin.

Link, Jürgen (1983), *Elementare Literatur und generative Diskursanalyse*, München.

Link, Jürgen (2004), »Von der Diskurs- zur Interdiskursanalyse (mit einem Blick auf den Übergang vom Naturalismus zum Symbolismus)«, in: Leopold R. G. Decloedt (Hg.), *Rezeption, Interaktion und Integration. Niederländischsprachige und deutschsprachige Literatur im Kontext*, Wien, S. 27–43.

Link, Jürgen/Link-Heer, Ursula (1990), »Diskurs/Interdiskurs und Literaturanalyse«, in: *Zeitschrift für Literaturwissenschaft und Linguistik*, Jg. 20, H. 77, S. 88–99.

McCloskey, Deirdre (1998), *The rhetoric of economics*, Madison (Rhetoric of the human sciences).

McCloskey, Deirdre (2009), »Ökonomen leben in Metaphern« in: Diaz-Bone/Krell (Hg.), *Diskurs und Ökonomie*, S. 109–124.

Petersenn, Olaf (2005), »Ein Schelm in der modernen Wirtschaftswelt. Uwe Timms ›Kopfjäger‹«, in: Helge Malchow (Hg.), *Der schöne Überfluß. Texte zu Leben und Werk von Uwe Timm*, Köln, S. 121–130.

Onken, Werner (2007), »Martin Walser. Angstblüte«, in: *Zeitschrift für Sozialökonomie*, Bd. 44, Folge 152, S. 32–33.

Ptak, Ralf (2007), »Grundlagen des Neoliberalismus«, in: Christoph Butterwegge (Hg.), *Kritik des Neoliberalismus*, Wiesbaden, S. 13–86.

Rotman, Brian (2000), *Die Null und das Nichts. Eine Semiotik des Nullpunkts*, Berlin.

Schöll, Julia (2007), »Zur Anwesenheit des Abwesenden. Erzählen als Erinnerungsbewegung in Uwe Timms Kopfjäger«, in: Friedhelm Marx/Stephanie Catani/Julia Schöll (Hg.), *Erinnern, Vergessen, Erzählen. Beiträge zum Werk Uwe Timms*, Göttingen (Poiesis 1), S. 133–149.

Schöning, Andrea (2010), »Elfriede Jelineks ›Die Kontrakte des Kaufmanns‹. Radikal satirische Destruktion finanzwirtschaftlicher (De-) und (Re)Normalisierung«, in: *kultuRRevolution*, Jg. 58, S. 53–62.

Timm, Uwe (1993), *Erzählen und kein Ende. Versuche zu einer Ästhetik des Alltags*, Köln.

Timm, Uwe (2006), *Kopfjäger* [1991], München.

Vogl, Joseph (1997), »Für eine Poetologie des Wissens«, in: Karl Richter/Walter Müller-Seidel (Hg.), *Die Literatur und die Wissenschaften 1770–1930*, Stuttgart, S. 107–127.

Vogl, Joseph (2008), *Kalkül und Leidenschaft. Poetik des ökonomischen Menschen*, Zürich/Berlin.

Waibl, Elmar (1989), *Ökonomie und Ethik II. Die Kapitalismusdebatte von Nietzsche bis Reaganomics*, Stuttgart-Bad Cannstatt.

Walser, Martin (2006), *Angstblüte*, Reinbek bei Hamburg.

Ziem, Alexander (2008), »›Heuschrecken‹ in Wort und Bild: Zur Karriere einer Metapher«, in: *Muttersprache*, Jg. 118, H. 2, S. 108–120.

»Aber ich weiß nicht mehr, was Geld ist« – Mensch, Geld und Markt in Don DeLillos *Cosmopolis* (2003) aus der Sicht des *New Economic Criticism*

Katja Urbatsch

> »[...] there's only one thing in the world worth pursuing professionally and intellectually. [...] The interaction between technology and capital. The inseparability.« (DeLillo 2003a: 23)

Seit die Verbindung von Geld und Gold 1971 durch den so genannten Nixon-Schock von den USA endgültig getrennt wurde, ist die weltweite Geldwirtschaft von einer höheren Abstraktion und Komplexität gekennzeichnet. Aus der Aufhebung des Goldstandards gingen insbesondere zwei bedeutende Entwicklungen hervor: Erstens entstand unter dem Einfluss technologischer Innovationen immaterielles elektronisches Geld, welches zunehmend zur Reduktion der Zirkulation physischen Geldes beiträgt. Zweitens entwickelte sich eine expandierende Spekulation mit Währungen an den Finanzmärkten. So haben sich Geldmünzen und -scheine in Don DeLillos Roman *Cosmopolis* in virtuelle Zahlen und Symbole verwandelt, die der Protagonist Eric im Jahr 2000 auf den Bildschirmen seiner Stretchlimousine beobachtet.

Im Rahmen dieses Beitrages soll aufgezeigt werden, wie in *Cosmopolis* mit literarischen Mitteln das Beziehungsgeflecht von Mensch, Geld und Markt beleuchtet und dabei das Potenzial der Literatur deutlich wird, tiefe menschliche Bedürfnisse zu offenbaren, die der vom Menschen erschaffenen Geldwirtschaft zuwiderlaufen. Die erreichte hohe Abstraktionsstufe des Geldes, dessen wahrhaftes funktionales Wesen erst Ende des 20. Jahrhunderts in seiner virtuellen Immaterialität zum Vorschein kommt, entzieht sich den menschlichen Sinnen und somit der Wahrnehmung. Die daraus resultierende verlorene Kontrolle versucht der Roman zurückzugewinnen, indem er die Möglichkeit des imaginären Raumes nutzt, um das volle Potenzial des Geldes fiktiv zu entfalten und hiermit dessen Funktions- und Wirkungsweise begreifbar zu machen. Bei DeLillo gleichen Geld und Markt literarischen Protagonisten, die sich scheinbar unkontrollierbar verselbstständigt haben. Der Versuch der mitwirkenden Autoren, die Handlungslogik ihrer Protagonisten zu entdecken, muss sie demnach zwangsläufig auf sich selbst zurückverweisen. Die literarische Analyse basiert auf dem *New Economic Criticism*, einem innovativen interdisziplinären Ansatz, der darauf abzielt, literarische Methoden mit wirtschaftswissenschaftlichen und -historischen Erkenntnissen zu ergänzen, um neue Perspektiven auf die Interrelation zwischen Kultur und Literatur zu gewinnen.[1]

Am 15. August 1971 beendete US-Präsident Richard Nixon das Bretton-Woods-System, als er bekannt gab, dass die USA Gold nicht länger gegen den festgelegten Preis von 35 Dollar pro Unze eintauschen würden. Dieses löste die letzte Verbindung zwischen Gold und Umlaufwährung. Der Dollar wandelte sich zu einer frei schwankenden Währung, dessen Wert sich nun aus Angebot und Nachfrage konstituierte. Die Loslösung des Dollars vom Goldstandard begründete das heutige Finanzsystem des *fiat money*, das heißt des ungedeckten, wertinstabilen Geldes, üblicherweise Papiergeld. Der einzige Wert von *fiat money* liegt darin, dass eine Regierung dieses Geld zur legalen Methode des Austausches erklärt, *fiat money* besitzt demnach keinen intrinsischen Wert.

Die Aufhebung der Goldgebundenheit und des Bretton-Woods-Systems von Seiten der USA übte großen Einfluss auf die Geldwirtschaft der gesamten Welt aus. Denn die Währungen der anderen großen Industrieländer waren vor diesem Zeitpunkt an den US-Dollar gebunden und damit von diesem abhängig. Diese Abhängigkeit der Weltwirtschaft von der amerikanischen Ökonomie ist bis heute zu spüren. So fungiert der Dollar immer noch als wichtigste Reservewährung und als internationaler Wertmaßstab. In seiner Geschichte des Geldes bezeichnet René Sedillot dieses System des *fiat money* daher im Vergleich zu dem vorherigen Gold- und Golddevisenstandard als bedrohliche »währungspolitische Anarchie« (Sedillot 1992: 351), da dem Dollar und den daran gekoppelten Währungen jegliches Fundament entzogen wurde.

---

1 Der Begriff des *New Economic Criticism* wurde Anfang der 1990er Jahre von den amerikanischen Literaturwissenschaftlern Martha Woodmansee und Mark Osteen geprägt, um die zunehmenden literarischen und kulturwissenschaftlichen Beiträge »auf der Basis von ökonomischen Paradigmen, Modellen und Tropen« zu bezeichnen (Woodmansee/Osteen 1999: 3). Als Zweig des *New Historicism* reagiert der NEC auch auf den Dekonstruktivismus und hat seinen Ursprung in der kulturwissenschaftlichen Erweiterung der traditionellen Literaturwissenschaft. Wie der *New Historicism* stellt auch der NEC keine homogene Bewegung dar, sondern umfasst diverse Ansätze und Studien im Feld literarischer Ökonomik. Siehe auch meinen Lexikoneintrag zum NEC in *Metzler Lexikon Literatur- und Kulturtheorie* (Urbatsch 2008: 539f.).

In seinem Buch *The Death of Money* kritisiert Joel Kurtzman ebenfalls die Loslösung des Dollars vom Gold. Laut Kurtzman führte diese zur Inflation des Dollars und anderer Währungen sowie zu hohen Preisschwankungen, die Spekulationen einer neuen Dimension stimulierten sowie neuen Spielraum auf den Finanzmärkten schufen (Kurtzman 1993: 51, 60, 70). Aufgrund des frei schwankenden Dollars sind seit 1972 Termingeschäfte, so genannte *Futures*, mit Währungen möglich und ein Jahr später nahm das Unternehmen Reuters das erste elektronische Geldhandelssystem in Betrieb, das aktuelle Finanzinformationen auf Bildschirmen verbreitete. Allerdings mussten die Börsengeschäfte selbst bis in die frühen 1980er Jahre noch telefonisch abgewickelt werden (vgl. ebd.: 46). Insbesondere mit der Erfindung und Verbreitung des *Personal Computers* und spezieller Software wurde es seit Beginn der 1980er Jahre möglich, Börsengeschäfte in steigendem Ausmaß direkt am Computer abzuschließen. Wie Kurtzman feststellt, haben die darauf folgenden technologischen Fortschritte die Computerisierung der Börsen verstärkt und das Geld transformiert: »They have moved us from a gold to a megabyte standard – a standard based on microchips, computer memory, and ultra high-speed technology.« (Ebd.: 17) Damit einhergehend begann das Bargeld an Bedeutung zu verlieren, da es durch Plastikgeld, wie die Kredit- oder Chipkarte, und damit durch elektronischen Zahlungsverkehr zunehmend abgelöst wird. Physisches Geld in Form von Geldscheinen und Münzen macht daher heute nur noch einen sehr geringen Teil des weltweit zirkulierenden Geldes aus. Folglich ist die Geldwirtschaft seit der Trennung von Geld und Gold von einem höheren Maß an Abstraktion und Komplexität gekennzeichnet.

In Don DeLillos im Jahr 2000 spielenden Roman *Cosmopolis* sind Geld und Währungskurse allgegenwärtig, denn sie sind Beruf und Leidenschaft des 28-jährigen Milliardärs und Vermögensmanagers Eric Packer. Seine Karriere begann mit der Gründung eines Start-up-Unternehmens, mittlerweile spekuliert er mit Aktien und insbesondere mit Währungen. Sowohl in seiner Wohnung als auch in seinem Auto befinden sich etliche Bildschirme, an denen Eric die Aktien- und Währungskurse sowie -analysen verfolgt: »There were medleys of data on every screen, all the flowing symbols and alpine charts, the polychrome numbers pulsing« (DeLillo 2003a: 13). *Cosmopolis* spielt an nur einem einzigen Tag im April des Jahres 2000, da, wie DeLillo in einem Interview erläutert, »im Frühjahr dieses Jahres die internationalen Finanzmärkte zusammenbrachen und der große Optimismus der 1990er ein Ende fand« (DeLillo 2003b).

Am Morgen dieses Tages beschließt Eric in einer Anwandlung von Nostalgie, sich von dem Friseur seiner Kindheit die Haare schneiden zu lassen. Aus dieser Absicht wird eine Tagesreise in Erics weißer Stretchlimousine quer durch Manhattan, die von mehreren Ereignissen begleitet und unterbrochen wird, wie beispielsweise den Treffen mit seiner kürzlich geheirateten Frau, Geschlechtsverkehr mit seiner Geliebten, Gesprächen mit Erics Beratern, einer Protestaktion von Globalisierungsgegnern und der Beerdigung eines Rap-Stars.

Der Roman bedient sich einer postmodern-naturalistischen Darstellungsweise, eines unplausiblen Plots und Stilmitteln des Science-Fiction-Genres, um das Spektakuläre herbeizuführen und damit die Geldillusion als soziales Konstrukt zu entlarven sowie die Funktions- und Wirkungsweisen des Geldes begreifbar zu machen. Er zeigt, wie unter Ausreizung der literarischen Möglichkeiten im imaginären Raum, Geld in den Händen des Protagonisten sein volles Potenzial entfaltet: Sämtliche erdenkliche Objekte und Dienstleistungen, die mit Geld zu kaufen und herzustellen sind, werden realisiert. Mit der Ausreizung der Möglichkeiten des Geldes stößt der Protagonist jedoch sowohl an die Grenzen des Geldes als auch seine eigenen Einschränkungen und Abgründe. Wenn alles käuflich ist von der Ehefrau bis zum Nuklearbomber, tritt umso klarer hervor, was nicht käuflich ist, etwa Liebe und Unsterblichkeit.

Dreh- und Angelpunkt dieses Tages stellt Erics Währungsspekulation mit dem japanischen Yen dar. Diese fungiert als verbindendes Element zwischen den einzelnen Kapiteln. Eric hat zu einem sehr niedrigen Zinssatz einen Kredit in Yen aufgenommen, um dieses Geld wiederum in Aktien mit großem Gewinnpotenzial zu investieren. Dieses Geschäft geht jedoch nur auf, solange der Wert des Yens gegenüber dem Dollar nicht übermäßig ansteigt, da sich ansonsten der Dollar-Rückzahlungsbetrag für den Kredit immens erhöht. Eric ist sich zunächst sehr gewiss, dass der Yen nicht noch mehr ansteigen wird, doch er irrt. Den Rat seines Finanzberaters, aus dem Yen auszusteigen, nicht befolgend, steigert sich Eric in den Wahnsinn und setzt sein vollständiges Kapital ein, um noch mehr Yen zu kaufen. Durch seine große Nachfrage trägt er jedoch wiederum dazu bei, dass der Yen weiter ansteigt und verursacht damit folglich seinen eigenen finanziellen Ruin. Da das Kapital seines Unternehmens mit sämtlichen anderen bedeutenden Finanzunternehmen und Banken verkettet ist, brechen durch Erics Verhalten die Märkte zusammen. Am Ende seiner Tagesreise wird Eric von einem ehemaligem Angestellten erschossen, über dessen Morddrohung er am Nachmittag informiert worden war. In *Cosmopolis* erhöht sich die Abstraktion der Geldwirtschaft durch die Symbiose mit der Technologie um ein weiteres Moment, da hier Geld selbst nicht mehr physisch, sondern nur noch in Form von Währungskursen auf dem Bildschirm, als Zusammensetzung aus Zahlen und Symbolen, existiert. Geld bewegt sich lediglich auf den Bildschirmen in Erics Stretchlimousine, »[t]he other screens showed money moving« (DeLillo 2003a: 63), oder den Großbildschirmen an den Hochhäusern:

»These were three tiers of data running concurrently and swiftly about a hundred feet above the street. Financial news, stock prices, currency markets. The action was unflagging. The hellbent sprint of numbers and symbols, the fractions, decimals, stylized dollar signs, the streaming release of words, of multinational news, all too fleet to be absorbed.« (Ebd.: 80)

Physisches Geld hat sich zu virtuellen Zahlen auf Bildschirmen entwickelt, die die Zukunft darstellen, da mit Geld an der Börse über zukünftige Werte verhandelt wird. Daraus resultiert die Frage, ob die Menschen bereits in der Zukunft leben, wenn sie die Zukunft auf den Laufbändern und Monitoren in Form von Währungs- und Aktienkursen sehen. Infolgedessen behauptet Erics persönliche Theoretikerin Kinski, dass die Zukunft die Gegenwart zunehmend auslösche:

»Living in the future. Look at those numbers running. Money makes time. It used to be the other way around. [...] It's cyber-capital that creates the future. [...] Because time is a corporate asset now. It belongs to the free market system. The present is harder to find. It is being sucked out of the world to make way for the future of uncontrolled markets and huge investment potential. The future becomes insistent.« (Ebd.: 78f.)

Gemeinsam mit seinen Zeitgenossen fetischisiert Eric das Cybergeld. Hierzu erläutert Kinski, dass das Medium das Spektakel darstelle, während die komplexen Informationen zweitrangig und auch kaum mehr für den Menschen zu dechiffrieren seien: »We are not witnessing the flow of information so much as pure spectacle, or information made sacred, ritually unreadable. The small monitors of the office, home and car become a kind of idolatry here [...].« (Ebd.: 80) Kinskis Kommentar erinnert an McLuhans berühmte Aussage: Das Medium ist die Botschaft. Diese findet ihre Bestätigung auch darin, dass Eric beim Anblick der fließenden Zahlen- und Symbolreihen sowie den fallenden Kursen eine sexuelle Erregung verspürt: »He watched the major issues breeze by and felt purified in nameless ways to see the prices spiral into lubricious plunge. Yes, the effect on him was sexual, cunnilingual in particular, and he let his head fall back and opened his mouth to the sky and rain.« (Ebd.: 106)

In dem Roman erscheint der Einfluss des elektronischen Geldes auf den Menschen und seine Lebenswelt zwangsläufig und unaufhaltsam. Eine der wenigen Ausnahmen bildet der New Yorker Diamantendistrikt, in dem täglich mit Schmuck im Wert von mehreren hundert Millionen Dollar gehandelt wird. Eric hält Dollarnoten und Schmuck als Geldform jedoch für völlig veraltet: »Cash for gold and diamonds. Rings, coins, pearls, wholesale jewelry, antique jewelry. This was the souk, the shtetl. Here were the hagglers and talebearers, the scrapmongers, the dealers in stray talk. The street was an offence to the truth of the future.« (Ebd.: 65) Da in Erics Welt die Zukunft regiert, die auf technologischen Innovationen basiert, schaut er mit Verachtung sowohl auf technologisch überholte Gegenstände als auch auf Wörter, die er nicht mehr als zeitgemäß erachtet. Kassen, »cash registers« (ebd.: 71), möchte Eric zum Beispiel ins Museum verbannen und Geldautomaten bezeichnet er als anti-futuristisch (vgl. ebd.: 54). Antiquierte Ausdrücke sind laut Eric beispielsweise »skyscraper« (ebd.: 9), »phone« (ebd.: 43) und »computer« (ebd.: 104). Aber auch Gegenstände, die noch nicht lange auf dem Markt sind, wie seinen Handcomputer, hält Eric bereits für veraltet: »The hand device itself was an object whose original culture had just about disappeared. He knew he'd have to junk it.« (Ebd.: 9) Erics Mörder Benno Levin sieht den Grund für Erics Denkweise darin, dass er mit Hilfe der neuesten Technologie versuche, seiner Zeit voraus zu sein: »He is always ahead, thinking past what is new […]. Things wear out impatiently in his hands. […] He wants to be one civilization ahead of this one.« (Ebd.: 152) Es zeigt sich allerdings, dass Erics Denkweise im Widerspruch zu seinem körperlichen Reflex steht. Obwohl der materielle Schmuckhandel im Diamantendistrikt gegen den Zeitgeist verstößt, reagiert Erics Körper auf diese Materialität: »But he responded to it. He felt it enter every receptor and vault electrically to his brain.« (Ebd.: 65)

Da Bargeld nach Erics Auffassung die Zukunft untergräbt, überrascht es, dass er eine Brieftasche mit Bargeld besitzt. Doch verliert er seine Brieftasche, und besitzt nunmehr kein haptisch erfassbares Geld mehr. Vergeblich sucht Eric nach Geldscheinen und Münzen in seinen Hosentaschen: »He searched his pockets for money, feeling a little foolish, a little chagrined, having made and lost sums that could colonize a planet […] and there were no bills or coins in any case to find inside his pants, or documents of any kind.« (Ebd.: 129) Erics Verlust seines Bargelds passt ins Bild des Romans, denn seine Gegenwart, die mit der Zukunft zu verschmelzen scheint, ist eine Zeit »beyond geography and touchable money and the people who stack and count it« (ebd.: 36). In der Gegenwart von Cosmopolis verschwindet das physische Geld zunehmend aus dem Umlauf.

Mit dem Verlust physischen Geldes geht im Roman allerdings auch der Verlust jeglicher Beziehung der Menschen zum Geld einher, da es nicht mehr haptisch über Gegenstände zu erfassen ist. Erics Geliebte Didi Fancher erläutert daher, dass sie Geld über die gegenständlich erfassbaren Medien (Scheine und Münzen) begriffen habe und die Prozesse des Verdienens und Ausgebens von Geld identitätsstiftend auf sie wirkten: »I grew up comfortably. Took me a while to think about money and actually look at it. Look closely at bills and coins. I learned how it felt to make money and spend it. It felt intensely satisfying. It helped me be a person. But I don't know what money is anymore.« (Ebd.: 29)

Hier offenbart sich das menschliche Bedürfnis, abstrakte und komplexe Verhältnisse und Prozesse auf konkrete Gegenstände zurückzubinden, um diese im wörtlichen Sinne be*greifen* zu können. Geld- und Wirtschaftsprozesse vollziehen sich nun in einer virtuellen Sphäre, die von der materiellen Lebenswirklichkeit entkoppelt scheint. Der fehlende haptische Kontakt zum elektronischen Geld führt zu einem Wahrnehmungsverlust, der sowohl die Definition als auch die Nachverfolgung des Geldes unmöglich macht. Nachdem Eric seiner Frau erzählt, dass er sowohl ihr als auch sein eigenes Vermögen verloren habe, fragt sie ihn, wo er es denn verloren habe: »›In the market.‹ ›But where?‹ she said. ›Where does it go when you lose it?‹ […] and he could not remember where the money went.« (Ebd.: 178) Eric weiß nicht, wohin das Geld verschwindet, da er lediglich auf seinen Bildschirmen verfolgen kann, wie die Zahlen seiner Fonds, Depots oder Konten sich verringern.

Die Bewegung von Geld in Form von Zahlen ist sehr komplex und nahezu undurchschaubar geworden. Wie Bernhard Vief in seinem Artikel über digitales Geld erläutert, impliziert dieses eine Loslösung von Raum und Zeit: »Der Markt findet immer weniger in Raum und Zeit statt, sondern im Medium. Der Bildschirm wird zum Markt. Dies verändert grundlegend unser Verhältnis zu Raum und Zeit […] macht Raum und Zeit bedeutungslos« (Vief 1991: 122). Der Roman *Cosmopolis* konstatiert, dass sich die Bedeutungslosigkeit von Raum und Zeit für digitales Geld auf die Menschen in Form von Orientierungslosigkeit und Unsicherheit überträgt. Die zunehmende Abstraktion des Geldes führt zur Orientierungslosigkeit, die, so auch Hartmann (1997), auf »dem Verlust eines kulturtechnisch vertrauten Zeichensensoriums« und einer »Reorientierung [...] von der materiellen Referenz zugunsten des Symbolischen« basiert. Ende des 20. Jahrhunderts kommt in der hohen Abstraktionsstufe des Geldes, in seiner virtuellen Immaterialität, das wahrhaft funktionale Wesen des Geldes zum Vorschein. Diese entzieht sich jedoch den menschlichen Sinnen und führt folglich zu einem Wahrnehmungs- und Kontrollverlust.

Die Virtualität offenbart den wahren Charakter des Geldes, denn Geld ist kein festgelegter Gegenstand, sondern eine Funktion, die ein Medium benötigt, um zum Beispiel als Zahlungsmittel zu funktionieren – sei es gegenständlich oder virtuell. Geld definiert sich durch drei maßgebliche Funktionen: Geld hat erstens eine Wertmessfunktion, zweitens eine Tausch- und Zahlungsmittelfunktion und drittens eine Wertaufbewahrungsfunktion. Bevor das Geld virtuell wurde, funktionierte Geld durch gegenständliche, also haptisch erfassbare Medien, die fälschlicherweise für wertbestimmend gehalten wurden, wie Silber oder Gold. Anschließend folgten Metall und Papier, die zwar keinen Wert darstellten, doch vermeintlich gegen Silber und Gold eingetauscht werden konnten. Doch mit der Aufhebung der Goldbindung verlor das Geld jegliche Referenz und damit die Anbindung an einen »Wertgegenstand«. Die Veränderungen in der Geldwirtschaft mit dem Ende des Goldstandards waren jedoch nicht unmittelbar zu spüren, da im alltäglichen Geldverkehr keine Veränderungen eintraten – weiterhin galten Geldscheine und Münzen im alltäglichen Zahlungsverkehr. Folglich wird die Referenzlosigkeit des Geldes erst in seinem virtuellen Stadium wirklich sichtbar. Dabei wird das Geld jedoch für den Menschen in gewisser Weise unsichtbar, da es nicht mehr mit den Sinnen erfassbar ist und sich folglich der menschlichen Wahrnehmung entzieht.

Eine Anspielung auf den nicht mehr vorhandenen Goldstandard und damit auf die verlorene gegenständliche Bezugsgröße des Geldes ist im Roman zu erkennen, als Eric sich mit seinem Finanzberater über die Vorstellung eines Rattenstandards amüsiert:

»Yes. The rat closed lower today against the euro.
Yes. There is growing concern that the Russian rat will be devalued.
[...] Britain converts to the rat, Chin said.
[...] U.S. establishes rat standard.
Yes. Every U.S. dollar redeemable for a rat.

Dead rats.
Yes. Stockpiling of dead rats called global health menace.« (DeLillo 2003: 23f.).

Hier zeigt sich erneut das Bedürfnis, Geld auf für den Menschen einfach erfassbare Gegenstände zurückzubinden. Neben dem Yen zieht sich das Motiv der Ratte zudem kontinuierlich durch *Cosmopolis*. Den Prolog des Romans bildet eine Zeile des Gedichts »Bericht aus einer belagerten Stadt« (*Report from the Besieged City*) von Zbigniew Herbert (1985): »a rat became the unit of currency«. In Herberts apokalyptischem Gedicht, das Eric bekannt ist, wird die Ratte zur Währungseinheit, das heißt zum wertvollen Tauschobjekt.[2] Die Ratte tritt als Vorzeichen der Apokalypse in verschiedenen Formen im Roman auf: Eine Frau hält auf der Straße eine tote Ratte hoch, zwei Männer duellieren sich mit Ratten und die Globalisierungsgegner protestieren mit einer überdimensionalen Styroporratte sowie mit der Gedichtzeile »A RAT BECAME THE UNIT OF CURRENCY« (ebd.: 96) auf den Finanztickern. Der Friseur bezeichnet außerdem Erics Haare als »ratty« (ebd.: 160); und als Eric das Gebäude betritt, in dem er sterben wird, sieht er zwei Ratten und denkt: »The rats were good. The rats were fine and right, thematically sound.« (Ebd.: 182f.) Die Ratten passen ins Bild, da sie Erics eigene Apokalypse ankündigen.

Die Aufhebung der Goldgebundenheit eröffnete, wie bereits zu Beginn erläutert, neue Möglichkeiten der Spekulation auf den Finanzmärkten. Geld hat sich seit den 1970er Jahren zur Ware entwickelt, mit der an der Börse spekuliert werden kann. Für Eric besteht allerdings eine bedeutende Differenz zwischen der Spekulation mit Aktien und der mit Währungen. Während Aktienkurse aus Erics Sicht sehr leicht und offensichtlich manipulierbar sind, sieht er in Währungskursen Abbilder biologischer Schemata. Mit der Währungsspekulation verbindet Eric daher eine gewisse Reinheit, Schönheit und Genauigkeit, die er mit der Natur assoziiert. Für ihn eröffnet sich eine neue Dimension, da es ihm nun nicht mehr darum geht, den Kurs vorherzusehen und damit Geld zu verdienen. Stattdessen sucht Eric nach der Beziehung zwischen der künstlichen Welt des Marktes und der natürlichen Welt – und damit nach metaphysischen, Sinn stiftenden Erklärungen. Erics Denk- und Verhaltensweise bestätigt Georg Simmels Beobachtung in der *Philosophie des Geldes*, dass das Leben des Menschen von der Suche nach dem

---

2 Zu Beginn der Geldentwicklung wurden Ratten auf den Osterinseln tatsächlich als Währung verwendet, denn sie galten dort als Delikatesse und Luxus (vgl. McLuhan 1964: 131).

Absoluten gekennzeichnet ist, welches ihm in der hohen Fluktuation seiner Lebenswelt Halt verspricht (vgl. Simmel 1989: 94).

Erics Währungsanalyst Michael Chin empfiehlt ihm, aus der Spekulation mit dem Yen auszusteigen, da sich der Yen nicht innerhalb der Analysen und Vorhersagen bewege. Doch Eric weigert sich, denn er ist der Ansicht, dass sich der Yen nach einem bestimmten Muster bewegt, wenn auch nicht nach einem traditionellen: »It charts. You have to search a little harder. Don't trust standard models. Think outside the limits. The yen is making a statement. Read it. Then leap.« (Ebd.: 21) Eric ist davon überzeugt, dass sich Währungen nach einem festgelegtem Schema entwickeln, welches nur noch nicht entdeckt wurde: »He knew there was something no one had detected, a pattern latent in nature itself, a leap of pictorial language that went beyond the standard models of technical analysis and out-predicted even the arcane charting of his own followers in the field. There had to be a way to explain the yen.« (Ebd.: 63) Erneut findet sich hier Erics Bedürfnis, die virtuelle Geldwirtschaft an die materielle Lebenswelt rückzubinden. Obwohl es sich bei Währungen um ein künstliches System handelt, das von den Menschen selbst erschaffen wurde und beeinflussbar ist, scheinen sich die Währungen verselbstständigt zu haben. Eric glaubt festzustellen, dass Währungen und andere Finanzdaten nicht mehr das menschliche Handeln abbilden, sondern unabhängige Lebensformen darstellen:

»It was shallow thinking to maintain that numbers and charts were the cold compression of unruly human energies, every sort of yearning and midnight sweat reduced to lucid units in the financial market. In fact data itself was soulful and glowing, a dynamic aspect of the life process. This was the eloquence of alphabets and numeric systems, now fully realized in electronic form, in the zerooneness of the world, the digital imperative that defined every breath of the planet's living billions.« (Ebd.: 24)

Als eigene Lebensform wird der Yen daher im Roman auch sprachlich personalisiert, wie beispielsweise folgende Sätze verdeutlichen: »The yen is making a statement« (ebd.: 21), »Isn't the yen asleep« (ebd.: 29) oder »The yen itself knew it could not go higher« (ebd.: 84). Eric ist sich darüber im Klaren, dass er gerade viele Millionen Dollar verliert, steigt aber dennoch nicht aus. Seine Finanzchefin Jane Melman bestätigt, dass alle vorliegenden Wirtschaftsinformationen zwangsläufig zum Sinken des Yen führen müssten. Aufgrund des hohen Risikos empfiehlt sie Eric jedoch ebenfalls den Ausstieg. Hiermit gesteht sie ein, dass Börsenkurse nicht nur auf fundamentalen Wirtschaftsdaten basieren. Wie Kurtzman (1993: 199) feststellt, werden Börsenkurse zusätzlich durch Emotionen bestimmt: »A good portion of that speculative hunt for gains is motivated by rational analyses, but a significant amount is propelled by irrational fears, hopes, and expectations.« Wie Eric seiner Philosophin Kinski erläutert, ist er sich darüber im Klaren, dass der Yen nicht steigen könne. Dies sei der Grund, warum er nicht aussteige, aber der Yen erhöhe sich dennoch immer weiter. Kinski erklärt ihm daraufhin, es sei für ihn auch nicht authentisch, jetzt auszusteigen, da er damit wie alle anderen handele, die daran glaubten, dass plausible Realitäten, die analysiert und verfolgt werden könnten, sowie vorhersagbare Trends und Kräfte existierten:

»When in fact it's all random phenomena. You apply mathematics and other disciplines [...] in the end you are dealing with a system that's out of control. Hysteria at high speeds, day to day, minute to minute. [...] We create our own frenzy, our own mass convulsions, driven by thinking machines that we have not final authority over. The frenzy is barely noticeable most of the time. It's simply how we live.« (DeLillo 2003: 85)

Eric mag jedoch nicht glauben, dass das menschliche Urteilsvermögen zwangsläufig versagen muss, weil die von Menschen erschaffenen Systeme, wie beispielsweise das Währungssystem, von Willkürlichkeit bestimmt werden. Stattdessen hält Eric krampfhaft an seiner Vorstellung fest, dass eine tiefere Ordnung existieren muss, eine Verbindung zwischen den Bewegungen in der künstlichen Welt des Marktes und der natürlichen Welt. Er will sich mit dem Kontrollverlust und der daraus resultierenden Unsicherheit nicht abfinden. Mit seiner Suche nach Ordnung, nach klaren kausalen Zusammenhängen will er Kontrolle erlangen und Stabilität herstellen. Sein Scheitern würde den Kontrollverlust des Menschen über seine eigenen Erzeugnisse bestätigen.

Somit gleichen Geld und Markt in *Cosmopolis* Romanfiguren, die sich verselbstständigt und von der Kontrolle des Autors Mensch gelöst haben. Der Autor rennt einerseits seinen Figuren nach, um sie nicht aus dem Auge zu verlieren, und versucht andererseits gleichzeitig ein Schema hinter ihrem Handeln zu entdecken. Denn es gilt deren nächste Schritte vorherzusagen, um sie wieder unter seine Kontrolle zu bringen. Doch ebenso wie die scheinbar verselbstständigten Figuren einen Autor haben, bleibt der Mensch Autor von Geld und Markt. So wird auch Eric am Ende auf sich selbst zurückgeworfen und findet die Mechanismen des Geldes und des Marktes in sich selbst beziehungsweise in allen anderen beteiligten Akteuren an den Finanzmärkten. Zwischen dem Wirtschaftssystem und den Identitäten von Menschen und Gesellschaft sieht Kurtzman seit jeher einen Zusammenhang: »[…] our economic system is a reflection of who we are as a people. […] economics and the economic system cannot be divorced from humanity's other pursuits, from its dreams and dreaded nightmares. […] economics, far from being just a science, also reflects our values and sensitivities. It is one of the ways in which we, as a society, organize and define ourselves.« (Kurtzman 1993: 20)

Eric beginnt schließlich zu zweifeln, ob er 'die Verbindung zwischen der künstlichen Welt des Marktes und der natürlichen Welt jemals finden kann. Dieser Zweifel, den auch Erics Geliebte wahrnimmt: »You're beginning to think it's more interesting to doubt than to act. It takes more courage to doubt« (DeLillo 2003: 32), verändert Erics Denk- und Handlungsstruktur. Das heutige *fiat money* basiert auf der Prämisse des Glaubens. Denn es erhält seinen Wert dadurch, dass die Menschen daran glauben, in Zukunft ihr Geld in Form von Papier-, Plastikgeld oder Zahlen auf Computerbildschirmen gegen Waren und Dienstleistungen eintauschen zu können. Das Geldsystem operiert demnach auf der Basis kollektiven Glaubens: Solange der Großteil der Bevölkerung an den zukünftigen Wert des Geldes beziehungsweise der Währung glaubt, funktioniert das System. Beginnt jedoch der große Zweifel, wird das System instabil und kann zusammenbrechen, wenn der Zweifel sich mehr und mehr ausbreitet. Das System funktioniert nur, solange fast niemand zweifelt. Eric zweifelt jedoch, obwohl, wie Kinski erneut erläutert, der Zweifel nicht mehr zeitgemäß ist: »Doubt. What is doubt? You don't believe in doubt. You've told me this. Computer power eliminates doubt. All doubt rises from past experience. But the past is disappearing.« (Ebd.: 86)

Doch bereits zu Beginn des Tages, als Eric in einer Anwandlung von Nostalgie die Entscheidung trifft, den Friseur seines verstorbenen Vaters und seiner Kindheit aufzusuchen, beginnt sein Zweifel, da er auf der Suche nach seiner Identität in die Vergangenheit taucht und seinen innersten Sehnsüchten nachgibt. Bisher verdrängte Eric seine Vergangenheit, um seine Macht aufrechtzuerhalten: »I've never liked thinking back, going back in time, reviewing the day or the week or the life. […] Power works best when there's no memory attached.« (Ebd.: 184) Angesichts eines Systems der Gegenwart, in dem die Zukunft regiert, scheint die Reise in die Vergangenheit einem Systembruch gleichzukommen.

Dass es das Verhalten der Menschen selbst ist, das den Wert des Geldes bestimmt, führt Eric mit seiner Spekulationsweise vor Augen. Seine Identitätskrise führt dazu, dass er sich in den Wahnsinn spekuliert und die Börsenkurse zum Einsturz bringt. Folglich erzeugt Erics Identitätskrise eine Börsenkrise, sein emotionales Zweifeln verunsichert in Form seines irrationalen Handelns den Markt und führt zum Börsencrash. So verweist auch sein Mörder Eric bei der Suche nach dem Muster des Yen auf sich selbst beziehungsweise die menschliche Natur zurück. Das Muster, das Eric verzweifelt zu finden versuche, bestehe in dem Paradox, dass die Natur Unregelmäßigkeiten aufweise: »›The importance of the lopsided, the thing that's skewed a little. You were looking for balance, beautiful balance, equal parts, equal sides [...]. But you should have been tracking the yen in its tics and quirks. The little quirk. The misshape.‹ [...] ›That's where the answer was, in your body, in your prostate.‹« (Ebd.: 200)

Die Antwort liege in Erics Prostata, da sein Hausarzt bei der täglichen Untersuchung regelmäßig bemerkt, dass seine Prostata asymmetrisch sei. Eric weiß nicht, dass es sich dabei um eine harmlose Abweichung handelt, und ist deshalb besorgt. Er sucht nach Symmetrie, da diese, wie Simmel (1989: 681f.) feststellt, für den Menschen Sinn stiftet: »Wenn Dinge und Menschen unter das Joch des Systems gebeugt – d.h. symmetrisch angeordnet – sind, so wird der Verstand am schnellsten mit ihnen fertig.« Eric charakterisiert Asymmetrie als »counterforce to balance and calm« (DeLillo 2003: 52). Simmel fasst die Dissonanz zwischen menschlichem Gemüt und Natur wie folgt in Worte: »[...] die Natur ist nicht so symmetrisch wie die Seele es fordert und die Seele nicht so symmetrisch, wie die Natur es fordert« (Simmel 1989: 683).

Mit seinem Entschluss, den Friseur seiner Kindheit aufzusuchen, entscheidet sich Eric dafür, seine Identität und damit seine verdrängte Vergangenheit wieder zu entdecken, seinen innersten Sehnsüchten nachzugeben. Bisher verdrängte Eric seine Vergangenheit, um seine Macht aufrechtzuerhalten: »I've never liked thinking back, going back in time, reviewing the day or the week or the life. To crush and gut. To eviscerate. Power works best when there's no memory attached.« (Ebd.: 184) In seinem Innersten sehnt sich Eric jedoch nach seiner Vergangenheit und damit nach einer identitätsstiftenden Referenz: seinen Kindheitserinnerungen und seiner Familiengeschichte, die bei dem Friseur Anthony wiederaufleben. Anthonys Erzählung über den Tod von Erics Vater im seitdem kaum veränderten Salon gibt Eric das Gefühl der Stabilität: »Eric had heard this a number of times and the man used the same words nearly every time, with topical variations. That is what he wanted from Anthony. The same words. The oil calendar on the wall. The mirror that needed silvering.« (Ebd.: 161) Im Salon findet Eric über die unveränderten Gegenstände, den Kalender an der Wand, den abgenutzten Spiegel und die erzählte Familiengeschichte einen Bezug zu seiner Vergangenheit und seine Identität wieder. In der materialisierten Vergangenheit findet er auch seine eigene Substanz. Umgeben von den Spuren der Vergangenheit erinnert Anthony Eric daran, woher er stammt, sodass er zur Ruhe kommt und nach seinen wochenlangen Schlafstörungen endlich wieder einschlafen kann. Von großer Bedeutung ist zudem die stabilisierende und kohärenzstiftende Wirkung von Anthonys Erzählung, deren Wortlaut ebenfalls unverändert und Eric vertraut ist. Sie fungiert als sicherer und Komplexität reduzierender Anker, in einer unübersichtlich komplexen Lebenswelt.

Auch der Roman *Cosmopolis* macht sich die menschliche Kohärenz stiftende Strategie und Form der Erzählung zunutze, um die Kontrolle über das Geld zurückzuerlangen und das Verhältnis von Mensch, Geld und Markt zu erfassen und zu begreifen. Indem *Cosmopolis* die Problematik der Begreifbarkeit von Geld- und Wirtschaftsprozessen sowie die menschliche Sehnsucht nach gegenständlicher Rückbindung im Rahmen einer Erzählung artikuliert, bedient der Roman das menschliche Bedürfnis nach Erfassbarkeit, Übersichtlichkeit, Abgeschlossenheit und kausalen Zusammenhängen. Allerdings sprengt der zum Teil unplausible Inhalt die Struktur der Erzählung immer wieder, um irrationale Elemente zu integrieren und kausale Zusammenhänge anzuzweifeln. Dies führt zur Irritation und soll die Irrationalitäten des menschlichen Handelns, des Geldes und des Marktes vor Augen führen. Das, was sich der menschlichen Wahrnehmung entzieht, das Unbegreifliche, soll begreifbar gemacht werden, indem das Unmögliche in der Erzählung möglich sowie der Plot unrealistisch, spektakulär und abstrus wird. Um das soziale Konstrukt Geld zu begreifen, wird ein anderes menschliches Konstrukt verwendet – das der Erzählung.

Don DeLillos Roman *Cosmopolis* erforscht das Beziehungsgeflecht von Mensch, Geld und Markt und veranschaulicht das Vermögen sowie die Funktion der Literatur, zeitgenössisches Unbehagen zu entdecken und zu ergründen. Im imaginären Raum kann das Geld seine Wirksamkeit voll entfalten und folglich dem Leser sein wahres funktionales Wesen vor Augen führen, das Ende des 20. Jahrhunderts in seiner virtuellen Immaterialität zum Vorschein kommt. Es entzieht sich den menschlichen Sinnen und somit der Wahrnehmung. Die daraus resultierende verlorene Kontrolle versucht der Roman mit erzähltechnischen Mitteln zurückzugewinnen, indem er die Sinne anspricht und tiefe menschliche Bedürfnisse zum Vorschein bringt, die der vom Menschen erschaffenen (Geld-)Wirtschaft zuwiderlaufen. So weist er daraufhin, dass Geld und Markt eine Konstruktion darstellen, die kollektiv von Menschen erschaffen wurde, die jedoch dazu neigt, ihre Autorschaft zu vergessen. Geld und Markt gleichen in *Cosmopolis* literarischen Protagonisten, die sich scheinbar unkontrollierbar verselbstständigt haben. Der Versuch der Autoren, die Handlungslogik dieser Protagonisten zu entdecken, muss sie demnach zwangsläufig auf sich selbst zurückwerfen. Denn ebenso wie die Globalisierungsgegner wird in dem Roman auch der Zusammenbruch und die Krise sowie Erics Versuch des Systemausbruchs als natürlicher Marktmechanismus und Teil des Systems betrachtet.

Literatur

DeLillo, Don (2001), »In the ruins of the future«, in: *The Guardian*, 22. Dezember 2001; http://www.guardian.co.uk/Archive/Article/0%2C4273%2C4324579%2 C00.html (Stand: 19.08.2004).
DeLillo, Don (2003a), *Cosmopolis*, London.
DeLillo, Don (2003b), »Jede Art von Macht verlangt nach ihrer Ausübung«. Das wichtigste ist ihm die Sprache. Interview mit dem Schriftsteller Don DeLillo über seinen neuen Roman *Cosmopolis*«, in: *Die Welt*, 22. September; http://www.welt.de/data/2003/09/22/171774.html?prx=1 (Stand: 10.08.2004).
Hartmann, Frank (1997), »Fetisch Information: Plädoyer gegen die populistische Rede von der Informationsflut«, Gastvorlesung im Rahmen von »Medien und Zeitgeist« am Institut für Publizistik der Universität Wien, 30.10.1997, in: Frank Hartmann, Online Texte. 1997, 1998; http://ezines.onb.ac.at:8080/mailbox.univie.ac.at/~a6301max/Essays/Information.html (Stand: 14.07.2004).
Herbert, Zbigniew/Carpenter, John/Carpenter, Bogdana (1985), *Report from the besieged city & other poems*, New York.
Kurtzman, Joel (1993), *The Death of Money. How the Electronic Economy Has Destabilized the Worlds Markets and Created Financial Chaos*, New York.
McLuhan, Marshall (1964), *Understanding Media. The Extension of Man*, London.
Sedillot, René (1992), *Muscheln, Münzen und Papier. Die Geschichte des Geldes*, übers. v. Linda Gränz, Frankfurt/M.
Simmel, Georg (1989) *Philosophie des Geldes* [1901], hg. v. David P. Frisby u. Klaus Christian Köhnke, Frankfurt/M. (Gesamtausgabe, Bd. 6).
Urbatsch, Katja (2008) »New Economic Criticism«, in: Ansgar Nünning (Hg.), *Metzler Lexikon Literatur- und Kulturtheorie*, Stuttgart, S. 539–540.
Vief, Bernhard (1991), »Digitales Geld«, in: Florian Rötzer (Hg.), *Ästhetik der elektronischen Medien*, Frankfurt/M., S. 117–146.

Woodmansee, Martha/Osteen, Mark (Hg.) (1999), *The New Economic Criticism. Studies at the Intersection of Literature and Economics*, London/New York (Economics as Social Theory Series).

Navigationssinn

Zur literarischen Problemreflexion ökonomischen Wissens

Daniel Lutz

I. Vom Nutzen der literarischen Fiktion

Die Vorstellung, dass Kunst und Wirtschaft in einem unversöhnlichen Gegensatz zueinander stehen, etabliert sich gegen Ende des 18. Jahrhunderts, also genau in dem Moment, da sich die literarische Kunst zunehmend über die Buchpublikation auf einem Markt behaupten muss.[1] Als eine der wirkmächtigsten Begründungen für die grundsätzliche Differenz beider Bereiche wird die Zweckfreiheit des Ästhetischen und ihre Unvereinbarkeit mit der interessegeleiteten Ausrichtung des Ökonomischen angeführt. In seinen Briefen *Über die ästhetische Erziehung des Menschen* (1795) begreift Friedrich Schiller die Kunst dementsprechend als »eine Tochter der Freiheit«, welche »sich mit anständiger Kühnheit über das Bedürfnis erheben« soll (Schiller 2004: 572). Die Forderung nach einem Nutzen der Kunst stellt für Schiller nichts weniger dar als eine existenzielle Gefährdung des ästhetischen Spiels.[2] Demnach ist das Kriterium der Nützlichkeit nicht in der Lage, den Wert der ästhetischen Leistung adäquat zu erfassen, weil auf der Skala einer instrumentell konzipierten Vernunft das geistige Gewicht der Kunst nicht abgebildet werden kann.[3] Anders gesagt: Das ausdrücklich ökonomisch konnotierte

---

1 Zur Transformation der Buchpublikation von einem Nebenprodukt des Patronagewesens zum bestimmenden Medium der Autorschaft am Beispiel Frankreichs vgl. Turnovsky (2010).

2 Karl Philipp Moritz, der bereits 1788 eine programmatische Verteidigung der Kunst gegen jegliche Form des Nützlichkeitsdenkens unternimmt, konzediert immerhin: »So wie nun das Schöne, unbeschadet seiner Schönheit auch nützen kann, ob es gleich nicht um zu nützen da ist; so kann das Nützliche auch, unbeschadet seines Nutzens, in einem gewissen Grade schön sein, ob es gleich nur um zu nutzen da ist« (Moritz 1997: 968).

3 »Der *Nutzen* ist das große Idol der Zeit, dem alle Kräfte fronen und alle Talente huldigen sollen. Auf dieser groben Waage hat das geistige Verdienst der Kunst kein Gewicht, und, aller Aufmunterung beraubt, verschwindet sie von dem lärmenden Markt des Jahrhunderts« (Schiller 2004: 572, H.i.O.).

Nützlichkeitsdenken erweist sich zur Bewertung des Literarischen als untauglich, da das ästhetische Spiel nur seinen eigenen Regeln folgt und nur nach deren Maßgabe zu beurteilen ist. Mit diesem Argument entzieht Schiller den »literarischen Wert« der geschäftlichen Verrechnung und stellt ihn auf eine eigengesetzliche Bemessungsgrundlage.

Parallel zur Marktbindung von Literatur gewinnt somit auch die theoretische Begründung eines ästhetischen Eigenwerts der Kunstproduktion an Bedeutung. Das Konzept ästhetischer Autonomie erlaubt es Literatur, sich von außerästhetischen Belangen zu befreien, *obwohl* sie gleichzeitig als Ware verkauft wird. In dieser Hinsicht sind mit der Leitopposition von Spiel und Nutzen die unterschiedlichen Wertformen von symbolischem und ökonomischem Kapital (vgl. Bourdieu 2001), von Distinktionsgewinn und Markterfolg, markiert. Das eine wird durch das andere jedoch keineswegs ausgeschlossen: Durch das Insistieren auf Nutzlosigkeit und Eigengesetzlichkeit lässt sich symbolisches Kapital erlangen. Der Autor und sein Werk werden, vereinfacht gesagt, als etwas Besonderes wahrgenommen, was sich dann in monetären Gewinn umsetzen kann, wenn die Besonderheit durch Absatz auf dem Markt gewürdigt wird.[4] Selbstbestimmung und Marktbindung schließen sich damit nicht aus, sondern bilden ein Verhältnis, das sich gegenseitig bedingt und von beiden Seiten aus beobachten lässt.

Die Thematisierung von Wirtschaft in Literatur entwickelt sich vor diesem Hintergrund nicht zuletzt als Problemreflexion[5] eines Abgrenzungsbedürfnisses gegen den Markt, das aus der Abhängigkeit vom Markt hervorgeht. Literatur wird von dieser Paradoxie nicht blockiert, weil ihre Freiheit gerade darin besteht, »den Zwang, dem sie folgt, sichtbar zu machen« (Martus 2005: 103). Möglich wird dies vor allem durch die Verdoppelung der Welt in der Fiktion. In der Beobachtung von Wirtschaft kann sich Literatur darum selbst als Teil der Wirtschaft beobachten oder über die Poesiefähigkeit der Geschäftswelt diskutieren, ohne die daraus entstehenden Widersprüche auflösen zu müssen. Literatur hat als Kunstform eine »fiktionale Ordnung gefunden«, von der aus sie »die normale, allen bekannte Wirklichkeit betrachten kann, etwa in ihrer Härte und Unausweichlichkeit oder in ihrer Normalität und Langweiligkeit« (Luhmann 2008: 281). Neben dem vertrau-

---

4 Die Möglichkeit, sich durch eine Verweigerungshaltung gegenüber dem Markt auf ebendiesem strategisch vorteilhaft zu positionieren, also Marketing durch Marktverweigerung zu betreiben, wird um 1800 bereits versiert genutzt (vgl. dazu Mix 2004).

5 Vgl. dazu Eibl (1995: 87): »Literatur wandelt sich [um 1770, D.L.] von der Thesen-Verkündigungsanstalt (oder bloßen Unterhaltung) zum Organon der Problemreflexion, und zwar von Problemen, die in einigen Facetten bis in die Gegenwart reichen.«

ten Lebens- und Erfahrungszusammenhang, der mit Luhmann als »reale Realität« beschrieben werden kann, erscheint eine »fiktionale Realität« mit eigener Ordnung und spezifischen Verknüpfungsregeln.[6] Die Unterscheidung zwischen fiktionaler und realer Wirklichkeit bedeutet jedoch nicht, dass sich literarische Werke in einer referenzlosen Sphäre bewegen. Insofern sich Literatur als selektive Ordnung begreifen lässt, die ihre Elemente unter dem Vorzeichen der Fiktionalität verknüpft, wird durch diese Art der Komplexitätsbearbeitung eine direkte Verbindung zwischen Literatur und »realer Welt« zwar zunächst einmal unterbrochen. Text-Umwelt-Relationen werden durch die gegenseitige Abgrenzung aber nicht verhindert. Stattdessen gilt es festzuhalten, dass Differenz überhaupt erst die Voraussetzung von wechselseitiger Beziehung ist (vgl. Eibl 1995: 136). Grenzen, die durch Selbstreferenz entstehen, sind die Voraussetzung schlechthin für eine Bezugnahme zur Umwelt, also dafür, dass die Gesellschaft zur Umwelt von Poesie wird, die auf diese Umwelt wiederum nach Maßgabe ihrer eigenen Selektionsbedingungen reagiert.

Bezogen auf die Literarisierung von Ökonomie folgt daraus, dass sich wirtschaftliche Sachgehalte oder wirtschaftliches Wissen nicht einfach in literarischen Texten wiederfinden, vielmehr unterliegt Wirtschaft einer Reorganisation im Modus literarischer Darstellungsverfahren, durch die es möglich ist, ein eigenständig strukturiertes, poetisches Wissen der Ökonomie auszubilden (vgl. Alt 2004: 192f.). Damit wird nicht bestritten, dass in die Fiktion durchaus identifizierbare »Realitäten« eingehen. Entscheidend bleibt jedoch, dass jeglicher Sachgehalt im literarischen Text unter dem Zeichen des »Fingiertseins« steht – und Literatur versucht diesen Umstand in der Regel nicht zu verbergen.[7] Die offensichtliche Fiktionalität ist aber weder ein Makel noch ein Ausweis ihrer Nutzlosigkeit, sondern Grundbedingung der literarischen Problemreflexion, die sich von anderen Problembearbeitungsstrategien, wie etwa der Wissenschaft, deutlich unterscheidet. Die Fiktion gewährleistet die »strukturelle Integration aporetischer oder paradoxer Elemente« und damit »ein entscheidendes Distinktionsmerkmal gegenüber dem auf logische Konsistenz zielenden wissenschaftlichen Diskurs« (Alt 2004: 195).

---

6 Vgl. Luhmann (2008: 277; H.i.O.): »Die fiktional präsentierte Welt wird nicht als *halbe* Welt, sie wird als *andere* Welt erfahren und der Ausgangswelt, in der man immer schon und immer noch lebt, in der Modalform des Möglichen hinzugefügt – unter der Voraussetzung, daß die fiktional erzeugte Welt als geschlossene Welt ihre eigene Möglichkeit garantiert.«
7 Zur »Selbstanzeige« der literarischen Fiktion vgl. Iser (1991: 34ff.).

Unter diesen Voraussetzungen lässt sich dort von einem literaturproduzierten Wissen der Ökonomie sprechen, »wo sich Thema ›Wirtschaft‹ und literarisch-sprachliche Verfahrensweisen verbinden« (Frank 2002: 327). Das bloße Vorkommen bereits vorhandener Wissensbestände aus dem Wirtschafts- und Finanzsektor ist dafür nicht ausreichend. Erst durch die literarische Organisation des Materials, durch die jeweilige Formgebung, wird ein Wissen produziert, das über die Applikation oder Zurückweisung des Vorliegenden hinausgeht. Ein spezifisch literarisches Wirtschaftswissen ergibt sich erst aus der Kopplung von Ökonomie und Textur, genauer gesagt: durch die Verschaltung von Thema, Textualität und Wirkungsweise.

Veranschaulichen lässt sich diese Kopplung in besonders forcierter Weise an den Romanen *J R* von William Gaddis und *Wenn wir sterben* von Ernst-Wilhelm Händler. Die beiden Texte stellen erhöhte Lektüreanforderungen und erschweren dem Leser unter anderem dadurch die Orientierung, dass in ihnen eine übergeordnete auktoriale Instanz zwar aufscheint, diese Instanz jedoch eine anonyme Größe bleibt, die zudem keine kohärenz- beziehungsweise sinnstiftende Funktion mehr hat. In beiden Romanen werden ökonomische Orientierungsversuche nicht nur thematisch und figurativ verhandelt, sondern sie werden auch als Lektüreeffekt wirksam. Während die Figuren in der erzählten Wirtschaftswelt navigieren, ist der Leser gleichzeitig damit beschäftigt, sich in einem Text zurechtzufinden, der ihm die Orientierung in der fiktiven ökonomischen Welt vorsätzlich erschwert.

II. Der Erwerb ökonomischen Wissens in William Gaddis' *J R*

Wie Orientierung in einem prinzipiell offenen und komplex strukturierten Raum gedacht werden kann, gehört zu den zentralen Problemen, an der sich ökonomische wie literarische Darstellungstechniken in der Moderne abarbeiten. Die Auflösung fester Grenzen in kontingenten, also immer auch anders möglichen Ordnungsgefügen erfordert die Navigation in einem unwägbaren, gleichsam ozeanischen Raum.[8] William Gaddis' Roman *J R* konfrontiert den Rezipienten mit diesem Problem dergestalt, dass der Text nahe-

---

[8] Den Wandel nautischer Metaphorik in der Neuzeit beschreibt Makropoulos (1998). Vgl. dazu auch Vogl (2002: 165–170).

zu ausschließlich direkte Rede präsentiert (in der amerikanischen Erstausgabe von 1975 auf über 700 und in der deutschen Übersetzung, die erstmals 1996 erschienen ist, auf über 1.000 Druckseiten). Weder gibt es eine Kapiteleinteilung oder eine durch Abschnitte markierte Gliederung, noch – und hier liegt das weitaus größere Problem – wird angezeigt, welche Figur gerade spricht; es erschließt sich oft nur aus den sprachlichen Eigentümlichkeiten der jeweiligen Figurenrede.

Der desorientierende Effekt der direkten Rede in *J R* ergibt sich aus zwei Gründen, die Gustav Seibt in seiner Besprechung des Romans hervorgehoben hat. Erstens fallen, wie in jeder direkten Rede, erzählte Zeit und Erzählzeit zusammen, was »die Distanz zwischen dem Leser und dem Erzählten nahezu auf Null reduziert« (Seibt 1996: L1). Zweitens versucht die direkte Rede bei Gaddis jeden Eindruck der Stilisierung zu vermeiden, indem sie sich den Unterbrechungen, Sprüngen und Redundanzen tatsächlicher Rede angleicht. Der Text, der »als phonetische Annäherung an die Mündlichkeit inszeniert ist« und »sich über weite Strecken wie ein Tonbandprotokoll liest«, setzt den Leser einer verwirrenden Stimmenvielfalt aus, »denn nichts scheint für seine Ohren gesprochen, nichts kommt ihm entgegen, und nichts hilft ihm zu verstehen. Man beginnt zu lesen, und alles ist ganz nah und zugleich nahezu unverständlich« (ebd.). Durch die reduzierte Distanz zum Geschehen im Modus direkter Rede bleibt der Bezug des Gesagten oftmals unklar. In der detaillierten Darstellung wird eine mikroskopische Fokussierung erreicht, von der aus der Leser auf einen größeren Zusammenhang schließen muss. Der Roman besteht gewissermaßen nur aus »Nahaufnahmen«. Die Unverständlichkeit betrifft insofern weniger die begriffliche Ebene – der jeweilige Gesprächsinhalt bleibt meist nachvollziehbar – und mehr die Verknüpfung der fragmentarischen Äußerungen zu bedeutsamen Einheiten.

In der Simulation chaotischen Sprechens erhöht sich die Schwierigkeit, zuzuordnen, ob eine Information Relevanz besitzt, und wenn ja, welche. Die Zuweisung von Relevanz ist aber nicht nur ein Problem des Lesers, sondern verstrickt auch die Figuren beständig in Komplikationen. So verweist der Auftakt des Romans bereits darauf, dass nichts vergeblicher sein kann als der Versuch, ein klärendes Gespräch zu führen. Der Rechtsanwalt Coen (der hier fälschlicherweise Cohen genannt wird) bemüht sich mit zwei älteren Damen zwar redlich um die Aufklärung einer diffizilen Rechtslage, die deren Aktienbesitz betrifft, gelangt aber nicht zum Ziel, da er von ihnen ständig durch scheinbar Irrelevantes unterbrochen wird:

»–Mister Cohen might like a nice glass of cold water.
–No, it isn't . . . water that I need. If you ladies, you . . . just for a moment, if you'll give me you're undivided attention . . .
–We have no objection at all, Mister Cohen. We're telling you everything we can think of.
–Yes but, some of it is not precisely relevant . . .« (Gaddis 1975: 5)

Wenn in den Gesprächen alles Erdenkliche erzählt wird, ist die Lektüre angehalten, den Text mit erhöhter Aufmerksamkeit auf Verbindungen und Bedeutungen hin zu beobachten.[9] Gerade im Blick auf die erzählte Ökonomie erweist sich das Entdecken relevanter Informationen als grundlegende Herausforderung, die sich sowohl dem Leser wie auch dem Protagonisten stellt. Die navigatorische Kompetenz der Erschließung eines unübersichtlichen Geländes betrifft sowohl die Ebene der Rezeption als auch das wirtschaftliche Handeln im Text, in dem der ökonomische Prozess gleichfalls über die Beschaffung, Einschätzung und Verwertung von Informationen gesteuert wird.

Im Zentrum der wirtschaftlichen Vorgänge steht darum nicht zufällig der Aufstieg des elfjährigen J R Vansant zu einem Hauptakteur auf dem Finanzmarkt. Anhand eines Kindes, das von ökonomischer Theorie und Praxis noch weitgehend unberührt ist, erzählt der Roman vom Erwerb ökonomischen Wissens diesseits und jenseits institutionalisierter Lehranstalten. Den Ausgangspunkt dieses Wissens bildet ein Schulausflug, bei dem die sechste Klasse ihre erste Aktie erwerben soll. Die entscheidende wirtschaftliche Lektion wird J R jedoch nicht im offiziellen Rahmen der Veranstaltung, sondern beim Herumstreunen auf der Herrentoilette erteilt. Dort lernt der Junge, dass der Hinweis seiner Klassenlehrerin, dass man das Geld für sich arbeiten lassen soll, nur die halbe Wahrheit ist. Entscheidend ist, dass es das Geld *anderer* ist, das für einen arbeitet.[10]

Auf Grundlage dieser Einsicht spekuliert sich J R über das Schultelefon und mittels postalischer Geldanweisungen ein Geschäftsimperium zusam-

---

9 Die sporadisch vernehmbare Erzählstimme verweist in diesem Zusammenhang auf eine Beobachtung zweiter Ordnung: »Next to the first-order (mis)communication among characters, the narrator in *J R* achieves a kind of second-order communication unavailable to the characters – but available to the attentive reader who is willing to enter into this second-order conversation, and able to put together significant connections within the environment of junk language and junk bonds.« (Tabbi 2007: 113)
10 »next time you just tell her money is credit, get that?
–It's what?
–Tells you your money should work for you you tell her the trick's to get other people's money to work for you, get that?« (Gaddis 1975: 109)

men, dessen Größe auf den Finanzmärkten für Verwerfungen sorgt. Damit seine Minderjährigkeit nicht bekannt wird, bedient er sich lediglich eines Taschentuchs, um seine Telefonstimme tiefer klingt zu lassen, und eines Stellvertreters für die »Außenwelt«. Ihm gelingt es, in Person des an der Schule beschäftigten Komponisten Edward Bast, einen Repräsentanten an sich zu binden.[11] Dieser übernimmt die Funktion eines Geschäftsführers, in der er die von J R geplanten Transaktionen umsetzt, ohne je genau zu wissen, was damit eigentlich bezweckt wird.

Der ökonomisch ignorante Künstler Bast unterscheidet sich in seiner Ansicht über das notwendige Wirtschaftswissen fundamental von dem habgierigen Jungen. Während Bast betont, sich mit bestimmten Produktzweigen – wie der Rüstungsindustrie – nicht auszukennen, erklärt ihm J R anhand einer Schulaufgabe, dass solches Fachwissen für Investitionen nicht vonnöten ist:

»–Yes well look I don't know anything about armored div . . .
–No that's okay see *it's just about equipping them like you're equipping anything just to figure up these different percents*, I mean here's this Mister A with this here business which he owns thirty percent of it see *it doesn't matter what business it's just this here business*, see so anyway it says he sells this forty percent of his thirty percent for fifteen hun wait, thousand I mean, fifteen thousand one hundred twenty dollars *so you have to find out how much is the whole thing worth see?*« (Ebd.: 125; Hervorhebung D.L.)

Das schulische Erlernen der Prozentrechnung bildet wiederum nur die Basis für die Beschäftigung mit dem wirtschaftlichen »real stuff« (ebd.: 125). Zum ökonomisch verwertbaren Wissen wird der Mathematikunterricht erst, wenn sich zur Rechenfertigkeit ein Anwendungsverfahren hinzugesellt, mit dem sich wirtschaftliche Möglichkeiten in reale Geschäfte überführen lassen. Um vor der Vielzahl von *business opportunities* nicht zu kapitulieren, wie sie im Text von einer Anzeigenseite dargestellt werden (ebd.: 126), bedarf es einer Aufmerksamkeit für Gewinngelegenheiten, soll heißen, einer Findigkeit als unternehmerischer »Fähigkeit, schneller als andere und vor allem ›ohne gezieltes Vorgehen zu lernen‹« (Bröckling 2007: 114).

In der Entdeckung von Gewinnchancen entwickelt sich J R recht schnell zu einem Meister. Dass seine Schulleistungen mit seinen Spekulationsgewinnen nicht Schritt halten, ist dabei kein allzu großes Hindernis.[12] Das für den

---

11 Finanziell gebunden ist Bast an J R über einen Kredit, den Bast zur Bezahlung der Fahrkarten für den Schulausflug bei ihm aufgenommen hat (vgl. ebd.: 124f.).
12 So berichtet J R davon, dass er in Mathematik voraussichtlich ein »D« bekommt – was der Note 4 an einer deutschen Schule entspricht – und das ihm Gleiches auch in Gemein-

Erfolg nötige ökonomische Wissen eignet er sich ohnehin autodidaktisch an. Als passionierter Sammler von kostenfrei erhältlichen Investment-Handbüchern und PR-Broschüren ist sein Blick stets darauf gerichtet, aus dem vorhandenen Material die profitabelste Strategie abzuleiten. Ökonomische Kenntnisse generiert er aus der Imitation und Anverwandlung vorhandener Anweisungen zum unternehmerischen Handeln: »J R himself is but a pastiche of textbook advice, an assemblage of other people's discourses that are recycled and mobilized by him« (Boesenberg 2010: 388). Der Wissenserwerb von J R erfolgt somit über eine reproduktive und gleichwohl innovative »Methode«. Sein reproduktives Verfahren zeichnet sich durch die Rekombination bestehender Elemente aus und ist damit alles andere als ein schlichtes Kopieren und Ausprobieren vermeintlicher Erfolgsrezepte nach dem Prinzip des *trial-and-error*. Durch den Bezug auf Bestehendes sichert der Junge zunächst sein Wissen gegen Anfechtungen ab. Entsprechend beruft er sich in den Gesprächen und Telefonaten mit Bast immer wieder darauf, dass man es eben so und nicht anders macht: »I didn't invent it I mean this is what you do!« (Gaddis 1975: 466) Gleichzeitig entfaltet er aber in diesen Gesprächen komplexe Geschäftsmodelle, deren jeweilige Konstruktion sehr wohl als Erfindung bezeichnet werden kann, insofern er Möglichkeiten im Markt findet, die andere so nicht sehen und deshalb nicht sofort durchschauen.[13]

Der Undurchsichtigkeit der finanzwirtschaftlichen Operationen korrespondiert eine Romantextur der Unübersichtlichkeit, die den Rezipienten zum buchstäblichen Herauslesen der ökonomisch relevanten Ereignisse zwingt. Angewiesen ist dieses Wissen auf Vernetzung und brüchig wird es, wenn diese Verbindungen wegen der unkontrollierbaren Datenmengen zu zerfallen drohen. Diese Entwicklung wird zum einen in der von J R als Firmensitz genutzten Wohnung versinnbildlicht, die vor Papieren, Texten und Produkten überquillt. Zum anderen wird die Unübersichtlichkeit des Wissens informationstheoretisch über den Begriff der Entropie verhandelt. Im Anschluss an Norbert Wieners Kybernetik bezeichnet Entropie die »Tendenz zur Selbstauflösung, die jedem System innewohnt: seine unaufhaltsame und nicht umkehrbare Bewegung hin auf einen Zustand der Kontingenz« (Ick-

---

schaftskunde droht (vgl. Gaddis 1975: 345). Seine Rechtschreibschwäche stellt er in einem Schulaufsatz über Alaska (vgl. ebd.: 438) unter Beweis, auf den ihn auch seine Lehrerin, Mrs. Joubert, anspricht (vgl. ebd.: 471).

13 Die Rekombinationsfähigkeit von J R fällt auch Mrs. Joubert auf: »He looks like he's trying to fit what you're saying into some utterly different, some world you don't know anything about« (Gaddis 1975: 246f.).

stadt 1981: 9).[14] Die Zunahme der Entropie wirkt sich in Gaddis' Text konsequenterweise auch auf das ökonomische Wissen aus. Mit dem Anwachsen der J R-Firmengruppe, wachsen auch die Informationsmengen und damit der Abstimmungsbedarf an. Die freie Verfügbarkeit des Wirtschaftswissens wird schließlich zum unlösbaren Problem und mündet in den Zerfall der Korporation.

III. Literarisches und ökonomisches Wissen als strukturelle Überforderung in Ernst-Wilhelm Händlers *Wenn wir sterben*

Gegen den absatzlosen Redestrom in *J R* wirkt Ernst-Wilhelm Händlers Roman *Wenn wir sterben* (2002) auf den ersten Blick geradezu überstrukturiert: Händlers Text gliedert seine knapp 500 Seiten in fünf Teile und insgesamt 41 Kapitel mit jeweils eigenen Überschriften. Zudem stehen am Eingang des Textes drei Mottos,[15] die auf zentrale Aspekte des Romans hinweisen. Die Frage nach der Poesiefähigkeit von Wirtschaft sowie das Verhältnis von menschlichem Körper und Kapitalismus werden damit schon frühzeitig ins Spiel gebracht (vgl. Deupmann 2008: 159f.). Der Eindruck einer überschaubar strukturierten Textmenge zerstreut sich jedoch schnell. Stattdessen verschreibt sich der Text der Erzeugung von Varianz, wie allein durch den ständig wechselnden Stil der einzelnen Kapitel augenfällig wird. Die Stilpalette reicht dabei von der ekstatischen Darstellung über den räsonierenden Monolog bis zur theoretischen Abhandlung in Tagebuchform. Wechselhaft präsentiert sich darüber hinaus die Groß- und Kleinschreibung sowie die Interpunktion, auf deren Orientierungsleistungen zuweilen auch gänzlich verzichtet wird. Als übergreifendes Erzählprinzip des Romans kann daher lediglich die permanente Stilvariation gelten. Erreicht wird diese aber nicht durch die originelle Schaffenskraft des Autors, sondern vielmehr dadurch, dass der Tonfall verschiedenster Autoren, vorwiegend aus dem Bereich der deutschsprachigen Gegenwartsliteratur, übernommen und nachgeahmt wird.

---

14 Zur Einordnung des Entropiebegriffs in *J R* vgl. Knight (1997: 94–105).
15 Zu Händlers Mottogebrauch vgl. Schmitt-Maaß (2006).

Die intertextuelle Form des Stilzitats oder Pastiches wird vom Text eigens hervorgehoben und an eine monetär motivierte Logik gekoppelt: »das mit den vielen stilen könnt ihr machen, weil es ein monolithisches gegengewicht gibt: das geld. der markt kann sich alles anverwandeln, weil er alles ausdrücken kann« (Händler 2002: 105). In diesem Sinne hat bereits Richard Kämmerlings (2002: L13) *Wenn* wir *sterben* »als eine feindliche Übernahme der deutschen Gegenwartsliteratur« bezeichnet. Der Roman übernimmt demnach »Anteile« anderer Romane und verleibt sich diese ein, was auch heißt, dass der Schreibstil eines anderen Autors nicht mehr als unverwechselbares Merkmal eines Individuums zu verstehen ist, sondern als imitier- und austauschbare Produkteigenschaft. Durch das Imitieren der ästhetischen Konkurrenzprodukte wird die behauptete grenzenlose Absorptionsfähigkeit des Marktes im Roman literarisch vorgeführt.

Offensichtlich ist der Roman nicht darauf angelegt seine vielfältigen Einschreibungen im Einzelnen explizit zu machen. Die Identifizierung ist daher weitgehend von der Kenntnis des Lesers abhängig. Die hohe Streuung von Referenzen und Stilbezügen, übernommenen und verfremdeten Zitaten macht es dem Rezipienten einerseits so gut wie unmöglich, alle Verweise eindeutig zuordnen zu können, andererseits aber auch fast unmöglich, keinen Verweis zu erkennen – vorausgesetzt er verfügt über eine gewisse Kenntnis der literarischen Produkteigenschaften oder anders gesagt: über Belesenheit.[16] »Jedes Hinweisschild wird von uns dankbar begrüßt« (Händler 2002: 375), lautet daher die Devise für die Navigation im Text, insofern die Herstellung von Verknüpfungen zu anderen literarischen Produkten einen Überblick auf die Gesamtkonstruktion verspricht.

Kann als »Ordnungskriterium [...] intertextueller Markierung [...] sinnvollerweise nur der jeweilige Explizitheitsgrad fungieren, der seinerseits wesentlich von funktionalen Vorüberlegungen abhängt, die ein Autor an die Textkonzeption heranträgt« (Helbig 1996: 92), so ist im vorliegenden Fall von der paradoxen Form einer offensichtlich verdeckten Intertextualität zu sprechen: Offensichtlich wird hier beständig angespielt und zitiert; verdeckt, beziehungsweise nur dem Kennerwissen zugänglich, bleibt allerdings die genaue Herkunft der einzelnen Referenz. Diese Beobachtung legt den Befund nahe, dass hier nicht so sehr die produktionstechnische Herkunft des Nach-

---

16 Vgl. Broich (1985: 33): »Darüber hinaus ist die Erkennbarkeit der Markierung auch in mehrfacher Hinsicht rezipientenabhängig. So wird für einen sehr belesenen Leser die ›Signalschwelle‹ bei Markierungen von Intertextualität viel niedriger liegen als bei Gelegenheitslesern.«

geahmten im Vordergrund steht, sondern dessen rezeptionslenkende Struktur. In diesem Sinne »wäre weniger danach zu fragen, woher das Zitat vielleicht im einzelnen stammt, als wie es innerhalb des Textes wirkt« (Böhn 2001: 15). Insbesondere durch den Pastiche wird der Effekt der offensichtlichen Verdeckung erkennbar. Eignet der stilistischen Nachahmung stets etwas Mechanisches an, kann sich dem ungeachtet ein unmittelbares Gefühl des Wiedererkennens einstellen.[17] Dieses »Erkennen« ohne genaues Wissen bleibt aber notwendig vage. In dieser bestimmten Unbestimmtheit ist das Gefühl, ein Pastiche vor sich zu haben, obwohl unklar ist, woher die Vorlage stammt, ein Verfahren, das dazu prädestiniert ist, eine Atmosphäre des Verdächtigen und Undurchschaubaren zu schaffen.[18]

In *Wenn wir sterben* ist dementsprechend eine Immobilienintrige der Handlungsstrang, an dem die Wirkungsweise des Verfahrens literarisch-ökonomisch kommentiert und demonstriert wird. Ethel, die Tochter und geschäftliche Vertraute der Firmeninhaberin Charlotte, soll dazu verführt werden, ihrer Mutter ein ruinöses Bauprojekt in Magdeburg schmackhaft zu machen. Rückblickend und ausführlich wird davon im Kapitel »Cool killer I. Rückblick auf einen kostspieligen Takeover« aus der lakonischen Perspektive eines Maklers erzählt (vgl. Händler 2002: 54–79). Bei der Besichtigung vor Ort sieht sich Ethel den undurchsichtigen Spielchen und Suggestionen ihrer männlichen Begleiter ausgesetzt. Der Witz der Intrige besteht nun darin, dass gar nicht erst der Eindruck erweckt werden soll, alles gehe mit rechten Dingen zu. Gerade das Bemerken des Konstruktcharakters ist der Intrige von Nutzen. Aus Sicht des Maklers heißt es: »Das Mädchen wußte, daß es eine Inszenierung war, aber sie durchschaute nicht welche. Es gab ihr

---

17 Vgl. Böhn (2001: 59f.): »Der Widerspruch von ›Erscheinenlassen des Konstruktionscharakters‹ und ›intendierter Unmittelbarkeit‹ erklärt sich aus der Wirkungsweise des Pastiche. Das sich einstellende Gefühl von Bekanntheit und Wiedererkennen hat die Anzeichen von Unmittelbarkeit, weil es nicht die Kenntnis bestimmter einzelner Quellen oder das Nachvollziehen ihrer Verarbeitung voraussetzt. Die Nachahmung eines Stils ist jedem in dem Maße verständlich, in dem er das Nachgeahmte kennt. Doch zugleich ist der Konstruktionscharakter allein schon durch das Mechanische der Nachahmung spürbar, und darüber hinaus durch die spezifische Integration des einzelnen Pastiche.«
18 Als postmodernes Paradebeispiel ist hier an Umberto Ecos Roman *Das Foucaultsche Pendel* zu denken, über den Eco (2003: 229; H.i.O.) äußerte: »Ich erwartete nicht, daß meine Leser all diese Zitate erkennen würden (ich selbst kann sie heute nicht mehr genau identifizieren und auseinanderhalten), aber sicher wünschte ich mir, daß die versierteren Leser den Schatten eines *déjà vu* verspürten. Zugleich ermöglichte ich dem naiven Leser, die gleichen Eindrücke zu empfinden […], auch wenn er nicht wusste, daß sie von so viel vorangegangener Literatur genährt worden waren.«

Selbstbewußtsein, daß jemand extra für sie ein Stück aufführte« (ebd.: 68). Das Verführerische an Verführungskünsten, so lässt sich die Aussage verstehen, funktioniert nur dann, wenn die Künstlichkeit, das »Gemachte« und »Gewollte« daran bemerkt wird. Auf den Roman und seinen Leser gewendet, heißt dies nichts anderes, als dass es einem belesenen Rezipienten genauso wie Ethel ergeht: Er erkennt die intertextuelle Inszeniertheit des Romans und bemerkt Zitate, Pastiches und Anspielungen, ohne sie beständig verorten zu können, und ohne zu wissen, was damit bezweckt wird. Sein Selbstbewusstsein wird trotzdem belohnt, wenn er einzelne Verweise erkennt und sich auf das intertextuelle Suchspiel einlässt. Das heißt aber zugleich: Der akribische Sucher, der jede einzelne literarische Quelle aufzuspüren gedenkt, geht dem Roman sprichwörtlich auf den Leim, weil er die »intrigante Praxis« dahinter übersieht. Diese besteht darin, die Aufmerksamkeit auf die Entschlüsselung von Textstellen zu lenken, die zwar vorhanden sind, die aber gleichzeitig so angelegt sind, dass sie sich gegenseitig überlagern[19] und begrenzen. *Wenn wir sterben* lässt damit die strukturelle Überforderung des Einzelnen in der Ökonomie auf literarischem Wege nachvollziehbar werden. Die Überforderung wird im Erzählakt performativ vollzogen – durch die strukturelle Überforderung des einzelnen Rezipienten mit intertextuellen Bezügen.

Vorgeführt wird im Roman deshalb die Gefahr des allzu genauen Lesens an dem Punkt, wo die akribische Lektüre in ein pathologisches Lesen umschlägt: Der Abstieg von Egin (vgl. ebd.: 425–439) beginnt damit, dass ihm die Fähigkeit abhanden kommt, Texte angemessen zu verstehen. Er ist nicht mehr in der Lage den Überblick zu behalten, weil er zu sehr an einzelnen Textstellen »klebt«, alles Mögliche notiert, unterstreicht und hervorhebt (ebd.: 314–316). Egin, der bei Kundenterminen alles mitzuschreiben versucht und in Geschäftsbriefen und Exposés bestrebt ist, nichts zu übersehen,[20] wird Opfer einer informationellen Überforderung, die dem Roman selbst eingeschrieben ist. Mit seinem zwanghaften Verhalten konterkariert Egin die Grundregel des Maklers, wonach ökonomisches Wissen gerade darauf ange-

---

[19] Vgl. dazu Genette (1993: 532f.; H.i.O.): »Diese Doppelheit des Objekts läßt sich im Bereich der Textbeziehungen durch das alte Bild des *Palimpsests* abbilden, auf dem man auf dem gleichen Pergament einen Text über einem anderen stehen sieht, den er nicht gänzlich überdeckt, sondern durchscheinen läßt. [...] Der Hypertext fordert uns zu einer relationalen Lektüre auf, deren Reiz [...] recht gut in dem einst von Philippe Lejeune erfundenen Adjektiv zum Ausdruck kommt: *palimpsestuöse* Lektüre.«

[20] »In den letzten Briefen waren fast alle Informationen wichtig, viel zu viele sehr wichtig und jede Menge ungeheuer wichtig« (Händler 2002: 315).

wiesen ist, nicht alle verfügbaren Informationen zu berücksichtigen.[21] Der gewissenhafte Leser gerät so, gleich Egin, in Gefahr, sich bei der Suche nach Verweisen zu verlieren: »Die Briefe waren nur noch ein Meer von gelben Markierungen, roten Unterstreichungen und mittlerweile auch mehrfarbigen Ausrufezeichen« (ebd.: 315). Ihm kommt, wie die Meer-Metapher andeutet, gewissermaßen der Navigationssinn abhanden, der für das Lesen von Texten *und* das ökonomische Überleben elementar ist.[22]

Die postmoderne Intertextualität von *Wenn* wir *sterben* aktiviert den Leser zum Dechiffrieren und überfordert ihn zugleich systematisch.[23] Das intertextuelle Verfahren ist darum auch ein Spiel des Romans mit dem Leser. Die Referenzen sind dabei so eingesetzt, dass sich die einzelnen Bezüge gegenseitig überlagern und in ihrem Einfluss begrenzen. Auf diese Weise erreicht kein Vorbild eine dominante Stellung, aus der heraus sich alle anderen Vorbilder ableiten ließen. Die Korrelation der strukturellen Überforderung des Einzelnen in der Wirtschaftswelt mit einer literarischen Form, die den Leser überfordern will, begründet sich ebenfalls aus der gegenseitigen Einschränkung von Anspielungen, deren interpretatorische Reichweite damit gleichfalls begrenzt wird. Eine privilegierte Position ist in intertextueller Hinsicht, analog zu den Erzählperspektiven, allenfalls durch eine Beobachtung zweiter und dritter Ordnung zu erreichen, die es erlaubt zu sehen, wie ein Beobachter (der Roman Händlers) andere Beobachtungen (literarische Texte) beobachtet. Diese Position läuft jedoch selbst Gefahr, sich in ihren Rückkopplungsschleifen zu verlieren. Dem entspricht eine rekursiv angelegte Textbewegung, die der Roman in der Semantik des Tanzens selbst ausweist. Beginnt bereits das Eingangskapitel mit einer tänzerischen Darbietung, so wird im dritten Teil die Logik der Produktentwicklung gleichfalls als Tanz veranschaulicht:

»Auch wenn immer Konflikt und Konkurrenz betont werden – es ist keineswegs so, daß nur das bessere Produkt überlebt, viele Produkte, die es gibt, sind in keiner Wei-

---

21 »Egin wollte nichts übersehen, dabei kann man in unserem Geschäft nur überleben, wenn man ständig die richtigen Dinge übersieht« (ebd.). Eine paradoxe »Überlebenstechnik«, die jedem Romanleser mehr oder weniger bewusst und vertraut sein dürfte.
22 Vgl. Makropoulos (1998: 56): »In der nautischen Metaphorik repräsentiert das Meer Unberechenbarkeit, Gesetzlosigkeit und Orientierungswidrigkeit; es ist der Inbegriff für die Sphäre der für den Menschen unverfügbaren Willkür der Gewalten.«
23 Vgl. Broich (1985: 47): »Die modernistische und postmoderne Literatur bevorzugt […] eine stärker verdeckte und weniger eindeutige oder explizite Markierung – wie sie ja überhaupt in ihren Texten mehr ›Leerstellen‹ läßt und auf diese Weise der Aktivität – und damit auch der Subjektivität – des Lesers einen weit größeren Spielraum eröffnet.«

se denjenigen überlegen, die es nicht mehr gibt. Es ist keine Frage des Besser-als, enthüllt die Produktion, sondern entscheidend ist, ob ein Produkt einen Platz findet, um es selbst zu sein. Deswegen ist die Entwicklung der Produkte ein Tanz, der nirgendwohin führt, sondern nur den Raum der Möglichkeiten erkundet.« (Ebd.: 241)

Die Tanzbewegung der Produktion ist unschwer auch auf literarische »Entwicklungen« und ihre Integration in den Text beziehbar. Die verarbeiteten intertextuellen Elemente erkunden nur einen Raum der Möglichkeiten, einen literarischen Raum, der sich die sprachlichen Varianten aneignet und sie wieder abstößt ohne zu einem Ziel zu gelangen: »[…] es gibt keinen Richtungssinn und keinen Richtungspfeil, alles ein Tanz durch den Raum der möglichen Tänze, die Welt ein großer Kindergarten, in dem die möglichen Formen von Produkten und von Menschen eingeübt werden« (ebd.: 239). Das Spiel der Literatur gleicht in *Wenn wir sterben* der ökonomischen Produktion, die nichts Letztes will, die keine Teleologie verfolgt, deren Nutzen aber darin liegt, Formen zu erproben.

Literatur

Alt, Peter-André (2004), »Beobachtungen dritter Ordnung. Literaturgeschichte als Funktionsgeschichte kulturellen Wissens«, in: Walter Erhart (Hg.), *Grenzen der Germanistik. Rephilologisierung oder Erweiterung?*, Stuttgart/Weimar, S. 186–209.

Boesenberg, Eva (2010), *Money and Gender in the American Novel, 1850–2000*, Heidelberg.

Böhn, Andreas (2001), *Das Formzitat. Bestimmungen einer Textstrategie im Spannungsfeld zwischen Intertextualitätsforschung und Gattungstheorie*, Berlin.

Bourdieu, Pierre (2001), *Die Regeln der Kunst. Genese und Struktur des literarischen Feldes*, Frankfurt/M.

Bröckling, Ulrich (2007), *Das unternehmerische Selbst. Soziologie einer Subjektivierungsform*, Frankfurt/M.

Broich, Ulrich (1985), »Formen der Markierung von Intertextualität«, in: Ders./Manfred Pfister, *Intertextualität. Formen, Funktionen, anglistische Fallstudien*, Tübingen, S. 31–47.

Deupmann, Christoph (2008), »Narrating (new) economy: Literatur und Wirtschaft um 2000«, in: Evi Zemanek/Susanne Krones (Hg.), *Literatur der Jahrtausendwende. Themen, Schreibverfahren und Buchmarkt um 2000*, Bielefeld, S. 151–161.

Eco, Umberto (2003), »Intertextuelle Ironie und mehrdimensionale Lektüre«, in: Ders., *Die Bücher und das Paradies. Über Literatur*, München/Wien, S. 229.

Eibl, Karl (1995), *Die Entstehung der Poesie*, Frankfurt/M./Leipzig.

Frank, Gustav (2002), »›...und das moderne Epos des Lebens schreiben‹. Wirtschaftswissen bei Sternheim, Fallada, Borchardt und Fleißer«, in: Christine Maillard/Michael Titzmann (Hg.), *Literatur und Wissen(schaften) 1890–1935*, Stuttgart/Weimar, S. 279–330.

Gaddis, William (1975), *J R*, New York.

Genette, Gérard (1993), *Palimpseste. Die Literatur auf zweiter Stufe*, Frankfurt/M.

Händler, Ernst-Wilhelm (2002), *Wenn wir sterben*, Frankfurt/M.

Helbig, Jörg (1996), *Intertextualität und Markierung. Untersuchungen zur Systematik und Funktion der Signalisierung von Intertextualität*, Heidelberg.

Ickstadt, Heinz (1981), »Einleitung«, in: Ders. (Hg.), *Ordnung und Entropie. Zum Romanwerk von Thomas Pynchon*, Reinbek bei Hamburg, S. 7–15.

Iser, Wolfgang (1991), *Das Fiktive und das Imaginäre. Perspektiven literarischer Anthropologie*, Frankfurt/M.

Kämmerlings, Richard (2002), »Die Fabrik, die Fabrik, die hat immer recht«, in: *Frankfurter Allgemeine Zeitung*, 8. Oktober, Nr. 233, S. L13.

Knight, Christopher J. (1997), *William Gaddis's Fiction of Longing*, Madison.

Luhmann, Niklas (2008), »Literatur als fiktionale Realität«, in: Ders., *Schriften zu Kunst und Literatur*, hg. v. Niels Werber, Frankfurt/M., S. 276–291.

Makropoulos, Michael (1998), »Modernität als Kontingenzkultur. Konturen eines Konzepts«, in: Gerhart v. Graevenitz/Odo Marquard (Hg.), *Kontingenz*, München, S. 55–79.

Martus, Steffen (2005), »Die Freiheit der Literatur«, in: Heinrich Schmidinger/Clemens Sedmak (Hg.), *Der Mensch – ein freies Wesen? Autonomie – Personalität – Verantwortung*, Darmstadt, S. 85–107.

Mix, York-Gothart (2004), »Kunstreligion und Geld. Ludwig Tieck, die Brüder Schlegel und die Konkurrenz auf dem literarischen Markt um 1800«, in: Institut für deutsche Literatur der Humboldt-Universität zu Berlin (Hg.), *»lasst uns, da es uns vergönnt ist, vernünftig seyn! –«. Ludwig Tieck (1773–1853)*, Bern u.a., S. 241–258.

Moritz, Karl Philipp (1997), »Über die bildende Nachahmung des Schönen«, in: Ders., *Werke in zwei Bänden*, Bd. 2: Popularphilosophie. Reisen. Ästhetische Theorie, hg. v. Heide Hollmer und Albert Meier, Frankfurt/M., S. 958–991.

Schiller, Friedrich (2004), »Über die ästhetische Erziehung des Menschen in einer Reihe von Briefen«, in: Ders., *Sämtliche Werke in 5 Bänden*, Bd. V: Erzählungen. Theoretische Schriften, hg. v. Wolfgang Riedel, München/Wien, S. 570–669.

Schmitt-Maaß, Christoph (2006), »Kontext, Code, Kontrapunkt. Zur Verwendung und Bedeutung der Motti im Werk Ernst-Wilhelm Händlers«, in: Lutz Hagestedt/Joachim Unseld (Hg.), *Literatur als Passion. Zum Werk von Ernst-Wilhelm Händler*, Frankfurt/M., S. 257–279.

Seibt, Gustav (1996), »Die Tonspur einer zerfallenden Welt«, in: *Frankfurter Allgemeine Zeitung*, 1. Oktober, Nr. 229, S. L1-L2.

Tabbi, Joseph (2007), »William Gaddis and the Autopoiesis of American Literature«, in: Ders./Rone Shavers (Hg.), *Paper Empire. William Gaddis and the World System*, Tuscaloosa, S. 90–117.

Turnovsky, Geoffrey (2010), *The Literary Market. Autorship and Modernity in the Old Regime*, Philadelphia.

Vogl, Joseph (2002), *Kalkül und Leidenschaft. Poetik des ökonomischen Menschen*, München.

Ohnmacht und Narration in Alexander Kluges fiktionalen Wirtschaftsszenarien

Über die Analogien in der Abstraktion in Ökonomie und Literatur

Peter Schäfer

»Insofern erzählt Geld immer eine Geschichte.« (Kluge/Vogl 2009: 258) Der Literat und Filmemacher Alexander Kluge gelangt mit diesen Worten im Fernsehgespräch mit dem Literaturwissenschaftler Joseph Vogl zu einer These, die primär auf das Erzählen in der Ökonomie bezogen ist. Dieses pointiert zugespitzte Diktum zieht ein Fazit aus dem bisherigen Verlauf der Diskussion, die abwechselnd entweder das Erzählen im Roman oder das in der Finanzwelt behandelt. Die beiden Diskutanten scheuen keine kühnen Assoziationen und beziehen sich auf jene Ereignisse, die zwischen 1914 und 1923 zur deutschen Inflation geführt haben. Die Katastrophen des vergangenen Jahrzehnts wurden durch die Streichung von zwölf Nullen auf den Geldscheinen *weggedichtet*, sodass der »Sozialverband [...] mit dieser wirkungsvollen Illusion von neuem zu funktionieren« [Vogl] (ebd.: 258) beginnen konnte. Die übersichtliche Zahl *Eins* sollte eine Geschichte des Scheiterns, die mit der Finanzierung des ersten Weltkrieges begonnen hatte und welche von den zwölf Nullen auf den Geldscheinen täglich in Erinnerung gerufen wurde, *wegerzählen* und den Beginn einer neuen Geschichte *mark*ieren.

Natürlich bedarf es keiner Krisenzeiten, um den Aussagewert des Geldes zu reflektieren, was zeichentheoretisch ausgerichtete Studien[1] zum Ökonomischen bereits ausgiebig geleistet haben: In seiner konventionell geregelten Repräsentanz referiert Geld auf reale Güter oder Dienstleistungen und drückt dabei deren Wert aus. Vogl betont jedoch im Beispiel der Einführung der Rentenmark im Jahre 1923 mit der Formel der »wirksamen Illusion«, dass die Krisenüberwindung, in deren Dienst die Sprache des Geldes stand,

---

1 Zum historischen Semiotisierungsprozess des Geldes vgl. Eschbach (2002: 205–210). Der Prozess beginnt bei der sakralen Tieropferung (als eine an die Götter gerichtete Ent*gelt*ungsmaßnahme), nimmt über Tierabbildungen auf Münzen seinen Gang und gelangt schließlich zur »abstrakten« (ebd.: 207) und »besonderen Ausdrucksform«, die »die Menschen wählen, um sich über Werte und Wertrelationen zu verständigen« (ebd.: 208).

mit schönem Schein operierte: Der Währungsreformer wandelte als *Illusionist, Dichter* und *Nichter* von inflationären Nullen Ohnmacht in Macht um: Er erlangte existenzielle Macht zurück.

Nach Kluge würde Geld in seinem Erzählcharakter hierbei »dem Roman ähnlich, aber sehr viel abstrakter« [Kluge] (Kluge/Vogl 2009: 258). »Abstrakter« sei die Sprache des Geldes, da im Roman wohl immerhin realere oder zumindest konkretere Ereignisse erzählt würden (ebd.: 253): Vogl nennt einen »Börsenkrach« in diesem Sinn »eine plötzliche Auflösung von erzählbaren Ereigniszusammenhängen« (ebd.). Dabei schließt er die Machtlosigkeit in Anbetracht von Börsenzahlen an Kants Theorem des Erhabenen, einem schlechthinnigen Ohnmächtigkeitstopos an; eine »Hyperinflation« sei

»ein dramatischer Gemütszustand, in dem die Anschauung, die Fassungskraft der sinnlichen Vermögen, aber auch die Einbildungskraft versagen und zu einem Taumel führen. Das wäre eine elementare Definition des Erhabenen, die Kant einmal gegeben hat. Wie man vor der Unermesslichkeit des Firmaments oder vor der Unermesslichkeit des Ozeans oder vor dem Unendlichen oder vor dem schlechthin Großen Schwindelgefühle, Taumelgefühle bekommen kann, so gerät man angesichts der wuchernden Zahlen in einen Taumel und wird von der manifesten Unfähigkeit heimgesucht, ein sinnliches Pendant, eine Anschauung zu finden. Man hat es mit einem ökonomischen Geschehen zu tun, an dem die unmittelbare, sinnliche Darstellung scheitert. Und das führt zu pathologischen Zuständen, wenn Pathologie auch bedeutet, pathisch, also empfindungsmäßig, heftig und affektiv, geradezu ohnmächtig von etwas berührt zu sein. Inflationen und Bankrotte gehören auch in eine Geschichte des Erhabenen.« (Vogl ebd.: 250)

Vogls Hinweis auf die Analogie zwischen Kants Erhabenheitsbegriff und einer Hyperinflation setzt eine Modifikation voraus: Kants Begriff des Erhabenen, der sich auf eine sinnlich nicht fassbare Anschauung bezieht, wendet Vogl auf das »ökonomische Geschehen« an, welches kein sinnlicher, sondern ein vorgestellter Vorgang ist. Zwar ist also eine Inflation durchaus nicht so sinnlich wie eine aus nächster Nähe angeschaute Pyramide oder das unendlich scheinende Meer. Jedoch ist die *Wirkung* des »ökonomischen Geschehens« mit dem Erhabenen vergleichbar: Das Meer wie die Börse führt zu einem Versagen sowohl der »sinnlichen Vermögen« als auch der »Einbildungskraft«. Allerdings beginnt die Erhabenheit der Börse nicht in der sinnlichen Anschauung, sondern in der Vorstellung, zu welcher sich kein sinnliches Äquivalent finden lässt.

Dennoch sollte aufgrund des Abstraktionsgrades der Finanz- und Geldwelt nicht uneingeschränkt gefolgt werden, die Börse habe eine stärkere Tendenz zur Nicht-Erzählbarkeit als die Literatur. Die Diskutanten verführen nämlich zu einer solchen Einschätzung. Um ein (im wahrsten Sinne) prägnantes Beispiel dafür zu geben, dass literarisches Erzählen ebenfalls Ohnmacht evoziert, genügt ein kurzer Blick auf Robert Musils moderne Novelle *Tonka*: Hier wird die Geschichte einer Schwangerschaft erzählt, die den Kausalzusammenhang zur Zeugung bis zum Schluss schuldig bleibt. Der Leser rätselt hier nicht weniger als der Aktienbesitzer nach einem Börsencrash. Musils literarische Formung verzichtet darauf, die komplexe und qualvoll-erhabene Realität in eine geordnet-zugespitzte Version der Welt zu überführen und signalisiert auf vergleichbare Weise wie Vogls Ausführungen zur Hyperinflation die Unüberschaubarkeit des Lebens.

I. *Arbeitskraft*: Zur Aktualität eines linksintellektuellen Begriffs

Die brutale Erhabenheit des Lebens spielt sowohl in Alexander Kluges allgemeinem Schaffen als auch in seinen fiktionalen[2] Wirtschaftsszenarien eine bedeutende Rolle. Die Ohnmacht in Anbetracht unfassbarer Geschehnisse ist für Kluges Erzähltechnik von großer Bedeutung[3], auch wenn Kluge im Eifer der TV-Diskussion den Abstraktionsgrad in der Wirtschaft höher als den in der Literatur einschätzt. In dem 1000 Seiten starken, 2003 erschienenen Erzählband *Die Lücke, die der Teufel läßt*, verwandelt Kluge faktische und realhistorische Begebenheiten in eine nüchterne Form. Der Leser wird mit harter Faktographie, deren Fiktionalitätsgrad spontan schwer einzuschätzen ist, allein gelassen. Die Fakten wirken entweder plausibel oder aber

---

2 *Fiktional* sind Kluges Szenarien insofern, als es sich hierbei um einen »Akt des Fingierens« handelt, der »die Wiederkehr lebensweltlicher Realität im Text bewirkt und gerade in solcher Wiederholung das Imaginäre in eine Gestalt zieht«, wodurch sich Reales und Imaginäres »aufheben« (Iser 1991: 20). Durch die Verschränkung von Realem und Imaginärem gelangt das Fiktive zu einem »Relationsbegriff zwischen der Wirklichkeit und dem Imaginären« (Stierle 2000: 380). Isers Triade von Realem, Fiktivem und Imaginärem, die »eine basale Beschaffenheit des fiktionalen Textes verkörpert« (Iser 1991: 20), ist auf Kluges Erzählen anwendbar.

3 Hierfür lassen sich in *Die Lücke, die der Teufel läßt* unzählige Beispiele finden. Ein evidenter Fall von Ohnmacht wäre die Unentscheidbarkeit in der Beurteilung eines Ereignisses, wie sie im Text *Tücken der Kausalität* geschildert wird: Ein »fast unentscheidbarer Fall des New Yorker Versicherungsrechts« gilt als »Beispiel für ›turmhohe Abstraktion‹, wie sie ein reales Ereignis in einem Justizverfahren anzunehmen pflegt« (Kluge 2003b: 94).

sie versetzen den Leser in Ohnmacht;[4] ein Erzähler tritt nur gelegentlich in Erscheinung und scheint meist nur dokumentieren zu wollen. Kluges erzählerisches Spiel mit Ohnmacht in Anbetracht des Faktischen ist in seinen fiktionalen Wirtschaftsszenarien besonders prägnant: Als Erzähler abstrahierte er schon immer von der tatsächlichen Welt, doch nun gesellt sich zur erzählerischen die ökonomische Abstraktion. Im Prosa-Text *Wille zur Macht* werden zunächst realökonomische Vorgänge geschildert:

»Kaum war Präsident Bushs Administration im Weißen Haus installiert, kaufte Northrop Grumman Corp., L.A., am 22. Dezember 2000 zum Preis von 3,8 Milliarden Dollar in bar seinen Wettbewerber Litton Industries, Woodland Hills (Cal.). Das Produkt-Portfolio beider Unternehmen, zusammen haben sie 79000 Mitarbeiter, zeigt Überschneidungen. Es sind 250 Millionen Dollar Einsparungen pro Jahr zu erwarten.« (Kluge 2003c: 82)

Die im Zeichen von George W. Bush stehende Fusion setzt Geldbewegungen in Gang, die in ihrer knappen und gereihten Wiedergabe wie Schlagzeilen wirken: »Litton-Chef Michael Braun wird von seinem Amt zurücktreten. Northrop übernimmt Schulden von 1,3 Milliarden Dollar. Credit Swiss – First Boston und Chase Manhattan stellen einen Kredit von sechs Milliarden Dollar zur Verfügung.« (Ebd.)[5]

Das neue Unternehmen, hauptsächlich das U.S.-Militär bedienend, nimmt nach der Fusion »den vierten Platz unter den Rüstungsfirmen« (ebd.) ein. Der russische Sicherheitsrat sieht in der amerikanischen Fusion trotz des beendeten Kalten Krieges »eine neue Rüstungsrunde« und eine negative »Veränderung der Grundrisse im internationalen Bedrohungsgeschäft« (ebd.: 83). In der originellen Formel des »internationalen Bedrohungsgeschäfts« kommt die Gewohnheit zum Ausdruck, dass an der Börse Konkurrenten sich seit jeher mit schwarzen Zahlen gegenseitig bekämpfen. Die schwarzen Zahlen, die von Rüstungsunternehmen durch Fusion geschrieben werden, sprechen die Sprache des Kalten Krieges, sie haben einen »Drohwert«, von dem es in einem anderen Rüstungsszenario Kluges heißt, dass er sowohl »virtuell« als auch »real« (Kluge 2003d: 529) sein kann: Der »Drohwert« der abstrakten Zahlen ist somit nicht völlig referenzlos, sondern er ist Interpre-

---

4 Lewandowski (1980: 19) konstatiert konzise: »Gegenüber einer Fiktion im Gewande des Faktischen ist der Leser machtlos.«

5 Der formale Anklang an den Duktus der berichterstattenden Medien problematisiert das Verhältnis von Faktischem und erzählerischer Überformung. Das neutralste und sachlichste Medium kann einen Rest von abstrakter Verfremdung des rein Faktischen nicht ausblenden.

tationssache. Die jährlichen »Einsparungen« (Kluge 2003c: 82), die als offizielle Rechtfertigung der Fusion fungieren, wirken auf die russische Seite jedenfalls nicht überzeugend; sie gelten als Vorwand zur Kriegstreiberei.[6] Der Hauptabteilungsleiter des russischen Sicherheitsstabes schlägt »Gegenmaßnahmen« vor. Auf die Frage eines anonymen Untergebenen nach der konkreten Gestalt der Gegenmaßnahmen, antwortet er: »Das wissen Sie so wenig wie ich.« Die »zynische Redeweise« und »tiefe Aggression, die ein auf den Schulen des Generalstabs ausgebildeter Kader sonst nicht offen zeigt« (ebd.: 83) signalisiert die Ratlosigkeit in Anbetracht einer Geldsprache, die vom Feind nur interpretiert werden kann: Der Rüstungsspekulant hat es nicht mit klassischen und nicht mit im wahrsten Sinne *boden*ständigen militärischen Kampfszenarien zu tun.

Ein Rüstungsabkommen mit Indien »im Werte von zehn Milliarden Dollar« (ebd.: 84) bildet schließlich die Antwort Moskaus auf die (vermeintlich) feindliche Fusion der amerikanischen Rüstungskonzerne. An dieser Stelle schaltet sich ein kommentierender Erzähler ein: »Der Gewalt industrieller Fusion kann individueller Wille nichts entgegensetzen.« (Ebd.) Kein industrieller oder politischer Akteur verfolge einen Willen, sondern – wie Kluges dokumentarischer Erzähler plötzlich lapidar formuliert – die »PLACKEN DER REALITÄT«, das heißt die mühevollen Plagen[7] des Alltags zögen die Akteure mit sich, »als hätten sie Willenskraft« (Kluge 2003c: 84). Diese *Plackereien* sind insofern schwer, als sie Gravitations- und eigene Willenskraft besitzen. Die Ankurbelung der Rüstungsindustrie geschieht unabhängig vom individuellen Willen der Akteure: »Insofern empfanden sich die Kader des Verteidigungsministeriums in Moskau, wenn sie sich über die Fernperspektiven ihres Tuns austauschten, als ›nur begleitend tätig‹.« (Ebd.)

In der Problematisierung des individuellen Wollens und Handelns zeigt sich, dass Kluge aus der kritischen Theorie heraus denkt: Es wird »Wehrkraft«[8] produziert, ohne dass diese an die Verantwortung des Einzelmenschen gekoppelt sei. Um den Begriff der Wehrkraft klarer zu fassen, kann man ihn Marx' traditionellem Begriff der *Arbeitskraft* gegenüberstellen. So wie für Marx die so genannte »Arbeitskraft für den Arbeiter selbst die Form einer

---

6 Suspekt wirkt zudem auf die russischen Protektionisten die Präsenz amerikanischer Erdölhändler in der ehemaligen Sowjetrepublik Aserbaidschan.

7 »Placken« ist die Pluralform von »Plack«, eine von »Plage« abgeleitete und im umgangssprachlichen Ausdruck »Plackerei« wiedererkennbare Art der schweren Arbeit auf dem Felde (vgl. Brockhaus Wahrig 1983: 142).

8 Den Begriff der »Wehrkraft« greift Kluge in einem anderen, noch zu behandelnden Text auf (Kluge 2003e: 144).

ihm gehörigen Ware [...] erhält« (Marx 1962: 168), so wird auch in Kluges Fiktion des fortgeführten Kalten Krieges im Jahr 2000, der an der Finanzmarkt-Front ausgetragen wird, die Wehrkraft zur Ware, die sich vom Wehrkrafterzeuger verselbstständigt, weil auf diese Weise »die Subjekte in sich selber als Produktionsmittel und nicht als lebende Zwecke bestimmt sind« (Adorno 1997: 263). Die Teilnahmslosigkeit der rüstenden (amerikanischen und russischen) Geldgeber lässt sich vollauf mit Adorno rekodieren: »Das Ich nimmt den ganzen Menschen als seine Apparatur bewußt in den Dienst. Bei dieser Umorganisation gibt das Ich als Betriebsleiter so viel von sich an das Ich als Betriebsmittel ab, daß es ganz abstrakt, bloßer Bezugspunkt wird [...].« (Ebd.: 263)

Was für die Arbeits- und Produktionskraft gilt, gilt auch für die »Wehrkraft« in Kluges Rüstungsszenario: Die Wehrkraft, die sich sowohl in der Herstellung realer Waffen als auch im Schreiben schwarzer Zahlen manifestiert, verselbstständigt sich in einem negativen Sinn von der menschlichen Individuation, sie entfremdet den Menschen zum Ding: Machte bei Marx die entpersönliche Arbeitskraft den Dingwert eines Menschen aus, so besteht für den Finanzmarkt-Visionär Kluge der Dingwert eines Rüstungsspekulanten in dem blinden Trieb zur Wehrkrafterzeugung. Anders als in positiven Einschätzungen von Entfremdungsprozessen[9] hebt sich die Arbeits- und Wehrkraft totalitär[10] über das Individuum hinweg; die instrumentelle Vernunft, die Adorno für die falsche Vernunft hält, hat sich vom Subjekt so weit verselbstständigt und verdinglicht,[11] dass der Erzeugung von Wehrkraft Kluges Erzähler zufolge »individueller Wille nichts entgegensetzen« (Kluge 2003c: 84) kann.

Ohnmächtig sind die rüstenden und wirtschaftenden Akteure also nicht nur auf passive Weise in Anbetracht der erhabenen schwarzen Zahlen, sofern diese eine gefürchtete feindliche Wehrkraft repräsentieren; auch als aktive Erzeuger von Wehrkraft (Militärs, Funktionäre und Industrielle) sind sie

---

9 Anders als Georg Lukács hat etwa Habermas einen Sinn für die Notwendigkeit, dass »hochdifferenzierte Gesellschaften aus Effektivitätsgründen darauf angewiesen sind, daß ihre Mitglieder einen strategischen Umgang mit sich und anderen erlernen [...]« (Honneth 2006: 28).

10 Zum Problem des Totalitarismus vgl. Adorno (1997: 264).

11 Der Begriff »Verdinglichung« wird bereits bei Marx gebraucht und bei Georg Lukács besonders häufig aufgegriffen. In Bezug auf das Problem des im Kapitalismus entfremdeten Individuums argumentiert Adorno wie Lukács: »Unterm Apriori der Verkäuflichkeit hat das Lebendige als Lebendiges sich selber zum Ding gemacht«. (Adorno 1997: 263) In ästhetischen Fragen jedoch nimmt Adorno vehement Abstand von Lukács (vgl. Adorno 1998: 253).

machtlos, denn sie stehen im Zugzwang ihrer verselbstständigten und verdinglichten Wehrkraft.

Nicht ohne Grund ist Kluges Text mit *Wille zur Macht* betitelt; am Ende stellt der anonyme Erzähler eine entscheidende begriffliche Differenzierung an, die verdeutlichen soll, dass nicht der Wehrkrafterzeuger den *Willen zur Macht* ausübt, sondern dass »etwas im Willen unbezwingliche Macht übt« (ebd.), das heißt die Wehrkraft ist als verselbstständigte »radikale Objektivation« das Ergebnis einer »kranken Aufspaltung« (Adorno 1997: 263) des Individuums. Der Mensch ist zu ohnmächtig, um Wehrkraft erzeugen zu wollen – nur die von ihm unabhängige und von ihm entfremdete Wehrkraft hat die »unbezwingliche Macht«, das »internationale Bedrohungsgeschäft« voranzutreiben.

Die Verselbstständigung von ökonomischen Prozessen veranschaulicht Kluge auch anhand des Faszinosums der Bagdad-Bahn. Der Bau der Bagdad-Bahn, der 1903 begann und 1940 endete, gilt als kurios. Georg von Siemens unterstützte vor seinem Tode im Jahr 1901 den Bau finanziell, damit das deutsche Kaiserreich mithilfe der Verbindung Konstantinopel-Bagdad sich einen Handelsweg bis nach Indien erschließen konnte. Darüber, dass nach 37-jährigem Bau die Bahn tatsächlich in Betrieb genommen werden konnte, lässt Kluge zwei Sprecher staunen: Wie konnte der Bau einer 2600 Kilometer langen Strecke nach dem ersten Weltkrieg und nach dem Ableben aller Beteiligten und inmitten des Chaos türkischer, irakischer, deutscher, französischer und britischer Interessen mitten im Zweiten Weltkrieg fertiggestellt werden?

»Ist das eine Art GEIST DES UNTERNEHMERTUMS, daß ein kapitalistisch-imperialistischer Plan von 1903, wie durch Schutzengel beschützt, 1940 zu seinem Ende findet? Daß zu diesem unpassenden Zeitpunkt die letzten 80 km Schienenweg durch Steinwüste, an Räuberhöhlen vorbei, gelingen werden?« (Kluge 2003f: 246)

Der von den ursprünglichen Akteuren verselbstständigte Plan wird von den Sprechern spezifiziert:

»– Ich glaube eher an eine Art Gravitation, ausgeübt durch investiertes Geld. Wo etwas ist, kommt etwas hinzu.
– Das gleiche, nehme ich an, gilt für Planung. Ein Koloß an Planung wirkt wie ein Anziehungspunkt für Karrieren, weitere Planungen. Zuletzt genügt der Vollzug. Ein paar Ingenieure sind noch da, ein paar Vorräte. Zuletzt kann eine kleine Regionalfirma wie die Societé ferroviale der Beyrouth S.A. ein solches Verbindungsstück fertigstellen.
– Was hat sie davon?

– Sie kann an der Börse in ihren Prospekt eine Verbindung zeichnen, die vom Persischen Golf bis Paris reicht.
– Die Börse in Paris wurde eben soeben geschlossen.
– Und die Grenzstation eröffnet.
– Fahren überhaupt Züge?
– Nein. Die französischen und die britischen Behörden sind zerstritten.« (Ebd.)

Die »Gravitation« ist jener Automatismus, der bisher als verselbstständigte Arbeitskraft bezeichnet worden ist, und der weitere ökonomische Automatismen unabhängig von der Individualität der Akteure mit sich zieht. Als entsprechender Eintrag im Börsenprospekt steigert die Bagdad-Bahn den Kurswert eines Unternehmens. Absurd erscheint das Faktum, dass die Bagdad-Bahn nach ihrer Fertigstellung zunächst nicht befahren werden kann; die Stille auf der Bahnstrecke kann jedoch, wenn sie nicht erfunden ist, nur kurze Zeit gedauert haben, denn im Juli 1940 fuhr ein erster Zug die ganze Strecke ab – das erwähnen Kluges Sprecherfiguren nicht.

Wie nah Kluge sich an Marx' Begriff der *Arbeitskraft* hält, zeigt er zudem im Wasserstoff-Bomben-Text *Schrecken der Welt*. Eine »Jugendgruppe von Marxisten« unterhält sich in einem Mailänder Café »am 1. März 1954« (Kluge 2003g: 530) beim Frühstück über die amerikanischen Experimente mit nuklearen Bomben auf dem Bikini-Atoll. Einen Tag vor der fiktiven Zusammenkunft der Mailänder Marxisten ist die H-Bombe »Bravo« mit einer bis dahin nicht erreichten Sprengkraft von 15 Megatonnen auf Bikini getestet worden – das ist historisch belegt. Für die jungen Linken kommt es »drauf an, [...] sich nicht zu fürchten« (ebd.) und der darauffolgende Gedanke der jungen – die Jugend ist hier ein Signalwort für Naivität – Marxisten wirft ein (selbst-)ironisches Licht auf das linke Denken: »Auch Krieg sei nur eine Anwendung menschlicher Arbeitskraft.« (Ebd.) Das Marxsche Theorem der Arbeitskraft dient hier der Bekämpfung der Ohnmachtserfahrung, die die vorgestellte Zerstörungskraft der Bombe und die Sorge, die »Waffen des Westens könnten die Sowjetunion provozieren« (ebd.), auslöst. Die Mittel des Krieges gelten als vom Menschen losgelöste Arbeitskraft, als Abstraktion, die mithilfe historischer Notwendigkeit überwunden würde. In den 1950er Jahren kann ein junger Marxist, der vom Prager Frühling nichts wissen kann, durchaus (noch) so denken. Rein denkerisch ist die abstrakte Arbeitskraft für den Antikapitalisten nicht real, weil die Zukunftsutopie des Marxismus die abstrakte Waren- und Produktionswelt als untergehend begreift. Die Finanzwelt kann er auf gleiche Weise negieren, worauf der Text explizit hinweist: »Insofern gehöre eine Konstruktion [die der Bombe, P.S.] nicht zur

Realität des Krieges, die gewissermaßen nur Zufälligkeiten der Physik kombiniere, eine Art BANKHAUS PHYSIKALISCHER WIRKUNGEN VON HOCHGRADIGER UNWAHRSCHEINLICHKEIT, nur zusammengesetzt aus toter Arbeit.« (Ebd.; H.i.O.)
Der Realitätsgehalt des abstrakten Warendings wird geleugnet, sodass die physikalischen Gesetzmäßigkeiten, die die zerstörerische Wirkung der Atombombe garantieren, zu »Zufälligkeiten« degradiert werden. Die theoretisch angenommene Falschheit und Abstraktheit der kapitalistischen Waffen- und Warenproduktion verhält sich analog zur unwahrscheinlichen, das heißt realitätsentbundenen und hyperrealen Spekulationswelt des Bankhauses. Mit »toter Arbeit« ist nicht allein eine vernichtende Bombengewalt, sondern ein entmenschlichter Produktionsprozess gemeint, den der linke Utopist als Anhänger einer postrevolutionären Zukunft für quasi-überwunden hält.

Keineswegs siedelt sich Kluges Erzähler unter den jungen linken Diskutanten an, auch wenn rein rechnerisch der Privatmensch Kluge in den 1950er Jahren in einem vergleichbaren Alter war und ähnliche Interessen hatte. Kluges Erzähler nimmt eine gewisse Distanz zur Theorie der jungen Linken ein: »Was soll man den Texten des Genossen Marx anderes entnehmen als die Unterscheidung, wovor man sich fürchten und wovor man sich nicht fürchten muss?« (Ebd.: 531) Die Strategie der jungen Marxisten, durch linke Theorie die Bedrohung des Lebens zu überwinden, ist zwar nachvollziehbar, jedoch arg realitätsfremd:[12] Die Hinfort-Theoretisierung realer Bedrohungen ist ihrerseits abstrakt. Nur eine linke vergeistigte Elite kann eine solche Strategie entwickeln; der real existierende Sozialismus hingegen entwickelt im irdischen Repräsentanten namens Sowjetunion keine andere Strategie als die der militärischen Gegenrüstung.

Die Überwindung von Furcht und Rückerlangung von existenzieller Macht in der Theorie funktioniert nach dem Prinzip, kapitalistische Waren-Abstraktion mit linker Denk-Abstraktion bekämpfen zu können. Die mit der abstrakten Finanzwelt gleichgesetzte Waffenproduktion wird von den jungen Linken nicht zur Sphäre der Realität gezählt:

---

12 Folgender These von Claudia Rosenkranz stimme ich hinsichtlich des linksintellektuellen Gehalts von Kluges Texten zu, jedoch darf nicht außer Acht gelassen werden, dass Kluge, wie oben gezeigt wird, auch ironische Positionen zu linkem Denken einnehmen kann: »Sein [d.i. Kluges] Objekt, die kapitalistische Realität als Herrschaft der Abstraktionen und [...] der in ihr agierenden Individuen, hat Kluge auf seine Weise adäquat analysiert.« (Rosenkranz 1988: 93)

»Sie [d.i. die jungen Linken] waren, so wie sie im Sonnenlicht hier saßen, zu keinem Kompromiß mit dem Klassenfeind bereit. Der schärfste Kompromiß aber wäre gewesen, wenn sie in Furcht geraten wären durch so eine abstrakte Drohung. Abstrakt inwiefern? Wer in den USA soll denn ein Motiv haben, ein solches Werkzeug auf das Zentrum von Mailand zu disponieren? Nein, das nicht.« (Kluge 2003g: 530)

Eine »abstrakte« (Bomben-)»Drohung« wird als Botschaft gedacht, die ausschließlich in der Vorstellungskraft einschlägt und nicht in der Realität. Hiroshima und Nagasaki werden hier aus plausiblen Gründen nicht berücksichtigt: Der Kalte Krieg wird anders als der Zweite Weltkrieg nicht in der Realität, sondern in abstrakten Zerstörungs- und Ohnmachtsfantasien geschlagen, die von realen Tötungswerkzeugen angeregt werden.

Die Verselbstständigung von ökonomischen Prozessen ist zwar, wie in *Wille zur Macht* skizziert wurde, eine Ohnmachtserfahrung, bei der die Individualität vernachlässigt wird. In *Schrecken der Welt* wird jedoch eine intellektuelle Bekämpfungsstrategie vorgestellt, nach der die Einsicht in die Warenabstraktion diese imaginär zu bekämpfen hilft, wobei offen gelassen wird, wie überzeugend oder lächerlich[13] diese linksintellektuelle Abwehrstrategie sein kann. Wirksam im Sinne von *beruhigend* ist sie für die Protagonisten allemal.

II. *Spekulationskraft*: Wirtschaftsfiktion als (Laien-)Spiel?

Nicht allein als Linksintellektueller greift Kluge ökonomische Themen auf. Die Virtualität und Abstraktion der Börsenwelt, deren Verhältnis zur faktischen Lebenswirklichkeit stets in Frage gestellt werden kann, ist ein Analogon zu Kluges faktographischem Erzählverfahren, das sich einerseits auf fak-

---

13 Einen Hinweis auf die Unzuverlässigkeit intellektueller Gegenabstraktion sehe ich in folgender Passage, in der eingeräumt zu werden scheint, dass die abstrakte Produktion von Zerstörungskraft sehr wohl reale Auswirkungen haben kann: »Bis Tschernobyl kennt man die Halbwertleiten nur abstrakt. Niemand erfährt aus akademischen Versuchen an den Gestaden des fernen Bikini, wie sich die Wirkungen kombinieren.« (Kluge 2003g: 531) Eine regelrechte Ambivalenz von abstrakter und realer Bedrohung wird auf den Punkt gebracht, wenn es heißt, dass die atomare Schockwelle tödlich genug sei, um dem Tod durch wissenschaftlich messbare Verstrahlung zuvorzukommen: »Es genügt ja ein Glassplitter, vom Sturm, nicht von den Elementarteilchen in Bewegung gesetzt, um mich zu durchbohren. Was interessieren dann die Folgen, die mich nochmals töten können?« (Ebd.)

tische Lebenswirklichkeit bezieht, gleichzeitig aber dokumentarische Distanz zu wahren versucht und dabei nicht umhinkommt, die Realität abstrakt zu überformen.[14] Das abstrakte wie das reale Faktum kann plausibel oder auch undurchschaubar sein. Jedenfalls widmet sich Alexander Kluge, wenn er Börsenfiktionen schreibt, nicht nur der Erhabenheit der Börse,[15] sondern er erschließt seinem Erzählverfahren, das ohnehin zwischen faktischer Ohnmacht und narrativer Bemächtigung oszilliert, einen analogen Bereich: Als Börsenfantast spielt er dieselbe Unterscheidung zwischen Faktographie und vermittelter Faktenübersteigung durch. Hierbei erlaubt er sich die kühnsten Experimente:

Einen Wirtschaftsberater des bereits in *Wille zur Macht* thematisierten US-amerikanischen Rüstungskonzerns Litton Industries lässt er über den *Börsenwert der Schwarzmeerflotte* nachdenken. Unnötige und sinnlose Manöver im Mittelmeer lassen sich damit erklären, dass die Flotte aus Sewastopol »einen Auftrag im Weltgeschehen sucht, weil sie im Land keinen hat« (Kluge 2003e: 142). Doch der Text geht darüber hinaus, ein weiteres Beispiel für verselbstständigte Wehrkraft, die keines Auftraggebers bedarf, zu liefern.

Die Flotte war im Krimkrieg und nach den beiden Weltkriegen, nach jeder Zerstörung, gewohnheitsmäßig wieder aufgebaut worden, um nun als Besitztum Russlands, auf welches die ukrainische Regierung einen (bedeutungslosen) Rechtsanspruch hat, sinnlose Manöver zu fahren. Ein vom Westen bestochener Geheimdienstagent der russischen Flotte verkauft Anteile der Flotte an interessierte Kunden aus aller Welt. Der Protagonist Phil Murray hat die Aufgabe, »eventuelle Preise« der Konkurrenten »zu erkunden« (ebd.: 144). Sein Konzern Litton Industries will die Preise der Konkurrenz »überbieten« (ebd.). Phil Murray und der bestechliche Geheimdienstoffizier »lernten voneinander. Der eine die Gesetze der Tauschgesellschaft, die sich aus Lehrbüchern nicht erlernen lassen, der andere die Mentalitätsstruktur einer verzweifelten Flottenführung, die für viel Irrationales und viel Rationalität gut war« (ebd.). Den abstrakten Geldwert der Schwarzmeerflotte kann Phil Murray mit Geschick konstatieren:

»Als Objekt für einen Schrotthändler war die Schwarzmeerflotte im Jahre 1999, unter Berücksichtigung dessen, daß wertvolle elektronische Einbauten Verwendung

---

14 Hierbei sehe ich einen Anknüpfungspunkt an eine These Franziska Schößlers: »Ökonomie lässt sich generell, vor allem aber in ihrer spekulativen Variante, der Kunst analogisieren, denn auch diese entspringt phantasmatischen Operationen, spekuliert mit der Zukunft und entwirft fulminante Luftschlösser [...].« (Schößler 2009: 13)
15 Zu der von Kants Originalbegriff abweichenden Erhabenheit der Börse vgl. S. 268.

finden bzw. in Patente umgesetzt werden konnten, 48 Milliarden Dollar wert. Man kann aber ausschließen, schrieb Phil Murray in seinem Bericht, daß irgendwer in der Lage ist, die Flotte real einem Käufer auszuhändigen. Ein solches Projekt verkennt vollständig die Loyalität der Schiffsbesatzung und der Offiziere.« (Ebd.)

Mit Sicherheit beweist der Protagonist Murray einen gewissen Unternehmersinn und eine beachtliche Sensibilität für die realen Hindernisse einer ökonomischen Unternehmung, die er im Vorfeld erkennt. Die Möglichkeiten der Realität in der Imagination einzuschätzen, ist jedoch ohne Simulation nichtgeschehener Ereignisse nicht möglich: Die mögliche Realität wird fiktional simuliert.[16] Ein mögliches Zukunftsszenario, das nicht im Sinne von Litton Industries läge, wäre ein solches:

»Abtransport und Organisation der Verschrottung würden die Hälfte des Objekt-Werts verschlingen. Eine Verwertung dergestalt, daß sich die Republik Indien aufrüstet, ergäbe ein Austauschvolumen von 12 Milliarden Dollar. Weltwirtschaftlich, das betrifft aber nicht die Gesichtspunkte von Litton Industries, würde eine Aufrüstung Indiens mit Mitteln der Schwarzmeerflotte eine Gegenrüstung Pakistans auslösen. Allein die Kosten einer Überwachung eines solchen Konfliktherdes ist unter 800 Milliarden Dollar nicht denkbar (alle Summen gerechnet nach dem Kurs des Dollars vom 21. Juni 1998).« (Ebd.)

Die Motive für die Absicht des Erwerbs von Flotten-Anteilen werden somit klar. Der Kauf der Schwarzmeerflotte ist günstiger als die Überwachung der Macht, die die Schwarzmeerflotte besitzt. Jedoch scheinen Verwertung und Verschrottung nicht rentabel genug zu sein. Eine kühne Lösung muss her: »Ginge die Schwarzmeerflotte mit ihrem ›inneren Wert‹, eine in Geldquanten nicht meßbare Bewertung, an die Börse [...], so wäre dies gewiß eine Sensation. Der erste historische Fall einer Privatisierung von Wehrkraft.« (Ebd.) Die private und nicht vom Staat gesteuerte Lenkung von Wehrkraft wäre jedoch ein Rückfall in »Piraterie« (ebd.). Eine private Piraterie in Form einer Konversion der Flotte in die virtuelle Börsenwelt scheint Murray dennoch erwägenswert:

»Ein solch bewaffnetes Unternehmen, speziell nachgerüstet für seine Aufgabe der lokalen Erpressung, könnte außerordentliche Gewinne ermöglichen, also eine Börsenperformance von außerordentlicher Phantasiekraft entwickeln, sofern sie ihre Angriffe auf fremdes Vermögen unterhalb der Schwelle eines Kriegsgrundes hält. Dies ist vor allem dann der Fall, wenn die Flotte gegen illegitim wirtschaftende Gruppen, Schurkenstaaten, Verschwörungen, eingesetzt wird, wie z.B. fundamentalistische bewaffnete Entführergruppen auf Inseln in der Nähe der Philippinen. Auch

---

16 Vgl. hierzu Anmerkung 2.

könnte die Wirkkraft einer solchen börsennotierten Flotte als Dienstleistung vermarktet werden. Abgesehen von der Chance des *advertising* (bedruckte Hemden, Zigarrenkisten, Ausstattung von Flaschen, Spielzeugwaffen), die bei kühnen Angriffen einer solchen Flotte, vor allem bei Einbeziehung der virtuellen Welt, möglich erscheinen. So bahnte sich der ehemalige Geheimdienstler Phil Murray, jetzt Berater großer Industrien, seinen Trampelpfad, der die Nachfrage nach seiner Expertise verstärken würde.« (Ebd.: 145f.)

Mit dieser kühnen Zuspitzung einer Börsenfantasie des Wirtschaftsexperten und Ex-Geheimdienstlers Murray endet der Text. Selbstverständlich wären die Ausführungen des fiktiven Experten aus der Sicht eines realen Experten kühne Laienakrobatik. Kluge zeigt, dass jede ökonomische Form der Abstraktion die Fantasie beflügeln kann, dass der Gegensatz von Faktischem und Überfaktischem nie an Bedeutung verliert und sowohl die poetische als auch die ökonomische Zugangsweise zur Welt bestimmt.

Viele andere Texte offenbaren Kluges Faible, Wirtschaftsfiktion zu betreiben. Wie eine selbstbewusste Rechtfertigung zur interdisziplinären Beförderung ökonomischen Wissens wirkt der Text *Politische Ökonomie der Sterne*. Heiner Müllers Diktum darüber, dass Sterne ein »ungeheures Energiereservoir« besäßen, welches der Mensch nicht anders könne als in »effiziente Energiemaschinen« zu »verwandeln« (Kluge 2003h: 331), inspirierte in Kluges Szenario eine akademische Diskursgemeinschaft. Sowjetische Astrophysiker halten im Gegensatz zum kommunistischen Machthaber-Mainstream diese Theorie Heiner Müllers für keine »Verballhornung des sozialistischen Ansatzes«, sondern sie machen den Weg von einer »Parallelveranstaltung in einer Nachbarstadt« zur »Dichterkonferenz« (ebd.) in Moskau, um auf Müllers These zu reagieren. Die sowjetischen Astronomen bekennen:

»Ja, es treffe zu, daß die Sterne ökonomisch unausgeglichene Masseverluste produzieren; quasi wie ein Feudalherrscher, der sich um keine Budgets schert, ja, ein solcher Herrscher oder römischer Kaiser befestigte durch öffentliche Herausstellung von Luxus, Willkür und Verschwendung seine Macht. Es gehöre nämlich zum Bild des Herrschers, daß er sich durch Verschwendung legitimiert, ergänzten die Historiker. Auch sie waren aus einer Nachbarveranstaltung gekommen.« (Ebd.)

Wenn Astronomen und selbst Historiker beim sowjetischen Dichterkongress ihre Meinung frei sagen können, ohne gegen die Partei-Doktrin zu verstoßen, ist damit ein Wink zur interdisziplinären Fruchtbarkeit des Themas Ökonomie gegeben.[17] Die von Heiner Müller angestoßene ökonomische

---

17 Die fiktive Fußnote 2, die schalkhafter Weise auf keine erste Fußnote folgt, nennt einen weiteren Grund für die Redseligkeit von sowjetischen Wissenschaftlern auf Nachbarkon-

Fantasie bewegt in Kluges Text die Wissenschaft, die von der KPdSU wie schon eine vergleichbare frühere Fantasie des Stalin-Opfers Trotzki mit einer »Vollbremsung der Diskussion« (ebd.: 332) belohnt wird.

Wenn schon die Geldwelt ein abstraktes Eigenleben führt, kann Kluge auch einen Aktionär den Traum einer Kolonialisierung der Venus (Kluge 2003i) träumen oder den Besitzer von 20 Anwaltskanzleien einen Saturn-Mond (Kluge 2003j) kaufen lassen. Kluges kühne Wirtschaftsfiktionen werden im Erzählband *Die Lücke, die der Teufel läßt* schnell unzählbar; lediglich auf einige konnte hier eingegangen werden.[18]

In jeder dieser Bemühungen, die virtuelle Geldwelt als Stimulans für verblüffende ökonomische Fantasien zu nutzen, die eine unentwirrbare Opposition von objektiven und abstrakten Fakten aufzeigt, erfüllt sich ein Diktum aus dem Vorwort des Erzählbandes: »Die ›Geisterwelt‹ der ›objektiven Tatsachen‹ tritt stärker in den Vordergrund. Die Realität zeigt Einbildungskraft.« (Kluge 2003a: 7)

Wenn schon das objektive Faktum als überdinglich-imaginiertes Konstrukt gilt, gilt dies erst recht für die abstrakte Finanzwelt: Unbegreiflich wird sie vor allem in Krisenzeiten, wenn sie Spekulanten und Laien in Ohnmacht versetzt. Darin ähnelt die Ökonomie dem Leben selbst, das in realfaktische Daten und abstrakte Interpretationen nicht auflösbar ist. Sowohl mit dem real-historischen als auch mit dem abstrakten ökonomischen Faktum betreibt Kluge ein Spiel der Einbildungskraft, die eine Rückerlangung der Macht über das Leben in Aussicht stellt.

Das erzählerische Spiel mit Realien und ökonomischen Abstrakta lässt sich dem, was ein Linksintellektueller *abstrakte Arbeits- und Warenwelt* oder *ökonomische Abstraktion* nennen würde, gegenüberstellen: Die Kombination von realhistorischen Fakten und Fiktion operiert mit derselben Unterscheidung wie die linke Theorie, mithilfe derer Kluge die Möglichkeit individuellen Handelns und des persönlichen Widerstandes in Anbetracht verselbst-

---

gressen: »Das Catering für solche Spezialkonferenzen war ausgezeichnet. Freiheit für genußreiches Argumentieren gab es jedoch stets erst auf der Nachbarkonferenz. Wo sie nicht selbst zuständig waren, konnten die Gelehrten bzw. politischen Köpfe Freiheit ausüben.« (Kluge 2003h: 331)

18 Lediglich erwähnen lassen sich hier *Warencharakter von Liebe, Theorie und Revolution*; *Blumen des Guten*; *Im Gefängnis der Natur/Sozialistische Robinsoniten von 1942*; *U-Boot, unternehmerisch geführt*; *Freiheitsanspruch*; *Armer reicher Mann*; *Von der Rettung eines Betriebes in Berlin*; *Maxwells Tod*; *Die Front gegen die Abu Sayyaf*; *Wirklichkeit als Herrschaftsmittel / Realität als Waffe und Gut*; *Die Metapher von der ursprünglichen Akkumulation* und *Eine unbezahlte Knochenarbeit*.

ständigter und abstrakter ökonomischer Prozesse problematisiert. Diese Kritik blendet jedoch die Fähigkeit zur Selbstironie nicht aus und verkommt zu keiner naiven und alarmistischen Form der Gesellschafts- und Kapitalismuskritik.

Literatur

Adorno, Theodor W. (1997), *Minima Moralia. Reflexionen aus dem beschädigten Leben*, Frankfurt/M.

Adorno, Theodor W. (1998), *Erpreßte Versöhnung*, in: Ders., *Gesammelte Schriften*, Bd. 11: Noten zur Literatur, hg. v. Rolf Tiedemann, Frankfurt/M., S. 251–280.

Brockhaus Wahrig Deutsches Wörterbuch in sechs Bänden (1983), Bd. 5, hg. v. Gerhard Wahrig u.a., Stuttgart.

Eschbach, Achim (2002), »Das Geld als Zeichen: Georg Simmel, Kurt Singer und Karl Bühler«, in: *Ars Semiotica*, Jg. 25, H. 3–4, S. 205–220.

Honneth, Axel (2006), *Verdinglichung. Eine anerkennungstheoretische Studie*, Frankfurt/M.

Iser, Wolfgang (1991), *Das Fiktive und das Imaginäre. Perspektiven literarischer Anthropologie*, Frankfurt/M.

Kluge, Alexander (2003a), *Die Lücke, die der Teufel läßt*, Frankfurt/M.

Kluge, Alexander (2003b): »Tücken der Kausalität«, in: Ders., *Die Lücke, die der Teufel läßt*, S. 94–96.

Kluge, Alexander (2003c), »Wille zur Macht«, in: Ders.: *Die Lücke, die der Teufel läßt*, S. 82–84.

Kluge, Alexander (2003d), »Eine Schwäche des nuklearen Luftbilds«, in: Ders., *Die Lücke, die der Teufel läßt*, S. 528–530.

Kluge, Alexander (2003e), »Börsenwert der Schwarzmeerflotte«, in: Ders., *Die Lücke, die der Teufel läßt*, S. 142–145.

Kluge, Alexander (2003f), »Wie die Bagdadbahn fertiggestellt wurde«, in: Ders., *Die Lücke, die der Teufel läßt*, S. 245–246.

Kluge, Alexander (2003g), »Schrecken der Welt«, in: Ders.: *Die Lücke, die der Teufel läßt*, S. 530–531.

Kluge, Alexander (2003h), »Politische Ökonomie der Sterne«, in: Ders.: *Die Lücke, die der Teufel läßt*, S. 331–332.

Kluge, Alexander (2003i), »Der Cecil-Rhodes-Plan zur Eröffnung der Raumfahrt«, in: Ders., *Die Lücke, die der Teufel läßt*, Frankfurt/M., S. 349–350.

Kluge, Alexander (2003j) »Gespräch mit dem Eigentümer des Saturn-Mondes«, in: Ders., *Die Lücke, die der Teufel läßt*, S. 351–350.

Kluge, Alexander/Vogl, Joseph (2009), *Soll und Haben. Fernsehgespräche*, Zürich/Berlin.

Lewandowski, Rainer (1980), *Alexander Kluge*, München.
Marx, Karl (1962), »Das Kapital. Kritik der politischen Ökonomie«, in: Ders.: *Werke, Schriften, Briefe*, Bd. 4: Ökonomische Schriften I, hg. v. Hans-Joachim Lieber u. Benedikt Kautsky, Darmstadt.
Rosenkranz, Claudia (1988), *Ambivalenzen aufklärerischer Literatur am Beispiel einer Text- und Rezeptionsanalyse von Alexander Kluges »Lernprozesse mit tödlichem Ausgang«*, Trier.
Schößler, Franziska (2009), *Börsenfieber und Kaufrausch. Ökonomie, Judentum und Weiblichkeit bei Theodor Fontane, Heinrich Mann, Thomas Mann, Arthur Schnitzler und Émile Zola*, Bielefeld.
Stierle, Karlheinz (2000), »Fiktion«, in: *Ästhetische Grundbergriffe*, Bd. 2, hg. v. Karlheinz Barck, Stuttgart, S. 380–348.

Autorinnen und Autoren

Manuel Bauer, Dr. phil., Studium der Germanistik, Medienwissenschaft und Philosophie an der Philipps-Universität Marburg. Seit 2006 wissenschaftlicher Mitarbeiter am Fachbereich Germanistik und Kunstwissenschaften der Philipps-Universität Marburg. Publikationen u.a.: »August Wilhelm Schlegels Vorlesungen über schöne Literatur und Kunst – die ›Summe‹ der Frühromantik?«, in: *Der Europäer August Wilhelm Schlegel. Romantischer Kulturtransfer – romantische Wissenswelten*, hg. v. York-Gothart Mix und Jochen Strobel, Berlin/New York 2010; *Schlegel und Schleiermacher. Frühromantische Kunstkritik und Hermeneutik*, Paderborn u.a. 2011 (Schlegel-Studien 4).

Anna Burgdorf, M.A., Studium der deutschen Sprache und Literatur und der Philosophie an der Universität Hamburg. Im Studium Studentische Hilfskraft in der Arbeitsstelle für feministische Literaturwissenschaft, seit 2010 Wissenschaftliche Hilfskraft am Goethe-Wörterbuch in der Arbeitsstelle Hamburg. Zurzeit Arbeit an einer literaturwissenschaftlichen Dissertation zum Thema »Ökonomie der Familie in der Neuen Sachlichkeit«.

Stefan Frank ist freier Journalist und kommentiert regelmäßig die Entwicklungen an den Finanzmärkten für Zeitungen, Zeitschriften und Hörfunk. Buchveröffentlichungen: *What's new, economy? Die Transformation der Weltwirtschaft*, Hamburg 2007; *Die Weltvernichtungsmaschine. Vom Kreditboom zur Wirtschaftskrise*, Saarbrücken 2009.

Dirk Hempel, Dr. phil., Privatdozent am Institut für Germanistik II der Universität Hamburg, Studium der Neueren deutschen Literatur, Deutsche Sprache und Literatur des Mittelalters sowie Theaterwissenschaft an der Ludwig-Maximilians-Universität München, dort Magister Artium 1990 und Promotion 1994, Habilitation an der Universität Hamburg 2006, wissenschaftlicher Redakteur in Walter Kempowskis Projekt »Echolot« bis 2005, seit 1999 akademische Lehre an den Universitäten von Hamburg, Oldenburg, Lüneburg und Kiel, 2008/09 Vertretung einer Professur für Neuere deutsche Literatur an der Universität Hamburg. Publikationen u.a.: *Friedrich Leopold Graf zu Stolberg (1750–1819). Staatsmann und politischer Schriftsteller*, Weimar/Köln/Wien 1997; *Walter Kempowski. Eine bürgerliche Biographie*, München

2004; *Literarische Vereine in Dresden. Kulturelle Praxis und politische Orientierung des Bürgertums im 19. Jahrhundert*, Tübingen 2008; (Zusammenstellung) *Kultur und Ökonomie im 18. Jahrhundert*, Wolfenbüttel 2008; (Hg. zus. mit Christine Künzel) *»Denn wovon lebt der Mensch?« Literatur und Wirtschaft*, Frankfurt/M. u.a. 2009.

Michael Horvath, Dipl.-Kfm., M.A., Studium der Literatur- und Politikwissenschaft sowie der Volks- und Betriebswirtschaftslehre an der Ludwig-Maximilians-Universität München und der FernUniversität Hagen. Zurzeit Wissenschaftlicher Mitarbeiter und Doktorand am Lehrstuhl für Volkswirtschaftslehre, insbesondere Finanzwissenschaft und Industrieökonomik, der Technischen Universität München (Prof. Dr. Robert K. Frhr. von Weizsäcker). Besondere Forschungsinteressen: Gesundheitsökonomik, Politische Ökonomie und Theorie, Wirtschaftsethik, Dogmengeschichte, Literatur und Ökonomik.

Eva Kormann, Dr. phil., Prof. (apl.) am Karlsruher Institut für Technologie (KIT), wissenschaftliche Lehrerin an der Josef-Durler-Schule Rastatt. Studium der Germanistik, Soziologie, Psychologie und Politikwissenschaft an den Universitäten Mannheim, Heidelberg und Passau. Promotion Passau 1989, Habilitation Karlsruhe 2002. Lehraufträge an den Universitäten Karlsruhe, Mannheim und Salzburg, an der Pädagogischen Hochschule Karlsruhe und der Deutschen Sommeruniversität in Taos/ New Mexico. Publikationen u.a.: *Ich, Welt und Gott. Autobiographik im 17. Jahrhundert*, Köln/Weimar 2004; (Hg. zus. mit Anke Gilleir u. Angelika Schlimmer) *Textmaschinenkörper. Genderorientierte Lektüren des Androiden*, Amsterdam 2006; »Rastlose Medienspiele. Kathrin Rögglas Theaterstück ›wir schlafen nicht‹«, in: Gaby Pailer/Franziska Schößler (Hg.), *GeschlechterSpielRäume*, Amsterdam 2011.

Christine Künzel, Dr. phil., Privatdozentin am Institut für Germanistik II der Universität Hamburg. Studium der Germanistik, Amerikanistik und der Philosophie an der Universität Hamburg und der Johns Hopkins University in Baltimore (USA). Von 1998 bis 2001 Stipendiatin am Graduiertenkolleg »Codierung von Gewalt im medialen Wandel« an der Humboldt-Universität zu Berlin. 2006–2010 vier Semester Vertretungen einer Professur für Neuere deutsche Literatur am Institut für Germanistik II der Universität Hamburg. Juli 2011 Habilitation an der Universität Hamburg. Thema der Habilitationsschrift: *»Ich bin eine schmutzige Satirikerin«: Studien zum Werk Gisela Elsners (1937–1992)*. Publikationen u.a.: (Hg. zus. mit Jörg Schönert) *Autorinszenierungen. Autorschaft und literarisches Werk im Kontext der Medien*, Würzburg 2007; (Hg. zus. mit Dirk Hempel) *»Denn wovon lebt der Mensch?« Literatur und Wirtschaft*, Frankfurt/M. u.a. 2009; (Hg.) *Die letzte Kommunistin. Texte zu Gisela Elsner*, Hamburg 2009.

Daniel Lutz, studierte Germanistik und Kulturwissenschaft in Karlsruhe, laufendes Dissertationsprojekt am Karlsruher Institut für Technologie (KIT) über die Darstellung unternehmerischen Handelns in der deutschsprachigen Gegenwartsliteratur

(1995–2008). Veröffentlichungen u.a.: »Alles ist schon da. Effekte der Präsenz bei Irmgard Keun«, in: *Irmgard Keun*. Text + Kritik 183 (2009); »Religion«, in: *Ludwig Tieck. Leben – Werk – Wirkung*, hg. v. Claudia Stockinger und Stefan Scherer, 2011; Mitarbeiter und Beiträger des Studienratgebers *Germanistik studieren. Eine praxisorientierte Einführung*, 2011.

Max Otte, Ph.D., ist Professor für Allgemeine und Internationale Betriebswirtschaftslehre (C-3) an der Fachhochschule Worms. Er studierte an der Universität zu Köln (Diplom-Volkswirt, 1989), der American University in Washington, D.C. und promovierte 1997 in internationaler politischer Ökonomie an der Princeton University. Otte managt den PI Global Value Funds (WKN: A0NE9G) einen Hedgefonds, der ohne Schulden und ohne Derivate operiert, und ist Mitgründer des Zentrums für Value Investing e.v., eines Zusammenschlusses führender unabhängiger Fondsmanager in Europa. Sein Buch *Der Crash kommt* (Berlin 2006), in dem er für die Jahre zwischen 2007 und 2010 einen Finanz-Tsunami, ausgelöst durch US-Subprime-Papiere, Finanzderivate und globale ökonomische Ungleichgewichte voraussagte, wurde zu einem Bestseller.

Hanno Pahl, Dr. phil., Studium der Soziologie in Bremen, Promotion im Rahmen des Graduiertenkollegs »Weltbegriffe und globale Strukturmuster« an der Universität Bielefeld. Gegenwärtig Lehrbeauftragter an den Universitäten Luzern und Bielefeld. Wichtigste Publikationen: *Das Geld in der modernen Wirtschaft. Marx und Luhmann im Vergleich*, Frankfurt/M./New York 2008; »Marx, Foucault und das Projekt einer Wissenssoziologie der Wirtschaftswissenschaften«, in: *Prokla. Zeitschrift für kritische Sozialwissenschaft*, H. 159; (Hg. zus. mit Lars Meyer) *Gesellschaftstheorie der Geldwirtschaft. Soziologische Beiträge*, Marburg 2010.

Nina Peter, seit 2008 Master-Studium der Allgemeinen und Vergleichenden Literaturwissenschaft an der Freien Universität Berlin und an der École Normale Supérieure Paris. Seit 2009 Mitarbeit im Forschungsprojekt »Emotionen in Finanzmarktkrisen« unter der Leitung von Prof. Dr. Christian von Scheve am Exzellenzcluster »Languages of Emotion« an der Freien Universität Berlin.

Evelyne Polt-Heinzl, Dr. phil., Studium der Germanistik, Politikwissenschaft und Philosophie in Salzburg und Wien. Literaturwissenschaftlerin und Ausstellungskuratorin, arbeitet als Kritikerin und Essayistin u.a. für *Die Presse*, *Wiener Zeitung* und *Neue Zürcher Zeitung*. Publikationen vor allem zur österreichischen Literatur um 1900 und der Nachkriegszeit, Frauenliteratur, Lesekultur und Buchmarkt sowie kulturwissenschaftliche Motivuntersuchungen. Zuletzt erschienen: *Zeitlos. Neun Porträts. Von der ersten Krimiautorin Österreichs bis zur ersten Satirikerin Deutschlands*, Wien 2005; *Ich hör' dich schreiben. Eine literarische Geschichte der Schreibgeräte*, Wien 2007; *Einstürzende Finanzwelten. Markt, Gesellschaft, Literatur*, Wien 2009; *Peter Handke – In Gegenwelten unterwegs*, Wien 2011.

Alexander Preisinger, Mag. phil., arbeitet derzeit an der Österreichischen Akademie der Wissenschaften am Institut für Kulturwissenschaften und Theatergeschichte und ist in zwei Projekten tätig: »Erzählte Ökonomie. Der Diskurs der Wirtschaft in der deutschsprachigen Gegenwartsliteratur« und »schule.macht.migration« (im Rahmen des Programms »Sparkling Science«). Publikationen: (Zus. mit Bernadette Harrant) »Neureiche, Schieber und Spekulanten. Ökonomie in der österreichischen Literatur der Zwischenkriegszeit«, in: *Österreich in Geschichte und Literatur* 1 (2010); »›Unsere Wanderung ist ein Komplex von abhängigen Ereignissen...‹ Wirtschaftsbelletristik – Betriebswirtschaft als Poetologie«, in: *Trajectoires* 3 (2009), siehe: http://trajectoires.revues.org/index347.html#tocto1n3; »Nomologische Modelle und Theorien als wirtschaftshistorische Emplotments«, in: *Jahrbuch für Wirtschaftsgeschichte* 2 (2009).

Peter Schäfer hat an der Rheinischen Friedrich-Wilhelms-Universität Bonn Germanistik und Slavistik (russische Philologie) im Magisterstudiengang studiert und arbeitet seit Februar 2008 an einer Dissertation im Fach »Neuere Deutsche Literatur« über Hugo von Hofmannsthals »Erfundene Gespräche und Briefe«, ebenfalls in Bonn. Seit September 2008 ist er Promotionsstipendiat im Rahmen der individuellen Graduiertenförderung der Universität Bonn; begleitend zur Promotion war er als Tutor tätig. Momentan übernimmt er Lehraufträge, vornehmlich zur Literatur der klassischen Moderne und Avantgarde.

Franziska Schößler, Dr. phil., ist seit 2004 Professorin für Neuere deutsche Literaturwissenschaft an der Universität Trier. Studium der Germanistik, Philosophie und Kunstgeschichte in Bonn und Freiburg (1984–1990). Dissertation über Adalbert Stifter (1994), Habilitation über Goethes *Lehr-* und *Wanderjahre* (2001) (Francke 2002), beides an der Universität Freiburg. 2002–2004 Oberassistentin an der Universität Bielefeld (am Lehrstuhl von Prof. Dr. Bogdal). Seit 2008 Teilprojektleiterin im SFB 600 *Fremdheit und Armut. Wandel von Inklusions- und Exklusionsformen* an der Universität Trier. Publikationen u.a.: *Augen-Blicke. Erinnerung, Zeit und Geschichte in Dramen der neunziger Jahre*, Tübingen 2004; *Literaturwissenschaft als Kulturwissenschaft. Eine Einführung*, Tübingen 2006; *Börsenfieber und Kaufrausch: Ökonomie, Judentum und Weiblichkeit bei Theodor Fontane, Heinrich und Thomas Mann, Arthur Schnitzler und Émile Zola*, Bielefeld 2009.

Justin Stagl, Dr. phil., Studium der Ethnologie, Psychologie und Linguistik in Wien, Leiden und Münster, Promotion 1965 in Wien, Habilitation für »Soziologie mit Einschluß der Ethnosoziologie« 1973 in Salzburg, 1974–91 Professor der Soziologie in Bonn, 1991–2009 in Salzburg, seither Emeritus. Zahlreiche Publikationen in Ethnosoziologie, Kultursoziologie sowie Geschichte und Theorie der Sozial- und Kulturwissenschaften, darunter: *Eine Geschichte der Neugier. Die Kunst des Reisens 1550–1800*, Wien/Köln/Weimar 2002.

Katja Urbatsch studierte Nordamerikastudien, Betriebswirtschaftslehre und Publizistik- und Kommunikationswissenschaft an der Freien Universität Berlin und der Boston University. Sie arbeitet derzeit an einer Dissertation am International Graduate Centre for the Study of Culture (GCSC) der Justus-Liebig-Universität Gießen und ist Stipendiatin der Hans-Böckler-Stiftung. In ihrer Dissertation befasst sie sich mit dem Thema »Repräsentationen von Geld im zeitgenössischen US-amerikanischen Roman aus der Sicht des New Economic Criticism«. Publikationen: »New Economic Criticism«, in: *Metzler Lexikon Literatur- und Kulturtheorie*, 4., akt. u. erw. Auflage, hg. v. Ansgar Nünning, Stuttgart 2008; »›Both at odds with each other and at one‹: Business versus Art in Frank Norris's *The Pit* (1903)«, in: *Erfurt Electronic Studies in English*: http://webdoc.gwdg.de/edoc/ia/eese/artic28/urbatsch/4_2008.html; »Gold Standard versus Fiat Money: Frank Norris's *McTeague*, Don DeLillo's *Cosmopolis*, and the New Economic Criticism«, in: *Almighty Dollar: Papers and Lectures from the Velden Conference*, Wien 2010.

Kulturwissenschaften

Birgit Richard, Jan Grünwald,
Marcus Recht, Nina Metz
**FLICKERNDE
JUGEND –
RAUSCHENDE BILDER**
Netzkulturen im Web 2.0

Birgit Richard, Jan Grünwald,
Marcus Recht, Nina Metz
**Flickernde Jugend –
rauschende Bilder**
Netzkulturen im Web 2.0
2010, 290 Seiten
ISBN 978-3-593-39305-6

Anja Schwanhäußer
Kosmonauten des Underground
Ethnografie einer Berliner Szene
2010, 333 Seiten, ISBN 978-3-593-39190-8

Martin Andree
Medien machen Marken
Eine Medientheorie des Marketing und des Konsums
2010, 249 Seiten, ISBN 978-3-593-39267-7

Doris Guth, Heide Hammer (Hg.)
Love me or leave me
Liebeskonstrukte in der Populärkultur
2009, 231 Seiten, ISBN 978-3-593-39023-9

Mehr Informationen unter
www.campus.de/wissenschaft

campus
Frankfurt · New York